Der Anstellungsbetrug

AF875037

Europäische Hochschulschriften
Publications Universitaires Européennes
European University Studies

Reihe II
Rechtswissenschaft

Série II Series II
Droit
Law

Bd./Vol. 4124

PETER LANG
Frankfurt am Main · Berlin · Bern · Bruxelles · New York · Oxford · Wien

Tanja Isabel Budde

Der Anstellungsbetrug

Täuschungen des Bewerbers im Arbeitsrecht, Beamtenrecht und Strafrecht

PETER LANG
Europäischer Verlag der Wissenschaften

Bibliografische Information Der Deutschen Bibliothek
Die Deutsche Bibliothek verzeichnet diese Publikation in der Deutschen Nationalbibliografie; detaillierte bibliografische Daten sind im Internet über <http://dnb.ddb.de> abrufbar.

Gedruckt auf alterungsbeständigem, säurefreiem Papier.

9
ISSN 0531-7312
ISBN 3-631-52883-3

© Peter Lang GmbH
Europäischer Verlag der Wissenschaften
Frankfurt am Main 2005
Alle Rechte vorbehalten.

Das Werk einschließlich aller seiner Teile ist urheberrechtlich geschützt. Jede Verwertung außerhalb der engen Grenzen des Urheberrechtsgesetzes ist ohne Zustimmung des Verlages unzulässig und strafbar. Das gilt insbesondere für Vervielfältigungen, Übersetzungen, Mikroverfilmungen und die Einspeicherung und Verarbeitung in elektronischen Systemen.

Printed in Germany 1 2 3 4 5 7

www.peterlang.de

Meinen Eltern

Vorwort

Die vorliegende Arbeit wurde von der Rechts- und Staatswissenschaftlichen Fakultät der Ernst-Moritz-Arndt-Universität Greifswald im Sommersemester 2004 als Dissertation angenommen. Rechtsprechung und Literatur konnten bis September 2004 berücksichtigt werden.

Mein ganz besonderer Dank gilt vor allem meinem verehrten Doktorvater, Herrn Prof. Dr. Jürgen Regge, der mir mit dieser Arbeit die Möglichkeit gab, meinen Interessen nachzugehen. Seine stets wohlwollende und engagierte Betreuung und seine persönliche Fürsorge haben im Wesentlichen zum Gelingen dieses Vorhabens beigetragen. Durch seine jederzeitige Diskussionsbereitschaft, seine Geduld und die freundliche Atmosphäre an seinem Lehrstuhl habe ich Bedingungen vorgefunden, die ich mir besser nicht hätte wünschen können.

Auch Herrn Prof. Dr. Hans-Werner Eckert, der den Fortgang der Arbeit mit Interesse begleitet hat, danke ich aufrichtig für seinen stets ermunternden Zuspruch und die zügige Erstellung des Zweitgutachtens.

Mein Dank richtet sich ebenfalls an meine (ehemaligen) Greifswalder Kollegen am Lehrstuhl; insbesondere an Frau Kornelia Hohn für ihre Hilfe bei der formalen Erstellung des Manuskripts. Frau Dorothee Nöhren danke ich für die Korrekturarbeiten.

Herzlich danken möchte ich darüber hinaus Herrn Rechtsanwalt Alexander Blume für die freundschaftliche Unterstützung, die fruchtbaren Diskussionen und seine unerschöpfliche Zuversicht.

Mein größter Dank gilt schließlich meinen Eltern, die mich während meiner gesamten Ausbildung stets unterstützt und gefördert haben; ihnen ist daher diese Arbeit gewidmet.

Greifswald, im November 2004 Tanja Isabel Budde

Inhaltsverzeichnis

1. Abschnitt: Einleitung

Der sog. Anstellungsbetrug ist eine im Strafrecht seit Jahrzehnten bekannte Rechtsfigur, die ursprünglich auf die Rechtsprechung des Reichsgerichts zurück geht und die seit den frühen 50er Jahren Inhalt mehrerer strafrechtlicher Publikationen[1] war. Schon das Reichsgericht differenzierte beim Anstellungsbetrug zwischen den Fällen der Erschleichung einer Beamtenstellung und der Erschleichung eines Arbeitsverhältnisses, hieran wird bis heute festgehalten.

Nachdem es im Strafrecht längere Zeit ruhig um den Anstellungsbetrug geworden war, standen nach der Vereinigung Deutschlands erneut zahlreiche Fälle des Anstellungsbetruges zur Entscheidung an. Die daraufhin im Strafrecht wieder entfachte Diskussion zeigt, dass der Anstellungsbetrug nicht an Aktualität verloren hat[2]. Im Mittelpunkt des Interesses steht dabei heute hauptsächlich der Anstellungsbetrug in Form der Erschleichung einer Beamtenstellung, während der Fallgruppe der Erschleichung eines Arbeitsverhältnisses weniger Aufmerksamkeit zuteil wird. Allen Untersuchungen zum Anstellungsbetrug ist jedoch gemeinsam, dass sie die Probleme allein auf die Bestimmung des Vermögensschadens reduzieren.

Die Beurteilung der Strafbarkeit wegen Anstellungsbetruges durch Erschleichung eines Arbeitsverhältnisses wird ausschließlich anhand von strafrechtlichen Gesichtspunkten vorgenommen, eine Einbeziehung arbeitsrechtlicher Grundsätze findet bis heute nicht statt[3]. Bei der Erschleichung einer Beamtenstellung wird hingegen der Vermögensschaden bedingungslos an die beamtenrechtlichen Einstellungsvoraussetzungen gekoppelt.

---

1 Vgl. nur etwa die Monographien von *Bauer*, Die Erschleichung eines Amtes oder einer Stellung, Tübingen, 1956; *Dorn*, Sind Beruf- und Anstellungsschwindel strafbarer Betrug i. S. d. § 263 StGB?, Frankfurt, 1954; *Endemann*, Der sog. Anstellungsbetrug nach geltendem und zukünftigem Recht, Münster, 1963; *Kracht*, Die Amts- und Stellenerschleichung, Hamburg, 1954; *Meyer*, Betrug durch Erschleichung einer Stellung oder eines Amtes, Erlangen, 1950; *Stocker*, Der Anstellungsbetrug, München, 1962; *Zierau*, Der betrugsbegründende Vermögensschaden bei Einstellungs- und Konzessionserschleichung, Köln, 1970.

2 Siehe nur die anlässlich des BGH Urteils vom 18.02.1999 – 5 StR 193/98, BGHSt 45, 1 ff. erschienenen zahlreichen Anmerkungen und Aufsätze und ihre eingehende Behandlung im 4. Abschnitt; vgl. auch *Protzen*, Der Vermögensschaden beim sog. Anstellungsbetrug: unter besonderer Berücksichtigung des Verschweigens ehemaliger Tätigkeit für das MfS; zugleich ein Beitrag zur Lehre vom Vermögensschaden beim Betrug, Pfaffenweiler, 2000.

3 Vgl. dazu *Reitemeier*, Täuschungen vor Abschluß von Arbeitsverträgen, zum Verhältnis zwischen dem Straftatbestand des Betruges und dem Anfechtungsrecht wegen arglistiger Täuschung (§§ 263 Abs. 1 StGB, 123 BGB 1. Alt. BGB), Frankfurt, 2001.

Die Täuschung eines Bewerbers gegenüber dem Arbeitgeber bei der Einstellung ist aber nicht nur strafrechtlich erfassbar, sondern auch arbeitsrechtlich zu beurteilen. Im Arbeitsrecht stellt sich die Frage, ob der Arbeitgeber im Wege der arglistigen Täuschung gem. § 123 BGB das Arbeitsverhältnis anfechten darf. Das Arbeitsrecht hat in diesem Zusammenhang frühzeitig erkannt, dass in der Einstellungssituation unterschiedliche Interessen der Arbeitsvertragsparteien zu Tage treten. Der Bewerber möchte ein positives Bild von seiner Person zeichnen und negative Umstände vor dem Arbeitgeber verheimlichen. Der Arbeitgeber möchte sich hingegen ein umfassendes Bild von dem Bewerber machen und naturgemäß gerade auch solche Umstände erfahren, die der Bewerber ihm tunlichst nicht offenbaren möchte. Das Arbeitsrecht begegnet diesem Interessenkonflikt, indem es die Informationserhebung des Arbeitgebers einschränkt und so dem Bewerber die Möglichkeit gibt, gewisse Angaben zu verschweigen. Daher können falsche Angaben des Bewerbers nur dann arbeitsrechtliche Sanktionen auslösen, wenn der Bewerber zur Offenbarung auch verpflichtet war.

Auch im Beamtenrecht sind Täuschungen des Bewerbers bei der Begründung eines Beamtenverhältnisses einer eigenständigen Lösung zugänglich und haben u. U. die obligatorische Rücknahme der Ernennung zur Folge.

Grundsätzlich wird also die Täuschung des Bewerbers bei der Einstellung im Arbeitsrecht, im Beamtenrecht und im Strafrecht unterschiedlichen Regeln unterworfen. Zwar werden in der strafrechtlichen Beurteilung der Erschleichung einer Beamtenstellung die beamtenrechtlichen Einstellungsvoraussetzungen im Rahmen der Bestimmung des Vermögensschadens berücksichtigt, bei der Erschleichung eines Arbeitsverhältnisses bleiben jedoch die arbeitsrechtlichen Grundsätze außen vor. Damit käme aber grundsätzlich eine Strafbarkeit des Bewerbers für Täuschungen gegenüber dem Arbeitgeber auch in Bereichen in Betracht, die im Arbeitsrecht sanktionslos bleiben, weil der Bewerber nicht zur Offenbarung verpflichtet war.

Vor diesem Hintergrund stellt sich die Frage, ob für die Strafbarkeit wegen Anstellungsbetruges eine Differenzierung nach dem jeweils einzugehenden Dienst- oder Arbeitsverhältnis angezeigt ist. Zur Vermeidung von strafrechtlichen Wertungswidersprüchen könnte der Grundsatz der „Einheit der Rechtsordnung“ vielmehr gebieten, eine einheitliche Lösung zu finden, die die Probleme nicht allein auf die Bestimmung des Vermögensschadens reduziert, sondern die Wertungen der einzelnen Teilrechtsordnungen in die Lösung mit einbringt. Diese Untersuchung verfolgt daher das Ziel die Täuschungen des Bewerbers bei der Einstellung einem harmonisierenden Lösungsansatz für den Anstellungsbetrug unter Berücksichtigung der arbeitsrechtlichen und beamtenrechtlichen Besonderheiten zuzuführen.

Mit dem Ziel einer einheitlichen Lösung sollen zunächst die Täuschungen des Bewerbers in den jeweiligen Rechtsgebieten Arbeitsrecht, Beamtenrecht und Strafrecht einer näheren Untersuchung unterzogen werden.

Anknüpfungspunkt der arbeitsrechtlichen Untersuchung ist die Einstellungsentscheidung des Arbeitgebers. Diese ist hier im Hinblick auf eine Täuschung des Bewerbers im Wesentlichen unter dem Gesichtspunkt des sog. Fragerechts des Arbeitgebers und den damit korrespondierenden Offenbarungspflichten des Bewerbers relevant. Neben den dogmatischen Grundlagen und den aufzuzeigenden Beschränkungen in Bezug auf die einzelnen Fragen sollen insbesondere die arbeitsrechtlichen Rechtsfolgen aufgezeigt werden, die sich aus der falschen Beantwortung zulässiger und unzulässiger Fragen des Arbeitgebers durch den Bewerber ergeben.

Sodann ist die Einstellungsentscheidung des öffentlichen Dienstherrn näher zu betrachten. Diese ist zunächst bezüglich evtl. bestehender Unterschiede zu der Einstellungsentscheidung eines Arbeitgebers zu untersuchen, die für die spätere strafrechtliche Lösung relevant sein könnten. Im Folgenden soll aber auch die beamtenrechtliche Einstellungsentscheidung im Hinblick auf mögliche Täuschungen des Bewerbers und die daraus resultierenden Rechtsfolgen erörtert werden.

Nach den arbeitsrechtlichen und beamtenrechtlichen Ausführungen zur Täuschung des Bewerbers soll schließlich eine Darstellung des Anstellungsbetruges aus strafrechtlicher Sicht folgen. Ausgehend von der Rechtsprechung des Reichsgerichts, auf das die Rechtsfigur des Anstellungsbetruges zurückgeht, soll vor allem ein Überblick über die heutige Rechtsprechung des BGH und die zu ihr abweichenden Ansichten in der Literatur gegeben werden.

Abschließend soll auf der Grundlage der arbeitsrechtlichen, beamtenrechtlichen und strafrechtlichen Ergebnisse geprüft werden, ob mit dem Grundsatz der „Einheit der Rechtsordnung“ auftretende Wertungswidersprüche zwischen den jeweiligen Teilrechtsordnungen im Wege einer einheitlichen Lösung beseitigt werden können.

2. Abschnitt: Die arbeitsrechtliche Einstellungsentscheidung

A. Einleitung

Die Entscheidung über die Einstellung eines neuen Mitarbeiters ist eine der wichtigsten Personalentscheidungen, die ein Arbeitgeber zu treffen hat. Der wirtschaftliche Erfolg eines Unternehmens hängt in nicht unerheblichem Maße von der Leistung seiner Arbeitnehmer ab. Eine falsche Einstellungsentscheidung kann nicht nur den Erfolg des ganzen Unternehmens mindern, sie ist meist auch nur mit großem Kostenaufwand zu revidieren.

Die Einstellung auf einen neuen Arbeitsplatz ist für viele Arbeitnehmer von großer Bedeutung, da sie mit der Sicherung ihrer Existenz verbunden ist. Der Großteil der Bevölkerung ist darauf angewiesen, mit abhängiger Arbeit den Lebensunterhalt zu verdienen. Daher stellt die Einstellung auf einen neuen Arbeitsplatz für viele Arbeitnehmer den Ausweg aus der Arbeitslosigkeit oder aber den beruflichen Aufstieg dar.

Dem Abschluss des Arbeitsvertrages und der Einstellung eines neuen Mitarbeiters geht regelmäßig ein mehrphasiges Einstellungsverfahren voraus, in dem die Einstellungsentscheidung des Arbeitgebers vorbereitet wird. Beginnend mit der Stellenausschreibung und dem Eingang der Bewerbungsunterlagen prägen insbesondere der Personalfragebogen und das Auswahlgespräch die Einstellungsentscheidung des Arbeitgebers. Hier gilt es, den „Richtigen“ für die Stelle zu finden. Der Arbeitgeber möchte sich ein umfassendes Bild über seinen künftigen Arbeitnehmer machen, möglichst viel über seine Fähigkeiten erfahren und ihn genau kennen lernen. Naturgemäß ist der Arbeitgeber auch daran interessiert, negative Umstände über den Bewerber zu erfahren, die dieser tunlichst verheimlichen möchte. Der Bewerber muss sich dem vom Arbeitgeber gestalteten Auswahlverfahren unterwerfen und sich den Fragen des Arbeitgebers stellen. Dabei möchte er einerseits ein positives Bild von sich zeichnen, andererseits nicht zu viel von seiner Person Preis geben und möglichst die Umstände, die seine Einstellungschancen schmälern, vor dem Arbeitgeber verbergen. Für seine erfolgreiche Bewerbung muss der Bewerber also nicht nur die Vorzüge seiner Person herausstellen, sondern er darf auch keinen Makel aufweisen.

Daher bestehen im Einstellungsverfahren zwischen dem Arbeitgeber und dem Bewerber gegensätzliche Interessen. Wie dieser Interessenkonflikt zwischen den beiden Arbeitsvertragsparteien zum Ausgleich gebracht werden kann, soll im Folgenden untersucht werden. Zunächst soll daher die Einstellungsentscheidung des Arbeitgebers näher betrachtet werden. Ausgehend vom Grundsatz der Vertragsfreiheit ist zu erörtern, welchen Beschränkungen die Abschlussfreiheit des Arbeitgebers unterliegt. Einschränkungen des Arbeitgebers ergeben sich insbesondere durch die gesetzliche Begründung von Arbeitsverhältnissen und die gesetzlichen Beschränkungen des Arbeitgebers bei der Einstellung. Ferner ist zu prüfen, ob die Auswahlentscheidung des Arbeitgebers rechtlichen Bindungen unterliegt.

B. Beschränkungen des Arbeitgebers bei der Einstellung

I. Der Grundsatz der Vertragsfreiheit

Grundsätzlich gilt für den Abschluss eines Arbeitsvertrages das Prinzip der Vertragsfreiheit. Dieses umfasst nicht nur die freie Entscheidung der Arbeitsvertragsparteien, ob überhaupt ein Arbeitsvertrag abgeschlossen wird, sondern auch mit wem und mit welchem Inhalt[4]. Dabei findet die Vertragsfreiheit des Arbeitgebers ihre verfassungsrechtliche Verankerung in Art. 12 Abs. 1 GG, als dem gegenüber Art. 2 Abs. 1 GG spezielleren Grundrecht[5]. Die Vertragsfreiheit besteht aus den Teilbereichen Inhaltsfreiheit und Abschlussfreiheit[6].

Die Inhaltsfreiheit, als vertragliche Gestaltungsfreiheit[7], bleibt bei der Frage nach den Beschränkungen bei der Einstellung unberührt, da sie den Vertragsinhalt betrifft. Einzig die Abschlussfreiheit wird von der Einstellungsentscheidung für einen neuen Mitarbeiter tangiert. Die Abschlussfreiheit, als freie Entscheidung des Arbeitgebers, ob und mit wem er das Arbeitsverhältnis schließen will, erfährt durch verschiedene Abschlussverbote und -gebote punktuelle Einschränkungen.

Abschlussgebote zu Lasten des Arbeitgebers berühren diesen in seiner durch Art. 12 GG garantierten Berufsausübungsfreiheit. Dennoch sind gesetzliche Regelungen, die den Arbeitgeber in seiner Berufsausübungsfreiheit einschränken, statthaft und werden durch die dem Gesetzgeber in Art. 12 Abs. 1 Satz 2 GG eingeräumte Regelungsbefugnis gedeckt, sofern sie durch hinreichende Gründe des Allgemeinwohls gerechtfertigt werden. Dies erfordert, dass die gewählten Mittel zur Erreichung des verfolgten Zwecks geeignet und erforderlich sind und bei einer Gesamtwürdigung zwischen Schwere des Eingriffs und dem Gewicht der ihn rechtfertigenden Gründe die Grenze der Zumutbarkeit noch gewahrt ist[8]. Dabei darf jedoch die Vertragsfreiheit des Arbeit-

---

4 *Schaub*, ArbR-Hdb., § 31 Rz. 1.

5 *Gitter/Boerner*, RdA 1990, 129 (133); *Scholz*, ZfA 1981, 265 (275); MüHdbAR – *Buchner*, § 39 Rz. 11; anderer Ansicht *Schaub*, ArbR-Hdb., § 31 Rz. 1, der die Vertragsfreiheit des Arbeitgebers verfassungsrechtlich allein aus Art. 2 Abs. 1 GG herleitet.

6 MüHdbAR – *Buchner*, § 39 Rz. 21.

7 MüHdbAR – *Buchner*, § 39 Rz. 40.

8 MüHdbAR – *Buchner*, § 39 Rz. 45.

gebers nicht so weit eingeschränkt werden, dass dieser zur Begründung von Arbeitsverhältnissen verpflichtet wird. Insbesondere kann dem Arbeitgeber grundsätzlich nicht vorgeschrieben werden, ob bzw. wie viele Arbeitnehmer er einstellen muss[9].

II. Beschränkungen der Abschlussfreiheit

1. Gesetzliche Begründung von Arbeitsverhältnissen

Die stärkste Einschränkung erfährt die Abschlussfreiheit durch die Begründung eines Arbeitsverhältnisses kraft gesetzlicher Fiktion. Vereinzelt sind solche Regelungen im geltenden Recht zu finden. In diesen wird die Begründung eines Arbeitsverhältnisses unabhängig vom Abschluss eines Arbeitsvertrages und ohne entsprechenden rechtsgeschäftlichen Willen des Arbeitgebers festgesetzt. Mit diesen punktuellen Regelungen will der Gesetzgeber jedoch nicht die arbeitgeberische Vertragsfreiheit durchbrechen, es geht vielmehr um die Durchsetzung rechtspolitischer Bestrebungen, die nicht als Verletzung der Berufsfreiheit des Arbeitgebers gewertet werden können[10]. Nachfolgend soll ein kurzer Überblick über die bestehenden Regelungen gegeben werden.

a) § 78a BetrVG, § 9 BPersVG

Ein Auszubildender, der Mitglied der Jugend- und Auszubildendenvertretung oder des Betriebsrates ist, kann nach Beendigung des Ausbildungsverhältnisses vom Arbeitgeber Weiterbeschäftigung auf unbestimmte Zeit verlangen, § 78a BetrVG. Mit dieser Vorschrift sollen Auszubildende geschützt werden, die sonst wegen ihrer Betriebsratszugehörigkeit ggf. nicht in ein Beschäftigungsverhältnis am Ende ihrer Ausbildungszeit übernommen werden würden. Eine dem § 78a BetrVG entsprechende Regelung findet sich für die dem BPersVG unterfallenden Verwaltungen in § 9 BPersVG.

b) § 102 Abs. 5 BetrVG

Nach § 102 Abs. 5 BetrVG kann der ordentlich gekündigte Arbeitnehmer die Weiterbeschäftigung vom Arbeitgeber verlangen, wenn der Betriebsrat seiner Kündigung widersprochen und er Kündigungsschutzklage erhoben hat.

---

9 MüHdbAR – *Buchner*, § 39 Rz. 46.

10 MüHdbAR – *Buchner*, § 39 Rz. 48.

c) § 10 AÜG

Fehlt bei der gewerbsmäßigen Arbeitnehmerüberlassung dem Arbeitnehmerverleiher die nach § 1 AÜG erforderliche Erlaubnis, so sind Verträge, die er mit dem Arbeitnehmerentleiher und dem Leiharbeitnehmer schließt, nach § 9 Nr. 1 AÜG unwirksam. Um die Arbeitnehmer zu schützen, kommt in diesem Fällen gem. § 10 Abs. 1 AÜG ein Arbeitsverhältnis kraft gesetzlicher Fiktion zwischen Arbeitnehmerentleiher und Leiharbeitnehmer zustande.

d) § 613a BGB

In Fällen eines Betriebsübergangs gehen gem. § 613a BGB die Arbeitsverhältnisse auf den neuen Betriebsinhaber über, ohne dass dieser seinen rechtsgeschäftlichen Willen betätigen könnte.

e) Art. 20 Abs. 1 Satz 1 des Einigungsvertrages i. V. m. Anlage I Kapitel XIX Sachgebiet A Abschnitt III

Nach Art. 20 Abs. 1 Satz 1 des Einigungsvertrages i. V. m. Anlage I Kapitel XIX Sachgebiet A Abschnitt III sind die Arbeitsverhältnisses im öffentlichen Dienst im Rahmen der deutschen Vereinigung kraft Gesetz übergegangen.

f) Zwischenergebnis

In den §§ 78a BetrVG, 9 BPersVG, § 102 Abs. 5 BetrVG, § 10 AÜG, § 613a BGB, sowie Art. 20 Abs. 1 Satz 1 des Einigungsvertrages i. V. m. Anlage I Kapitel XIX Sachgebiet A Abschnitt III finden sich einzelne Regelungen, nach denen Arbeitsverhältnisse ohne Betätigung des rechtsgeschäftlichen Willens des Arbeitgebers begründet werden. In diesen Fällen kann der Arbeitgeber also die ihm durch Art. 12 GG gewährleistete Vertragsfreiheit nicht ausüben. Da es sich bei diesen Fällen jedoch nur um Einzelfälle handelt, die unter sehr engen Voraussetzungen greifen, bestehen keine Bedenken im Hinblick auf Art. 12 GG[11]. Diese Fälle sind für die weitere arbeitsrechtliche Darstellung aber auch im Hinblick auf die sich anschließende strafrechtliche Untersuchung des Anstellungsbetruges ohne Belang.

---

11 MüHdbAR – *Buchner*, § 39 Rz. 62.

2. Gesetzliche Beschränkungen des Arbeitgebers

Darüber hinaus wird in die Einstellungsentscheidung des Arbeitgebers durch einige spezielle gesetzliche Benachteiligungsverbote eingegriffen, die die Abschlussfreiheit des Arbeitgebers beschränken.

a) Art. 33 Abs. 2 GG

Art. 33 Abs. 2 GG enthält eine umfassende Bindung der Auswahlentscheidung des öffentlichen Arbeitgebers. Danach ist der öffentliche Dienstherr verpflichtet, öffentliche Ämter nach Eignung, Befähigung und fachlicher Leistung zu vergeben.

b) § 611a BGB

§ 611a BGB enthält ein Diskriminierungsverbot wegen des Geschlechts. Danach darf der Arbeitgeber gem. § 611a BGB bei der Begründung von Arbeitsverhältnissen einen Arbeitnehmer nicht wegen seines Geschlechts benachteiligen. Im Falles des Verstoßes steht dem benachteiligten Arbeitnehmer aus § 611a Abs. 2, 1. Hs. BGB zwar eine Entschädigung in Geld zu, einen Einstellungsanspruch kann der abgelehnte Arbeitnehmer hingegen nicht geltend machen (§ 611a Abs. 2, 2. Hs. BGB).

c) § 81 SGB IX

Seit dem 01.07.2001 ist in § 81 SGB IX ein Diskriminierungsverbot für Schwerbehinderte verankert, nach dem der Arbeitgeber den Bewerber schon bei der Einstellung nicht wegen seiner Behinderung diskriminieren darf. Zwar entsteht dem Bewerber beim Verstoß gegen dieses Diskriminierungsverbot kein Anspruch auf die Begründung eines Arbeitsverhältnisses, er kann aber auch in einem solchen Fall eine Entschädigung in Geld verlangen (§ 81 Abs. 2 Nr. 2 SGB IX).

d) Art. 39 EG-Vertrag und EG-VO 1612/68

Ein spezielles Diskriminierungsverbot enthält Art. 39 EG-V und EG-VO 1612/68. Hieraus ergibt sich ein Benachteiligungsverbot von EG-Staatsbürgern aufgrund fehlender deutscher Staatsangehörigkeit.

e) Art. 9 Abs. 3 Satz 1 GG

Art. 9 Abs. 3 GG enthält ein spezielles Diskriminierungsverbot zum Schutze der Koalitionsfreiheit, das gem. Satz 2 unmittelbare Drittwirkung entfaltet[12]. Danach ist die Auswahlfreiheit des Arbeitgebers dahingehend eingeschränkt, dass er seine Entscheidung nicht vom koalitionsmäßigen Status des Bewerbers abhängig machen darf. Regelungen, die entweder das positive oder negative Koalitionsrecht einschränken oder die Zugehörigkeit zu einer bestimmten Gewerkschaft gerade verlangen oder untersagen, sind rechtswidrig[13].

f) Art. 5 Abs. 1 GG

Auch Art. 5 Abs. 1 GG ist geeignet, der Entscheidungsfreiheit des Arbeitgebers punktuell Grenzen zu setzen. Dies hat das BVerfG in seiner Entscheidung vom 09.05.1992 deutlich gemacht, in der sich ein Arbeitgeber weigerte, einen Auszubildenden in ein Arbeitsverhältnis zu übernehmen, der in einer Schülerzeitung seine Eindrücke von einer Demonstration drastisch geschildert hatte. Das BVerfG statuierte, dass der Arbeitgeber die Bedeutung und die Tragweite des Grundrechts auf Meinungsfreiheit verkenne, wenn er aufgrund von Aussagen in einem Presseartikel pauschal die grundsätzliche Gewaltbereitschaft folgere. Allerdings könne nicht hieraus geschlossen werden, dass die Meinungsfreiheit grundsätzlich Vorrang vor der Vertragsfreiheit des Arbeitgebers erlangen würde[14].

g) Art. 3 Abs. 3 GG

Fraglich ist, ob auch aus Art. 3 Abs. 3 GG ein Diskriminierungsverbot zugunsten des Geschlechts, der Abstammung, der Rasse, der Sprache, der Heimat und Herkunft, des Glaubens oder der religiösen und politischen Anschauung abgeleitet werden kann. Das Diskriminierungsverbot wegen des Geschlechts ist mittlerweile in § 611a BGB positiv normiert. Für die übrigen in Art. 3 Abs. 3 GG genannten Kriterien fehlt es an solch einer Vorschrift. Im Gegensatz zu Art. 9 Abs. 3 GG, der eine ausdrückliche Anordnung der Drittwirkung enthält, lässt die Vorschrift des Art. 3 Abs. 3 GG eine solche vermissen. Ob dennoch eine verbindliche Bindung der Diskriminierungsverbote aus Art. 3 Abs. 3 GG besteht, erscheint fraglich.

---

12 Maunz/Dürig – *Scholz*, Art. 9 GG Rz. 171, 332.

13 MüHdbAR – *Buchner*, § 39 Rz. 78.

14 BVerfG Beschluss vom 13.02.1996 – 1 BvR 262/91, NJW 1996, 1529.

Zur Begründung für eine unmittelbare Geltung von Art. 3 Abs. 3 GG wird teilweise auf §§ 138, 826 BGB Bezug genommen[15]. Das BAG, das in seiner früheren Rechtsprechung von der unmittelbaren Drittwirkung der Grundrechte ausging[16], stützt sich hingegen zur Begründung auf § 134 BGB. Letztlich kann dahinstehen, ob das Diskriminierungsverbot aus § 138 BGB oder § 134 BGB abgeleitet werden kann, da heute jedenfalls die Geltung des Art. 3 Abs. 3 GG im Privatrecht als verbindlich angesehen wird[17].

h) Kollektivvertragliche Bindung des Arbeitgebers

Eine darüber hinaus gehende Bindung des Arbeitgebers kann sich aus kollektivvertraglichen Regelungen, wie Tarifverträgen und Betriebsvereinbarungen sowie dem Betriebsverfassungsrecht ergeben.

aa) Tarifvertragliche Regelungen

Die Einstellungsentscheidung des Arbeitgebers kann durch Tarifverträge auf verschiedene Arten beeinflusst werden. Hier kommen zunächst Abschlussgebote, wie Abschlussverbote als Abschlussnormen i. S. d. § 1 Abs. 1 TVG in Frage, die die Arbeitsvertragsparteien in ihrer Abschlussfreiheit im Interesse der Arbeitnehmerschaft beschränken. So kann bestimmten Arbeitnehmern ein Anspruch auf Einstellung insbesondere in Form eines tariflichen Wiedereinstellungsanspruchs eingeräumt werden. Andererseits kann auch der Arbeitsvertragsabschluss tarifvertraglich untersagt werden, wenn z. B. Gründe des Gesundheitsschutzes gegen ihn sprechen[18]. Ferner sind tarifliche Regelungen zur Besetzung bestimmter Arbeitsplätze – sog. Besetzungsregeln – denkbar, die im Interesse der Belegschaft oder bestimmter Gruppen der Arbeitnehmerschaft getroffen werden. So kann beispielsweise eine Besetzungsregel dahingehend vereinbart werden, dass Arbeitsplätze nur mit Arbeitnehmern bestimmter Qualifikation besetzt werden dürfen, um die Belegschaft oder einen Berufsstand vor unqualifiziertem Personal zu schützen[19]. Diese tarifvertraglichen Besetzungsregeln sind nach Ansicht des BAG dann verfassungsgemäß und verstoßen nicht

---

15 *Zöllner*, 52. DJT, 1978, Gutachten D, D 105/106; Maunz/Dürig – *Dürig*, Art. 3 Abs. 2 GG Rz. 52.

16 BAG Urteil vom 28.09.1972 – 2 AZR 469/71, AP 2 zu § 134 BGB.

17 *Hanau*, FS-Kahn-Freund, 1980, S. 457 (470); MüHdbAR – *Buchner*, § 39 Rz. 82.

18 MüHdbAR – *Buchner*, § 39 Rz. 88.

19 *Buchner*, RdA 1966, 208; *Löwisch/Rieble*, § 1 TVG Rz. 806; MüHdbAR – *Buchner*, § 39 Rz. 88.

gegen Art. 12 GG, wenn sie aus vernünftigem Sachgrund heraus gerechtfertigt und verhältnismäßig sind[20].

bb) Betriebsverfassungsrechtliche Regelungen

Auch aus betriebsverfassungsrechtlicher Sicht kommen Einschränkungen der Vertragsfreiheit, insbesondere der Abschlussfreiheit, des Arbeitgebers in Betracht. In diesem Zusammenhang sind insbesondere die §§ 95 und 99 BetrVG zu nennen.

§ 99 Abs. 1 BetrVG beschränkt die Einstellungsfreiheit des Arbeitgebers in Betrieben mit mehr als 20 Arbeitnehmern durch ein Mitbestimmungsrecht des Betriebsrates. In diesen Fällen muss der Arbeitgeber den Betriebsrat vor der Einstellung eines neuen Mitarbeiters unterrichten und dessen Zustimmung einholen. Der Betriebsrat kann allerdings die Zustimmung nicht nach freiem Belieben verweigern, sondern ist bei Ablehnung an die in § 99 Abs. 2 BetrVG abschließend normierten Zustimmungsverweigerungsgründe gebunden[21]. Verweigert der Betriebsrat die Zustimmung zu der vom Arbeitgeber geplanten Einstellung, kann der Arbeitgeber beim Arbeitsgericht beantragen, die Zustimmung zu ersetzen, § 99 Abs. 4 BetrVG. Verletzt der Arbeitgeber das Mitbestimmungsrecht des Betriebsrates, ist zwar der Arbeitsvertrag mit dem neuen Arbeitnehmer wirksam geschlossen, der Betriebsrat kann jedoch gem. § 101 BetrVG verlangen, dass der Arbeitnehmer nicht im Betrieb beschäftigt wird[22].

Weiterhin kann die Auswahlfreiheit des Arbeitgebers über § 95 BetrVG eingeschränkt werden, wenn der Arbeitgeber mit dem Betriebsrat Richtlinien über die personelle Auswahl bei der Einstellung vereinbart. Nach § 95 Abs. 2 BetrVG kann der Betriebsrat in Betrieben mit mehr als 1000 Arbeitnehmern sogar die Beachtung von fachlichen und persönlichen Voraussetzungen sowie sozialen Gesichtspunkten verlangen.

Damit erhält der Betriebsrat durch diese Vorschrift das stärkste Beteiligungsrecht in Angelegenheiten, die in den Bereich der Personalplanung fallen[23]. Durch sie soll die Personalführung in Betrieben durchschaubarer, die Entscheidungen versachlicht und Streitigkeiten über personelle Maßnahmen

---

20 BAG Beschluss vom 26.04.1990 – 1 ABR 84/87, AP 57 zu Art. 9 GG; BAG Beschluss vom 22.01.1991 – 1 ABR 19/90, AP 57a zu Art. 9 GG; auch schon zuvor BAG Beschluss vom 13.09.1983 – 1 ABR 69/81, AP 1 zu § 1 TVG Tarifverträge: Druckindustrie; so auch *Reuter*, ZfA 1978, 1 ff.; *Löwisch/Rieble*, § 1 TVG Rz. 809.

21 *Richardi*, § 99 BetrVG Rz. 183.

22 *Richardi*, § 99 BetrVG Rz. 293.

23 *Richardi*, § 99 BetrVG Rz. 1.

zwischen den Arbeitsvertragsparteien und dem Betriebsrat vermieden werden[24]. Um dieses Ziel zu erreichen, hat der Gesetzgeber in Großbetrieben mit mehr als 1000 Arbeitnehmern über das Vetorecht hinaus in § 95 Abs. 2 BetrVG ein Initiativrecht für die Aufstellung von Richtlinien über die bei Personalmaßnahmen im Betrieb zu beachtenden objektiven Kriterien installiert, da gerade hier die größere Zahl gleichartiger personeller Maßnahmen die Aufstellung objektivierender Richtlinien notwendig erscheinen lässt[25].

Zwar wurden beim Erlass des BetrVG 1972 verfassungsrechtliche Bedenken gegen die Vorschrift erhoben, da sie die unternehmerische Betätigungsfreiheit unzulässig beschränken solle, diese Bedenken sind aber bei verfassungskonformer Auslegung ausgeräumt. Da sich das Gesetz auf die Festlegung einer betriebsverfassungsrechtlichen Richtlinienkompetenz beschränkt, die dem Arbeitgeber die personelle Auswahlentscheidung belässt und außerdem die Gestaltung der Auswahlrichtlinien durch die in Abs. 2 genannten Gesichtspunkte bestimmt wird, liegt eine zulässige Berufsausübungsregelung i. S. d. Art. 12 Abs. 1 Satz 2 GG vor. Die Mitbestimmungsnorm kann also verfassungskonform interpretiert werden[26].

i) Zwischenergebnis

Festzuhalten bleibt damit, dass die Vertragsfreiheit des Arbeitgebers nicht grenzenlos ist, sondern dass der Arbeitgeber bei der Einstellungsentscheidung die verschiedenen Diskriminierungsverbote der Art. 3 Abs. 3 GG, Art. 5 Abs. 1 GG, Art. 9 Abs. 3 GG, Art. 39 EG-Vertrag, sowie § 611a BGB und § 81 SGB IX beachten muss. Der öffentliche Arbeitgeber ist darüber hinaus umfassend über Art. 33 Abs. 2 GG in seiner Entscheidung gebunden. Bei Tarifgebundenheit des Arbeitgebers können weitere Einschränkungen in der Entscheidungsfreiheit hinzukommen. Findet das BetrVG Anwendung muss der Arbeitgeber bei seiner Einstellungsentscheidung darüber hinaus §§ 95 und 99 BetrVG beachten.

C. Rechtliche Bindung der Auswahlentscheidung des Arbeitgebers

Ob der Arbeitgeber abgesehen von den bestehenden gesetzlichen Einschränkungen eine freie Einstellungsentscheidung treffen darf oder ob eine darüber hinaus gehende rechtliche Bindung besteht, die den Arbeitgeber zwingt, die Auswahlentscheidung von sachbezogenen Kriterien abhängig zu machen, bedarf der

---

24 *Fitting*, § 95 BetrVG Rz. 2; *Richardi*, § 99 BetrVG Rz. 1.

25 *Richardi*, § 95 BetrVG Rz. 1.

26 *Richardi*, § 95 BetrVG Rz. 4.

Prüfung. Dies wird von einigen Stimmen in der Literatur befürwortet mit der Konsequenz, dass der private Arbeitgeber die Auswahl unter den Bewerbern nicht mehr nach seinem Belieben treffen darf, sondern eine ermessensfehlerfreie Entscheidung bei der Einstellung des Bewerbers treffen muss. Dies wird mit einem allgemeinen Diskriminierungsverbot begründet, das den Arbeitgeber verpflichten soll, seine Einstellungsentscheidung, ähnlich dem öffentlichen Dienstherrn, von sachlichen Kriterien, wie Eignung, Befähigung und fachlicher Leistung abhängig zu machen. Fraglich ist, ob eine solche Bindung aus dem geltenden Recht entnommen werden kann.

I. Herrmann

Für *Herrmann*[27] bildet § 611a BGB die Rechtsgrundlage für eine Beschränkung der Abschlussfreiheit des Arbeitgebers. § 611a BGB regele nicht nur ein geschlechtsspezifisches Diskriminierungsverbot in Absatz 1, sondern aus § 611a Abs. 1 Satz 3 BGB lasse sich vielmehr auch entnehmen, dass der Arbeitgeber seine Auswahlentscheidung nach Sachgesichtspunkten treffen müsse, die in Bezug zur Tätigkeit und dem Betrieb stehen. Durch § 611a BGB, als Zivilrecht gewordener Art. 33 Abs. 2 GG, werde die Abschlussfreiheit des Arbeitgebers für den Arbeitsvertrag weitgehend aufgehoben, so dass für eine Entscheidung aus Sympathie, Eingebung, Belieben oder Willkür kein Raum mehr bleibe[28].

Dieses Verständnis von § 611a BGB geht jedoch zu weit. Nach § 611a Abs. 1 Satz 3 BGB muss der Arbeitgeber bei Bewerbern unterschiedlichen Geschlechts im Streitfalle beweisen, dass er nicht nach geschlechtsspezifischen Gesichtspunkten differenziert hat. Hieraus eine Begründungspflicht herzuleiten, würde die Vertragsfreiheit übergebührlich einschränken. Allein aus der amtlichen Begründung des § 611a BGB kann nicht ohne weiteres ein allgemeines Diskriminierungsverbot hergeleitet werden, ein solches entspricht nicht dem Gesetzeszweck. Die Unterbindung von geschlechtsspezifischen Diskriminierungen bedingt nicht notwendigerweise eine nach sachlichen Auswahlkriterien zu rechtfertigende Arbeitgeberentscheidung[29]. Somit überzeugen die Überlegungen von *Herrmann*, die Abschlussfreiheit über § 611a BGB einzuschränken, nicht.

---

27 *Herrmann*, ZfA 1996, 19 ff.

28 *Herrmann*, ZfA 1996, 19 (29).

29 MüHdbAR – *Buchner*, § 39 Rz. 109.

II. Leipold

Für *Leipold*[30] liegen die rechtlichen Bindungen des Arbeitgebers bei der Einstellung in einem „Recht auf Arbeit" begründet, welches er im Hinblick auf Art. 1 der Europäischen Sozialcharta (ESC) als besonderes Persönlichkeitsrecht aus dem Allgemeinen Persönlichkeitsrecht herleitet. Der Gebrauch der persönlichen Fähigkeiten, um durch Arbeit seinen Lebensunterhalt zu verdienen, gehöre zu den elementarsten Äußerungen der Person im gesellschaftlichen Zusammenleben. Statte man den Bewerber mit dem „Recht auf Arbeit" aus, so stehe er dem Arbeitgeber bei der Einstellung nicht mehr schutzlos gegenüber, sondern könne vielmehr von diesem Recht Gebrauch machen. Dadurch könne der Arbeitgeber die Kriterien der Einstellungsentscheidung nicht mehr nach freiem Belieben festlegen, sondern müsse die Einstellungsvoraussetzungen von sachbezogenen Gesichtspunkten abhängig machen. Zwar solle aus diesem „Recht auf Arbeit" grundsätzlich kein Anspruch auf Einstellung abgeleitet werden können, da dem Arbeitgeber bei der Bewertung der sachlichen Kriterien (Eignung, Befähigung) ein Beurteilungsspielraum zugestanden werden müsse. Das „Recht auf Arbeit" solle jedoch dem Arbeitnehmer eine Rechtsposition ähnlich der für den öffentlichen Dienst entwickelten Grundsätze des Art. 33 Abs. 2 GG verschaffen[31].

Gegen eine rechtliche Bindung des Arbeitgebers bei der Einstellung durch das „Recht auf Arbeit" spricht bereits seine Herleitung. Das richterrechtlich aus Art. 1, 2 Abs. 1 GG entwickelte Persönlichkeitsrecht ist bisher nur auf die Abwehr persönlichkeitsbeeinträchtigender Eingriffe gerichtet. Ein „Recht auf Arbeit", durch das vom Arbeitgeber ein Leistungsverhalten gefordert werden kann, vermag hieraus nicht abgeleitet werden. Auch Art. 1 ESC, aus dem *Leipold* das „Recht auf Arbeit" ableitet, verpflichtet den Arbeitgeber nicht unmittelbar. Die vertragsschließenden Parteien der Charta haben zwar vereinbart, das Recht des Arbeitnehmers, seinen Lebensunterhalt durch eine frei übernommene Tätigkeit zu verdienen, wirksam zu schützen. Damit soll aber kein Recht des Bewerbers auf einen Arbeitsplatz geschaffen werden, mit dem dieser von einem Unternehmen die Einstellung oder auch nur eine sachbezogen getroffene Entscheidung bei der Besetzung eines offenen Arbeitsplatzes verlangen könnte. Da dies auch *Leipold* erkennt, greift er auf das Persönlichkeitsrecht zurück. Die Kombination zweier rechtlicher Erwägungen, die einzeln nicht als Grundlage taugen, ergeben aber noch nicht das gewünschte Ergebnis[32].

---

30 *Leipold*, ArbuR 1971, 161 ff.

31 *Leipold*, ArbuR 1971, 161 (165).

32 MüHdbAR – *Buchner*, § 39 Rz. 108.

Ein individuelles „Recht auf Arbeit“ würde letztlich erfordern, dass der Staat über die Arbeitsplätze verfügt und damit über die Wirtschaft gebieten kann. Das könnte er aber nur in einer Planwirtschaft, in der für private Unternehmen kein Platz ist[33]. Mit marktwirtschaftlichen Verhältnissen ist ein solches Recht unvereinbar[34]. Daher vermag der Ansatz von *Leipold* nicht zu überzeugen.

III. Otto

Otto will die Vertragsfreiheit des Arbeitgebers über § 99 Abs. 2 Nr. 1 bzw. Nr. 4 i. V. m. § 75 Abs. 1 BetrVG einschränken, um damit eine dem Art. 33 Abs. 2 und Abs. 3 GG vergleichbare Bindung zu erreichen[35]. § 75 Abs. 1 BetrVG verbiete über den allgemeinen arbeitsrechtlichen Gleichheitsgrundsatz, der nur betriebsangehörige Arbeitnehmer begünstige, und über Art. 3 Abs. 3 GG hinaus bestimmte Diskriminierungen. Gerade in Verbindung mit § 99 Abs. 2 BetrVG diene die Norm nicht nur dem innerbetrieblichen Interesse an einer möglichst gerechten Personalpolitik, ihr weiterer Zweck sei, dem Schutz des Individuums zu dienen. Die unmittelbare Geltung dieses Diskriminierungsverbotes führe auch nicht zu einer zusätzlichen Sozialbindung des Arbeitgebers in Bezug auf seine Vertragsfreiheit auf arbeitsvertraglicher Ebene, da dieser ohnehin an die Grenzen des § 99 Abs. 2 Nr. 4 BetrVG gebunden sei[36]. *Otto* sieht durch § 75 BetrVG den Handlungsspielraum des Arbeitgebers sogar so weit eingeschränkt, dass er einen Kontrahierungszwang bejaht[37].

Otto verkennt jedoch, dass die Normen des BetrVG, insbesondere § 99 und § 75 BetrVG gerade keine den außen stehenden Bewerber begünstigende Wirkung entfalten[38]. Im Ergebnis räumt *Otto*[39] dem Arbeitgeber aber schließlich doch noch einen Spielraum für eine willkürliche Entscheidung ein, denn auch seiner Ansicht nach muss sich der Arbeitgeber bei gleicher Eignung nicht für den Bewerber entscheiden, der ihm unsympathischer ist. Diesen Spielraum will *Otto* in Kleinbetrieben noch vergrößern, in denen die Arbeitnehmer nicht einmal dem KSchG unterliegen. Eine weitergehende Bindung des Arbeitgebers

---

33 *Gamillscheg*, ArbR I, S. 115.

34 HAS – *Stevens-Bartol*, § 7 C Rz. 2.

35 *Otto*, Personale Freiheit und soziale Bindung, München, 1978, S. 28.

36 *Otto*, Personale Freiheit, S. 29 f.

37 *Otto*, Personale Freiheit, S. 33.

38 MüHdbAR – *Buchner*, § 39 Rz. 105.

39 Vgl. *Otto*, Personale Freiheit, S. 51 ff.

würde auch nach Meinung von *Otto* eine gesetzliche Grundlage voraussetzen, die gegenwärtig nicht zur Verfügung stehe[40]. Daher ist seine Ansicht abzulehnen.

IV. Gamillscheg

Auch *Gamillscheg*[41] fordert für den Arbeitgeber die Verpflichtung, die Auswahl eines neuen Mitarbeiters nur von sachbezogenen Gründen abhängig zu machen[42]. Ein Bewerber, der die Voraussetzungen der Einstellung erfülle, dürfe nicht ohne oder aus nichtigem Grund abgewiesen werden. Im Falle seiner Ablehnung habe ein solcher Bewerber einen Anspruch auf Einstellung.

Bis zur Einführung des § 611a BGB war *Gamillscheg* der Ansicht, dass der Arbeitgeber bei der Einstellung nicht nach Eigenschaften unterscheiden dürfe, die in Art. 3 Abs. 3 GG als Unterscheidungsmerkmale ausgeschlossen seien. Denn die durch Art. 2 GG abgesicherte Abschlussfreiheit gebe dem Arbeitgeber Macht über Menschen, die nicht über das Recht auf wirtschaftliche Entfaltungsfreiheit oder das Grundrecht auf Schutz des Eigentums am Unternehmen legitimiert werde. Die Rechtsordnung könne nicht auf der einen Seite das Eigentum an den Produktionsmitteln schützen, andererseits dem Unternehmer Freiheiten in seiner Einstellungspolitik zugestehen, die es dem Unternehmer ermöglichen, Unterscheidungen zu treffen, die der Staat sich selbst verbiete und die auch der Arbeitgeber bei bestehendem Arbeitsverhältnis (entsprechend § 75 BetrVG und dem Gebot der Gleichbehandlung) nicht zugrunde legen dürfe. Daher forderte er noch Mitte der 70er Jahre anlässlich der Diskussion um die Schaffung eines neuen Arbeitsgesetzbuches für die Kodifikation eine dementsprechende Regelung[43].

Nach Einführung des § 611a BGB, der das Diskriminierungsverbot wegen des Geschlechts regelt, räumt *Gamillscheg* in Bezug auf seine bis dahin vertretene Ansicht ein: „Was heute gilt, ist unklar"[44]. Dennoch hält er an seiner Forderung nach einer Pflicht zur sachgerechten Auswahl fest und begründet sie nunmehr damit, dass der Arbeitgeber Treuhänder der Allgemeinheit bei der Verwaltung des Gutes Arbeitsplatz sei. Es sei nicht einzusehen, dass gerade in einem Bereich, in dem die Existenzchancen der großen Mehrheit der Bevölkerung vergeben werden, ein Grundrecht des Arbeitgebers auf Willkür bestehe.

---

40 Vgl. *Otto*, Personale Freiheit, S. 56.

41 *Gamillscheg*, AcP 164, 1964, 385 ff.; *Gamillscheg*, FS-Weber, 1974, S. 793 ff.; *Gamillscheg*, ArbR I, S. 127 ff.

42 Zustimmend *Hanau/Adomeit*, ArbR, Rz. 633.

43 *Gamillscheg*, FS-Weber, 1974, S. 793 (802).

44 *Gamillscheg*, ArbR I, S. 127.

Daher könne die dem Arbeitgeber durch Art. 2 und Art. 12 GG gewährte Freiheit nicht weiter als beim Weisungsrecht und beim Kündigungsrecht reichen[45].

Schon vor der Einführung des § 611a BGB ist *Gamillschegs* Ansicht in der Literatur überwiegend auf Kritik gestoßen. Da sich § 75 BetrVG nicht auf Personen außerhalb des Betriebes beziehe, könne weder aus § 75 Abs. 1 noch aus Abs. 2 BetrVG eine Verpflichtung des Arbeitgebers zur Einstellung eines Bewerbers abgeleitet werden[46]. Die Verpflichtung zur Gleichbehandlung aller dem Betrieb angehörenden Mitarbeiter habe nämlich nichts mit der Frage zu tun, wie sich der Arbeitgeber gegenüber den Bewerbern verhalten dürfe[47]. Darüber hinaus erkenne *Gamillscheg* nicht, wie unmenschlich für den abgelehnten Bewerber der Begründungszwang für den Nichtabschluss des Arbeitsvertrages sein kann[48].

Die Ansicht von *Gamillscheg* orientiert sich weder an den Gegebenheiten der Praxis, noch trägt sie dem Erfordernis der Entlastung der Gerichte Rechnung[49]. Die Beseitigung der Abschlussfreiheit und der freien Partnerwahl reduziert den Arbeitsvertrag auf eine instrumentelle Funktion und führt zu einer Trennung vom übrigen Zivilrecht[50].

Die Forderungen *Gamillschegs* stehen aber auch im Widerspruch zum geltenden Recht. Der Gesetzgeber hat mit der Einführung des § 611a BGB im Jahre 1980 und seiner Änderung im Jahre 1998 eine eindeutige Rechtslage geschaffen und dieser Ansicht eine klare Absage erteilt.

V. Richardi

Richardi[51] hat sich anlässlich der Veröffentlichung des Entwurfes eines Arbeitsgesetzbuches durch die Arbeitsgesetzbuchkommission in den 70er Jahren für eine Regelung ausgesprochen, nach der ein Arbeitgeber verpflichtet werden soll, nur aus sachbezogenen, den Arbeitsplatz betreffenden Gründen, einen Bewerber abzuweisen. Dabei befürwortet er in engen Grenzen einen Einstellungsanspruch des abgelehnten Bewerbers. Diesen will *Richardi* in den Fällen bejahen, in denen ein Arbeitgeber den Arbeitsmarkt bei der Besetzung bestimmter

---

45 *Gamillscheg*, ArbR I, S. 129/130.

46 *Galperin/Löwisch*, § 75 BetrVG Rz. 5; GK-BetrVG – *Kreutz*, § 75 Rz. 13, 34.

47 *Zöllner*, AcP 176, 1976, 221 (226).

48 *Zöllner*, AcP 176, 1976, 221 (226/227).

49 *Zöllner*, AcP 176, 1976, 221 (226/227).

50 *Zöllner*, AcP 176, 1976, 221 (227).

51 *Richardi*, JZ 1978, 485 ff.

Arbeitsplätze so beherrscht, dass es dem Bewerber unmöglich ist, auf einen anderen Arbeitgeber auszuweichen. Unterhält der Arbeitgeber also ein Monopol der Arbeitsplätze, soll seine Auswahlentscheidung gerichtlicher Kontrolle zugänglich sein. Die Grenze will *Richardi* mit einer Regelung, ähnlich dem § 26 Abs. 2 GWB, festlegen. In Anlehnung an § 22 GWB handele es sich um einen marktbeherrschenden Arbeitgeber, wenn dieser als Anbieter von Arbeitsplätzen bzw. Nachfrager bestimmter Arbeitstätigkeiten ohne Wettbewerber sei, keinem wesentlichen Wettbewerb ausgesetzt sei oder im Verhältnis zu seinen Wettbewerbern auf dem Arbeitsmarkt eine überragende Marktstellung habe. Ausschließlich in Fällen einer derartigen Marktbeherrschung sei eine gerichtliche Kontrolle darüber, ob der Arbeitgeber einen Bewerber aus sachbezogenen, den zu besetzenden Arbeitsplatz betreffenden Gründen abgewiesen hat, angezeigt[52].

Die Frage des Abschlusszwanges wird insbesondere in Monopolbereichen brisant. Problematisch ist dann, wie man eine Abgrenzung nach Unternehmensgrößen vornehmen kann. Dies erfordert jedoch nur dann eine eingehende Diskussion, wenn man überhaupt ein Regelungsbedürfnis bejaht. Dies wird jedoch schon bestritten[53].

Auch *Richardis* Forderungen nach der rechtlich gebundenen Auswahlentscheidung des Arbeitgebers beziehen sich auf ein zukünftiges Arbeitsrecht. Klar geht aus seinen Äußerungen hervor, dass er eine solche Regelung für erstrebenswert hält und diese in ein zukünftiges Arbeitsgesetzbuch aufnehmen möchte. Auf das geltende Recht bezogen kann aber auch *Richardi* keine gebundene Auswahlentscheidung des Arbeitgebers herleiten.

VI. Badura

Badura[54] erwägt, ob nicht bereits aus dem geltenden Recht ein Anspruch des Arbeitsplatzbewerbers gegen den potentiellen Arbeitgeber auf eine sachbezogene objektivierte Entscheidung über seine Bewerbung besteht. Diesen Anspruch möchte er als arbeitsrechtliches Grundrecht formulieren. Zwar erkennt *Badura* an, dass die verfassungsrechtliche Garantie der grundsätzlich privatwirtschaftlichen Wirtschaftsordnung dem Arbeitgeber die Disposition über die Arbeitsplätze überlässt, er ist aber der Meinung, dass diese Dispositionsmöglichkeit kraft sozialstaatlicher und sozialer Bindungen des Unternehmenseigentums und der unternehmerischen Wirtschaftsfreiheit zugleich einen gewissen „treuhänderischen" Charakter entfalte. Dabei sollen das Gesetz und die Grund-

---

52 *Richardi*, JZ 1978, 485 (487).

53 *Zöllner*, AcP 176, 1976, 221 (227).

54 *Badura*, FS-Berber, 1973, S. 11 ff.

sätze des Arbeitsrechts bestimmen, welche Dimensionen diese Bindung für den Arbeitgeber entfalte[55].

Hierin liegt aber genau das Problem, denn aus dem geltenden Recht ist eine solche Bindung des Arbeitgebers gerade nicht abzuleiten. Der Gesetzgeber hat durch § 611a Abs. 2 BGB die Entscheidung getroffen, dass zwar im Falle der Geschlechterdiskriminierung ein Anspruch auf Entschädigung in Geld zu zahlen ist. Auch die Neuregelung des SGB IX enthält eine vergleichbare Regelung in § 81 SGB IX. Ein Anspruch auf Begründung eines Arbeitsverhältnisses soll gerade nicht bestehen.

VII. Arbeitsgesetzbuchentwürfe

In verschiedenen Arbeitsgesetzbuchentwürfen wurde immer wieder zu dem Problem der rechtlichen Bindung des Arbeitgebers bei der Einstellungsentscheidung Stellung bezogen.

1. Entwurf des Arbeitsgesetzbuches von 1977

In ihrem Entwurf eines Arbeitsgesetzbuches – Allgemeines Arbeitsvertragsrecht – aus dem Jahre 1977 hat die Arbeitsgesetzbuchkommission in Art. 3 Abs. 4 Satz 1 den Grundsatz der Vertragsfreiheit bei der Begründung eines Arbeitsverhältnisses bestätigt, sodann aber in Art. 3 Abs. 4 Satz 2 festgelegt, dass der Arbeitgeber bei der Einstellung einen Arbeitnehmer nur aus sachbezogenen, den zu besetzenden Arbeitsplatz betreffenden Gründen abweisen darf. Darüber hinaus sollte der Arbeitgeber dabei an die Diskriminierungsverbote der Art. 2 Abs. 1 und 2 des Entwurfes – entsprechend der Diskriminierungsverbote der Art. 3 Abs. 2 und 3 GG – gebunden sein[56].

2. Arbeitsvertragsgesetzentwürfe aufgrund von Art. 30 Einigungsvertrag

Art. 30 Nr. 1 des Einigungsvertrags vom 31.08.1990 gab dem gesamtdeutschen Gesetzgeber die Aufgabe, das Arbeitsvertragsgesetz neu zu kodifizieren. Infolge dessen kam es zu einigen Entwürfen für ein neues Arbeitsvertragsgesetz.

---

55 *Badura*, FS-Berber, 1973, S. 11 (22).

56 Bundesministerium für Arbeit und Sozialordnung (Hrsg.), Arbeitsgesetzbuchkommission, Entwurf eines Arbeitsgesetzbuches, Allgemeines Arbeitsvertragsrecht, 1977.

a) Diskussionsentwurf Arbeitsvertragsgesetz von 1992 (sog. Professorenentwurf)[57]

Der Diskussionsentwurf für ein neues Arbeitsvertragsgesetz vom Arbeitskreis Deutsche Rechtseinheit im Arbeitsrecht sah in Art. 1 Abs. 1 den Grundsatz der Vertragsfreiheit bei Begründung eines Arbeitsverhältnisses vor. Schranken bildeten jedoch die vom Arbeitgeber bei der Einstellung eines neuen Mitarbeiters zu beachtenden Diskriminierungsverbote der Art. 4 bis 6. So normierte Art. 4 den allgemeinen arbeitsrechtlichen Gleichbehandlungsgrundsatz, Art. 5 regelte das Verbot der Geschlechterdiskriminierung und sollte § 611a BGB ersetzen und präzisieren[58]. In Art. 6 sollten die Diskriminierungsverbote des Art. 3 Abs. 3 GG, ohne den bereits in Art. 5 speziell geregelten Fall der Geschlechterdiskriminierung, als unmittelbar geltende Grundsätze für das Arbeitsverhältnis übernommen werden[59].

b) Entwurf des Arbeitsvertragsgesetzes des Freistaates Sachsen und Gesetzgebungsantrag des Landes Brandenburg

Dem Professorenentwurf ganz ähnlich sah auch der Gesetzentwurf des Freistaates Sachsen zu einem neuen Arbeitsvertragsgesetz[60]. Er regelte in § 4 den Gleichbehandlungsgrundsatz, in § 5 das Verbot der Geschlechterdiskriminierung und in § 6 ein Diskriminierungsverbot mit dem Inhalt von Art. 3 Abs. 3 GG.

Der Gesetzgebungsantrag des Landes Brandenburg[61] blieb insofern hinter den anderen Entwürfen zurück, als er keine ausdrückliche Regelung zur Vertragsfreiheit enthielt, sondern nur in § 1 ausführte, dass das Arbeitsverhältnis durch Vertrag zu begründen sei. Auch dieser Entwurf enthielt im folgenden eine Regelung zum arbeitsrechtlichen Gleichbehandlungsgrundsatz in § 3, sowie zum Geschlechterdiskriminierungsverbot in § 4 und in § 6 Diskriminierungsverbote entsprechend Art. 3 Abs. 3 GG. § 3 sah darüber hinaus eine ausdrückliche Geltung der Grundrechte des GG für die Anbahnung von Arbeitsverhältnissen und die Betonung des Persönlichkeitsrechts, des Rechts der Gleichheit, das Recht der Glaubens-, Gewissens- und Bekenntnisfreiheit, das Recht der freien Meinungsäußerung und das Recht der Berufsfreiheit vor. § 7 verbot dem Arbeitgeber die Benachteiligung wegen gewerkschaftlicher Einstellung oder Betätigung.

---

57 Arbeitskreis Deutsche Rechtseinheit im Arbeitsrecht, 59. DJT, 1992, Gutachten D.

58 Arbeitskreis Deutsche Rechtseinheit im Arbeitsrecht, 59. DJT, 1992, Gutachten D, D 90.

59 Arbeitskreis Deutsche Rechtseinheit im Arbeitsrecht, 59. DJT, 1992, Gutachten D, D 91.

60 Bundesrat Drucksache 293/95 vom 23.05.1995.

61 Bundesrat Drucksache 671/96 vom 12.09.1996.

c) Zwischenergebnis

Keiner der vorgestellten Entwürfe für ein neues Arbeitsvertragsgesetz ist in geltendes Recht umgesetzt worden. Die Vorgabe von § 30 Abs. 1 Nr. 1 Einigungsvertrag blieb bis heute unerfüllt.

VIII. Ergebnis

Festzuhalten bleibt, dass keiner der dargestellten Ansätze überzeugend eine umfassende Bindung des Arbeitgebers, durch die seine Vertragsfreiheit eingeschränkt würde, zu begründen vermag. Daher ist der Arbeitgeber in seiner Einstellungsentscheidung nicht verpflichtet, den Arbeitsplatz nur nach sachbezogenen Kriterien, wie etwa Eignung, Befähigung und fachlicher Leistung oder ähnlichen sachlich rechtfertigenden Kriterien, zu besetzen. Einen auf die Einstellung bezogenen Rechtfertigungszwang, der den Arbeitgeber in seiner Entscheidung rechtlich binden würde, existiert nach geltendem Recht nicht. Die Rechtsordnung kann dem Arbeitgeber die Berücksichtigung oder Außerachtlassung bestimmter Gründe damit nicht vorgeben. Welche Gesichtspunkte in der Person des Bewerbers den Arbeitgeber zu seiner Entscheidung bewegt haben unterliegt damit keiner Prüfung. Der Arbeitgeber ist mithin frei in seiner Einstellungsentscheidung und an eine sachliche Rechtfertigung nicht gebunden[62].

Dieses Ergebnis erscheint auch vor dem Hintergrund sachgerecht, dass es in einer Gesellschaft mit einer marktwirtschaftlich ausgerichteten Wirtschaftsverfassung und einer auf Wettbewerb und autonomer Unternehmerentscheidung aufbauenden Wirtschaftsordnung nicht sein kann, dass der Bereich Arbeit ausgeklammert und anderen Regeln unterworfen wird. In einer marktwirtschaftlich geprägten Wirtschaftsordnung kann es keinen Kontrahierungszwang geben. Denn wirtschaftliche Entscheidungen können nicht den Unternehmen überlassen werden, wenn ihnen gleichzeitig die Personalentscheidungen entzogen und in die Hände von Staat, Körperschaften und Tarifparteien gelegt werden. Der Staat muss diese Entscheidungen vielmehr den Unternehmen selbst überlassen, denn mit einer Entscheidung für diese Wirtschaftsordnung wird auch die Struktur der Arbeitsverfassung präjudiziert[63].

---

62 So auch MüHdbAR – *Buchner*, § 39 Rz. 115.

63 Vgl. MüHdbAR – *Buchner*, § 39 Rz. 1 f.

D. Das Fragerecht des Arbeitgebers

Um die Problematik der auf Täuschung beruhenden Begründung eines Arbeitsverhältnisses umfassend zu lösen, muss die zugrunde liegende Situation vergegenwärtigt werden. Die Entscheidung über die Einstellung oder Ablehnung eines Bewerbers erfolgt regelmäßig nachdem der Arbeitgeber sich ein Bild von ihm gemacht hat. Diesen Eindruck des Bewerbers erlangt der Arbeitgeber gewöhnlich, indem er Daten durch Anfrage beim Arbeitnehmer selbst erhebt[64]. Dies kann mündlich in einem Einstellungsgespräch oder auch in dessen Vorfeld schriftlich durch einen Einstellungsfragebogen geschehen. Ob der Arbeitgeber dabei jede Frage an den Bewerber stellen darf oder ob er nicht vielmehr Beschränkungen hinsichtlich des Inhalts seiner Fragen unterliegt, wird unter dem Stichwort „Fragerecht des Arbeitgebers“ diskutiert.

I. Unbegrenztes Informationsrecht des Arbeitgebers?

Die Vertragsfreiheit beinhaltet die Freiheit der Vertragsparteien, selbst zu bestimmen, von welchen Umständen sie den Abschluss des Vertrages abhängig machen wollen. Daher gilt prinzipiell, dass die Vertragsparteien bei der Vertragsanbahnung den jeweils anderen Partner auch nach allen Umständen fragen dürfen, die für sie zum Abschluss des Vertrages wesentlich sind. Grundsätzlich steht keinem Dritten die Kompetenz zu, festzulegen, was die Parteien des Vertrages für wesentlich halten dürfen[65]. Übertragen auf die Begründung von Arbeitsverhältnissen hätte dies die Zulässigkeit jeder Frage des Arbeitgebers an den Bewerber zur Folge, mit der Konsequenz, dass dieser stets wahrheitsgemäß antworten müsste[66]. Dies würde bedeuten, dass der Bewerber in der Einstellungssituation sich dem Arbeitgeber in der Ganzheit seiner Person ausliefern und unter dem Druck der Bewerbungssituation auch indiskrete Fragen z. B. nach Intimbeziehungen oder aber der Familienplanung hinnehmen müsste.

Das Prinzip der Vertragsfreiheit geht von zwei gleichgewichtigen Vertragspartnern aus. Im Arbeitsrecht und insbesondere in der Bewerbungssituation stehen sich aber zwei ungleiche Vertragspartner gegenüber. Der Arbeitgeber ist der die Bewerbungssituation dominierende Part, der seine Machtstellung aufgrund der ökonomischen Drucksituation des Bewerbers ausnutzen kann, um auf

---

64 Die Erhebung von Daten bei Dritten kommt zwar auch in Betracht, auf sie kommt es aber für die hier zu bearbeitenden Fragen nicht an.

65 Staudinger – *Richardi*, § 611 BGB Rz. 86.

66 Dies haben früher vereinzelt Stimmen in der Literatur vertreten, ohne jedoch eine Begründung dafür liefern zu können, vgl. hierzu *Degener*, Das Fragerecht des Arbeitgebers gegenüber Bewerbern, Berlin, 1975, S. 53, Fn. 100 f.

den Willen des Bewerbers nahezu unbegrenzt einzuwirken. Er kann ihn scheinbar freiwillig dazu bringen, umfassend auch solche Fragen zu beantworten, deren Beantwortung er ansonsten verweigern würde[67]. Der Bewerber muss sich hingegen auf die bloße Einstellungschance hin dem einseitig vom Arbeitgeber gestalteten Auswahlverfahren unterwerfen[68]. Der Bewerber steht unter starkem Druck, da er wegen der aus dem Arbeitsverhältnis zu erzielenden Einkünfte zur Sicherung seiner Existenzgrundlage darauf angewiesen ist, ein Arbeitsverhältnis einzugehen[69]. Darüber hinaus bedeutet das Arbeitsverhältnis für den Bewerber aber nicht nur bloße Daseinssicherung sondern vor allem auch persönliche Selbstverwirklichung[70]. Daher erscheint es geboten, den Arbeitnehmer in der Bewerbungssituation zu schützen und das Fragerecht des Arbeitgebers einzuschränken, so dass der Bewerber nicht auf alle Fragen des Arbeitgebers wahrheitsgemäß antworten muss.

II. Begrenzung des Fragerechts des Arbeitgebers

In Literatur und Rechtsprechung herrscht heute Einigkeit darüber, dass der Arbeitgeber nicht völlig frei seine Fragen an den Bewerber stellen darf, sondern dass sein Fragerecht vielmehr zu beschränken ist. Problematisch ist dies vor dem Hintergrund, dass der Arbeitgeber nach heutigem Verständnis durch die ihm zustehende Vertragsfreiheit keinem Rechtfertigungszwang seiner Einstellungsentscheidung unterliegt, sondern frei entscheiden darf[71]. Dennoch haben Literatur und Rechtsprechung Gesichtspunkte erarbeitet, die der Arbeitgeber bei seiner Einstellungsentscheidung zu berücksichtigen hat. Ansatzpunkt ist hier nicht die Entscheidung des Arbeitgebers, aus der diese Gesichtspunkte herausgefiltert werden sollen. Es wird vielmehr bei der der Einstellungsentscheidung vorgelagerten Stufe der Informationserhebung des Arbeitgebers angesetzt. Indem man versucht, den Arbeitgeber in seiner Informationserhebung zu beschränken, soll er von allen Informationen abgeschnitten werden, deren Kenntnis die Umstände der Einstellungsentscheidung nicht bestimmen sollen. Dies wird erreicht, indem man das Fragerecht des Arbeitgebers beschränkt[72]. Während in Literatur und Rechtsprechung Einigkeit darüber besteht, dass der Interes-

---

67 *Borgaes*, Der Informationsschutz des Arbeitsplatzbewerbers, Köln, 1985, S. 85.

68 *Bellgardt*, Rechtsprobleme des Bewerbergesprächs, Heidelberg, 1984, S. 10.

69 *Thees*, Das Arbeitnehmer-Persönlichkeitsrecht als Leitidee des Arbeitsrechts, Berlin, 1995, S. 62.

70 *Wiedemann*, FS-Herschel, 1982, S. 463 (470).

71 Zur Einschränkung der freien Arbeitgeberentscheidung, siehe oben S. 39.

72 *Thees*, Arbeitnehmer-Persönlichkeitsrecht, S. 70, 214; MüHdbAR – *Buchner*, § 41 Rz. 3.

senkonflikt zwischen Arbeitgeber und Arbeitnehmer auf diese Weise bereinigt werden muss, sind die dogmatische Herleitung und der Umfang des Fragerechts bis heute umstritten.

III. Dogmatische Herleitung des Fragerechts und seiner Einschränkung

1. Rechtsprechung

Das BAG hat in seiner Rechtsprechung deutlich gemacht, dass sich für den fragenden Arbeitgeber ein Sachzusammenhang zwischen seinen Fragen und dem zu begründenden Arbeitsverhältnis ergeben muss. Abgrenzungskriterium für die Zulässigkeit der Frage ist nach Ansicht des BAG daher das „berechtigte, billigenswerte und schutzwürdige Interesse" an der Beantwortung der Fragen. Dieses Interesse muss objektiv so stark sein, dass dahinter das Interesse des Arbeitnehmers an dem Schutz seiner grundrechtlich geschützten Positionen zurücktreten muss. Der Arbeitgeber darf daher dem Bewerber die Bekanntgabe persönlicher Daten nur insoweit abverlangen, wie diese in einem Sachzusammenhang mit dem bevorstehenden Arbeitsverhältnis stehen[73].

Konkret bedeutet dieser Ansatz, dass das Gericht im jeweiligen Einzelfall prüft, ob der Arbeitgeber eine Frage stellen durfte. Zur Lösung bedient sich die Rechtsprechung dabei der Interessenabwägung im Einzelfall.

Diese pragmatische Lösung des Interessenkonflikts zwischen Arbeitgeber und Bewerber ist in der Literatur auf Kritik gestoßen. Dem BAG wird vorgeworfen, bislang keinen allgemeingültigen Beurteilungsmaßstab entwickelt zu haben, sondern eine jeweilige Entscheidung im Einzelfall herbeizuführen. Daher existiere kein verlässliches und praktisch verwertbares Abgrenzungskriterium für den Umfang des Fragerechts. Eine rechtsdogmatische Begründung für die jeweilige Interessenabwägung biete das BAG nicht[74].

2. Literatur

In der arbeitsrechtlichen Literatur wird zumeist das arbeitgeberische Fragerecht dahingehend eingegrenzt, dass der Arbeitgeber nur „tätigkeitsbezogen" fragen darf. Entweder beruft man sich dabei pauschal auf die vom BAG entwickelte Formel des „berechtigten, billigenswerten und schutzwürdigen Interesses" oder auf allgemeine Grundsätze, ohne sich näher mit der Dogmatik auseinander zu

---

73 Vgl. insbesondere BAG Urteil vom 07.06.1984 – 2 AZR 270/83, AP 26 zu § 123 BGB; BAG Urteil vom 11.11.1993 – 2 AZR 467/93, AP 38 zu § 123 BGB; BAG Urteil vom 05.10.1995 – 2 AZR 923/93, AP 40 zu § 123.

74 *Borgaes*, Informationsschutz, S. 88.

setzen[75]. Streit herrscht darüber, welche Rechtsgrundlage, insbesondere welche Rechtsposition des Bewerbers, für die Einschränkung des Fragerechts des Arbeitgebers heranzuziehen ist. Hierzu existiert ein vielfältiges, kaum zu überschauendes Meinungsspektrum. Im Folgenden sollen verschiedene Lösungsansätze dargestellt werden.

a) Die herrschende Meinung

Die heute herrschende Meinung will das Fragerecht des Arbeitgebers über das Allgemeine Persönlichkeitsrecht des Bewerbers beschränken[76]. Dem aus der Vertrags- und Abschlussfreiheit des Arbeitgebers folgenden Fragerecht seien Grenzen durch das dem Bewerber zustehende Allgemeine Persönlichkeitsrecht zu setzen[77].

Die meisten Autoren nehmen dabei eine Fragerechtsbeschränkung mit einem pauschalen Hinweis auf das Persönlichkeitsrecht des Bewerbers an, ohne eine dogmatische Begründung zu liefern[78]. Sodann bedienen sie sich der Methode der Interessenabwägung, um konkret „berechtigte" von „unberechtigten" Fragen abzugrenzen.

Teilweise wird auch auf das Allgemeine Persönlichkeitsrecht in der speziellen Ausprägung des Rechts auf informationelle Selbstbestimmung (Art. 2 Abs. 1 i. V. m. Art. 1 Abs. 1 GG) verwiesen[79]. Dieses durch das BVerfG im Volkszählungsurteil entwickelte Recht beinhaltet die Befugnis des einzelnen, grundsätzlich selbst zu entscheiden, wann und innerhalb welcher Grenzen persönliche Lebensverhältnisse offenbart und persönliche Daten preisgegeben werden müssen[80].

---

75 *Ehrich*, DB 2000, 421; *Janker*, AuA 1991, 264 (265); *Moritz*, NZA 1987, 329 (331); *Roos*, AiB 2000, 211 (212); *Thüsing/Lambrich*, BB 2002, 1146; *Borgaes*, Informationsschutz, S. 91; MüKo – *Müller-Glöge*, § 611 BGB Rz. 322.

76 *Wohlgemuth*, ArbuR 1992, 46; *Degener*, Fragerecht des Arbeitgebers, S. 62; *Knipp*, AR-Blattei, SD 640 Rz. 67; ErfK – *Dieterich*, Art. 2 GG Rz. 96; ErfK – *Preis*, § 611 BGB Rz. 331; HAS – *Stevens-Bartol*, § 7 C Rz. 39; *Schaub*, ArbR-Hdb., § 26 Rz. 11.

77 *Moritz*, NZA 1987, 329 (331); ErfK – *Preis*, § 611 BGB Rz. 331.

78 MüKo – *Müller-Glöge*, § 611 BGB Rz. 322; *Schaub*, ArbR-Hdb., § 26 Rz. 11; Kasseler-Hdb. Bd. I – *Künzl*, 2.1 Rz. 52, vgl. auch Fn. 75.

79 *Janker*, AuA 1991, 264 (265); vgl. auch MüHdbAR – *Buchner*, § 41 Rz. 24.

80 BVerfG Urteil vom 15.12.1983 – 1 BvR 209, 269, 362, 420, 440, 484/83, BVerfGE 65, 1 ff., 41 ff.

b) Degener

Die Beschränkung des Fragerechts aus dem Allgemeinen Persönlichkeitsrecht geht im Wesentlichen auf *Degener* zurück[81]. *Degener* erblickt im Allgemeinen Persönlichkeitsrecht ein durch § 823 Abs. 1 BGB absolut geschütztes Recht, das jedem „einen Bereich privater Lebensgestaltung“ gewährleiste, über den er selbst verfügen und den er selbst gestalten könne. Aus diesem Grunde könne jeder Bewerber von dem Arbeitgeber verlangen, dass dessen Fragen nicht in seinen „Innenraum“ eingreifen[82]. Diesen verletze der Arbeitgeber bereits mit einer Frage, auch wenn dadurch noch kein Einblick in die Verhältnisse des Arbeitnehmers gewährt werde, da aufgrund des automatisch zur Antwort führenden Ablaufs der Befragung die Antwort stets hinzu gedacht werden müsse[83]. Nach *Degener* sei das Allgemeine Persönlichkeitsrecht in drei, nach dem Grad der Schutzbedürftigkeit abgestufte Sphären zu unterteilen, die Arbeits-, die Privat- und die Geheimsphäre[84]. In die Arbeitssphäre sollen alle Umstände fallen, die die eigentliche fachliche Qualifikation des Bewerbers ausmachen, beispielsweise seine Berufsausbildung oder Prüfungsergebnisse[85]. Sie gehöre zum Kernbereich der Vertragsfreiheit, so dass eine diesbezügliche Frage niemals den Innenraum des Bewerbers tangieren könne und stets zulässig sei[86]. Die Geheimsphäre umfasse hingegen die Faktoren, die der Außenwelt unbekannt seien und daher Geheimnischarakter tragen, also solche, die ohne Befragung des Bewerbers nicht herauszubekommen seien, wie etwa Einzelheiten aus dem geschlechtsmedizinischen oder familiären Bereich, beispielsweise intimer Verkehr, Fehlgeburten oder Familienstreitigkeiten[87]. Eine diese Sphäre ergründende Frage dringe in den unantastbaren innersten Persönlichkeitsbereich des Bewerbers ein und sei somit immer unzulässig[88]. Die Privatsphäre schließlich umfasse als Hauptbereich alle sonstigen Gegebenheiten des Privatlebens, wie die Lebensführung, das Lebensschicksal, die Beziehung zu anderen Personen oder Sachen[89]. Für die Beurteilung der Privatsphäre bedürfe es einer Abwägung

---

81 *Degener*, Fragerecht des Arbeitgebers, S. 62.

82 *Degener*, Fragerecht des Arbeitgebers, S. 64.

83 *Degener*, Fragerecht des Arbeitgebers, S. 64.

84 *Degener*, Fragerecht des Arbeitgebers, S. 65.

85 *Degener*, Fragerecht des Arbeitgebers, S. 66.

86 *Degener*, Fragerecht des Arbeitgebers, S. 67.

87 *Degener*, Fragerecht des Arbeitgebers, S. 66.

88 *Degener*, Fragerecht des Arbeitgebers, S. 67.

89 *Degener*, Fragerecht des Arbeitgebers, S. 66.

der Interessen von Arbeitgeber und Bewerber, denn im Gegensatz zur Arbeits- oder Geheimsphäre herrsche bei der Privatsphäre weder die Vertragsfreiheit, noch das Persönlichkeitsrecht vor[90].

Zur Lösung dieses Interessenkonfliktes schlägt *Degener* vor, zwischen dem von Arbeitgeber und zukünftigem Arbeitnehmer angestrebten Rechtsverhältnis zu differenzieren. Das Fragerecht greife in Abhängigkeit zur Intensität dieses Kontaktes umso umfassender in die Privatsphäre des Bewerbers ein, je enger dieser Kontakt bestehe. Daher gebe es arbeitgeberbestimmte und organisationsbezogene Arbeitsverhältnisse, letztere seien arbeitgeberneutral[91]. Die Abgrenzung ergebe sich in Anlehnung an das KSchG bzw. das BetrVG. Arbeitsverhältnisse in Betrieben mit höchstens 5 Arbeitnehmern seien als arbeitgeberbestimmte Arbeitsverhältnisse einzustufen. Arbeitgeberneutral sollen in Anlehnung an § 99 BetrVG regelmäßig Arbeitsverhältnisse in Betrieben mit mehr als 20 Arbeitnehmern sein[92].

Unter arbeitgeberbestimmten Arbeitsverhältnissen seien solche zu verstehen, bei denen der Arbeitnehmer entweder im Team mit seinem Arbeitgeber arbeite (z. B. in Kleinbetrieben, Handwerksbetrieben, Ladengeschäften, bei Selbständigen)[93], oder in denen er selbst als Quasi-Arbeitgeber auftrete und eine arbeitgeberspezifische Funktion ausübe (z. B. als leitender Angestellter)[94]. Hier bestehe eine enge Zusammenarbeit zwischen Arbeitgeber und Arbeitnehmer. Sie arbeiteten Hand in Hand und seien auf einander angewiesen[95]. Durch den engen und persönlichen Kontakt werde die Person des Arbeitnehmers zwangsweise erfasst. Eine an den Ansichten des Arbeitgebers orientierte Abstimmung sei zwischen den Vertragsparteien notwendig, weil sich schon nach kurzer Zeit bemerkbar mache, ob der Arbeitnehmer den Vorstellungen und Wünschen des Arbeitgebers entspreche. Erfülle der Bewerber die in ihn gesetzten Erwartungen nicht, könne der Arbeitgeber ihn nach kürzester Zeit ungehindert von KSchG und BetrVG entlassen. Eine vorherige Befragung schütze daher auch den Bewerber vor einer Kündigung und einer erneuten Stellensuche[96]. Vor diesem Hintergrund führe die Interessenabwägung zu dem Ergebnis, dass die Fragen des Arbeitgebers grundsätzlich zumutbar seien und das Per-

---

90 *Degener*, Fragerecht des Arbeitgebers, S. 68.

91 *Degener*, Fragerecht des Arbeitgebers, S. 73.

92 *Degener*, Fragerecht des Arbeitgebers, S. 75 f.

93 *Degener*, Fragerecht des Arbeitgebers, S. 74.

94 *Degener*, Fragerecht des Arbeitgebers, S. 76.

95 *Degener*, Fragerecht des Arbeitgebers, S. 74.

96 *Degener*, Fragerecht des Arbeitgebers, S. 82.

sönlichkeitsrecht des Arbeitnehmers nicht verletzen. Daher seien grundsätzlich alle Fragen nach Umständen der Privatsphäre zulässig[97].

Die meisten Arbeitsverhältnisse seien hingegen arbeitgeberneutral. Hier werde der Arbeitsprozess „durch die generalisierte und formalisierte Ordnung geregelt, die die Anonymität der Organisationsstruktur zur Folge“ habe. Das Arbeitsverhältnis werde auf die „Erfüllung spezifischer Funktionen zugeschnitten“, ein direkter Kontakt zwischen Arbeitgeber und Arbeitnehmer werde auf ein Minimum reduziert[98]. Bereits mangels engen Kontakts zum Arbeitgeber habe im arbeitgeberneutralen Arbeitsverhältnis das besondere Persönlichkeitsrecht des Arbeitnehmers auf Achtung seiner Privatsphäre eine viel größere Relevanz. Daher könne der Umfang des Fragerechts im arbeitgeberneutralen Arbeitsverhältnis auch nicht abstrakt festgelegt werden, sondern müsse an einer an den einzelnen Fragen ausgerichteten Interessenabwägung bestimmt werden. Diese Interessenabwägung müsse der Rolle des Arbeitnehmers gerecht werden. Daher müsse das Fragerecht mit der Konsequenz beschränkt werden, dass Fragen, die die Privatsphäre des Bewerbers betreffen, in weitem Umfang unzulässig seien[99].

c) Leipold

Leipold[100] billigt dem Bewerber ein „Recht auf Arbeit“[101] als besonderes Persönlichkeitsrecht zu und erkennt hierin für die Einstellungsentscheidung einen objektiven, beiden Seiten gerecht werdenden Maßstab. Durch die objektiven Schranken der Einstellungsentscheidung dürfe der Arbeitgeber den Arbeitnehmer nur nach Umständen fragen, die bei objektiver Betrachtung für den zu besetzenden Arbeitsplatz relevant seien. Unsachliche Fragen hingegen seien unzulässig. Die Grenze zwischen Vertragsfreiheit des Arbeitgebers und „Recht auf Arbeit“ des Bewerbers sei im Einzelnen im Wege einer Güter- und Interessenabwägung zu ermitteln. Dabei sei zu klären, in welchen Fällen die Beeinträchtigung des „Rechts auf Arbeit“ eine rechtswidrige Verletzung darstelle[102].

---

97 *Degener*, Fragerecht des Arbeitgebers, S. 83.

98 *Degener*, Fragerecht des Arbeitgebers, S. 73.

99 *Degener*, Fragerecht des Arbeitgebers, S. 85.

100 *Leipold*, ArbuR 1971, 161 ff; vgl. schon S. 32.

101 Vgl. zum „Recht auf Arbeit“ auch *Wank*, Das Recht auf Arbeit im Verfassungsrecht und im Arbeitsrecht, Königstein, 1980, S. 97 f.

102 *Leipold*, ArbuR 1971, 161 (166).

d) Wiedemann

Eine ähnliche Lösung strebt *Wiedemann* an, der dem Informationsbedürfnis des Arbeitgebers mit dem „Interesse (des Bewerbers) am Arbeitsplatz" als geschütztes Rechtsgut entgegen treten will[103]. Es gehe nicht primär um den Schutz seiner Persönlichkeit, wenn der Bewerber sich bemühe Fragen, z. B. nach seinen persönlichen oder wirtschaftlichen Verhältnissen abzuwehren. Dies geschehe zum Schutz seiner Verhandlungsposition und damit zur Erhaltung der eigenen Einstellungschancen. Bei den Arbeitsvertragsverhandlungen bestehe ein Interessenkonflikt zwischen dem „Interesse am Arbeitsplatz" des Bewerbers und dem Informationsbedürfnis des Arbeitgebers. Einzelfallbezogen will *Wiedemann* diesen Konflikt bereinigen, indem er dem Arbeitgeber ein Fragerecht hinsichtlich solcher Informationen zugesteht, die dieser für eine sachliche Einstellungsentscheidung benötige. Danach soll der Arbeitgeber nach allen Umständen fragen dürfen, die für die Durchführung des Arbeitsvertrages im Betrieb und im Unternehmen objektiv Bedeutung gewinnen[104].

e) Linnenkohl

Linnenkohls[105] systematisch-dogmatischer Ansatz begrenzt das Fragerecht des Arbeitgebers durch die Unternehmerfreiheit. Im Rahmen der über Art. 2 GG gewährten wirtschaftlichen Entfaltungsfreiheit und dem aus Art. 14 GG folgenden Eigentumsrecht am Unternehmen, also kurz der Unternehmerfreiheit, kann der Unternehmer frei über Investitionen, Erweiterungen seines Unternehmens und über die Schaffung von Arbeitsplätzen entscheiden. Für die personelle Verwirklichung solcher Maßnahmen benötige der Unternehmer geeignete Mitarbeiter, deren Eignung sich an Hand des Anforderungsprofils des zu besetzenden Arbeitsplatzes bestimme. Daher erstrecke und beschränke sich notwendiger- und konsequenterweise das unternehmerische Auswahl- und Einstellungsrecht auf die Gewinnung qualifizierter Mitarbeiter und sei damit arbeitsplatz- und sachbezogen. Dies bestätige bereits § 99 BetrVG, der die Mitbestimmung bei personellen Einzelmaßnahmen regelt[106]. Nach der Auffassung *Linnenkohls* ist für eine auf der Unternehmerfreiheit basierende Einstellungsfreiheit kein Raum, weil die Unternehmerfreiheit nicht in ihrer Willkür, sondern nur funktionsbezogen grundgesetzlich abgesichert sei. Daher habe ein freies und willkürliches Fragerecht des Arbeitgebers keine Berechtigung. Es sei nicht nur sachwidrig,

---

103 *Wiedemann*, FS-Herschel, 1982, S. 463 (469/470).

104 *Wiedemann*, FS-Herschel, 1982, S. 463 (471).

105 *Linnenkohl*, ArbuR 1983, 129 ff.

106 *Linnenkohl*, ArbuR 1983, 129 (131).

sondern auch inhuman, wenn dem Arbeitgeber mit einem grenzenlosen Fragerecht ungerechtfertigter Weise soziale Macht in Gestalt von Gewalt über Menschen verliehen werde. Somit sei nach *Linnenkohl* das Fragerecht dogmatisch mit einem arbeitsplatzgebundenen Auswahl- und Einstellungsrecht des Arbeitgebers zu begründen. Eine Eingrenzung des Fragerechts erfolge durch die „arbeitsplatzgebundene Funktionsbezogenheit“[107]. Überschreite der Arbeitgeber sein Fragerecht, indem er beispielsweise von der Beantwortung einer nicht arbeitsplatzbezogenen Frage die Einstellung abhängig macht, verletze er das Persönlichkeitsrecht des Bewerbers[108].

f) Schwerdtner

Nach *Schwerdtner*[109] ist das Problem der Begrenzung des Fragerechts allein mit der Einschaltung der Gegenmacht des Betriebsrates zu lösen. In dem Konflikt zwischen Arbeitgeber und Bewerber sei der Betriebsrat an der Bestimmung sachgerechter Auswahlkriterien für die Interessenabwägung zu beteiligen. Da jedoch auch die Betriebspartner bei der Festlegung des zulässigen Inhalts von Personalfragebögen (§ 94 BetrVG) nicht nach ihrem Belieben entscheiden könnten, solle zur dogmatischen Begründung für eine Begrenzung des Fragerechts das Kündigungsrecht herangezogen werden. Wenn ein Arbeitsverhältnis nur aus bestimmten Gründen durch den Arbeitgeber ordentlich oder außerordentlich kündbar sei, könne sich auch das Fragerecht – um Wertungswidersprüche zu vermeiden – nur auf solche Umstände beziehen, die für das Arbeitsverhältnis von Bedeutung seien[110].

g) Hofmann

Auch für *Hofmann*[111] ist Ausgangspunkt der Problematik um das Fragerecht des Arbeitgebers § 94 BetrVG, nach dem Personalfragebögen der Zustimmung des Betriebsrates bedürfen. Hieraus will *Hofmann* die grundsätzliche Zulässigkeit von Fragen des Arbeitgebers an den Arbeitnehmer und damit eine Auskunftspflicht des Arbeitnehmers ableiten[112]. Andererseits bringe § 94 Abs. 1 BetrVG zum Ausdruck, dass das Fragerecht des Arbeitgebers nicht grenzenlos

---

107 *Linnenkohl*, ArbuR 1983, 129 (132).

108 *Linnenkohl*, ArbuR 1983, 129 (131).

109 *Schwerdtner*, ArbR I, 1 Rz. 11.

110 *Schwerdtner*, ArbR I, 1 Rz. 11.

111 *Hofmann*, ZfA 1975, 1 ff.

112 *Hofmann*, ZfA 1975, 1 (16 f.).

sein könne, weil der Personalfragebogen der Zustimmung des Betriebsrates unterliege. Durch die Beteiligung des Betriebsrates solle gewährleistet werden, dass die Fragen des Arbeitgebers auf die Gegenstände und die Umstände beschränkt bleiben, für die ein berechtigtes Auskunftsbedürfnis bestehe[113]. Somit sei nicht jedes Auskunftsverlangen des Arbeitgebers anerkannt und eine Limitierung des Fragerechts vorzunehmen. Diese Begrenzung des Fragerechts siedelt *Hofmann* dogmatisch bei dem Gebot von Treu und Glauben aus § 242 BGB an. Ausgangspunkt seiner Argumentation ist dabei, dass beim Abschluss eines Arbeitsvertrages, wie bei jedem anderen Vertragsabschluss auch, ein gewisses Vertragsrisiko bestehe, über das der Arbeitnehmer den Arbeitgeber unter bestimmten Voraussetzungen im Rahmen einer Offenbarungspflicht aufzuklären habe[114]. Im Rahmen der Interessenabwägung zwischen Arbeitgeber- und Arbeitnehmerinteressen gebühre dem Arbeitgeber dann der Vorzug, wenn und soweit es um Fakten beim Arbeitnehmer gehe, welche objektiv dazu geeignet seien, das mit dem Abschluss des Arbeitsvertrages immer verbundene Risiko erheblich zu erhöhen. Damit stehe für diese Umstände dem Arbeitgeber ein Fragerecht zu[115].

3. Stellungnahme

Die Darstellung der verschiedenen Lösungsansätze hat gezeigt, dass die rechtsdogmatischen Begründungsversuche der Limitierung des Fragerechts des Arbeitgebers überaus vielfältig sind. Gemein ist allen Ansätzen, sofern sie nicht nur um eine prinzipielle dogmatische Lösung bemüht sind, dass sie im Ergebnis die Begrenzung des Fragerechts über eine Interessenabwägung vornehmen. Ein verbindlicher Rechtssatz, mit dem alle in der Praxis auftretenden Fragen einheitlich gelöst werden könnten, existiert nicht. Die verschiedenen Lösungsansätze unterscheiden sich jedoch hinsichtlich der Rechtsgrundlage und den Rechtspositionen, die sie dem Bewerber gegenüber den Fragen des Arbeitgebers einräumen. Infolgedessen werden für die Interessenabwägung unterschiedliche Kriterien zugrunde gelegt. Nachfolgend werden die verschiedenen Ansätze kritisch gewürdigt und daraufhin untersucht, ob sie eine überzeugende Lösung für die Begrenzung des Fragerechts bieten.

Der Ansatz von *Schwerdtner*, die Begrenzung des Fragerechts in Anlehnung an die im Kündigungsschutzrecht entwickelten Grundsätze vorzunehmen[116], erscheint nur auf den ersten Blick plausibel und praktikabel. Die Theorie von

---

113 *Hofmann*, ZfA 1975, 1 (17).

114 *Hofmann*, ZfA 1975, 1 (26).

115 *Hofmann*, ZfA 1975, 1 (27).

116 Vgl. oben S. 48.

der Gegenmacht des Betriebsrates ist hingegen bei genauerer Betrachtung nicht geeignet, eine überzeugende Begründung zur Beschränkung des Fragerechts zu liefern, da schon nicht jeder Betrieb – gerade im mittelständischen Bereich – über einen Betriebsrat verfügt, der diese Gegenmacht ausüben könnte. Nicht jeder Betrieb unterliegt dem Kündigungsschutzrecht mit seinen eingeschränkten ordentlichen und außerordentlichen Kündigungsgründen[117]. Es ist daher nicht zu rechtfertigen diese Anforderungen auf die Einstellung auszudehnen. Darüber hinaus hat auch das BAG deutlich gemacht, dass die Grundsätze einer sozialen Auswahl i. S. d. § 1 KSchG nicht auf die Einstellung anwendbar sind. Im geltenden Arbeitsrecht existiere weder eine „sozialwidrige Einstellung" noch die „ungerechtfertigte Nichteinstellung"[118]. Somit kann dieser Ansatz keine überzeugende Lösung zur Begrenzung des Fragerechts bieten.

Auch eine Limitierung des Fragerechts mit Hilfe des Gebotes von Treu und Glauben, wie *Hofmann* sie vorschlägt[119], vermag nicht zu überzeugen. Ihr steht der Vorwurf der „Flucht in die Generalklausel" entgegen. § 242 BGB ist in Folge seiner Allgemeinheit und seiner mangelnden juristischen Präzision wenig zur Begründung geeignet. Zwar will *Hofmann* eine Präzisierung unter Zuhilfenahme des AFG[120], dessen Möglichkeiten ausbaufähig seien, erreichen, ohne jedoch eine Konkretisierung vorzunehmen und anzusprechen, wie diese Möglichkeiten präzisiert werden können[121].

Ebenso ist die Theorie vom „Recht auf Arbeit"[122] in der arbeitsrechtlichen Literatur auf Ablehnung gestoßen[123]. Durch diese Theorie wird die Einstellungsfreiheit des Arbeitgebers übermäßig und in einem über den Zweck einer Begrenzung des Fragerechts hinausgehenden Maße beschnitten. Sie räumt dem Bewerber eine viel umfassendere Rechtsposition ein, als er sie zum Schutz vor den Fragen des Arbeitgebers benötigen würde[124]. Eine so stark in die Arbeitge-

---

117 Hierfür ist eine Betriebsgröße von derzeit 10 Arbeitnehmern erforderlich, § 23 Abs. 1 KSchG.

118 BAG Urteil vom 15.03.1984 – 2 AZR 24/83, AP 2 zu § 1 KSchG 1969 – Soziale Auswahl; BAG Urteil vom 21.02.1985 – 2 AZR 311/84, n. v.; *Thees*, Arbeitnehmer-Persönlichkeitsrecht, S. 69.

119 Vgl. oben S. 48.

120 Mittlerweile ist zum 01.01.1998 das AFG durch das SGB III abgelöst worden, so dass schon deshalb eine Konkretisierung durch das AFG ausscheidet.

121 *Borgaes*, Informationsschutz, S. 112; *Linnenkohl*, ArbuR 1983, 129 (130).

122 Vgl. oben S. 46.

123 *Schwerdtner*, ArbR I, 1 Rz. 10; MüHdbAR – *Buchner*, § 39 Rz. 108; *Degener*, Fragerecht des Arbeitgebers, S. 49.

124 *Degener*, Fragerecht des Arbeitgebers, S. 49.

berinteressen eingreifende Rechtsposition kann aber auf der Grundlage des geltenden Rechts nicht begründet werden[125]. Der Schutz des Bewerbers gegenüber der Einstellungsentscheidung des Arbeitgebers geht nicht soweit, wie er bei einem Anspruch auf sachbezogene Entscheidung zu fordern wäre, sondern ist auf die Einschränkung des Datenerhebungsrechts begrenzt. Insoweit steht jedoch dem Bewerber bereits das Recht auf informationelle Selbstbestimmung als spezielle Ausformung des Persönlichkeitsrechts zur Verfügung. Daher bedarf es nicht zusätzlich des „Rechts auf Arbeit“, das wiederum Ausfluss des Persönlichkeitsrechts sein soll[126].

Aus ähnlichen Gründen ist auch die Lösung von *Wiedemann*[127] abzulehnen. Auf der Grundlage des geltenden Rechts gibt es keinen Ansatzpunkt für ein geschütztes Rechtsgut „Interesse am Arbeitsplatz“. Die bisherige Untersuchung hat gezeigt, dass der Arbeitgeber keiner Rechtfertigung hinsichtlich seiner Einstellungsentscheidung unterliegt. Daher kann das Fragerecht nicht in *Wiedemanns* Sinne auf eine sachliche Einstellungsentscheidung beschränkt werden.

Andererseits ist aber auch die Lösung von *Linnenkohl*[128] in der Literatur auf Kritik gestoßen[129]. Mit dem arbeitsplatzbezogenen Fragerecht des Arbeitgebers, das *Linnenkohl* durch Art. 2 und 14 GG grundgesetzlich absichern will, billigt er dem Arbeitgeber ein sehr weit reichendes Fragerecht zu. Damit wird dem Arbeitgeber ein verfassungsrechtlich verbrieftes Recht im Rahmen der Einstellung gewährt, das ihm ermöglicht, durch Befragung systematisch weniger qualifizierte und weniger leistungsstarke Bewerber auszumustern. Eine selektive Einstellungspolitik der Arbeitgeber, gedeckt durch die Ausweitung des Fragerechts im Rahmen des vorvertraglichen Anbahnungsverhältnisses, geht aber einseitig zu Lasten vor allem der älteren, gesundheitlich eingeschränkten oder nur gering qualifizierten Arbeitnehmer. Ob ein solches Recht jedoch systematisch-dogmatisch aus dem Grundgesetz abgeleitet werden kann, ist vor dem Hintergrund, dass das Grundgesetz in der Sozialstaatsklausel des Art. 20 GG soziale Gerechtigkeit fordert, stark zu bezweifeln[130].

Die Beschränkung der Vertragsfreiheit des Arbeitgebers und damit seines Fragerechts durch das Allgemeine Persönlichkeitsrecht des Bewerbers erscheint hingegen sachgerecht. In der Einstellungssituation stehen sich zwei ungleiche

---

125 MüHdbAR – *Buchner*, § 39 Rz. 108.

126 MüHdbAR – *Buchner*, § 39 Rz. 108.

127 Vgl. oben S. 47.

128 Vgl. oben S. 47.

129 *Borgaes*, Informationsschutz, S. 114 f.

130 *Borgaes*, Informationsschutz, S. 115.

Vertragspartner gegenüber. Es ist Aufgabe des Arbeitsrechts, dem Arbeitgeber, als der die Einstellung dominierenden Partei, Grenzen zu setzen und die schwächere Partei, den Bewerber, zu schützen. Daher muss dem Bewerber eine Rechtsposition eingeräumt werden, mit der er dem Arbeitgeber entgegen treten kann.

An diese Rechtsposition sind folgende Anforderungen zu stellen: Sie muss den Bewerber dahingehend schützen, dass er nicht der Willkür des Arbeitgebers ausgeliefert ist. Auch als eine um die Stelle ersuchende Person stehen dem Bewerber verfassungsmäßig jedermann garantierte Rechte zu. Andererseits ist es verfehlt, den Bewerber mit einer so starken Rechtsposition auszustatten, die ihn in die Lage versetzen würde, Forderungen an den einstellenden Arbeitgeber richten zu können. Dies würde der grundgesetzlichen Entscheidung für eine marktwirtschaftlich ausgerichtete Wirtschaftsverfassung widersprechen. Diesem Anforderungsprofil an die Rechtsposition des Bewerbers wird das Allgemeine Persönlichkeitsrecht gerecht. Das Allgemeine Persönlichkeitsrecht basiert auf dem Grundsatz der Unantastbarkeit der Menschenwürde und dem Recht auf freie Entfaltung der Persönlichkeit. Es ist ein Recht, das jedermann jederzeit zusteht, also automatisch auch dem Bewerber in der Einstellungssituation. Über das Allgemeine Persönlichkeitsrecht kann dem Bewerber der Schutz eingeräumt werden, den er vor der Willkür eines die Situation beherrschenden Arbeitgebers benötigt.

Da das Allgemeine Persönlichkeitsrecht bereits von vornherein jeder Person zusteht, wird der Bewerber nicht mit einer Rechtsposition überfrachtet, die über den Schutz vor dem Arbeitgeber in der Einstellungssituation hinausgeht. Schließlich bedarf es keines eigens auf einen Bewerber ausgerichteten Rechts, da mit dem Allgemeinen Persönlichkeitsrecht bereits ein Recht existiert, das den Anforderungen genügt. Somit verschafft das Allgemeine Persönlichkeitsrecht dem Bewerber eine Rechtsposition in der Bewerbungssituation, durch die das Fragerecht des Arbeitgebers beschränkt werden kann.

Degener, der als Erster die Beschränkung des Fragerechts des Arbeitgebers aus dem Allgemeinen Persönlichkeitsrecht entwickelt hatte, ist somit im Ausgangspunkt zuzustimmen. Zutreffend teilt er das Allgemeine Persönlichkeitsrecht in nach Schutzbedürftigkeit des Bewerbers abgestufte Sphären, die Arbeits-, Privat- und Geheimsphäre, ein. Die Begrenzung des Fragerechts ist je nach Schutzbedürftigkeit des Bewerbers vorzunehmen. Die aber von *Degener* sodann entwickelte Unterteilung nach arbeitgeberbestimmten und arbeitgeberneutralen Arbeitsverhältnissen, die er jeweils unterschiedlichen Maßstäben unterwerfen will, ist nicht sachgerecht und daher abzulehnen.

Das Allgemeine Persönlichkeitsrecht muss jedem Bewerber in gleicher Weise zustehen. Es darf nicht variabel, je nach einzugehendem Arbeitsverhältnis ausgestaltet werden. Bei der Begrenzung des Fragerechts muss ein einheitlicher Maßstab gefunden werden, der auf alle Arbeitsverhältnisse gleichermaßen Anwendung findet. *Degeners* Untergliederung in arbeitgeberbestimmte und arbeitgeberneutrale Arbeitsverhältnisse krankt bereits daran, dass er keine genaue Abgrenzung für die Einteilung in die unterschiedlichen Gruppen vornehmen konnte. Seine Anlehnung an das KSchG bzw. das BetrVG erscheint in diesem Zusammenhang sehr vage, wenn er Arbeitsverhältnisse in Betrieben mit weniger als 5 Mitarbeitern als arbeitgeberbestimmt qualifiziert, aber erst Arbeitsverhältnisse in Betrieben mit mehr als 20 Mitarbeitern als arbeitgeberneutral bezeichnet. Es nicht einzusehen, warum der Bewerber im arbeitgeberbestimmten Arbeitsverhältnis stärker in seinem Persönlichkeitsrecht beschnitten werden soll. Hier mit der künftigen Nähe und den vereinfachten Kündigungsmöglichkeiten zu argumentieren, überzeugt nicht. Auch im arbeitgeberneutralen Arbeitsverhältnis kann es gerade auf eine enge Bindung zwischen Arbeitgeber und Bewerber ankommen. Daher erscheint es sachgerechter, bei einer in die Privatsphäre eingreifenden Frage immer den Bezug zu der zu besetzenden Stelle herzustellen. Hier ist im Einzelfall darauf abzustellen, ob die Frage im Zusammenhang mit dem zu begründenden Arbeitsverhältnis steht. Auch das Argument der vereinfachten Kündigungsmöglichkeiten trägt nicht, da sonst dem Missbrauch des Fragerechts alle Türen geöffnet würden.

Steht nunmehr fest, dass das Fragerecht des Arbeitgebers seine Grenzen durch das Allgemeine Persönlichkeitsrecht des Bewerbers gesteckt bekommt, bleibt noch die Frage der Rechtsgrundlage zu klären. Auch wenn es zunächst nahe liegt, dass die Fragerechtsbeschränkung durch das Allgemeine Persönlichkeitsrecht in seiner speziellen Ausprägung des Rechts auf informationelle Selbstbestimmung vorzunehmen ist, erscheint diese Rechtsgrundlage bei genauerer Betrachtung nicht geeignet. Das Recht auf informationelle Selbstbestimmung wurde vom BVerfG für das Verhältnis Staat/Bürger entwickelt und ist daher nicht ohne weiteres auf die zivilrechtliche Ebene der Gleichordnung, auf der die Anbahnung von Arbeitsverhältnissen stattfindet, übertragbar. Da die Grundrechte im Zivilrecht keine unmittelbare Drittwirkung entfalten, kann die Limitierung des Fragerechts nicht direkt auf Art. 1 Abs. 1 GG i. V. m. Art. 2 Abs. 1 GG bzw. dem daraus abgeleiteten Recht auf informationelle Selbstbestimmung gestützt werden. Vielmehr steht mit § 823 Abs. 1 BGB auch im Arbeitsrecht eine höchstrichterlich abgesicherte Rechtsgrundlage für das Allgemeine Persönlichkeitsrecht zur Verfügung.

Im Ergebnis bleibt daher festzuhalten, dass die Limitierung des Fragerechts des Arbeitgebers über das dem Bewerber zustehende Allgemeine Persönlichkeitsrecht vorzunehmen ist. Dabei kommt es für die Zulässigkeit der Frage stets darauf an, in welche Sphäre des Bewerbers sie eingreift. Fragen, die die Arbeitssphäre betreffen sind stets zulässig, Fragen die die Geheimsphäre tangieren hingegen stets unzulässig. Für Fragen der Privatsphäre bedarf es der Interessenabwägung, hier ist darauf abzustellen, ob der Arbeitgeber im Zusammenhang mit dem zu besetzenden Arbeitsplatz ein Interesse an der Beantwortung der Frage hat.

IV. Die Grenzen des Fragerechts in der konkreten Anwendung

Nachdem im voranstehenden Abschnitt erörtert wurde, warum das Fragerecht des Arbeitgebers zu limitieren ist und dafür eine Rechtsgrundlage gefunden wurde, soll im Folgenden das Fragerecht in seiner konkreten Anwendung näher betrachtet werden. Daher werden nunmehr verschiedene Fragen des Arbeitgebers auf ihre Zulässigkeit hin untersucht, um den Umfang des Fragerechts im Einzelnen feststellen zu können.

1. Fragen nach dem beruflichen Werdegang und Qualifikationen

Die Arbeitssphäre des Bewerbers betreffende Fragen sind stets zulässig. In diese Sphäre fallen alle Fragen nach den Umständen, die die Qualifikation des Bewerbers ausmachen[131]. Damit muss der Bewerber Fragen nach seinem schulischen und beruflichen Werdegang, insbesondere auch nach Zeugnissen und Prüfungsnoten, wahrheitsgemäß beantworten. Hierzu gehören auch Fragen nach der Berufserfahrung und nach Lehrgängen sowie nach Spezial- oder Fremdsprachenkenntnissen[132]. Ebenso sind Fragen nach der bisherigen Berufstätigkeit, wie etwa nach dem Bestehen einer ungekündigten Stellung, etwaigen Arbeitsunterbrechungen, bisher erhaltenem Urlaub oder der Existenz einer Konkurrenzklausel oder eines Wettbewerbsverbots zulässig[133].

2. Fragen nach dem Wehr- und Zivildienst

Die Zulässigkeit der Frage nach dem Wehr- und Zivildienst wird differenzierter betrachtet. Die Frage, ob der Bewerber seinen Wehr- oder Ersatzdienst bereits abgeleistet hat oder ob ihm dieser noch bevorsteht, ist von der Frage zu trennen, ob der um die Stelle Ersuchende Wehrdienst oder Ersatzdienst geleistet hat oder noch leisten will.

So wollen einige Autoren die Frage nach bereits abgeleisteten Diensten schon deshalb zulassen, weil dem Arbeitgeber das Recht zustehe, einen lückenlosen Lebenslauf zu erfragen[134]. Andere halten die Frage nur insoweit für zulässig, wie sie auf bevorstehende Wehr- und Zivildienstzeiten gerichtet ist, da

---

131 Vgl. S. 44 und S. 53.

132 *Zeller*, DB 1987, 1522 (1523); HAS – *Stevens-Bartol*, § 7 C Rz. 47; MüHdbAR – *Buchner*, § 41 Rz. 41; *Schaub*, ArbR-Hdb., § 26 Rz. 16.

133 *Zeller*, DB 1987, 1522 (1523); Staudinger – *Richardi*, § 611 BGB Rz. 93; KasselerHdb. Bd. I – *Künzl*, 2.1 Rz. 107.

134 Erman – *Edenfeld*, § 611 BGB Rz. 263; *Schaub*, ArbR-Hdb., § 26 Rz. 16.

der Arbeitgeber nur für die Zukunft ein berechtigtes Interesse an der Beantwortung der Frage haben könne und dann nur für den Fall, dass der Bewerber im grundwehrdienstfähigen Alter – also jünger als 28 Jahre alt – sei. Zur Begründung wird angeführt, dass die bereits abgeleisteten Dienstzeiten in keinem Zusammenhang zu dem zu begründenden Arbeitsverhältnis stünden. Da nach dem WPflG ohnehin die Einberufung von Personen über 28 Jahren ausgeschlossen sei, verbiete sich dann auch diese Frage[135]. Die früher herrschende Meinung hatte die Frage nach bereits geleisteten oder noch bevorstehendem Wehr- oder Ersatzdienst für zulässig gehalten, wenn der Arbeitgeber sich mit der Frage über die uneingeschränkte oder beschränkte Verfügbarkeit des Bewerbers informieren wollte, da durch den Grund- und Zivildienst das Arbeitsverhältnis für eine längere Zeit unterbrochen wird, ohne dass der Arbeitgeber aus diesem Anlass kündigen kann (§ 2 ArbPlSchG) und er daher ein betriebliches Interesse an der Beantwortung habe[136].

Zu Recht wurden hiergegen Bedenken angemeldet. Die Frage nach abzuleistendem Wehr- oder Ersatzdienst steht unmittelbar mit dem Geschlecht des Bewerbers in Zusammenhang. Da die allgemeine Wehrpflicht nur für Männer besteht, betrifft Frauen diese Frage nicht. Daher wird der Arbeitgeber sich bei der Einstellung von der uneingeschränkten Verfügbarkeit eines „gedienten“ Stellenbewerbers oder einer nicht wehrpflichtigen Frau leiten lassen und diese einem „ungedienten“ Bewerber vorziehen. Unter Berufung auf § 611a BGB geht daher die nunmehr herrschende Meinung davon aus, dass genauso wie die Frage nach der Schwangerschaft, die wegen der darin liegenden Diskriminierung von Frauen unzulässig ist, auch die Frage nach dem Wehr- oder Zivildienst wegen einer darin liegenden Diskriminierung der männlichen Bewerber unzulässig ist[137].

Auch die Frage des Arbeitgebers, ob der Bewerber Wehrdienst oder Ersatzdienst geleistet hat oder noch leisten will, ist unzulässig, da sie eine unzulässige Frage nach der politischen bzw. weltanschaulichen Einstellung des Bewerbers beinhaltet[138]. Etwas anderes kann nur dann gelten, wenn der Bewerber dadurch berufliche Qualifikationen für die auszuübende Tätigkeit erworben hat (z. B. im

---

135 *Bohlen*, PERSONAL 1993, 30 (32); *Borgaes*, Informationsschutz, S. 99.

136 Staudinger – *Richardi*, § 611 BGB Rz. 106, m. w. N.

137 *Wißmann*, DB 1991, 650 f.; *Thees*, Arbeitnehmer-Persönlichkeitsrecht, S. 217 f.; MüKo – *Müller-Glöge*, § 611a BGB Rz. 30; ErfK – *Preis*, § 611a BGB Rz. 348; KR – *Pfeiffer*, § 611a BGB Rz. 37; Däubler/Kittner/Klebe – *Klebe*, § 94 BetrVG Rz. 20; *Fitting*, § 94 BetrVG Rz. 23; *Gola/Wronka*, Arbeitnehmerdatenschutz, Rz. 307; HAS – *Stevens-Bartol*, § 7 C Rz. 56; KasselerHdb. Bd. I – *Künzl*, 2.1 Rz. 113; MüHdbAR – *Buchner*, § 41 Rz. 110.

138 *Wohlgemuth*, ArbuR 1992, 47 (48); KasselerHdb. Bd. I – *Künzl*, 2.1 Rz. 113; MüHdbAR – *Buchner*, § 41 Rz. 100, 122;

Pflegedienst, im Fernmeldedienst oder im Rüstungsbereich) und es dem Arbeitgeber erkennbar auf die Feststellung dieser Qualifikationen ankommt[139].

3. Fragen nach vorherigen Beschäftigungsverhältnissen und dem Grund ihrer Beendigung

Die Frage nach vorherigen Beschäftigungsverhältnissen und dem Grund ihrer Beendigung ist für den Arbeitgeber im Hinblick auf die fachliche Qualifikation des Bewerbers sehr aufschlussreich. Darüber hinaus können aber auch die beruflichen Veränderungen (planvoll bzw. planlos) des Bewerbers für den Arbeitgeber Rückschlüsse auf das Verhalten des Bewerbers und seine Bereitschaft zu längerfristigen Tätigkeiten zulassen. Fraglich ist daher, ob der Arbeitgeber nach den bisherigen Beschäftigungsverhältnissen fragen und dabei eine lückenlose Auskunft ohne zeitliche Limitierung fordern darf.

Degener bejaht dies und hält im Einzelnen sogar die Frage nach Name, Art und Sitz des Unternehmens, den ausgeübten Positionen und der Dauer der Beschäftigungen, auch wenn sie nebenberuflich ausgeübt wurden, für zulässig[140].

Grundsätzlich muss die Frage nach den bisherigen Beschäftigungsverhältnissen für den Arbeitgeber zulässig sein, da er berechtigter Weise erfahren möchte, ob der Bewerber bisher längerfristig beschäftigt war oder öfters die Stellung wechselte. Dies gilt insbesondere dann, wenn der zu besetzende Arbeitsplatz eine aufwendige Schulung oder Einarbeitung erforderlich macht[141].

Bedenken bestehen aber gegen eine umfassende Auskunftspflicht insofern, als der Arbeitgeber durch einen lückenlosen Lebenslauf auch Zeiträume deklarieren müsste, die mit seiner Ausbildung und seinem Beruf nicht in Zusammenhang stehen und die er etwa zu seiner privaten Lebensführung oder zum Müßiggang genutzt hat. Probleme ergeben sich insbesondere dann, wenn der Bewerber eine Haftstrafe zu verbüßen hatte und über diese Auskunft erteilen müsste, obwohl er ggf. nach den zur Bekanntgabe von Vorstrafen entwickelten Grundsätzen[142] nicht auskunftspflichtig wäre. Aus diesem Grunde darf der Arbeitgeber keinen lückenlosen Lebenslauf vom Bewerber fordern, auch wenn ihm nicht verwehrt werden kann, aus evtl. auftretenden Lücken seine Rückschlüsse zu ziehen[143].

---

139 MüHdbAR – *Buchner*, § 41 Rz. 122.

140 *Degener*, Fragerecht des Arbeitgebers, S. 136.

141 BAG Urteil vom 12.02.1970 – 2 AZR 184/69, AP 17 zu § 123 BGB.

142 Vgl. unten S. 79 ff.

143 *Thees*, Arbeitnehmer-Persönlichkeitsrecht, S. 217; MüHdbAR – *Buchner*, § 41 Rz. 46.

Darüber hinaus darf der Arbeitgeber den Bewerber zwar nach dem Grund des Ausscheidens fragen, eine solche Frage ist aber auf das letzte Beschäftigungsverhältnis zu beschränken. Grundsätzlich fallen Fakten, wie der Grund des Ausscheidens aus einem Arbeitsverhältnis in den Bereich der Privatsphäre. Dem Arbeitgeber fehlt es daher an einem überragenden schutzwürdigen Informationsinteresse. Wichtig ist hingegen für den Arbeitgeber die Kenntnis des Ausscheidungsgrundes aus dem letzten Beschäftigungsverhältnis. Er kann einen wichtigen Faktor bei der Prüfung bilden, ob dieser Grund nicht auch für das einzugehende Arbeitsverhältnis zutrifft. Daher überwiegt hier das Informationsinteresse des Arbeitgebers[144].

4. Die Frage nach der bisherigen Vergütung

a) Meinungsstand

Die Frage nach der bisherigen Vergütung des Bewerbers kann für den Arbeitgeber Aussagekraft im Hinblick auf die Einschätzung der von dem Bewerber erbrachten Arbeitskraft und für die Festlegung des neuen Entgeltes haben. Dennoch ist umstritten, ob der Arbeitgeber den Bewerber nach seiner bisherigen Entlohnung fragen darf. Die ältere Rechtsprechung[145] und ein Teil der Literatur[146] halten die Frage nach dem bisher erhaltenen Gehalt für zulässig, weil nur so der Arbeitgeber dem Bewerber ein akzeptables Angebot unterbreiten könne.

Andere sprechen sich gegen eine Zulässigkeit der Frage nach dem bisherigen Entgelt aus, da diese Frage nur dem Zweck diene, den Arbeitnehmer zu zwingen seine Verhandlungsposition offen zulegen bzw. zu verschlechtern[147].

Das BAG hat in seinem Urteil vom 19.05.1983 die Zulässigkeit der Frage nach der bisherigen Vergütung verneint und mit seiner Aussage im Wesentlichen die heute herrschende Meinung gebildet. Begründet wird diese Ansicht damit, dass auch die Einkommensverhältnisse eines Arbeitnehmers in seine Pri-

---

144 *Hümmerich*, BB 1979, 428 (429); *Bellgardt*, Rechtsprobleme des Bewerbergesprächs, S. 14 f.; *Degener*, Fragerecht des Arbeitgebers, S. 136.

145 LAG Baden-Württemberg Urteil vom 16.11.1959 – IV Sa 44/59, BB 1960, 174; LAG Düsseldorf Urteil vom 14.11.1980 – 4 Sa 924/80, n. v.

146 *Bleistein*, BlStSozArbR 1969, 172 (174); *Bellgardt*, Rechtsprobleme des Bewerbergesprächs, S. 29; *Degener*, Fragerecht des Arbeitgebers, S. 136; *Galperin/Löwisch*, § 94 BetrVG Rz. 8; Stege/Weinspach – *Schiefer*, § 94 BetrVG Rz. 15; *Schaub*, ArbR-Hdb., § 26 Rz. 17.

147 LAG Baden-Württemberg Urteil vom 23.12.1980 – 6 Sa 64/80, AR-Blattei ES 640 Nr. 11; *Gunsky*, NJW 1980, 1616; *Moritz*, NZA 1987, 329 (333); MüKo – *Roth*, § 242 BGB Rz. 227; HAS – *Stevens-Bartol*, § 7 C Rz. 53; *Schwerdtner*, ArbR I, 1 Rz. 17.

vatsphäre fallen. Daher sei eine diesbezügliche Frage zumindest dann unzulässig, wenn das bisherige Einkommen dem Arbeitgeber keinen Aufschluss über die Qualifikation des Bewerbers für den zu besetzenden Arbeitsplatz geben könne[148]. Nur in Ausnahmefällen solle dem Arbeitgeber ein dementsprechendes Fragerecht zugebilligt werden. Dies seien Fälle, in denen der angestrebte Posten zumindest vergleichbare Kenntnisse und Fähigkeiten erfordere oder der Bewerber eine erfolgsabhängige Vergütung bezogen habe, aus der auf seine Einsatzbereitschaft geschlossen werden könne. Die Frage nach dem bisherigen Gehalt sei ferner dann zulässig, wenn der Bewerber dieses als Mindestbedingung für den neuen Arbeitsplatz fordere bzw. zum Ausgangspunkt für die Bemessung seiner Lohnforderung mache[149].

b) Stellungnahme

Die Frage nach der bisherigen Vergütung fällt in die Privatsphäre des Bewerbers, da sie einen Umstand betrifft, der seine Beziehung zu seinem früheren Arbeitgeber ausmacht. Für die Beurteilung der Zulässigkeit der Frage nach der bisherigen Vergütung ist daher eine Interessenabwägung zwischen dem Informationsverlangen des Arbeitgebers nach der Höhe des bisherigen Einkommens und dem Interesse des Bewerbers auf Achtung seines Persönlichkeitsrechts notwendig. Zutreffend hat die herrschende Meinung die Frage nach der bisherigen Vergütung im Grundsatz für unzulässig erklärt, da das bisher gezahlte Entgelt für den neuen Arbeitgeber belanglos ist. Nimmt man das Prinzip der Privatautonomie auch im Arbeitsrecht ernst, so kann für den Bewerber keine Pflicht zur wahrheitsgemäßen Beantwortung der Frage nach dem bisherigen Einkommen bestehen, denn die Bekanntgabe der Höhe der bisherigen Entlohnung würde den Bewerber in seiner Verhandlungsposition schwächen. Die Höhe des Verdienstes ist nicht immer nur Indikator für die Leistungsfähigkeit und Leistungsbereitschaft eines Arbeitnehmers. So kann es Gründe in der Person des Arbeitneh-

---

148 BAG Urteil vom 19.05.1983 – 2 AZR 171/81, AP 25 zu § 123 BGB; *Ehrich*, DB 2000, 421; *Sander*, AuA 1995, 9 (10); *Wohlgemuth*, ArbuR 1992, 46 (47); Erman – *Edenfeld*, § 611 BGB Rz. 263; Staudinger – *Richardi*, § 611 BGB Rz. 96; ErfK – *Preis*, § 611 BGB Rz. 339; HAS – *Stevens-Bartol*, § 7 C Rz. 49; MüHdbAR – *Buchner*, § 41 Rz. 48; *Dörner*, AR-Blattei, SD 60 Rz. 56.

149 BAG Urteil vom 19.05.1983 – 2 AZR 171/81, AP 25 zu § 123 BGB; *Ehrich*, DB 2000, 421; *Sander*, AuA 1995, 9 (10); *Däubler*, Gläserne Belegschaften?, Datenschutz in Betrieb und Dienststelle, 4. Auflage, Frankfurt, 2002, Rz. 218; Erman – *Edenfeld*, § 611 BGB Rz. 263; Staudinger – *Richardi*, § 611 BGB Rz. 96; *Gola/Wronka*, Arbeitnehmerdatenschutz, Rz. 286; HAS – *Stevens-Bartol*, § 7 C Rz. 49; KasselerHdb. Bd. I – *Künzl*, 2.1 Rz. 77; MüHdbAR – *Buchner*, § 41 Rz. 48; ErfK – *Preis*, § 611 BGB Rz. 339; *Dörner*, AR-Blattei, SD 60 Rz. 56.

mers oder Arbeitgebers geben, die den Arbeitnehmer dazu bewegen, eine Bezahlung zu akzeptieren, die nicht den entsprechenden Gegenwert für seine Leistung darstellt. Solche Umstände, die nur zwischen dem alten Arbeitgeber und dem Arbeitnehmer von Interesse sind, haben den neuen Arbeitgeber nicht zu interessieren. Insofern überwiegt regelmäßig das Interesse des Bewerbers auf Schutz seiner Persönlichkeit.

Andererseits ist die Frage zulässig, wenn ihre Antwort Rückschlüsse auf die Qualifikation des Bewerbers ermöglicht, weil dann die Frage in die Arbeitssphäre des Bewerbers fällt und das Informationsbedürfnis des Arbeitgebers überwiegt. Sachgerecht ist es weiterhin, die Zulässigkeit zu bejahen, wenn der Bewerber selbst die bisherige Vergütung zur Mindestbedingung macht; hier kann der Arbeitgeber nur dann ein akzeptables Angebot unterbreiten, wenn ihm die Höhe des bisherigen Arbeitseinkommens bekannt ist.

5. Fragen nach den wirtschaftlichen Verhältnissen des Bewerbers

a) Die Frage nach den Vermögensverhältnissen bzw. Schulden

aa) Meinungsstand

Ob der Arbeitgeber den Bewerber nach seinen Vermögensverhältnissen, insbesondere nach Schulden und Lohn- und Gehaltspfändungen fragen darf, ist umstritten. Hierzu wird ein breites Meinungsspektrum vertreten.

So befürwortet ein Teil der Literatur und der Rechtsprechung die uneingeschränkte Zulässigkeit der Frage nach den Vermögensverhältnissen bzw. Schulden[150]. Zur Begründung wird angeführt, dass desolate Vermögensverhältnisse regelmäßig zu Pfändungen des Arbeitseinkommens führen und der Gläubiger sich dann direkt an den Arbeitgeber hält, was für diesen nicht nur zu einem erheblichen Mehraufwand, sondern auch zu Haftungsrisiken führen kann.

Die herrschende Meinung hält hingegen die Frage nach den Vermögensverhältnissen im Grundsatz für unzulässig[151]. Nur dann, wenn die zu besetzende Stelle ein besonderes Vertrauensverhältnis voraussetze, der Arbeitnehmer bei seiner Tätigkeit mit Geld umgehen müsse oder die Gefahr der Bestechung oder

---

150 ArbG Hamburg Urteil vom 25.07.1955 – 5 Ca 267/55, ARST XXVI (1955) Nr. 398, S. 133; *Lepke*, RdA 1980, 185 (195); *Neumann-Duesberg*, UFITA 36, 1962, 101 (109/110).

151 ArbG Berlin Urteil vom 16.07.1986 – 8 Ca 141/86, BB 1986, 1853; Staudinger – *Richardi*, § 611 BGB Rz. 96; *Richardi*, § 94 BetrVG Rz. 23; Däubler/Kittner/Klebe – *Klebe*, § 94 BetrVG Rz. 19; *Fitting*, § 94 BetrVG Rz. 21; Hess/Schlochauer/Glaubitz – *Glock*, § 94 BetrVG Rz. 14; HAS – *Stevens-Bartol*, § 7 C Rz. 48; *Dörner*, AR-Blattei, SD 60 Rz. 54.

des Geheimnisverrats bestehe, weil in diesen Fällen die Schulden das Vertrauen in die Integrität des Mitarbeiters beeinträchtigen und zu einer signifikanten unkorrekten Erledigung der Dienstpflicht führen können, wird ein diesbezügliches Fragerecht zugestanden[152].

Andere meinen, dass die Frage nach den Vermögensverhältnissen bei der Einstellung nicht an Bewerber des unteren und mittleren Verantwortungsbereichs gestellt werden dürfe. Ein diesbezügliches Fragerecht sei nur dann zulässig, wenn die Vermögensverhältnisse für die zu besetzende Stelle wegen deren Aufgaben, Kompetenzen und Verantwortung relevant werden. Daher müsse der Arbeitgeber bei der Einstellung auf eine leitende Position, in der der Arbeitnehmer auch wirtschaftliche Verantwortung zu übernehmen hat, fragen dürfen. Eine schlechte private Wirtschaftsführung könne hier die Eignung des Bewerbers in Frage stellen[153].

Degener ist hingegen der Auffassung nur im Falle einer Bewerbung für „ein entscheidend von Verwaltung und Betreuung des Arbeitgebervermögens geprägtes Arbeitsverhältnis, das eine jederzeitige Bereicherung ermögliche"[154] sei die Frage nach den Schulden ausnahmsweise statthaft. Hier sei der verschuldete Arbeitnehmer besonderen Verlockungen ausgesetzt. Als Beispiele können der Leiter der Finanzbuchhaltung oder der Hauptkassierer einer Bank und im öffentlichen Dienst der Betriebsprüfer der Steuerverwaltung und die mit der Vergabe von öffentlichen Aufträgen betrauten Bediensteten angeführt werden.

bb) Stellungnahme

Die Frage nach den Vermögensverhältnissen des Bewerbers fällt in dessen Privatsphäre. Würde man die Frage nach den Vermögensverhältnissen uneingeschränkt zulassen, wäre der Bewerber verpflichtet, dem Arbeitgeber jede (noch so geringe) Verbindlichkeit im Einstellungsgespräch mitzuteilen. Der Bewerber müsste also dem Arbeitgeber seine Privatsphäre grundlos offenbaren. Andererseits setzt die überwiegende Mehrheit der Arbeitsplätze keine Schuldenfreiheit des Arbeitnehmers voraus. In einer Zeit, in der mittlerweile jeder vierte Privat-

---

152 Staudinger – *Richardi*, § 611 BGB Rz. 96; *Richardi*, § 94 BetrVG Rz. 23; Däubler/Kittner/Klebe – *Klebe*, § 94 BetrVG Rz. 19; *Fitting*, § 94 BetrVG Rz. 21; Hess/Schlochauer/Glaubitz – *Glock*, § 94 BetrVG Rz. 14; *Dörner*, AR-Blattei, SD 60 Rz. 54.

153 *Bohlen*, PERSONAL 1993, 30 (33); KasselerHdb. Bd. I – *Künzl*, 2.1 Rz. 108 f.; *Schaub*, ArbR-Hdb., § 26 Rz. 28; *Haberkorn*, ArbR, S. 38.

154 *Degener*, Fragerecht des Arbeitgebers, S. 117 (120/121).

haushalt in der Bundesrepublik Deutschland verschuldet ist[155], wäre diese Voraussetzung auch kaum erfüllbar. Daher ist ein überwiegendes Informationsinteresse des Arbeitgebers an den Vermögensverhältnissen des Bewerbers grundsätzlich nicht erkennbar. Zutreffend hält die herrschende Meinung demgemäß die Frage nach den Vermögensverhältnissen für unzulässig. Nur in Ausnahmefällen muss die Frage zulässig sein.

Sofern jedoch als Abgrenzungskriterium für die Zulässigkeit der Frage eine Tätigkeit genannt wird, die den Zugriff auf das Arbeitgebervermögen zum Zwecke der Bereicherung ermöglicht, vermag dies nicht zu überzeugen. Es kann nicht jedem verschuldeten Bewerber unterstellt werden, er wolle zum Nachteil des Arbeitgebers gegen dessen Vermögen gerichtete strafbare Handlungen begehen, sich bestechen lassen oder Geheimnisverrat begehen. Dieser Verlockung ist auch der unverschuldete Arbeitnehmer gleicher Maßen ausgesetzt und daher käme eine solche Annahme einer Verdachts„strafe" gleich[156]. Auch eine Vertrauensstellung schon dann anzunehmen, wenn die Tätigkeit den Umgang mit Geld erfordert, führt zu weit. Oftmals besteht z. B. bei einem Kassierer keine diese Frage allein rechtfertigende finanzielle Dispositionsbefugnis[157]. Damit würde sehr bald aus der Ausnahme der Regelfall werden. Daher erscheint es sachgerecht, die Frage nach den Vermögensverhältnissen auf die Ausnahmen zu reduzieren, in denen eine leitende Position zu vergeben ist, die eine hohe wirtschaftliche Verantwortung erfordert. In solchen Fällen muss aus desolaten privaten Vermögensverhältnissen die Kompetenz für die zu besetzende Position in Frage gestellt werden.

b) Die Frage nach Lohn- und Gehaltspfändungen

Auch die Zulässigkeit der mit dieser Problematik einhergehenden Frage nach Lohn- und Gehaltspfändungen wird unterschiedlich beurteilt.

Teilweise wird die Zulässigkeit der Frage nach bestehenden Lohn- und Gehaltspfändungen bejaht, da sie für den Arbeitgeber einen beträchtlichen Verwaltungsaufwand und haftungsrechtliche Risiken bedeuten, vor denen der Arbeitgeber ein „berechtigtes Interesse" hat verschont zu bleiben[158]. Dies vermag

---

155 DIW-Wochenbericht 17/03; Abrufdatum: 20.09.2004; www.diw.de/deutsch/publikationen/wochenberichte/docs/03-17-1.html.

156 *Lepke*, RdA 1980, 185 (195).

157 *Wohlgemuth*, FS-Hanau, 1999, S. 329 (335).

158 *Lepke*, RdA 1980, 185 (195); *Moritz*, NZA 1987, 329 (333); *Neumann-Duesberg*, UFITA 36, 1962, 101 (109); Staudinger – *Richardi*, § 611 BGB Rz. 96; *Richardi*, § 94 BetrVG Rz. 23; Stege/Weinspach – *Schiefer*, § 94 BetrVG Rz. 12.

jedoch nicht zu überzeugen, da der Arbeitgeber im Arbeitsvertrag vereinbaren kann, im Falle einer Pfändung die entstehenden Kosten auf den Arbeitnehmer abzuwälzen. So kann der Arbeitgeber auch ohne Befragung vor den durch die Pfändung entstehenden Kosten geschützt werden und die gerade auf diesen Kosten beruhende Vermögensgefährdung des Arbeitgebers muss für die Interessenabwägung zwischen Arbeitgeberrisiko und Arbeitnehmerschutz ausscheiden[159]. Daher ist die Frage nach Lohn- und Gehaltspfändungen grundsätzlich unzulässig[160].

Seitdem das BAG entschieden hat, dass das Vorliegen zahlreicher Lohn- und Gehaltspfändungen in Extremfällen zur ordentlichen Kündigung berechtigen könne, wenn dadurch bei dem Arbeitgeber eine wesentliche Störung des Arbeitsablaufs auftritt[161], befürwortet ein Teil der Literatur zutreffend für diese Fälle das Fragerecht des Arbeitgebers. Der Arbeitgeber muss das Recht haben, die Eingehung solcher Arbeitsverhältnisse abzulehnen, die er nach ihrem Zustandekommen wieder durch eine sozial gerechtfertigte Kündigung gem. § 1 KSchG zu lösen berechtigt ist[162].

6. Die Frage nach einer Schwangerschaft

a) Meinungsstand

Ursprünglich hatte das BAG[163] und die ihm überwiegend folgende Literatur[164] die Frage nach einer Schwangerschaft mit der Begründung für zulässig gehal-

---

159 *Bohlen*, PERSONAL 1993, 30 (32); *Degener*, Fragerecht des Arbeitgebers, S. 118 f.

160 ArbG Berlin Urteil vom 16.07.1986 – 8 Ca 141/86, BB 1986, 1853; *Bohlen*, Personal 1993, 30 (33); *Wohlgemuth*, ArbuR 1992, 45 (48); *Wohlgemuth*, FS-Hanau, 1999, S. 329 (335); Däubler/Kittner/Klebe – *Klebe*, § 94 BetrVG Rz. 19; *Fitting*, § 94 BetrVG Rz. 21; KasselerHdb. Bd. I – *Künzl*, 2.1 Rz. 94; MüHdbAR – *Buchner*, § 41 Rz. 156; wohl auch HAS – *Stevens-Bartol*, § 7 C Rz. 48.

161 BAG Urteil vom 04.11.1981 – 7 AZR 264/79, AP 4 zu § 1 KSchG 1969 – Verhaltensbedingte Kündigung.

162 *Wohlgemuth*, ArbuR 1992, 45 (48); *Wohlgemuth*, FS-Hanau, 1999, S. 329 (335); KasselerHdb. Bd. I – *Künzl*, 2.1 Rz. 94; MüHdbAR – *Buchner*, § 41 Rz. 156.

163 BAG Urteil vom 22.09.1961 – 1 AZR 241/60, AP 15 zu § 123 BGB.

164 *Larenz*, Anm. zu BAG Urteil vom 22.09.1961, AP 15 zu § 123 BGB; *Brill*, ArbuR 1968, 136 (139); *Gamillscheg*, AcP 164, 1964, 385 (425), (430); *Haberkorn*, RdA 1962, 416 (418); *Hofmann*, ZfA 1975, 1 (43); *Hunn*, ArbuR 1954, 18 (21); *Hunn*, ArbuR 1955, 203 (204); *Neumann*, DB 1961, 1291; *Neumann-Duesberg*, JZ 1962, 204 (206); *Neumann-Duesberg*, UFITA 36, 1962, 101 (103/104); *Degener*, Fragerecht des Arbeitgebers, S. 121 (123); anderer Ansicht *Falkenberg*, BB 1970, 1013 (1015); *Gamillscheg*, FS-Weber, 1974, S. 793 (814); *Wiedemann*, FS-Herschel, 1982, S. 463 (472).

ten, dass die Mutterschaft einer Arbeitnehmerin für den Arbeitgeber mit erheblichen finanziellen und betrieblichen Belastungen verbunden sei.

Mit der Umsetzung der Richtlinie Nr. 76/207 EWG des Rates vom 09.02.1976 „zur Verwirklichung der Gleichberechtigung von Männern und Frauen hinsichtlich des Zugangs zur Beschäftigung, zur Berufsbildung und zum beruflichen Aufstieg sowie in Bezug auf die Arbeitsbedingungen“[165] durch das „Gesetz über die Gleichbehandlung von Männern und Frauen am Arbeitsplatz und über die Erhaltung von Ansprüchen bei Betriebsübergang“ (ArbrEGAnpG) vom 13.08.1980 wurde das geschlechtliche Diskriminierungsverbot neu in § 611a BGB geregelt. Demzufolge darf der Arbeitgeber einen Arbeitnehmer u. a. bei der Begründung des Arbeitsverhältnisses nicht wegen seines Geschlechts benachteiligen.

Nach Einführung des § 611a BGB setzte sich bei den Instanzgerichten[166] und in der Literatur[167] unter Ablehnung der bisherigen BAG-Rechtsprechung immer mehr die Ansicht durch, dass sich der Arbeitgeber bei der Bewerberin im Einstellungsgespräch nicht nach einer Schwangerschaft erkundigen dürfe. Die Frage nach der Schwangerschaft verletze das Diskriminierungsverbot, da sie nur Frauen gestellt werde. Diese Frage diene nur dazu, die Einstellung einer Schwangeren zu verhindern und schaffe daher für Bewerberinnen eine ungünstigere Verhandlungsposition[168].

Mit Urteil vom 20.02.1986 wollte das BAG der Einführung des § 611a BGB Rechnung tragen und entschied, dass zumindest dann die Frage nach der Schwangerschaft zulässig sei, wenn sich nur weibliche Arbeitnehmerinnen um den Arbeitsplatz bewerben. In diesen Fällen könne die Frage keine geschlechtsspezifische Benachteiligung darstellen. Die Frage richte sich an alle Bewerberinnen von denen auch jede schwanger sein könne. Gleichzeitig brachte das BAG in dieser Entscheidung zum Ausdruck, dass es zu einer anderen Beurteilung der Frage nach der Schwangerschaft neige, wenn es sowohl männliche, wie weib-

---

165 ABl. EG 1976 L 39/40.

166 LAG Hamburg Urteil vom 10.04.1985 – 4 Sa 4/84, STREIT 1985, 106; ArbG Hamburg Urteil vom 07.12.1984 – 20 Ca 303/84, STREIT 1985, 28 (29); ArbG Oldenburg Urteil vom 27.08.1985 – 5 Ca 1248/85, STREIT 1986, 24 (25); ArbG Frankfurt Urteil vom 05.08.1982 – 5 Ca 534/81, STREIT 1983, 32; ArbG München Urteil vom 06.09.1984 – 11 Ca 6968/84, DB 1984, 2519.

167 *Bode*, Anm. zu ArbG Frankfurt Urteil vom 05.08.1982, STREIT 1983, 33 (35); *Bellgardt*, BB 1983, 2187 (2191); *Colneric*, BB 1986, 1573; *Stevens-Bartol*, AiB 1984, 123 (124); anderer Ansicht *Meilicke*, BB 1986, 1288 f; *Walker*, DB 1987, 273 (278); *Hunold*, NZA 1987, 4 (6) mit dem Argument, Schwangerschaft entzöge sich dem Gleichbehandlungsgebot, da es sich um eine geschlechtliche Besonderheit handele.

168 *Bellgardt*, BB 1983, 2187 (2188); *Colneric*, BB 1986, 1573; *Colneric*, EuZW 1991, 75 (78); vgl. auch *Walker*, DB 1987, 273 (274).

liche Bewerber um eine freie Stelle gäbe, dann könne nämlich eine geschlechtsspezifische Benachteiligung vorliegen[169].

Diese sog. „gespaltene“ Lösung stieß in der Literatur auf heftige Kritik[170]. So wurde gegen die Lösung des BAG eingewandt, sie sei nicht praktikabel, da eine Bewerberin nahezu keine Kenntnis darüber erlangen könne, ob sie nur mit weiblichen oder auch männlichen Bewerbern um die offene Stelle konkurriere. Die Interessenlage der Frau ändere sich auch nicht abhängig davon, welchen Geschlechts ihre Mitbewerber seien, so dass es keinen sachlichen Grund gebe, ihr wegen verschiedenen Geschlechts der Mitbewerber unterschiedliche Einstellungschancen einzuräumen[171]. Schließlich sei die Gefahr der Manipulierbarkeit des geschlechterübergreifenden Bewerberstands und der Missbrauchsmöglichkeiten gegeben[172].

Maßgeblichen Einfluss auf die weitere Rechtsprechung des BAG übte eine Entscheidung des *EuGH* im Jahre 1990[173] aus. Im sog. „Dekker-Fall“ hatte ein Arbeitgeber die Einstellung einer schwangeren Bewerberin wegen der ihm aus der Schwangerschaft entstehenden finanziellen Nachteile abgelehnt. Der *EuGH* sah hierin einen unmittelbaren Verstoß gegen den in Art. 2 Abs. 1 und Art. 3 Abs. 1 der Richtlinie 76/207/EWG des Rates vom 09.02.1976 normierten Gleichbehandlungsgrundsatz und zwar unabhängig davon, ob sich nur Frauen oder auch Männer um den Arbeitsplatz beworben hätten.

Aufgrund der Entscheidung des EuGH zum Dekker-Fall kamen mehrere Instanzgerichte und ein Teil der Literatur zu dem Ergebnis, dass die sog. „gespaltene“ Lösung des BAG nicht länger aufrecht erhalten werden könne, da sie nicht im Einklang mit der EWG-Richtlinie 76/207 stehe. Sie waren daher der Ansicht, dass die Frage des Arbeitgebers nach dem Bestehen einer Schwangerschaft stets unzulässig sei. Sie stelle eine Diskriminierung wegen des Geschlechts nach § 611a BGB dar[174].

---

169 BAG Urteil vom 20.02.1986 – 2 AZR 244/85, AP 31 zu § 123 BGB.

170 *Coester*, Anm. zu BAG Urteil vom 20.02.1986, AP 31 zu § 123 BGB; *Donat*, BB 1986, 2413 f.; *Hunold*, NZA 1987, 4 ff.; *Walker*, DB 1987, 273 (275); *Wißmann*, DB 1991, 650 (651); *Zeller*, BB 1987, 1522 (1524); *Zeller*, BB 1991, 1124; zustimmend dagegen *Moritz*, NZA 1987, 329 (336); *Bellgardt*, BB 1986, 2414 (2417).

171 *Donat*, BB 1986, 2413 f.; *Hunold*, NZA 1987, 4 (5); *Zeller*, BB 1987, 1522 (1524).

172 *Coester*, Anm. zu BAG Urteil vom 20.02.1986, AP 31 zu § 123 BGB; *Ehrich*, DB 2000, 421 (424); *Hunold*, NZA 1987, 4 (5); *Walker*, DB 1987, 273 (276).

173 EuGH Urteil vom 08.11.1990 – C 177/88, AP 23 zu Art. 119 EWG-Vertrag.

174 LAG Düsseldorf Urteil vom 01.04.1992 – 4 Sa 157/92, NZA 1992, 695; ArbG München Urteil vom 03.04.1992 – 22 Ca 873/92, BB 1992, 1354; LAG Frankfurt Beschluss vom 08.01.1991 – 5 Ta BV 162/90, DB 1992, 534; *Mauer*, Anm. zu EuGH Urteil vom

In seiner neueren Rechtsprechung gab das BAG die sog. „gespaltene" Lösung im Anschluss an die Entscheidung des EuGH im Dekker-Fall ausdrücklich auf. Nach dem Grundsatz der gemeinschaftskonformen Auslegung müssten die vom EuGH zur Richtlinie 76/207 EWG entwickelten Rechtssätze beachtet werden. Nunmehr vertrat das BAG, dass die Frage des Arbeitgebers nach der Schwangerschaft vor der Einstellung einer Arbeitnehmerin i. d. R. eine unzulässige Benachteiligung wegen des Geschlechts darstelle und gegen das Diskriminierungsverbot des § 611a BGB verstoße, gleichgültig, ob sich nur Frauen oder auch Männer um den Arbeitsplatz bewerben[175]. Allerdings solle in den Fällen etwas anderes gelten, in denen die Bewerberin von vornherein für den Arbeitsplatz nicht geeignet sei, für sie ein Beschäftigungsverbot nach dem MuSchG eingreife, oder in denen von vornherein eine Tätigkeit z. B. in einem befristeten Arbeitsvertrag wegen sogleich eintretender Mutterschutzfristen, Erziehungsurlaubs etc. nicht möglich sei[176].

Die Änderung der Rechtsprechung des BAG hat in der Literatur große Beachtung gefunden[177]. Dabei wurde immer wieder in Frage stellt, ob die Wende in der Rechtsprechung des BAG für die Bewerberinnen tatsächlich eine vorteilhaftere Rechtsposition schaffe. Es bestehe vielmehr die Gefahr, dass der Arbeitgeber, der nunmehr nicht mehr sicher sein könne, ob eine Bewerberin schwanger sei, von vornherein männlichen Bewerbern den Vorzug geben werde[178].

Nachdem die Frage nach der Schwangerschaft nun grundsätzlich für unzulässig gehalten wurde, verschob sich die Diskussion auf die Grenzen des Fragerechts und die damit verbundenen Ausnahmefälle, in denen auch weiterhin ein Fragerecht des Arbeitgebers bestehen sollte[179].

08.11.1990, BB 1991, 693 (694); *Wißmann*, DB 1991, 650 (651), (653); *Colneric*, EuZW 1991, 75 (78); *Kutsch*, BB 1991, 2149 (2151 f.); *Zeller*, BB 1991, 1124.

175 BAG Urteil vom 15.10.1992 – 2 AZR 227/92, AP 8 zu § 611a BGB; BAG Urteil vom 01.07.1993 – 2 AZR 25/93, AP 36 zu § 123 BGB.

176 BAG Urteil vom 15.10.1992 – 2 AZR 227/92, AP 8 zu § 611a BGB.

177 *Buchner*, Anm. zu BAG Urteil vom 01.07.1993, EzA 39 zu § 123 BGB; *Buschbeck-Bülow*, Anm. zu BAG Urteil vom 01.07.1993, BB 1993, 2087; *Coester*, Anm. zu BAG Urteil vom 15.10.1992, AP 8 zu § 611a BGB; *Zeller*, Anm. zu BAG Urteil vom 01.07.1993, BB 1993, 2087 (2088); *Schatzschneider*, NJW 1993, 1115 (1116); *Sowka*, NZA 1994, 967 (969); *Zeller*, BB 1993, 219; *Buchner*, FS-Stahlhacke, 1995, S. 83 (95); kritisch bis ablehnend *Adomeit*, Anm. BAG Urteil vom 15.10.1992, JZ 1993, 846 ff; *Ehrich*, DB 1993, 431 (434); *Ehrich*, DB 2000, 421 (425); *Schiefer*, DB 1993, 38 (40).

178 *Ehrich*, DB 1993, 431 (434); *Schiefer*, DB 1993, 38 (40); *Zeller*, BB 1993, 219 (220).

179 *Coester*, Anm. zu BAG Urteil vom 15.10.1992, AP 8 zu § 611a BGB.

Kritik gegen die Rechtsprechung des BAG wendet *Ehrich* insofern ein, als auch bei dem Vorliegen sachlich gerechtfertigter Gründe, z. B. in dem Fall der beabsichtigten Einstellung einer Ersatzkraft für eine schwangere Mitarbeiterin, dem Arbeitgeber ein Fragerecht nach bestehender Schwangerschaft zuzubilligen sei. In solchen Fällen habe der Arbeitgeber ein berechtigtes Interesse, dass die Ersatzkraft nicht zur selben Zeit schwangerschaftsbedingt ausfalle[180]. Dem wird jedoch entgegen gehalten, dass mit dem BAG nach befristeten und unbefristeten Arbeitsverhältnissen zu trennen sei. Ist ein befristetes Arbeitsverhältnis vereinbart und fällt die Leistung der Arbeitnehmerin im maßgeblichen Zeitpunkt schwangerschaftsbedingt ganz oder größtenteils aus, so dürfe die Schwangerschaft auch erfragt werden[181]. Entscheide sich hingegen der Arbeitgeber für die unbefristete Einstellung einer Arbeitnehmerin und nimmt den personellen Engpass lediglich zum Anlass eine neue Dauerstellung zu schaffen, bringe der Arbeitgeber selbst zum Ausdruck, dass die Ersatzfunktion nur ein Nebenzweck der Einstellung sei. Ein Ausnahmefall sei daher nicht erkennbar[182].

Sofern einige Autoren gegen die Lösung des BAG die Möglichkeit der Umgehung beispielsweise durch eine betriebsärztliche Untersuchung anführen[183], wird ihnen entgegen gehalten, dass ein solches Vorgehen nicht nur das Persönlichkeitsrecht der Bewerberin verletze[184], sondern auch ein Arzt wegen der ärztlichen Schweigepflicht weder berechtigt noch verpflichtet sei, seine Untersuchungsergebnisse dem Arbeitgeber mitzuteilen[185]. Darüber hinaus würde ein solches Verhalten des Arztes eine Strafbarkeit nach § 203 StGB wegen der Verletzung von Privatgeheimnissen nach sich ziehen.

Seitdem der *EuGH* im Jahre 2000 entschieden hat, dass Art. 2 Abs. 1 und 3 der Richtlinie 76/207/EWG es verbieten, eine Schwangere deshalb nicht auf eine unbefristete Stelle einzustellen, weil sie für die Dauer der Schwangerschaft wegen eines aus ihrem Zustand folgenden gesetzlichen Beschäftigungsverbotes auf dieser Stelle von Anfang an nicht beschäftigt werden darf[186], wurde in der Literatur erwartet, dass auch das BAG nunmehr die Frage nach der Schwangerschaft zumindest bei unbefristeten Arbeitsverhältnissen ausnahmslos für unzu-

---

180 *Ehrich*, DB 1993, 431 (434); *Ehrich*, DB 2000, 421 (425).

181 *Coester*, Anm. zu BAG Urteil vom 15.10.1992, AP 8 zu § 611a BGB.

182 *Coester*, Anm. zu BAG Urteil vom 15.10.1992, AP 8 zu § 611a BGB.

183 *Ehrich*, DB 1993, 431 (433); *Zeller*, BB 1991, 1124 (1125).

184 *Schatzschneider*, NJW 1993, 1115 (1116).

185 *Coester*, Anm. zu BAG Urteil vom 15.10.1992, AP 8 zu § 611a BGB; *Bulla/Buchner/Becker*, § 5 MuSchG Rz. 49.

186 EuGH Urteil vom 03.02.2000 – C 207/98, AP 18 zu § 611a BGB.

lässig halten würde[187]. Diesen Erwartungen kam das BAG in seiner jüngsten Entscheidung zu diesem Thema nach[188]. Es vertritt nunmehr die Ansicht, dass die Frage nach einer Schwangerschaft bei einem unbefristeten Arbeitsverhältnis gegen die Richtlinie 76/207/EWG verstoße. Bei einem unbefristeten Arbeitsverhältnis komme es darauf an, dass die Bewerberin nach Ablauf des Mutterschutzes in der Lage sei, der vertraglich vorgesehenen Tätigkeit nachzugehen. Daher trete das vorübergehende Beschäftigungshindernis hinter den Schutzzweck der Richtlinie zurück. Denn die Frau könne nach Ablauf der Schutzfristen die vereinbarte Arbeit leisten. Durch ein befristetes Beschäftigungsverbot werde das nach dem Arbeitsvertrag vorausgesetzte langfristige Gleichgewicht nicht entscheidend gestört[189].

b) Stellungnahme

Auch die Zulässigkeit der Frage nach der Schwangerschaft, die in die Privatsphäre der Bewerberin fällt, ist nur über eine Interessenabwägung zwischen Arbeitgeber- und Bewerberinneninteressen lösbar. Auf Seiten des Arbeitgebers sind nicht nur die finanziellen Verpflichtungen zu nennen, die das MuSchG dem Arbeitgeber bei einem mit einer Schwangeren bestehenden Arbeitsverhältnis auferlegt, sondern auch die mit dem personellen Ersatz der Schwangeren verbundenen organisatorischen Belastungen. Dieses Informationsinteresse des Arbeitgebers ist daher gegen das Persönlichkeitsrecht der Bewerberin abzuwägen.

Früher wurde diese Interessenabwägung zugunsten des Arbeitgebers entschieden und die Frage nach der Schwangerschaft damit als zulässig angesehen. Dies wurde insbesondere mit den erheblichen rechtlichen und wirtschaftlichen Interessen des Arbeitgebers begründet, die für ein Informationsinteresse des Arbeitgebers an einer evtl. vorliegenden Schwangerschaft schon in der Einstellungsphase sprachen. Nach dem MuSchG müsse der Arbeitgeber nicht nur erhebliche finanzielle Belastungen tragen, es erschwere auch den betrieblichen Arbeitsablauf durch Beschäftigungsverbote und Schutzzeiten. Infolgedessen müsse das Persönlichkeitsrecht der Bewerberin zurücktreten, da die Bewerberin bei bestehendem Arbeitsverhältnis nach dem MuSchG ohnehin dazu verpflichtet sei, dem Arbeitgeber eine Schwangerschaft anzuzeigen[190]. Hinzukomme, dass das MuSchG die Schwangere zwar bei bestehendem Arbeitsverhältnis

---

187 *Nicolai*, Anm. zu EuGH Urteil vom 03.02.2000, SAE 2001, 79 (81); *Ehrich*, DB 2000, 421 (425); *Stürmer*, NZA 2001, 526 (530).

188 BAG Urteil vom 06.02.2003 – 2 AZR 621/01, NZA 2003, 848 f.

189 BAG Urteil vom 06.02.2003 – 2 AZR 621/01, NZA 2003, 848 f.

190 *Walker*, DB 1987, 273 (274).

schützen solle, der Erwerb eines Arbeitsplatzes jedoch nicht in den Regelungsbereich des MuSchG falle[191].

Erst durch die Richtlinie 76/207/EWG setzte sich eine Verschiebung der Interessen zugunsten der Bewerberinnenseite langsam durch mit der Konsequenz, dass heute das Fragerecht des Arbeitgebers bei der Frage nach der Schwangerschaft abzulehnen ist. Die Frage nach der Schwangerschaft wird nur weiblichen Bewerberinnen gestellt. Somit handelt es sich bei der Schwangerschaft um ein geschlechtsbezogenes Merkmal, dessen Berücksichtigung eine unmittelbare geschlechtsbedingte Diskriminierung darstellt. Hierunter fallen nicht nur die Schwangerschaft selbst, sondern auch alle weiteren, mit der Schwangerschaft in Verbindung stehenden Umstände, wie Schwangerschaftsschutzgebote und Beschäftigungsverbote. Unter Beachtung des geschlechtlichen Diskriminierungsverbots muss daher die Interessenabwägung zu Gunsten der Bewerberin ausfallen. Hinter dem Interesse der Bewerberin auf Gleichbehandlung müssen die finanziellen und organisatorischen Interessen des Arbeitgebers zurücktreten. Ein anderes Ergebnis ist nur bei befristeten Arbeitsverhältnissen vertretbar, nämlich dann, wenn die Arbeitnehmerin wegen ihrer Schwangerschaft ihre gesamte Arbeitsleistung nicht erbringen kann. Das geschlechtliche Diskriminierungsverbot will Frauen zwar den gleichen Zugang zum Arbeitsmarkt ermöglichen, es soll ihnen jedoch nicht „Sozialleistungen ohne nennenswerte Gegenleistung“[192] verschaffen. Kann die Bewerberin wegen der Schwangerschaft ihre Arbeitsleistung insgesamt nicht erbringen, ist die Opfergrenze des Arbeitgebers überschritten[193].

Auch wenn die derzeitige Rechts- und Gesetzeslage keine andere Lösung zulässt, ist sie einer Reihe von Kritikpunkten ausgesetzt. So sind gerade für kleine und mittelständische Unternehmen die ökonomischen Folgen dieses Ergebnisses kaum von der Hand zu weisen. Darüber hinaus ergeben sich große Bedenken, ob eine solche Lösung nicht eher kontraproduktiv wirkt und jungen Frauen den Zugang zum Arbeitsmarkt versperrt, anstatt ihn zu öffnen. Manch ein Arbeitgeber wird bei seiner Einstellungspolitik von vornherein männliche Bewerber insgeheim bevorzugen. Die geschlechtliche Gleichberechtigung im Arbeitsleben steht jedoch nicht zur Disposition, zu ihrer Durchsetzung ist der Staat verpflichtet. Zwar entzündet sich die Kritik vordergründig an der Frage des Arbeitgebers nach dem Bestehen einer Schwangerschaft, dahinter verbirgt

---

191 *Bellgardt*, BB 1983, 2187.

192 *Coester*, Anm. zu BAG Urteil vom 15.10.1992, AP 8 zu § 611a BGB; *Bulla/Buchner/Becker*, § 5 MuSchG Rz. 47.

193 Ähnlich *Buchner*, FS-Stahlhacke, 1995, S. 83 (95), der die Abgrenzung durch die Verfügbarkeit der Arbeitnehmerin vornehmen will; *Bulla/Buchner/Becker*, § 5 MuSchG Rz. 46.

sich jedoch das eigentliche Problem, dass der Arbeitgeber die finanziellen Lasten einer schwangeren Arbeitnehmerin zu tragen hat.

Hier ist der Gesetzgeber gefordert. Zur Lösung des Problems könnten die aus einer Schwangerschaft resultierenden finanziellen Belastungen anders verteilt, von der staatlichen Gemeinschaft übernommen[194], oder der Behalt der Arbeitgeberleistungen an eine Mindestdauer tatsächlich erbrachter Arbeitsleistungen geknüpft werden[195].

7. Fragen nach der Gesundheit

a) Die Frage nach dem Gesundheitszustand

Das BAG hielt in seiner grundlegenden Entscheidung aus dem Jahre 1964 die Frage des Arbeitgebers nach dem Gesundheitszustand des Bewerbers generell für zulässig und war der Meinung, der Bewerber müsse sie wahrheitsgemäß beantworten[196].

Große Teile der Literatur[197] und etliche Instanzgerichte[198] wandten sich gegen diese Ansicht und vertraten eine differenziertere Auffassung. Die Frage nach dem Gesundheitszustand sei zwar im Grundsatz zulässig, da sie aber einen starken Eingriff in die Privatsphäre des Bewerbers darstelle, müsse hier ein strenger Maßstab angelegt werden. Daher müsse der Bewerber den Arbeitgeber nicht über jede Erkrankung informieren, sondern nur über solche Krankheiten Auskunft erteilen, die für das einzugehende Arbeitsverhältnis von Bedeutung seien[199]. Dies sei beispielsweise bei chronischen und ansteckenden Krankhei-

---

194 *Nicolai*, Anm. zu EuGH Urteil vom 03.02.2000, SAE 2001, 79 (82).

195 *Coester*, Anm. zu BAG Urteil vom 15.10.1992, AP 8 zu § 611a BGB.

196 BAG Urteil vom 07.02.1964 – 1 AZR 251/63, AP 6 zu § 276 BGB – Verschulden bei Vertragsabschluss.

197 *Brill*, ArbuR 1968, 136 (142); *Falkenberg*, BB 1970, 1013 (1015); *Haberkorn*, RdA 1962, 416 (417/418); *Hümmerich*, BB 1979, 428 (430); *Kemter*, RdA 1962, 307 (309/310); *Neumann*, DB 1961, 1291 (1292); *Neumann-Duesberg*, UFITA 36, 1962, 101 (104); *Degener*, Fragerecht des Arbeitgebers, S. 126 f.

198 LAG Hamm Urteil vom 08.09.1955 – 4 Sa 321/55, BB 1956, 80; LAG Bremen Urteil vom 05.12.1956 – I Sa 118/56, DB 1957, 24; LAG Düsseldorf Urteil vom 23.05.1961 – 8 Sa 90/61, BB 1961, 975; LAG Baden-Württemberg Urteil vom 14.05.1962 – 4 Sa 15/62, DB 1962, 1015; LAG Frankfurt Urteil vom 13.10.1972 – 5 Sa 406/72, DB 1972, 2359; LAG Hamm Urteil vom 22.05.1973 – 3 Sa 181/73, DB 1973, 1306; LAG Berlin Urteil vom 06.07.1973 – 3 Sa 48/73, DB 1974, 99.

199 *Brill*, ArbuR 1968, 136 (142); *Bleistein*, BlStSozArbR 1969, 172 (173); *Falkenberg*, BB 1970, 1013 (1015); *Haberkorn*, RdA 1962, 416 (417); *Hümmerich*, BB 1979, 428 (430);

ten der Fall. Krankheiten, die hingegen in keinem Zusammenhang mit dem betreffenden Arbeitsverhältnis stünden, sowie ausgeheilte, zurückliegende Krankheiten, seien ohne Belang[200].

Zwanzig Jahre später nahm das BAG erneut grundlegend in einer Entscheidung zur Frage nach dem Gesundheitszustand des Bewerbers Stellung, in der es zwar nicht ausdrücklich von seiner bisherigen Rechtsprechung Abstand nahm, sie jedoch in erheblichem Maße einschränkte. Dem Arbeitgeber könne ein Fragerecht nur insoweit zugestanden werden, wie er ein berechtigtes, billigenswertes und schutzwürdiges Interesse an der Beantwortung seiner Frage habe. Daran sei der Umfang des Fragerechts bezüglich bestehender Krankheiten festzumachen und müsse im Zusammenhang mit dem einzugehenden Arbeitsverhältnis stehen. Das Fragerecht sei deshalb auf folgende Punkte zu beschränken: „Liegt eine Krankheit bzw. eine Beeinträchtigung des Gesundheitszustandes vor, durch die die Eignung für die vorgesehene Tätigkeit auf Dauer oder in periodisch wiederkehrenden Abständen eingeschränkt wird? Liegen ansteckende Krankheiten vor, die zwar nicht die Leistungsfähigkeit beeinträchtigen, jedoch die zukünftigen Kollegen und Kunden gefährden? Ist zum Zeitpunkt des Dienstantritts bzw. in absehbarer Zeit mit einer Arbeitsunfähigkeit zu rechnen, beispielsweise durch eine geplante Operation, eine bewilligte Kur oder auch durch eine derzeit bestehende akute Erkrankung?"[201].

b) Die Frage nach einer Körperbehinderung

Auch die Frage nach einer Körperbehinderung, die von der Frage nach dem Bestehen einer Schwerbehinderteneigenschaft zu differenzieren sei, müsse nach diesen Grundsätzen bewertet werden. Die Frage nach einer Körperbehinderung sei daher nur dann zulässig, wenn sie auf eine mögliche Beeinträchtigung der zu verrichtenden Arbeit ziele[202]. Diese differenzierte Betrachtung der Zulässigkeit der Frage nach dem Gesundheitszustand hat in der arbeitsrechtlichen Literatur große Zustimmung erhalten[203].

Neumann, DB 1961, 1291 (1292); ähnlich auch *Kemter*, RdA 1962, 307 (309/310), der als Kriterium die Leistungsfähigkeit des Arbeitnehmers wählt.

200 *Brill*, ArbuR 1968, 136 (142); *Falkenberg*, BB 1970, 1013 (1015); *Hümmerich*, BB 1979, 428 (430).

201 BAG Urteil vom 07.06.1984 – 2 AZR 270/83, AP 26 zu § 123 BGB.

202 BAG Urteil vom 07.06.1984 – 2 AZR 270/83, AP 26 zu § 123 BGB.

203 *Naendrup*, Anm. zu BAG Urteil vom 07.06.1984, SAE 1985, 169 f.; *Brill*, BlStSozArbR 1985, 113 (114); *Ehrich*, DB 2000, 421 (423); *Gola*, BB 1987, 538; *Janker*, AuA 1991, 264 (265); *Moritz*, NZA 1987, 329 (333); *Roos*, AiB 2000, 211 (212); *Wohlgemuth*, ArbuR 1992, 46 (48); *Wohlgemuth*, Datenschutz für Arbeitnehmer, 2. Auflage,

c) Stellungnahme

Jeder Arbeitgeber ist daran interessiert, einen möglichst gesunden, leistungsfähigen Arbeitnehmer einzustellen, um das Risiko krankheitsbedingter Ausfälle im Arbeitsablauf und Entgeltfortzahlungsansprüche im Krankheitsfalle zu minimieren. Die Frage des Arbeitgebers nach Erkrankungen betrifft den Bewerber „in einem besonders intimen Bereich der Privatsphäre“[204], über den niemand uneingeschränkt Auskunft erteilen möchte. Im Spannungsfeld dieser widerstreitenden Interessen sind die die Gesundheit des Bewerbers betreffenden Fragen anzusiedeln.

Das Entgeltfortzahlungsgesetz (EFZG) schützt den Arbeitnehmer im bestehenden Arbeitsverhältnis, es verpflichtet den Arbeitgeber jedoch nicht zur Einstellung eines Bewerbers, der schon bei Aufnahme des Arbeitsverhältnisses gesundheitlich nicht in der Lage ist, seiner Leistungspflicht nachzukommen. Diese gesetzliche Wertung bringt zum Ausdruck, dass der Arbeitgeber die Möglichkeit haben muss, vor der Einstellung die gesundheitliche Leistungs- und Einsatzfähigkeit des Bewerbers zu ergründen und grundsätzlich nach dem Gesundheitszustand zu fragen[205]. Gleichzeitig wird deutlich, dass für Fragen nach dem Gesundheitszustand ein Bezug zum vorgesehenen Arbeitsverhältnis vorliegen muss, denn wegen reiner Neugierde des Arbeitgebers kann ein Eingriff in die Privatsphäre nicht gerechtfertigt werden.

Fraglich ist jedoch, wie umfassend sich der Arbeitgeber nach dem Gesundheitszustand des Bewerbers erkundigen darf. Nach § 3 EFZG besteht ein Anspruch des Arbeitnehmers auf Entgeltfortzahlung im Krankheitsfall für die Dauer von bis zu sechs Wochen. Grundsätzlich trägt also der Arbeitgeber im bestehenden Arbeitsverhältnis nach dem EFZG das Krankheitsrisiko. Daraus folgt, dass der Arbeitgeber gewöhnliche Erkrankungen des Arbeitnehmers hinnehmen muss. Dieses Risiko findet seine Begrenzung einerseits in der zeitlichen Dimension von 6 Wochen gem. § 3 EFZG, andererseits in der personenbedingten Kündigung wegen Krankheit gem. § 1 Abs. 2 KSchG. Ist also ein Arbeitnehmer längere Zeit krank, entfällt die Lohnfortzahlung. Sowohl bei häufigen Kurzerkrankungen, als auch bei langfristigen Erkrankungen kann der Arbeitgeber bei Vorliegen der übrigen Voraussetzungen kündigen. Folglich kann

---

Neuwied, 1988, Rz. 138; *Thees*, Arbeitnehmer-Persönlichkeitsrecht, S. 218; ErfK – *Preis*, § 611 BGB Rz. 346; HAS – *Stevens-Bartol*, § 7 C Rz. 50; MüHdbAR – *Buchner*, § 41 Rz. 62 ff; *Schaub*, ArbR-Hdb., § 26 Rz. 20; *Dörner*, AR-Blattei, SD 60 Rz. 60; nur für ein Fragerecht hinsichtlich des Gesundheitszustands, jedoch gegen die Differenzierung von der Schwerbehinderteneigenschaft *Peterek*, Anm. zu BAG Urteil vom 07.06.1984, EzA 25 zu § 123 BGB.

204 *Thees*, Arbeitnehmer-Persönlichkeitsrecht, S. 218.

205 So auch MüHdbAR – *Buchner*, § 41 Rz. 61.

dem Arbeitgeber bei außergewöhnlichen Umständen das Krankheitsrisiko nicht mehr zugemutet werden. Daraus lässt sich schließen, dass ein Fragerecht nach dem Gesundheitszustand mit den Wertungen des EFZG und des KSchG korrespondieren muss. Treffend hat das BAG[206] und ihm folgend die herrschende Meinung[207] daher den Grundsatz entwickelt, dass der Arbeitgeber den Bewerber fragen darf, ob der vorgesehenen Tätigkeit Einschränkungen auf Dauer oder in periodisch wiederkehrenden Abständen entgegen stehen, da in diesen Fällen der Arbeitgeber das Arbeitsverhältnis auch durch Kündigung wieder lösen könnte. Weiterhin muss der Arbeitgeber danach fragen dürfen, ob eine momentane Erkrankung oder eine absehbar bevorstehende Arbeitsunfähigkeit der Tätigkeit des Arbeitnehmers entgegenstehen könnte.

Der Arbeitgeber muss ferner den Bewerber nach ansteckenden Krankheiten fragen dürfen, da ihm gegenüber allen anderen Mitarbeitern Fürsorgepflichten und gegenüber Dritten Verkehrssicherungspflichten obliegen.

Weiterhin muss der Arbeitgeber auch nach der körperlichen Eignung fragen dürfen, sofern sie Voraussetzung für die Tätigkeit ist. Dies betrifft insbesondere Tätigkeiten, die erheblichen körperlichen Einsatz, wie schweres Heben oder Tragen oder ein erhebliches Laufpensum, fordern. In diesen Fällen stellt die körperliche Eignung eine besondere Berufsqualifikation dar[208], nach der der Arbeitgeber ohne Einschränkungen fragen darf[209].

Zusammenfassend ist festzustellen, dass der Arbeitgeber insoweit ein Fragerecht nach dem Gesundheitszustand des Bewerbers hat, als ein Zusammenhang mit der in Aussicht genommenen Tätigkeit besteht. Dann tritt das Persönlichkeitsrecht des Bewerbers hinter den Interessen des Arbeitgebers zurück. Ein Interesse an früheren, bereits ausgeheilten Erkrankungen oder Bagatellerkrankungen, z. B. einer Grippe, ist hingegen genauso abzulehnen, wie die generelle Frage nach Krankheiten.

d) Fragen nach Suchterkrankungen

In diesem Zusammenhang stellt sich die Frage, ob der Arbeitgeber den Arbeitnehmer auch nach Suchterkrankungen, wie Alkohol- und Drogensucht fragen darf. Auch hier müssen die entwickelten Grundsätze Anwendung finden[210]. Ein

---

206 BAG Urteil vom 07.06.1984 – 2 AZR 270/83, AP 26 zu § 123 BGB.

207 Vgl. Fn. 203.

208 MüHdbAR – *Buchner*, § 41 Rz. 51.

209 Siehe S. 54.

210 ErfK – *Preis*, § 611 BGB Rz. 343.

Fragerecht ist aus zwei Gründen zu bejahen. Eine Suchterkrankung wird sich in der Regel auf die Eignung des Arbeitnehmers für die in Aussicht genommene Tätigkeit auswirken und seine Leistungsfähigkeit beeinflussen. Regelmäßig wirken sich Alkohol- und Drogensucht auf das Reaktionsvermögen des Betroffenen aus. Handelt es sich um eine Tätigkeit, bei der der Arbeitnehmer dadurch sich selbst, andere Mitarbeiter oder gar Dritte gefährden könnte, muss dem Arbeitgeber schon aufgrund seiner Fürsorge- und Verkehrsicherungspflichten ein dementsprechendes Fragerecht eingeräumt werden[211].

e) Fragen nach AIDS

Ob der Arbeitgeber den Bewerber auch nach AIDS fragen darf, wurde Ende der 80er Jahre in der Literatur mit großer Aufmerksamkeit diskutiert. Auch hier finden die oben dargestellten Grundsätze zur Frage nach dem Gesundheitszustand ihre Anwendung. Bei der Beurteilung des Fragerechts des Arbeitgebers nach AIDS ist zwischen einer HIV-Infektion und einer AIDS-Erkrankung zu differenzieren. Eine Entscheidung des BAG zu dieser Frage ist bislang ausgeblieben, das BAG hatte sich alleinig mit der HIV-Infektion als Kündigungsgrund auseinander zu setzen[212].

Der Arbeitgeber darf sich bei dem Bewerber nach einer akuten AIDS-Erkrankung erkundigen, da in diesem Stadium der Krankheit die Arbeitsunfähigkeit des Bewerbers entweder schon eingetreten ist, oder mit ihr in einem absehbaren Zeitraum zu rechnen ist[213].

Die Frage des Arbeitgebers nach einer HIV-Infektion ist hingegen grundsätzlich unzulässig[214]. In diesem Stadium treten noch keine Krankheitssymp-

---

211 MüHdbAR – *Buchner*, § 41 Rz. 70.

212 BAG Urteil vom 16.02.1989 – 2 AZR 347/88, AP 46 zu § 138 BGB.

213 *Ehrich*, DB 2000, 421 (423); *Haesen*, RdA 1988, 158 (161); *Heilmann*, BB 1989, 1413 (1414); *Hinrichs*, AiB 1988, 8 (10); *Löwisch*, DB 1987, 936 (940); *Richardi*, NZA 1988, 73 (74); *Lichtenberg/Schücking*, NZA 1990, 41 (44); *Zeller*, BB 1987, 1522 (1523); *Janker*, AuA 1991, 264 (265); *Roos*, AiB 2000, 211 (213); *Däubler*, Gläserne Belegschaften?, Rz. 215; *Wohlgemuth*, Datenschutz, Rz. 139; ErfK – *Preis*, § 611 BGB Rz. 344; *Gola/Wronka*, Arbeitnehmerdatenschutz, Rz. 249; MüHdbAR – *Buchner*, § 41 Rz. 68.

214 *Ehrich*, DB 2000, 421 (423); *Haesen*, RdA 1988, 158 (161); *Heilmann*, BB 1989, 1413 (1414); *Janker*, AuA 1991, 264 (265); *Keller*, NZA 1988, 561 (563); *Lichtenberg/Schücking*, NZA 1990, 41 (44); *Löwisch*, DB 1987, 936 (940); *Richardi*, NZA 1988, 73 (74); *Roos*, AiB 2000, 211 (213); *Däubler*, Gläserne Belegschaften?, Rz. 215; *Wohlgemuth*, Datenschutz, Rz. 139; ErfK – *Preis*, § 611 BGB Rz. 344; *Gola/Wronka*, Arbeitnehmerdatenschutz, Rz. 250; MüHdbAR – *Buchner*, § 41 Rz. 69; *Dörner*, AR-Blattei, SD 60 Rz. 61; für die generelle Zulässigkeit der Frage nach AIDS wegen der besonderen

tome auf. Es kommt daher weder zu einer Leistungsminderung des Arbeitnehmers, noch besteht bei einer üblichen betrieblichen Tätigkeit Ansteckungsgefahr.

Nur in Ausnahmefällen ist die Frage des Arbeitgebers nach einer HIV-Infektion zulässig. Eine solche Ausnahme kann entweder vorliegen wenn die HIV-Infektion den Bewerber im Rahmen seines Arbeitsverhältnisses selbst besonders gefährden würde oder der Arbeitnehmer durch seine Tätigkeit für Dritte ein erhöhtes Risiko bildet. Dies ist regelmäßig bei Tätigkeiten der Fall, bei denen Körperflüssigkeiten des infizierten Arbeitnehmers berufsbedingt mit Dritten in Kontakt kommen[215]. Als Beispiele sind hier Tätigkeiten im Gesundheitswesen oder Berufsgruppen, die mit der Herstellung von Nahrungsmitteln beschäftigt sind, zu nennen[216]. Findet tätigkeitsbedingt kein Kontakt mit dem Hauptübertragungsweg – Blut – statt, so besteht auch keine Gefahr der Infektion.

8. Die Frage nach einer Schwerbehinderteneigenschaft oder Gleichstellung

a) Meinungsstand

Von der Frage nach dem Gesundheitszustand und einer Körperbehinderung ist die Frage nach einer Schwerbehinderteneigenschaft bzw. Gleichstellung des Bewerbers scharf zu differenzieren[217]. Zur Zulässigkeit der Frage nach einer

---

Gefährlichkeit der Infektion *Eich*, NZA 1987, Beil. 2, 10 (12); *Klak*, BB 1987, 1382 (1384); *Zeller*, BB 1987, 1522 (1523); Stege/Weinspach – *Schiefer*, § 94 BetrVG Rz. 16b.

215 *Ehrich*, DB 2000, 421 (423); *Haesen*, RdA 1988, 158 (161); *Janker*, AuA 1991, 264 (265); *Keller*, NZA 1988, 561 (563); *Lichtenberg/Schücking*, NZA 1990, 41 (44); *Löwisch*, DB 1987, 936 (940); *Richardi*, NZA 1988, 73 (74); *Roos*, AiB 2000, 211 (213); *Wohlgemuth*, Datenschutz, Rz. 139; ErfK – *Preis*, § 611 BGB Rz. 344; MüHdbAR – *Buchner*, § 41 Rz. 69; *Dörner*, AR-Blattei, SD 60 Rz. 61; anderer Ansicht *Hinrichs*, AiB 1988, 8 (10); *Heimann*, BB 1989, 1413 (1414) für die generelle Unzulässigkeit der Frage.

216 *Ehrich*, DB 2000, 421 (423); *Haesen*, RdA 1988, 158 (164); *Janker*, AuA 1991, 264 (265); *Lichtenberg/Schücking*, NZA 1990, 41 (44); *Löwisch*, DB 1987, 936 (940); *Roos*, AiB 2000, 211 (213); *Wohlgemuth*, Datenschutz, Rz. 139; ErfK – *Preis*, § 611 BGB Rz. 344; MüHdbAR – *Buchner*, § 41 Rz. 69; weitergehend *Richardi*, NZA 1988, 73 (74); *Keller*, NZA 1988, 561 (563), wegen der Affinität des Virus zum zentralen Nervensystem soll das Fragerecht auf Tätigkeiten, bei denen Fehlhandlungen oder Beurteilungsfehler zu einem Schaden an den Rechtsgütern des Arbeitgebers oder anderen Personen führen können, ausgeweitet werden, z. B. Flugzeugpilot.

217 BAG Urteil vom 07.06.1984 – 2 AZR 270/83, AP 26 zu § 123 BGB; anderer Ansicht *Peterek*, Anm. zu BAG Urteil vom 07.06.1984, EzA 24 und 25 zu § 123 BGB.

Schwerbehinderteneigenschaft bzw. Gleichstellung wird ein breites Meinungsspektrum vertreten.

So ging zunächst nur *Schmidt* davon aus, dass das Fragerecht des Arbeitgebers ganz auszuschließen und eine darauf abzielende Frage an den Bewerber unzulässig sei. Zur Begründung verwies er auf die Vergleichbarkeit zur unzulässigen Frage nach der Schwangerschaft. Hinzu komme, dass bei einer Zulässigkeit der Frage in vielen Fällen Schwerbehinderte, bei denen die Schwerbehinderteneigenschaft bereits bei Vertragsschluss vorliege, erst nach in Kraft setzen des Arbeitsverhältnisses den formellen Schwerbehindertenstatus beantragen werden[218].

Andere Stimmen in der Literatur sprachen sich für die Zulässigkeit der Frage nach einer Schwerbehinderteneigenschaft nur im Zusammenhang mit der angestrebten Tätigkeit aus, da allein dann ein berechtigtes, billigenswertes Interesse des Arbeitgebers an der Beantwortung der Frage zu bejahen sei[219]. Ein umfassendes Fragerecht des Arbeitgebers nach der Schwerbehinderteneigenschaft würde dem Schwerbehindertenschutz nicht gerecht. Es laufe dem Schutzzweck des (damals geltenden) SchwbG zuwider, wenn der Arbeitgeber die Einstellung eines schwer behinderten Arbeitnehmers ablehnen könne, um den Verpflichtungen dieses Gesetzes zu entgehen[220].

Das BAG und ihm folgend die herrschende Meinung in der Literatur hat hingegen die vorbehaltlose Zulässigkeit der Frage nach einer Schwerbehinderteneigenschaft des Bewerbers befürwortet[221]. Der Grund für das Fragerecht des Arbeitgebers liege darin, dass ihm im Zusammenhang mit der Einstellung von Schwerbehinderten eine ganze Reihe von gesetzlichen Verpflichtungen aufer-

---

218 *Schmidt*, Anm. zu BAG Urteil vom 05.10.1995, AiB 1996, 743.

219 BAG Urteil vom 11.11.1993 – 2 AZR 467/93, AP 38 zu § 123 BGB; ArbG Siegburg Urteil vom 22.03.1994 – 1 Ca 3454/93, NZA 1995, 943 (944); *Behrens*, Anm. zu BAG Urteil vom 05.10.1995, BetrR 1996, 99 (100); Däubler/Kittner/Klebe – *Klebe*, § 94 BetrVG Rz. 13.

220 ArbG Siegburg Urteil vom 22.03.1994 – 1 Ca 3454/93, NZA 1995, 943 (945).

221 BAG Urteil vom 25.03.1976 – 2 AZR 136/75, AP 19 zu § 123 BGB; BAG Urteil vom 07.06.1984 – 2 AZR 270/83, AP 26 zu § 123 BGB; BAG Urteil vom 01.08.1985 – 2 AZR 101/83, AP 30 zu § 123 BGB; BAG Urteil vom 11.11.1993 – 2 AZR 467/93, AP 38 zu § 123 BGB; BAG Urteil vom 05.10.1995 – 2 AZR 923/94, AP 40 zu § 123 BGB; BAG Urteil vom 03.12.1998 – 2 AZR 754/97, AP 49 zu § 123 BGB; *Kreitner*, Anm. zu BAG Urteil vom 05.10.1995, EWiR § 123 BGB 2/96, S. 441; *Rieble*, Anm. zu BAG Urteil vom 11.11.1993, EzA 40 zu § 123 BGB; *Bellgardt*, AiB 1984, 61 (64); *Bleistein*, BlStSozArbR 1969, 172 (173); *Ehrich*, DB 2000, 421 (424); *Moritz*, NZA 1987, 329 (335); *Zeller*, BB 1987, 1522 (1524); *Degener*, Fragerecht des Arbeitgebers, S. 127 f.; Staudinger – *Richardi*, § 611 BGB Rz. 65; *Richardi*, § 94 BetrVG Rz. 16; MüHdbAR – *Buchner*, § 41 Rz. 73 ff; *Dörner*, AR-Blattei, SD 60 Rz. 63.

legt würden. Gegen die Parallele zum Fragerecht nach der Schwangerschaft hat das BAG eingewandt, dass beide Fallgruppen nicht vergleichbar seien. Bei dem Bewerber, der die Anerkennung als Schwerbehinderter betrieben habe, würden daraus folgend dem Arbeitgeber für die ganze Dauer des Arbeitsverhältnisses nachteilige Folgen entstehen. Bei der schwangeren Arbeitnehmerin hingegen löse bereits ihr Zustand für einen vorübergehenden Zeitraum finanzielle Verpflichtungen aus, die jedoch wegen § 611a BGB nicht ausreichten, das Arbeitsverhältnis wegen Täuschung anzufechten[222].

Es passe nicht in das System des gesetzlichen Schwerbehindertenschutzes, wenn ein Schwerbehinderter wegen unrichtiger Auskunft über seinen Status eingestellt werde und dann dem Arbeitgeber seine Schwerbehinderteneigenschaft zur Durchsetzung seiner Ansprüche mitteile. Der Arbeitnehmer, der diesen Schutz für sich in Anspruch nehme, sei nicht darauf angewiesen, ihn durch Notlügen bei der Einstellung durchzusetzen, da der Gesetzgeber ein System geschaffen habe, das ihn nicht vom Arbeitsmarkt ausschließe. Würde man den anerkannt Schwerbehinderten ein Recht zur falschen Beantwortung der Frage nach ihrem Status zubilligen, bevorrechtige dies nur den Schwerbehinderten, dessen gesundheitliches Handicap nicht äußerlich sichtbar sei. Dem Behinderten, der sich dazu entscheide, den Schutz des SchwbG in Anspruch zu nehmen, – was jedem freistehe[223], und seine Anerkennung als Schwerbehinderter beantrage, sei auch zuzumuten, den Zugang zu einem Beschäftigungsverhältnis über das System des SchwbG zu suchen[224]. Schließlich ließe auch Art. 3 Abs. 3 GG keine andere Wertung zu, da es an einer dem § 611a BGB entsprechenden Norm zur Durchsetzung dieses Diskriminierungsverbotes fehle[225].

Rieble hatte zudem die Ansicht vertreten, dass ein Frageverbot nicht mit dem Schutzkonzept des SchwbG vereinbar sei, weil damit kein Diskriminierungsschutz für Schwerbehinderte erreicht werden könne. Dürfe der Arbeitgeber nicht mehr nach der Schwerbehinderteneigenschaft fragen, müsse dies auch für den Arbeitgeber gelten, der gezielt einen Schwerbehinderten einstellen wolle, um beispielsweise seine Quote zu erfüllen. Derjenige, der die besondere Beschäftigungsförderung für Schwerbehinderte für sich beanspruchen wolle, könne aber nicht gleichzeitig verlangen gleich einem „normalen“ Bewerber behandelt zu werden[226].

---

222 BAG Urteil vom 05.10.1995 – 2 AZR 923/94, AP 40 zu § 123 BGB.

223 BSG Urteil vom 26.02.1986 – 9 a RVs 4/83, br 1986, 43.

224 BAG Urteil vom 05.10.1995 – 2 AZR 923/94, AP 40 zu § 123 BGB.

225 BAG Urteil vom 05.10.1995 – 2 AZR 923/94, AP 40 zu § 123 BGB; anderer Ansicht *Pahlen*, RdA 2001, 143 (148); *Treber*, ZfA 1996, 659 (675).

226 *Rieble*, Anm. zu BAG Urteil vom 11.11.1993, EzA 40 zu § 123 BGB.

Mit seiner Entscheidung vom 18.10.2000 änderte das BAG seine Rechtsprechung dahingehend, dass trotz des Fragerechts des Arbeitgebers nach der Schwerbehinderteneigenschaft, in dem Fall, in dem die Schwerbehinderung des Bewerbers offensichtlich sei, die Anfechtung nach § 123 BGB daran scheitere, dass bei dem Arbeitgeber kein Irrtum hätte erregt werden können[227].

Seit dem Erlass der Richtlinie 2000/78/EG[228] und der Neuregelung des Schwerbehindertenrechts in SGB IX zum 01.07.2001, das auch ein Diskriminierungsverbot in § 81 Abs. 2 SBG IX enthält, wird in der aktuellen Literatur stark in Zweifel gezogen, ob das BAG auch weiterhin an der Zulässigkeit der Frage nach einer Schwerbehinderung festhalten wird[229].

Ein Teil der Literatur ist nunmehr der Ansicht, dass die Frage vor dem geänderten europarechtlichen Hintergrund unzulässig sei[230]. Da die Neuregelung des § 81 SGB IX ein arbeitsrechtliches Diskriminierungsverbot – ähnlich der Regelung des § 611a BGB vorsehe, sei der bisherigen Rechtsprechung des BAG die Grundlage entzogen[231]. Daher vertreten mehrere Stimmen in der Literatur, dass nur noch in Ausnahmefällen die Frage nach einer Schwerbehinderung gestellt werden dürfe. Dies sei dann der Fall, wenn das Fehlen der Behinderung eine wesentliche und entscheidende Anforderung an die Tätigkeit darstelle. Dies ergebe sich schon aus § 81 Abs. 2 Nr. 1 Satz 2 SGB IX[232]. Einzig *Schaub* hält weiterhin an der Zulässigkeit der Frage nach einer Schwerbehinderung fest, da die Frage als solche diskriminierungsneutral sei. Die sich aus Art. 5 der Richtlinie ergebende Förderpflicht mache sogar die Frage nach der Schwerbehin-

---

227 BAG Urteil vom 18.10.2000 – 2 AZR 380/99, AP 59 zu § 123 BGB.

228 Richtlinie des Rates zur Festlegung eines allgemeinen Rahmens für die Verwirklichung der Gleichbehandlung in Beschäftigung und Beruf vom 27.11.2000, ABl. EG Nr. L 303 vom 02.12.2000, S. 21.

229 *Düwell*, BB 2001, 1527 (1530); *Joussen*, NJW 2003, 2857 (2859); *Leuchten*, NZA 2002, 1254 (1257); *Messingschlager*, NZA 2003, 301 (303); *Rolfs/Paschke*, BB 2002, 1260 (1261); *Thüsing/Lambrich*, BB 2002, 1146 (1147), Däubler/Kittner/Klebe – *Klebe*, § 94 BetrVG Rz. 13; *Fitting*, § 94 BetrVG Rz. 24.

230 *Brors*, DB 2003, 1734 (1735); *Düwell*, BB 2001, 1527 (1529); *Joussen*, NJW 2003, 2857 (2860); *Messingschlager*, NZA 2003, 301 (303); *Thüsing/Lambrich* BB 2002, 1146 (1149); KR – *Etzel*, §§ 85 – 90 SGB IX Rz. 32.

231 *Joussen*, NJW 2003, 2857 (2860); *Rolfs/Paschke*, BB 2002, 1260 (1261); *Däubler*, Gläserne Belegschaften?, Rz. 216; ErfK – *Preis*, § 611 BGB Rz. 347; Däubler/Kittner/Klebe – *Klebe*, § 94 BetrVG Rz. 13.

232 *Joussen*, NJW 2003, 2857 (2860); *Leuchten*, NZA 2002, 1254 (1256); *Thüsing/Lambrich*, BB 2002, 1146 (1149); ErfK – *Preis*, § 611 Rz. 347.

derung notwendig, damit der Arbeitgeber seine Pflichten erfüllen könne[233]. Eine neuerliche Entscheidung des BAG zu dieser Frage bleibt abzuwarten.

b) Stellungnahme

Die Frage nach einer Schwerbehinderung fällt in die Privatsphäre des Bewerbers. Eine Beurteilung ihrer Zulässigkeit ist daher grundsätzlich nur über eine Interessenabwägung zu lösen. Für eine Zulässigkeit der Frage und damit eine Interessenabwägung zugunsten des Arbeitgebers wurden bisher die weit reichenden, mit der Einstellung eines Schwerbehinderten verbundenen finanziellen und betrieblichen Verpflichtungen des Arbeitgebers angeführt, die über das Persönlichkeitsrecht des Bewerbers überwogen haben.

Die Änderung der Rechtslage und die Einführung des Diskriminierungsverbotes in § 81 Abs. 2 SGB IX machen eine neue Bewertung der Frage nach der Schwerbehinderung notwendig.

An einer Zulässigkeit der Frage nach einer Schwerbehinderung, wie sie von *Schaub* auch weiterhin vertreten wird[234], kann nicht mehr festgehalten werden, da diese Auffassung mit dem neuen Diskriminierungsverbot des § 81 SGB IX und den zugrunde liegenden europarechtlichen Regelungen nicht vereinbar ist[235].

Gegen eine Zulässigkeit der Frage nach der Schwerbehinderung spricht schon der Vergleich zu § 611a BGB, der das geschlechtliche Diskriminierungsverbot regelt und mit dem § 81 SGB IX nahezu identisch ist. Zwar hat sich früher das BAG mangels eines ausdrücklich geregelten Diskriminierungsverbotes gegen eine Vergleichbarkeit zur Frage nach der Schwangerschaft ausgesprochen[236]. Das Argument einer fehlenden gesetzlichen Normierung kann aber nun nicht mehr für die Zulässigkeit der Frage nach der Schwerbehinderung angeführt werden. Wird aber wegen § 611a BGB die Frage nach der Schwangerschaft einer Bewerberin für unzulässig gehalten, erlaubt die Beurteilung der Frage nach der Schwerbehinderung wegen des fast gleich lautenden Wortlauts des § 81 SGB IX keine andere Bewertung[237].

Mit § 81 SGB IX soll die ungerechtfertigte Benachteiligung schwer behinderter Arbeitnehmer allein aufgrund ihrer Behinderung verhindert werden. Durch die Einführung dieses Diskriminierungsverbotes macht der Gesetzgeber

233 *Schaub*, NZA 2003, 299 (301); *Schaub*, ArbR-Hdb., § 26 Rz. 24.

234 *Schaub*, NZA 2003, 299 (301); *Schaub*, ArbR-Hdb., § 26 Rz. 24.

235 *Brors*, DB 2003, 1734 (1735); *Joussen*, NJW 2003, 2857 (2860).

236 Vgl. Fn. 222.

237 So auch *Joussen*, NJW 2003, 2857 (2860).

also deutlich, dass das alleinige Anknüpfen der Auswahlentscheidung des Arbeitgebers an eine Schwerbehinderteneigenschaft unzulässig ist. Infolgedessen wird der Arbeitgeber mit den mit einer Einstellung verbundenen wirtschaftlichen und organisatorischen Verpflichtungen belastet. Das Interesse des Arbeitgebers, mit der Frage nach der Schwerbehinderung die ihm durch das Schwerbehindertenrecht auferlegten Nachteile zu umgehen, tritt hinter das nunmehr in § 81 SGB IX normierte Diskriminierungsverbot zurück[238]. Daher ist die Frage nach der Schwerbehinderteneigenschaft eines Bewerbers grundsätzlich unzulässig.

Ausnahmsweise gilt aber auch bei der Frage nach der Schwerbehinderung dann etwas anderes, wenn das Fehlen der Behinderung eine wesentliche und entscheidende berufliche Anforderung für die in Aussicht genommene Tätigkeit darstellt. Daher darf der Arbeitgeber den Bewerber nach einer Behinderung[239] – nicht der Eigenschaft als schwer behinderter Mensch i. S. d. § 69 SGB IX – in dem Umfang fragen, wie das Vorliegen einer Behinderung den betrieblichen Ablauf beeinträchtigen oder der Bewerber die vorgesehene Tätigkeit nicht oder nur unter Einschränkung ausführen könnte[240].

Insofern hat *Brors* richtig herausgestellt, dass trotz der Unzulässigkeit der Frage nach einer Behinderung der Arbeitgeber sich auch zukünftig ein Bild über die arbeitsplatzbezogene Eignung des Bewerbers machen muss. Für seine Auswahlentscheidung muss der Arbeitgeber einen Zusammenhang zwischen den individuellen Fähigkeiten und den Tätigkeitserfordernissen herstellen[241]. Daher sind auch nach der Einführung des Diskriminierungsverbotes Fragen danach, ob der Bewerber den arbeitsplatzbezogenen Anforderungen genügt und ob er für die konkrete Tätigkeit geeignet ist[242], erlaubt.

9. Fragen nach einer kriminellen Vergangenheit

a) Die Frage nach Vorstrafen

aa) Meinungsstand

Um sich ein Bild über die Persönlichkeit des Bewerbers machen zu können wird der Arbeitgeber auch daran interessiert sein, zu erfahren, ob dieser vorbestraft

238 Ebenso *Joussen*, NJW 2003, 2857 (2861).

239 Anderer Ansicht *Schaub*, NZA 2003, 299 (300).

240 So auch *Joussen*, NJW 2003, 2857 (2861); *Thüsing/Lambrich*, BB 2002, 1145 (1149).

241 *Brors*, DB 2003, 1734 (1735); so auch KR – *Etzel*, §§ 85 – 90 SGB IX Rz. 31.

242 Vgl. *Brors*, DB 2003, 1734 (1735 f.).

ist. Fraglich ist daher, ob und in welchem Rahmen sich der Arbeitgeber nach den Vorstrafen des Bewerbers erkundigen darf.

Das BAG[243] hatte sich schon sehr früh erstmalig mit dieser Problematik zu beschäftigen und kam zu dem Ergebnis, dass bei der Frage nach Vorstrafen auf die Art des zu besetzenden Arbeitsplatzes abzustellen sei. Der Arbeitgeber dürfe den Bewerber nicht ohne Einschränkungen nach seinen Vorstrafen befragen. Die Zulässigkeit der Frage nach Vorstrafen richte sich vielmehr nach den Anforderungen des zu besetzenden Arbeitsplatzes. Es müsse nach vermögensrechtlichen, politischen oder verkehrsrechtlichen Vorstrafen differenziert werden. Der Arbeitgeber dürfe nur nach dem für den Arbeitsplatz wichtigen Strafrechtsgebiet fragen. Es komme also darauf an, ob die Vorstrafe einschlägig sei. Zur Begründung führte das BAG aus, dass dem Vorbestraften die Resozialisierung nicht unnötig erschwert werden dürfe und auch nur bei bestimmten Tätigkeiten die Vorstrafen des Bewerbers ein Einstellungshindernis darstellten[244].

Die Beurteilung der Zulässigkeit der Frage nach den Vorstrafen von der Einschlägigkeit abhängig zu machen, entsprach bis zur Einführung des BZRG im Jahre 1972 der ganz herrschenden Meinung in der Literatur[245], ihr folgte auch die Arbeitsgesetzbuchkommission in ihrem Entwurf eines Arbeitsgesetzbuches[246]. Hintergrund war die Rechtslage vor Einführung des BZRG, die durch die Fristenregelungen im StraftilgungsG und dem das polizeiliche Füh-

---

243 BAG Urteil vom 05.12.1957 – 1 AZR 594/56, AP 2 zu § 123 BGB.

244 BAG Urteil vom 05.12.1957 – 1 AZR 594/56, AP 2 zu § 123 BGB; BAG Urteil vom 15.01.1970 – 2 AZR 64/69, AP 7 zu § 1 KSchG – Verhaltensbedingte Kündigung.

245 *Gumpert*, Anm. zu BAG Urteil vom 15.01.1970, BB 1970, 804 f; *Hofmann*, Anm. zu BAG Urteil vom 15.01.1970, SAE 1971, 134 ff.; *Brill*, ArbuR 1968, 136 (140/141); *Falkenberg*, BB 1970, 1013 (1014/1015); *Großmann*, ArbuR 1969, 97 (101); *Haberkorn*, RdA 1962, 416 (417); vgl. auch die weitergehende Meinung von *Wägenbaur*, BB 1958, 1061 (1062); für ein unbeschränktes Fragerecht *Endemann*, BB 1953, 266 (267); *Neumann-Duesberg*, UFITA 36, 1962, 101 (108).

246 Arbeitsgesetzbuchkommission, Entwurf eines Arbeitsgesetzbuches, Allgemeines Arbeitsvertragsrecht, 1977, § 5, Fragerecht des Arbeitgebers, S. 23: „Der Arbeitgeber darf an den Arbeitnehmer nur Fragen richten, an denen er im Hinblick auf das zu begründende Arbeitsverhältnis ein berechtigtes Interesse hat. In diesem Rahmen dürfen insbesondere Fragen nach den beruflichen und fachlichen Fähigkeiten, Kenntnissen und Erfahrungen gestellt werden; das gleiche gilt für Fragen nach … Vorstrafen, sofern dem Arbeitgeber ihre Bedeutung für das Arbeitsverhältnis erkennbar ist oder erläutert wird. Auf sein Verlangen ist ihm der Sinn der Frage zu erläutern. Soweit die Voraussetzungen des § 51 Abs. 1 BZRG vorliegen, kann sich der Arbeitnehmer als straffrei bezeichnen."

rungszeugnis betreffenden Runderlass[247] geprägt war, die beide nicht aufeinander abgestimmt waren. So war es möglich, dass im polizeilichen Führungszeugnis keine Strafen vermerkt waren, obwohl die Strafen des Bewerbers nach dem StraftilgungsG weder getilgt, noch der beschränkten Auskunft unterlagen, der Bewerber also als vorbestraft galt. Diesen Unzulänglichkeiten wollte das BAG mit seiner „Einschlägigkeitsrechtsprechung" bei der Frage nach den Vorstrafen entgegen treten[248].

Mit Inkrafttreten des BZRG zum 01.01.1972 änderte sich die Rechtslage grundlegend. Es gelten seitdem die gleichen Fristen für die Aufnahme einer Vorstrafe in das Führungszeugnis und für die Offenbarungspflicht des Verurteilten. Ist die Vorstrafe nicht in das Führungszeugnis aufzunehmen oder ist die Strafe getilgt, darf sich der Betroffene gem. § 53 BZRG als unbestraft bezeichnen[249]. Da jetzt das nach § 30 BZRG zu erteilende Führungszeugnis gem. §§ 32 ff. BZRG einen Teil der im Zentralregister einzutragenden Straftaten nicht ausweist und die übrigen Straftaten nicht weiter selektiert, sondern insgesamt nennt, wurde das Erfordernis der „Einschlägigkeit" der Vorstrafen im Rahmen des Fragerechts des Arbeitgebers im Schrifttum in Frage gestellt.

Teile der Literatur sehen nach Einführung des BZRG das Erfordernis der „Einschlägigkeit" nunmehr als überholt an und halten § 53 BZRG für eine abschließende Regelung[250]. Da das BZRG die Lücke zwischen den im Führungszeugnis bzw. im Strafregister ersichtlichen und den tatsächlich vorliegenden Vorstrafen geschlossen habe, sei ein Grund an dem „Einschlägigkeitserfordernis" weiter festzuhalten, weggefallen[251]. Der Gesetzgeber[252] habe sich bei den Beratungen um die Frage, welche Strafen dem Arbeitgeber unbekannt bleiben dürfen und welche so schwerwiegend sind, dass sie bei der Einstellung nicht unbe-

---

247 Runderlaß des Reichsministers des Inneren betr. Polizeiliche Führungszeugnisse i. d. F. vom 27.06.1942 (RMBliV SP. 1593); der Runderlass galt als Landesrecht weiter.

248 *Götz*, BB 1971, 1325 (1326); *Hofmann*, ZfA 1975, 1 (29); *Kuhla*, Datenschutz im Beamten- und Arbeitsverhältnis, Darmstadt, 1983, S. 121; *Lassen*, Die Rechtsstellung des Vorbestraften nach dem Bundeszentralregistergesetz, Hamburg, 1973, S. 71; *Johann*, Umfang des Rechts des Arbeitgebers auf Auskunft bei der Neueinstellung von Arbeitnehmern, Köln, 1967, S. 99; *Tremml*, Die Rechtswirkungen der Straftilgung – Das Verwertungsverbot des § 49 BZRG, Mannheim, 1975, S. 139.

249 *Götz*, BB 1971, 1325 (1326); *Hofmann*, ZfA 1975, 1 (30); *Kuhla*, Datenschutz, S. 122.

250 *Götz*, BB 1971, 1325 (1326); *Hofmann*, ZfA 1975, 1 (32); *Degener*, Fragerecht des Arbeitgebers, S. 114; *Kuhla*, Datenschutz, S. 122; wohl auch *Hanau/Adomeit*, ArbR, Rz. 630.

251 *Götz*, BB 1971, 1325 (1326); *Kuhla*, Datenschutz, S. 122.

252 Bundestag Drucksache VI/1550, S. 15.

rücksichtigt bleiben dürfen, trotz Kenntnis der Rechtsprechung und des Schrifttums für eine Regelung entschieden, die das „Einschlägigkeitserfordernis" unbeachtet lasse[253]. Nach *Kuhla* habe diese Auffassung den großen Vorteil, dass sie Rechtsklarheit schaffe. Der Rechtsanwender stehe jetzt nicht mehr vor dem Problem, zu entscheiden, welche Vorstrafen „einschlägig" seien, da nunmehr, unabhängig vom jeweiligen Einzelfall allein vom BZRG abhänge, ob der Bewerber eine Vorstrafe zu offenbaren habe[254].

Die Gegenmeinung will auch nach Inkrafttreten des BZRG weiter an dem vom BAG entwickelten „Einschlägigkeitserfordernis" festhalten[255]. § 53 BZRG normiere lediglich einen Mindestschutz, daher müsse der Bewerber auf die Frage des Arbeitgebers diesem nur einschlägige Vorstrafen mitteilen, wobei er unter Berücksichtigung von § 53 Abs. 1 BZRG getilgte oder nicht in das Führungszeugnis aufzunehmende Strafen auch dann nicht angeben müsse, wenn diese einschlägig waren, da er sich hinsichtlich dieser Strafen als nicht vorbestraft bezeichnen darf[256]. Weder die grammatikalische noch die systematische Auslegung des § 53 Abs. 1 BZRG ergebe, dass § 53 BZRG abschließend sei. Dem Wortlaut des § 53 BZRG sei keineswegs entnehmbar, dass man sich ausschließlich in den dort genannten Fällen als unbestraft bezeichnen dürfe. Vor dem Hintergrund der Kenntnis des Gesetzgebers von der gegenteiligen Rechtsprechung des BAG hätte er hier jedoch eine eindeutige Formulierung wählen müssen, wenn er mit § 53 BZRG eine abschließende Regelung hätte schaffen wollen. Die Begutachtung der übrigen Regelungen des BZRG zeige zwar, dass keine über den Inhalt eines Führungszeugnisses (§§ 30 – 32 BZRG) hinausgehende Offenbarungspflicht des Vorbestraften bestehe. Dies bedeute aber nicht im Umkehrschluss, dass ausschließlich unter den Voraussetzungen des § 53

---

253 *Götz*, BB 1971, 1325 (1326); *Hofmann*, ZfA 1975, 1 (32); *Degener*, Fragerecht des Arbeitgebers, S. 111; *Kuhla*, Datenschutz, S. 122.

254 *Kuhla*, Datenschutz, S. 123.

255 LAG Düsseldorf Urteil vom 26.04.1988 – 2 Sa 431/88, ArbuR 1989, 185; *Ehrich*, DB 2000, 421 (422); *Janker*, AuA 1991, 264 (265); *Linnenkohl*, ArbuR 1983, 129 (134/135); *Maurer*, ArbuR 1972, 9 (10); *Moritz*, NZA 1987, 329 (334); *Roos*, AiB 2000, 211 (214); *Zeller*, BB 1987, 1522 (1524); *Birk*, Auskünfte über Arbeitnehmer, München, 1985, S. 96 ff.; *Bellgardt*, Rechtsprobleme des Bewerbergesprächs, S. 24; *Borgaes*, Informationsschutz, S. 107; *Däubler*, Gläserne Belegschaften?, Rz. 217; *Lassen*, Rechtsstellung des Vorbestraften, S. 166 ff.; *Schultze*, Die Offenbarungspflicht des Arbeitnehmers, München, 1974, S. 86; *Thees*, Arbeitnehmer-Persönlichkeitsrecht, S. 222; *Tremml*, Straftilgung, S. 144; *Wohlgemuth*, Datenschutz, Rz. 133; *Götz/Tolzmann*, § 53 BZRG Rz. 13; ErfK – *Preis*, § 611 BGB Rz. 341; *Schaub*, ArbR-Hdb., § 26 Rz. 29; *Reinfeld*, AR-Blattei, SD 1780 Rz. 72; *Schwerdtner*, ArbR I, 1 Rz. 13.

256 *Linnenkohl*, ArbuR 1983, 129 (134); *Däubler*, Gläserne Belegschaften?, Rz. 217; *Götz/Tolzmann*, § 53 BZRG Rz. 13; *Reinfeld*, AR-Blattei, SD 1780 Rz. 51.

Abs. 1 BZRG Vorstrafen verschwiegen werden dürften[257]. Auf die historische Auslegung dürfe erst dann zurückgegriffen werden, wenn die Auslegung, anders als hier, zu keinem eindeutigen Ergebnis komme. Die Auffassung, § 53 BZRG sei eine abschließende Regelung, mit dem Willen des Gesetzgebers zu begründen, zeige, dass ihren Vertretern eine historische Gesetzestreue wichtiger sei als ein befriedigendes Interpretationsergebnis[258]. *Linnenkohl* wendet für den Fall, dass eine abschließende Regelung der Wille des Gesetzgebers gewesen sein sollte, ein, dass dieses Ergebnis nicht mit dem Resozialisierungsgedanken und dem Schutz der Intimsphäre des Bewerbers vereinbar sei[259]. *Birk* meint, ein Abrücken von der BAG-Rechtsprechung würde den sozialen Schutz des Bewerbers verschlechtern, da er dem Arbeitgeber alle nicht unter § 53 BZRG fallenden Vorstrafen offenbaren müsste. Für eine solche Verschlechterung gäbe es aber weder tatsächliche Gründe, da ein neu hinzugetretenes Schutzbedürfnis der Arbeitgeberschaft nicht erkennbar sei, noch rechtliche Gründe, denn das Erfordernis der „Einschlägigkeit" stehe im Einklang mit § 53 BZRG. Der Gesetzgeber habe mit der Reform des Registerwesens den Bedürfnissen der Strafrechtspflege genüge tun wollen, ihm sei es nicht darum gegangen im Arbeitsrecht den sozialen Schutz der Bewerber zu verschlechtern[260].

Das BAG hat sich in jüngerer Zeit erneut mit der Frage des Arbeitgebers nach Vorstrafen beschäftigt und in seiner Entscheidung herausgestellt, dass es auch nach Inkrafttreten des BZRG an seiner bisherigen Rechtsprechung festhalte[261].

bb) Stellungnahme

Die Ansicht der Rechtsprechung und der ihr folgenden Literatur verdient Zustimmung. Auch die Frage nach den Vorstrafen fällt in die Privatsphäre des Bewerbers und macht daher eine Interessenabwägung erforderlich. Bei der Einstellung eines neuen Mitarbeiters will der Arbeitgeber wissen, ob der Bewerber hinsichtlich seines Leistungsvermögens und des ihm entgegen gebrachten Vertrauens der „Richtige" für den Arbeitsplatz ist[262]. Um dies beurteilen zu können, muss der Arbeitgeber also grundsätzlich auch nach Vorstrafen fragen dürfen. Ein verurteilter Bewerber möchte hingegen seine Vorstrafen verschweigen.

---

257 ArbG Münster Urteil vom 28.07.1988 – 2 Ca 142/88, DB 1988, 2209 (2210); *Reinfeld*, AR-Blattei, SD 1780 Rz. 56, 72.

258 *Linnenkohl*, ArbuR 1983, 129 (134).

259 *Linnenkohl*, ArbuR 1983, 129 (135).

260 *Birk*, Auskünfte, S. 97 f.

261 BAG Urteil vom 20.05.1999 – 2 AZR 320/98, AP 50 zu § 123 BGB.

262 *Reinfeld*, AR-Blattei, SD 1780 Rz. 69.

Er hat als „Vorbestrafter" i. d. R. weniger Chancen auf die Einstellung, da ihm mit Misstrauen begegnet wird und die Verurteilung ein negatives Bild von ihm zeichnet. Bei der Zulässigkeit der Frage nach den Vorstrafen des Bewerbers treffen das Informationsinteresse des Arbeitgebers an den strafrechtlichen Verfehlungen des Bewerbers und dessen Persönlichkeitsrecht aufeinander. Fraglich ist daher in welchem Umfang sich der Arbeitgeber nach den Vorstrafen erkundigen darf.

Seit der Einführung des BZRG steht unbestritten fest, dass der Bewerber sich gegenüber dem Arbeitgeber hinsichtlich solcher Verurteilungen als unbestraft bezeichnen darf, die nicht in ein Führungszeugnis aufzunehmen oder getilgt sind, § 53 Abs. 1 BZRG. Dass diese Vorschrift auch unmittelbare Geltung im Arbeitsrecht zwischen Arbeitgeber und Bewerber hat, steht außer Zweifel. Jede Strafe soll auch einen spezialpräventiven Zweck verfolgen. Dies kommt schon in § 46 Abs. 1 Satz 2 StGB zum Ausdruck. Der hier zugrunde liegende Resozialisierungsgedanke verlangt die Wiedereingliederung des Täters in die Gesellschaft. Schon von daher kann dem Täter seine Strafe nicht zeitlich unbegrenzt vorgehalten werden. Dies muss auch für die Wiedereingliederung in das Berufsleben gelten.

Zu erörtern bleibt jedoch, ob der Bewerber dem Arbeitgeber alle nicht unter § 53 BZRG fallenden Vorstrafen mitteilen muss, oder ob hier eine weitere Einschränkung auf die nur „einschlägigen" Vorstrafen zulässig ist. Die Auslegung des § 53 BZRG erweist sich hier als wenig ergiebig, sie wurde von Befürwortern wie Gegnern mit unterschiedlichen Argumenten herangezogen. Im Rahmen der Interessenabwägung kommt es jedoch entscheidend, wie schon bei den anderen Fragen des Arbeitgebers, darauf an, ob das Informationsinteresse des Arbeitgebers so stark ist, dass es das Persönlichkeitsrecht des Bewerbers beschränkt und dieser alle nicht unter § 53 BZRG fallenden Vorstrafen offenbaren muss.

Für das einzugehende Arbeitsverhältnis ist nicht die Persönlichkeit des Bewerbers in seiner Ganzheit für den Arbeitgeber entscheidend. Es geht nicht darum, dass der Arbeitgeber eine umfassende Persönlichkeitsbewertung des Bewerbers vornimmt. Bezugspunkt ist vielmehr der in Aussicht genommene Arbeitsplatz. Es kommt für den Arbeitgeber darauf an festzustellen, ob der Bewerber die Fähigkeiten und die Eignung besitzt, diesen konkreten Arbeitsplatz zu seiner Zufriedenheit auszufüllen. Daher steht dem Arbeitgeber auch nur ein auf diesen Ausschnitt begrenzter Einblick in die Persönlichkeit des Arbeitnehmers zu. Dies bedeutet aber gleichzeitig, dass der Arbeitgeber den Bewerber nur nach den Vorstrafen befragen darf, die in einem Zusammenhang mit dem Arbeitsverhältnis stehen, also arbeitsplatzbezogen sind.

Dieses Kriterium haben das BAG und die herrschende Meinung in der Literatur zutreffend mit dem Erfordernis der „Einschlägigkeit" bezeichnet. Das Interesse des Arbeitgebers überwiegt dann das Persönlichkeitsrecht des Bewerbers, wenn die Vorstrafe in das neue Betätigungsfeld des Bewerbers fällt. So hat der Arbeitgeber, der einen Fahrer einstellen möchte, ein berechtigtes Informationsinteresse daran, zu erfahren, ob dieser wegen eines Verkehrsdeliktes vorbestraft ist. Nicht von Interesse für seine Einstellungsentscheidung ist hingegen, ob dieser Bewerber wegen eines Vermögensdeliktes oder eines Sexualdeliktes vorbestraft ist. Anders hingegen, wenn der Arbeitgeber eine Person einstellen will, die mit Geldangelegenheiten betraut ist. Hier hat er ein berechtigtes Interesse an Vorstrafen, die gegen das Vermögen gerichtet sind. Der Arbeitgeber, der einen Erzieher einstellen will, hat ein Informationsinteresse daran, wenn der Bewerber wegen eines Sexualdeliktes vorbestraft ist, der Arbeitgeber, der einen Computerspezialisten einstellen möchte, daran, ob der Bewerber wegen PC-Kriminalität vorbestraft ist. Ob er hingegen wegen eines Verkehrsdeliktes eine Vorstrafe hat, entfaltet für das einzugehende Arbeitsverhältnis keine Relevanz.

Damit steht fest, dass der Arbeitgeber den Bewerber nur nach „einschlägigen" Vorstrafen befragen darf. Sofern in der Literatur diskutiert wird, ob bei Führungspositionen auch ein weitergehendes Fragerecht besteht, handelt es sich hierbei um ein „Scheinproblem". Ist der Maßstab des Fragerechts das einzugehende Arbeitsverhältnis, richtet sich auch die „Einschlägigkeit" nur danach. Deckt die Tätigkeit verschiedene Bereiche ab, muss sich das Fragerecht naturgemäß auf diese erstrecken.

b) Die Frage nach anhängigen Ermittlungs- oder Hauptverfahren

aa) Meinungsstand

Weiter wird auch darüber diskutiert, ob der Arbeitgeber den Bewerber nach einem anhängigen Ermittlungs- oder Hauptverfahren fragen darf.

Zum Teil wird die Frage an den Bewerber, ob gegen ihn ein Ermittlungs- oder Hauptverfahren anhängig ist, für unzulässig gehalten[263]. Zur Begründung wird angeführt, dass hierin ein Verstoß gegen die in Art. 6 Abs. 2 MRK verankerte Unschuldsvermutung liege[264]. *Schwerdtner* meint sogar, ein solches Fragerecht nehme „den Ausgang des Strafverfahrens im gesellschaftlichen Bereich in dem Sinne vorweg, dass der Bewerber wegen eines bloßen Verdachts mit der Abweisung seiner Bewerbung bestraft" werde[265].

---

263 ArbG Münster Urteil vom 20.11.1992 – 3 Ca 1459/92, NZA 1993, 461; *Moritz*, NZA 1987, 329 (334); *Degener*, Fragerecht des Arbeitgebers, S. 116 f.; HAS – *Stevens-Bartol*, § 7 C Rz. 53; *Schaub*, ArbR-Hdb., § 26 Rz. 29; *Schwerdtner*, ArbR I, 1 Rz. 14.

264 ArbG Münster Urteil vom 20.11.1992 – 3 Ca 1459/92, NZA 1993, 461; *Moritz*, NZA 1987, 329 (334).

265 *Schwerdtner*, ArbR I, 1 Rz. 14.

Andere sprechen sich für die Zulässigkeit der Frage nach anhängigen Strafverfahren unter bestimmten Voraussetzungen aus. So will *Hofmann* ein dementsprechendes Fragerecht nur insoweit zulassen, wie dieses eine mit Freiheitsstrafe bedrohte Handlung zum Gegenstand habe, denn nur diese Fälle beinhalteten für den Arbeitgeber das erhöhte Risiko, dass der Arbeitnehmer seinen Pflichten aus dem Arbeitsvertrag vorübergehend nicht nachkommen könne[266]. *Götz u. a.* wollen wiederum auf die Frage nach einem anhängigen Ermittlungs- oder Hauptverfahren die gleichen Grundsätze anwenden, die auch für die Frage nach den Vorstrafen entwickelt wurden und die Frage davon abhängig machen, ob es sich bei dem Verfahren um „einschlägige" Straftatbestände handele[267]. *Raab* versucht diese beiden Aspekte zu berücksichtigen und befürwortet ein Interesse des Arbeitgebers an der Kenntnis von schwebenden Strafverfahren unter folgenden Gesichtspunkten: Sofern der Arbeitgeber sich über die Zuverlässigkeit, Eignung und Befähigung des Bewerbers ein Bild machen will, müsse er nach „einschlägigen" Strafverfahren fragen dürfen. Da aber auch die Verfügbarkeit für ihn eine große Rolle bei der Einstellungsentscheidung spiele, sei dem Arbeitgeber ferner das Fragerecht im Hinblick darauf zuzugestehen, ob eine erhebliche Inanspruchnahme durch das Strafverfahren sowie die Verhängung oder der Vollzug einer Freiheitsstrafe drohe[268].

Im Jahre 1999 hat auch das BAG zu diesem Fragenkreis Stellung genommen. Nach seiner Ansicht soll die Frage dann zulässig sein, wenn bereits der Verdacht einer Straftat gewichtige Zweifel an der Eignung des Bewerbers für den zu besetzenden Arbeitsplatz aufkommen lasse. So habe beispielsweise ein Kindergärtner, gegen den ein Ermittlungsverfahren wegen sexuellen Missbrauchs von Kindergartenkindern laufe, kein hinreichendes schützenswertes Interesse daran, eine neue Einstellung als Kindergärtner dadurch zu erreichen, dass er wahrheitswidrig bei einer Bewerbung angebe, gegen ihn laufe kein Ermittlungsverfahren. Hier sei auch die in Art. 6 Abs. 2 MRK verankerte Unschuldsvermutung nicht verletzt, da diese nur den Richter unmittelbar binde, der über die Schuld des Angeklagten zu entscheiden habe. Die Unschuldsvermutung beinhalte aber nicht, dass dem Betroffenen keine Nachteile aus der Tatsa-

---

266 *Hofmann*, ZfA 1975, 1 (38); zustimmend *Linnenkohl*, ArbuR 1983, 129 (140); ähnlich *Wohlgemuth*, Datenschutz, Rz. 136.

267 *Tremml*, Straftilgung, S. 144; *Götz/Tolzmann*, § 53 BZRG Rz. 21; ErfK – *Preis*, § 611 BGB Rz. 342; weiter einschränkend *Kuhla*, Datenschutz, S. 126, der die Frage nur in den Fällen bejaht, in denen es sich um Straftaten gegen Personen handelt, die eine Beziehung zum Arbeitsverhältnis aufweisen.

268 *Raab*, RdA 1995, 36 (42/43), (48); weitgehend zustimmend *Reinfeld*, AR-Blattei, SD 1780 Rz. 122 , 133.

che entstehen dürften, dass gegen ihn ein Ermittlungsverfahren laufe[269]. Diese Entscheidung aus jüngerer Zeit ist in der Literatur auf Zustimmung gestoßen[270].

bb) Stellungnahme

Die Zulässigkeit der Frage des Arbeitgebers nach einem anhängigen Ermittlungs- oder Hauptverfahren kann nur im Wege der Interessenabwägung beurteilt werden. Die Bewerberinteressen werden durch eine Frage nach einem laufenden Ermittlungs- oder Hauptverfahren stark betroffen, da eine solche Frage besonders intensiv in die Privatsphäre des Bewerbers eingreift. Zu berücksichtigen ist hier, dass der Bewerber, gegen den ein Ermittlungs- oder Hauptverfahren läuft, seine Einstellungschancen bei wahrheitsgemäßer Beantwortung minimiert, obwohl er bis dahin nicht rechtskräftig verurteilt wurde. Daher erscheint es auf den ersten Blick nahe liegend unter Berufung auf die Unschuldsvermutung den Bewerberinteressen den Vorrang einzuräumen und die Frage nach anhängigen Ermittlungs- oder Hauptverfahren als unzulässig einzustufen. Diese Betrachtungsweise verkennt aber, dass die Unschuldsvermutung nur die staatliche Strafgerichtsbarkeit unmittelbar bindet[271] und nicht beinhaltet, dass der betroffene Bewerber gänzlich schadlos zu stellen ist[272]. *Hofmann* hat zutreffend gegen das Argument der Unschuldsvermutung das Institut der „Verdachtskündigung“ im Arbeitsrecht angeführt, nach der ein Arbeitgeber bereits wegen des Verdachts einer strafbaren Handlung eine außerordentliche Kündigung nach § 626 BGB aussprechen kann, ohne dass hierin ein Verstoß gegen Art. 6 Abs. 2 MRK zu erblicken sei[273]. Wenn im bestehenden Arbeitsverhältnis der Arbeitgeber aber bei Kenntnis einer strafbaren Handlung dem Arbeitnehmer eine Verdachtskündigung aussprechen darf, so ist nicht einzusehen, warum er nicht grundsätzlich nach laufenden Strafverfahren vor Begründung des Arbeitsverhältnisses fragen darf. Daher muss dem Arbeitgeber dem Grunde nach ein Fragerecht zugestanden werden. Fraglich ist jedoch, ob dieses Fragerecht sich auf alle laufenden Strafverfahren erstreckt, oder nicht vielmehr sein Umfang zu begrenzen ist.

Genauso wie eine Vorstrafe ist für den Arbeitgeber ein laufendes Strafverfahren für die Einstellungsentscheidung von Relevanz, da auch dieser Umstand

---

269 BAG Urteil vom 20.05.1999 – 2 AZR 320/98, AP 50 zu § 123 BGB; ebenso *Götz/Tolzmann*, § 53 BZRG Rz. 21.

270 *Ehrich*, DB 2000, 421 (422); MüHdbAR – *Buchner*, § 41 Rz. 152.

271 Vgl. *Meyer-Goßner*, Art. 6 MRK Rz. 13.

272 Vgl. BAG Urteil vom 20.05.1999 – 2 AZR 320/98, AP 50 zu § 123 BGB.

273 *Hofmann*, ZfA 1975, 1 (35).

Rückschlüsse auf die Befähigung für den in Aussicht genommenen Arbeitsplatz zulässt. Daher ist es praktikabel, das Fragerecht nach laufenden Strafverfahren dem Fragerecht nach Vorstrafen anzugleichen. Dies hätte zur Folge, dass der Arbeitgeber den Bewerber nach „einschlägigen" Ermittlungs- oder Hauptverfahren fragen dürfte. Darüber hinaus verfolgt der Arbeitgeber mit seiner Frage jedoch den weiteren Zweck sich über die Verfügbarkeit des Bewerbers zu informieren, um zu verhindern, dass der Bewerber alsbald nach der Einstellung eine Freiheitsstrafe zu verbüßen hat. Um dem Kriterium der Verfügbarkeit gerecht zu werden, ist in der Literatur vorgeschlagen worden, das Fragerecht entweder hinsichtlich der Erwartung einer erheblichen Inanspruchnahme durch das Strafverfahren[274] oder einer zu verbüßenden Freiheitsstrafe[275] für zulässig zu erklären. Eine Ausdehnung des Fragerechts auf Ermittlungs- oder Hauptverfahren, die die Verfügbarkeit des zukünftigen Arbeitnehmers nachteilig beeinflussen, erscheint vor dem Hintergrund einer möglichen Verdachtskündigung und einer ordentlichen oder außerordentlichen personenbedingten Kündigung zweckmäßig. Oftmals ist jedoch für den Bewerber nicht von vornherein klar, wie erheblich die Inanspruchnahme im Strafverfahren sein wird oder ob mit der Verbüßung einer Freiheitsstrafe zu rechnen ist. Daher sollte im Sinne der Rechtsklarheit ein anderes Abgrenzungskriterium für die Verfügbarkeit gefunden werden. Eine eindeutige Abgrenzung bietet das StGB. Nach § 12 StGB ist zwischen Verbrechen und Vergehen zu differenzieren, wobei gem. § 12 Abs. 1 StGB Verbrechen rechtswidrige Taten sind, die im Mindestmaß mit Freiheitsstrafe von einem Jahr oder darüber bedroht sind. Wird ein Angeklagter also wegen eines Verbrechens verurteilt, bleibt als Sanktion nur die Verhängung einer Freiheitsstrafe, ob mit oder ohne Bewährung. Hieraus ist entnehmbar, dass derjenige, gegen den ein Strafverfahren wegen eines Verbrechens läuft, im Falle seiner Verurteilung mit einer Freiheitsstrafe zu rechnen hat. Daher bietet es sich zur Schaffung von Rechtssicherheit an, den Arbeitgeber zur Feststellung der Verfügbarkeit des Bewerbers nach anhängigen Strafverfahren, die ein Verbrechen zum Inhalt haben, fragen zu lassen.

Somit darf der Arbeitgeber den Bewerber nach laufenden Strafverfahren fragen, sofern sie „einschlägige" Straftaten oder ein Verbrechen zum Inhalt haben.

c) Die Frage nach abgeschlossenen Ermittlungsverfahren

Der Arbeitgeber darf den Bewerber hingegen nicht nach abgeschlossenen Ermittlungsverfahren fragen, die nicht zu einer Verurteilung geführt haben. Das gebietet nicht nur die sich aus Art. 6 Abs. 2 MRK ergebende Unschuldsvermu-

---

274 *Raab*, RdA 1995, 36 (44).

275 *Hofmann*, ZfA 1975, 1 (37); *Reinfeld*, AR-Blattei, SD 1780 Rz. 133.

tung, die bis zur rechtskräftigen Verurteilung eines Angeklagten gilt[276]. Die Unzulässigkeit der Frage kann auch als *a maiore ad minus* aus § 53 BZRG gefolgert werden. Darf der Bewerber sich schon bei geringen Verfehlungen als unbestraft bezeichnen, so muss dies erst Recht für eingestellte Strafverfahren gelten[277].

10. Die Frage nach einer früheren Tätigkeit beim Ministerium für Staatssicherheit

a) Die Frage des öffentlichen Arbeitgebers

aa) Meinungsstand

Bedingt durch die deutsche Vereinigung im Jahre 1990 wurde in der Folgezeit das Verlangen der Arbeitgeber laut, den Bewerber nach einer früheren Tätigkeit für das Ministerium für Staatssicherheit (MfS) zu befragen. Die Zulässigkeit dieser Frage ist im Wesentlichen im Rahmen von Kündigungsstreitigkeiten entwickelt worden, da Art. 20 Einigungsvertrag i. V. m. Anlage I Kapitel XIX Sachgebiet A Abschnitt III Nr. 1 Abs. 4 Nr. 1 sowie Abs. 5 Nr. 2[278] Kündigungsvorschriften bei mangelnder persönlicher Eignung i. S. d. Art. 33 Abs. 2 GG für die durch die Vereinigung ipso iure übergegangenen Arbeitsverhältnisse im öffentlichen Dienst enthält. In den Jahren nach 1990 hatten sich die Gerichte vielfach mit Kündigungen nach den Sondertatbeständen des Einigungsvertrages zu beschäftigen[279]. Hier musste für die Frage der Rechtmäßigkeit der Kündigung oftmals zunächst geklärt werden, ob der Arbeitgeber den Arbeitnehmer nach seiner politischen Vergangenheit in der DDR fragen dürfte und ob dieser zur wahrheitsgemäßen Beantwortung der Frage verpflichtet war. Bedingt durch die Sonderkündigungsvorschriften für den öffentlichen Dienst hat die Rechtsprechung und ihr folgend auch die Literatur von Anfang an danach differenziert,

---

276 *Linnenkohl*, ArbuR 1983, 129 (140); *Götz/Tolzmann*, § 53 BZRG Rz. 22; anderer Ansicht *Tremml*, Straftilgung, S. 145, der auch ein Fragerecht hinsichtlich abgeschlossener Verfahren bejaht. Der Bewerber werde hierdurch nicht sozial diskriminiert und der Arbeitgeber habe ein berechtigtes Interesse alle mit dem Arbeitsplatz im Zusammenhang stehenden Umstände in der Person des Bewerbers zu erfragen.

277 *Degener*, Fragerecht des Arbeitgebers, S. 116.

278 Vgl. hierzu *Catenhusen*, Die Stasi-Überprüfung im öffentlichen Dienst der neuen Bundesländer, Berlin, 1999, S. 109 ff.

279 Vgl. hierzu *Winkler*, Die Kündigung wegen Tätigkeit für das MfS in der Praxis, Frankfurt, 2003, S. 1 ff.

ob sich der Bewerber um eine Stelle im öffentlichen Dienst oder in der privaten Wirtschaft bemüht hat.

Zunächst hatte sich das BAG für die Zulässigkeit der Frage nach einer früheren MfS-Tätigkeit bei der Einstellung in den öffentlichen Dienst ausgesprochen[280]. Zur Begründung führte das BAG aus, dass für die erforderliche Eignung i. S. d. Art. 33 Abs. 2 GG das Bekenntnis zur freiheitlich-demokratischen Grundordnung gehöre. Um die Voraussetzungen des Art. 33 Abs. 2 GG überprüfen zu können, müsse der öffentliche Arbeitgeber auch nach einer früheren MfS-Tätigkeit fragen dürfen. Ein Bewerber, der sich in der Vergangenheit in besonderem Maße für die Zielsetzungen der SED eingesetzt habe, erwecke hieran Zweifel. Hier müsse das Recht des Bewerbers auf informationelle Selbstbestimmung zurücktreten[281].

Aufgrund mehrerer Verfassungsbeschwerden hatte sich auch das BVerfG mit diesem Themenkomplex zu beschäftigen. Es hat die Rechtsprechung des BAG in Teilen abgeändert. Nach Ansicht des BVerfG sei die Frage des öffentlichen Arbeitgebers nach früheren Tätigkeiten für das MfS oder nach Parteifunktionen für die SED grundsätzlich zulässig. Allerdings unterliege das Fragerecht einer Beschränkung hinsichtlich des Zeitfaktors, so dass i. d. R. nicht nach Tätigkeiten vor dem Jahre 1970 gefragt werden dürfe. Zur Begründung führte das BVerfG aus, dass sich die persönliche Haltung ebenso wie die Einstellung zur eigenen Vergangenheit mit der Zeit ändern könne. Dabei könnten längere beanstandungsfreie Zeiten auf Bewährung, innere Distanz, Abkehr von früheren Einstellungen und Taten hinweisen und auch in der Gesellschaft verliere sich das Fehlverhalten im Laufe der Zeit. Dies berücksichtige auch die Rechtsordnung in verschiedenster Weise, z. B. bei den strafrechtlichen Verjährungs- und Straftilgungsvorschriften und in § 19 Abs. 1 Satz 2 StuG i. d. F. des 3. StUÄndG vom 20.12.1996[282]. Das BVerfG will diese Überlegungen auch bei Tätigkeiten für das MfS berücksichtigen, da sie, sofern sie vor dem Jahre 1970 abgeschlossen wurden, keine Relevanz mehr für das Arbeitsverhältnis entfalten könnten[283].

---

280 BAG Urteil vom 26.08.1993 – 8 AZR 561/92, AP 8 zu Art. 20 Einigungsvertrag; BAG Urteil vom 07.09.1995 – 8 AZR 828/93, AP 24 zu § 242 BGB – Auskunftspflicht; BAG Urteil vom 13.09.1995 – 2 AZR 862/94, AP 53 zu Einigungsvertrag Anlage I Kapitel XIX.

281 BAG Urteil vom 26.08.1993 – 8 AZR 561/92, AP 8 zu Art. 20 Einigungsvertrag; BAG Urteil vom 07.09.1995 – 8 AZR 828/93, AP 24 zu § 242 BGB – Auskunftspflicht.

282 BGBl. I 2026.

283 BVerfG Urteil vom 08.07.1997 – 1 BvR 2111/94, 195/95, 2189/95, AP 39 zu Art. 2 GG; BVerfG Urteil vom 08.01.1998 – 1 BvR 390/96, NZA 1998, 418; BVerfG Urteil vom 04.08.1998 – 1 BvR 2095/97, NZA 1998, 1329 f; vgl. auch BerlVerfGH Urteil vom 17.12.1997 – VerfGH 2/96, NZA 1998, 591 (593).

Das BAG hat sich in der Folgezeit der Ansicht des BVerfG angeschlossen[284] und vertritt nunmehr, dass diese im Rahmen der Kündigungsverfahren entwickelten Grundsätze erst Recht bei der Anbahnung eines Arbeitsverhältnisses Anwendung finden müssten[285]. Die Ansicht der Rechtsprechung ist auch in der Literatur auf Zustimmung gestoßen[286].

bb) Stellungnahme

Die Zulässigkeit der Frage nach einer früheren Tätigkeit beim MfS bei der Bewerbung um eine Stelle im öffentlichen Dienst verdient Zustimmung. Nach Art. 33 Abs. 2 GG ist der öffentliche Arbeitgeber in seiner Einstellungsentscheidung an die Kriterien Eignung, Befähigung und fachliche Leistung gebunden. Nach Ansicht des BVerfG ist der Bewerber i. S. d. Art. 33 Abs. 2 GG geeignet, wenn er der in Aussicht genommenen Stelle in körperlicher, psychischer und charakterlicher Hinsicht gewachsen ist. Die Eignung erfordert darüber hinaus die Fähigkeit und die innere Bereitschaft des Bewerbers, die dienstlichen Aufgaben nach den Grundsätzen der Verfassung zu erfüllen, die Freiheitsrechte der Bürger zu wahren und die rechtsstaatlichen Grundsätze zu beachten[287]. Gerade der Bereitschaft zur Verfassungstreue und zur Wahrung der Freiheitsrechte der Bürger steht jedoch eine Tätigkeit beispielsweise für das MfS entgegen. Für den Staat ist die Bindung seiner Arbeitnehmer an die freiheitlich-demokratische Grundordnung zwingend. Nur so kann er Akzeptanz bei der Bevölkerung und Stärkung des Vertrauens in die Demokratie erreichen, was insbesondere in den neuen Bundesländern vordringlichstes Ziel ist. Zur Umsetzung dieses Ziels ist der Staat auf Glaubwürdigkeit bei der Bevölkerung angewiesen. Diese kann er aber nur dann erreichen, wenn er nicht die „alten" Funktionäre wieder beschäftigt. Darüber hinaus müssen insbesondere auch Gesichtspunkte des Opferschutzes bei Opfern des DDR-Regimes berücksichtigt werden.

Bei dem Fragerecht des Arbeitgebers in Bezug auf frühere Tätigkeiten beim MfS müssen ebenfalls die oben entwickelten Grundsätze des arbeitgeberischen Fragerechts angewendet und das Fragerecht in Bezug zu der in Aussicht genom-

---

284 BAG Urteil vom 28.05.1998 – 2 AZR 549/97, AP 46 zu § 123 BGB; BAG Urteil vom 04.12.1997 – 2 AZR 750/96, NZA 1998, 474; BAG Urteil vom 04.12.1997 - 2 AZR 750/96, AP 37 zu § 1 KSchG 1969 – Verhaltensbedingte Kündigung.

285 BAG Urteil vom 28.05.1998 – 2 AZR 549/97, AP 46 zu § 123 BGB.

286 *Ehrich*, DB 2000, 421 (423); *Fitting*, § 94 BetrVG Rz. 18; ErfK – *Preis*, § 611 BGB Rz. 350; *Schaub*, ArbR-Hdb., § 26 Rz. 27; vgl. hierzu aber auch die Kritik von *Catenhusen*, Stasi-Überprüfung, S. 197 ff.

287 BVerfG Beschluss vom 21.02.1995 – 1 BvR 1397/93, BVerfGE 92, 140 (151); BAG Urteil vom 28.05.1998 – 2 AZR 549/97, AP 46 zu § 123 BGB.

menen Stelle gesetzt werden. Zur Wahrung der freiheitlich-demokratischen Grundordnung und zur Beachtung der Freiheitsrechte der Bürger muss daher der öffentliche Arbeitgeber den Bewerber bei der Einstellung nach früheren Tätigkeiten für das MfS fragen dürfen. Das allgemeine Persönlichkeitsrecht des Bewerbers, das durch die Frage verletzt wird, tritt hinter den Interessen des Arbeitgebers zurück.

Zutreffend hat die Rechtsprechung eine Beschränkung des Fragerechts in zeitlicher Dimension vorgenommen und das Fragerecht auf Vorgänge nach dem Jahre 1970 beschränkt. Genauso wie bei den Vorstrafen ist auch bei der Frage nach einer früheren Tätigkeit für das MfS zu bedenken, dass dieser „Makel" dem Bewerber nicht für immer anhaften darf, sondern vielmehr auch hier dem Betroffenen zugute zu halten ist, dass eine Abkehr möglich ist. Hinzu kommt, dass die Frage wegen des Zusammenbruchs der DDR sich heute nur noch auf Vorgänge beziehen kann, die in der Vergangenheit bis 1990 gelegen haben. Die Festsetzung einer Frist von 20 Jahren ist daher nicht zu beanstanden.

b) Die Frage des privaten Arbeitgebers

aa) Meinungsstand

Ob hingegen auch ein Fragerecht des privaten Arbeitgebers zu bejahen ist, wird unterschiedlich beurteilt. Eine (höchst-)richterliche Entscheidung hierzu steht bislang aus. Einige Stimmen in der Literatur haben sich für ein solches Fragerecht des privaten Arbeitgebers ausgesprochen[288]. *Scholz* meint, die Frage nach einer früheren Tätigkeit beim MfS sei in Anlehnung an die Frage nach den Vorstrafen zu lösen. Die Zulässigkeit der Frage müsse wegen des Unwertgehaltes einer Tätigkeit beim MfS grundsätzlich zugelassen werden[289]. Nach *Wronka/Gola* überwiege bei der Frage nach der politischen Einbindung in das frühere DDR-System das Interesse des Arbeitgebers über die Interessen des Bewerbers. Nur bei Kenntnis über die politische Vergangenheit des Bewerbers könne sich der Arbeitgeber ein umfassendes Bild über dessen Persönlichkeit machen, seinen Fürsorgepflichten entsprechen und eine Personalpolitik betreiben, die allen Mitarbeitern gerecht werde[290].

Die überwiegende Ansicht in der Literatur lehnt hingegen das Fragerecht des privaten Arbeitgebers nach einer früheren Tätigkeit beim MfS grundsätzlich

---

288 *Scholz*, BB 1992, 2424 (2429); *Wronka/Gola*, RDV 1992, 12 (15); *Rauscher*, FS-Gitter, 1995, S. 757 (775 f.); *Gola/Wronka*, Arbeitnehmerdatenschutz, Rz. 313.

289 *Scholz*, BB 1992, 2424 (2429).

290 *Wronka/Gola*, RDV 1992, 12 (15 f.).

ab[291]. Einigkeit besteht, dass ausnahmsweise dann etwas anderes gelten soll, wenn der Bewerber als Tendenzträger in einem Tendenzunternehmen beschäftigt werden soll[292]. Darüber hinaus bejahen einige Autoren ausnahmsweise das Fragerecht auch in den Fällen, in denen der Bewerber in einer hervorgehobenen Position oder in einem sicherheitsempfindlichen Bereich tätig werden soll[293]. *Janker* sieht schließlich als weitere Ausnahme die betrieblichen Eigenheiten an und will das Fragerecht auch dann bejahen, wenn zu erwarten ist, dass die Einstellung eines Bewerbers mit „Stasi-Vergangenheit" sich negativ auf das Betriebsklima auswirken werde[294].

bb) Stellungnahme

Auch die Beurteilung der Zulässigkeit der Frage des privaten Arbeitgebers nach einer früheren Tätigkeit für das MfS ist nach den für das Fragerecht allgemein entwickelten Grundsätzen vorzunehmen. Ausschlaggebendes Kriterium ist wiederum der zu besetzende Arbeitsplatz. Anders als der öffentliche Arbeitgeber, dessen Einstellungsentscheidung Art. 33 Abs. 2 GG unterliegt[295], ist der private Arbeitgeber nicht an sachliche Kriterien in seiner Einstellungsentscheidung gebunden. Die Verfassungstreue eines Bewerbers in der privaten Wirtschaft ist daher i. d. R. kein Merkmal, das für die Einstellungsentscheidung gefordert wird. Die Bindung des einzelnen Arbeitnehmers an die freiheitlich-demokratische Grundordnung weist keinen Arbeitsplatzbezug auf. Entgegen *Wronka/Gola* hat der Arbeitgeber daher regelmäßig kein Informationsinteresse an der politischen Vergangenheit des Bewerbers. Sofern *Scholz* die Zulässigkeit der Frage mit einem Vergleich zu den Vorstrafen zu begründen versucht, verkennt er, dass auch hier die Frage immer erst dann zulässig ist, wenn sie auf einschlägige Vor-

---

291 *Ehrich*, DB 2000, 421 (423); *Janker*, AuA 1991, 264 (266); *Wedde*, CR 1992, 679 (683); *Wohlgemuth*, BB 1992, 281 (282); *Wohlgemuth*, ArbuR 1992, 46 (48); *Thees*, Arbeitnehmer-Persönlichkeitsrecht, S. 223; *Fitting*, § 94 BetrVG Rz. 18; ErfK – *Preis*, § 611 BGB Rz. 350; MüHdbAR – *Buchner*, § 41 Rz. 134.

292 *Ehrich*, DB 2000, 421 (423); *Janker*, AuA 1991, 264 (266); *Wedde*, CR 1992, 679 (682/683); *Fitting*, § 94 BetrVG Rz. 18; ErfK – *Preis*, § 611 BGB Rz. 350; Däubler/Kittner/Klebe – *Klebe*, § 94 BetrVG Rz. 18; MüHdbAR – *Buchner*, § 41 Rz. 134. Vgl. auch BAG Urteil vom 21.09.1993 – 1 ABR 28/93, AP 4 zu § 94 BetrVG 1972; BAG Urteil vom 13.06.2002 – 2 AZR 234/01, AP 69 zu § 1 KSchG 1969.

293 *Ehrich*, DB 2000, 421 (423); *Wohlgemuth*, BB 1992, 281 (282); *Wohlgemuth*, ArbuR 1992, 46 (49); Däubler/Kittner/Klebe – *Klebe*, § 94 BetrVG Rz. 18; *Fitting*, § 94 BetrVG Rz. 18; MüHdbAR – *Buchner*, § 41 Rz. 134.

294 *Janker*, AuA 1991, 264 (264).

295 Vgl. oben S. 26.

strafen gerichtet ist. An dem Bezug der MfS-Tätigkeit zum Arbeitsplatz in der privaten Wirtschaft fehlt es aber hier. Da im Ergebnis das Informationsinteresse des Arbeitgebers nicht das allgemeine Persönlichkeitsrecht des Bewerbers überwiegt, ist die Frage nach einer früheren Tätigkeit für das MfS grundsätzlich unzulässig.

Die Literatur hat zutreffend herausgearbeitet, dass ausnahmsweise dann etwas anderes gelten soll, wenn der Bewerber als Tendenzträger in einem Tendenzunternehmen beschäftigt werden soll. Als Tendenzträger in einem Tendenzunternehmen bezeichnet man Arbeitnehmer, deren arbeitsvertragliche Aufgabe darin besteht, die Politik des Tendenzunternehmens mit zu entwickeln, zu begründen und nach außen hin zu vertreten. Gerade bei der Tätigkeit als Tendenzträger in einem Tendenzunternehmen steht die politische bzw. weltanschauliche Gesinnung im Mittelpunkt der Arbeit. Hier steht also die politische Vergangenheit des Bewerbers in unmittelbarem Kontext zu der in Aussicht genommen Tätigkeit, mit der Konsequenz der Zulässigkeit der Frage. Sofern jedoch Teile der Literatur annehmen, dass auch in herausgehobenen Positionen und in sicherheitsrelevanten Bereichen die Frage zulässig sei, bleiben ihre Vertreter eine Begründung der Arbeitsplatzbezogenheit schuldig. Erst Recht ist *Janker* zu widersprechen, da allein mit den Auswirkungen auf das Betriebsklima jede Frage für zulässig erklärt werden könnte. Nicht nur die frühere Tätigkeit beim MfS, sondern auch viele weitere Details über den Bewerber können ihre Auswirkungen auf das Betriebsklima haben. Auswirkungen auf das Betriebsklima können jedoch einen Eingriff in das Persönlichkeitsrecht des Bewerbers nicht rechtfertigen.

Mithin darf der private Arbeitgeber den Bewerber grundsätzlich nicht nach seiner politischen Vergangenheit in der DDR fragen, etwas anderes gilt ausschließlich bei der Einstellung als Tendenzträger in einem Tendenzunternehmen.

11. Fragen nach Gewerkschafts-, Religions- und Parteizugehörigkeit

Die Fragen des Arbeitgebers nach der gewerkschaftlichen, weltanschaulichen oder politischen Einstellung des Bewerbers sind grundsätzlich unzulässig, da sie in keinem Zusammenhang mit dem zu besetzenden Arbeitsplatz stehen. Die Gesinnung des Bewerbers hat keine Auswirkungen auf seine vertraglich geschuldete Leistung[296]. Daher besteht kein berechtigtes Interesse des Arbeitge-

296 *Ehrich*, DB 2000, 421 (426); *Moritz*, NZA 1987, 329 (332); *Wohlgemuth*, ArbuR 1992, 46 (47); *Borgaes*, Informationsschutz, S. 108; *Däubler*, Gläserne Belegschaften?, Rz. 212; *Thees*, Arbeitnehmer-Persönlichkeitsrecht, S. 216; Hess/Schlochauer/Glaubitz – *Glock*, § 94 BetrVG Rz. 13; KasselerHdb. Bd. I – *Künzl*, 2.1 Rz. 104; MüHdbAR – *Buchner*, § 41 Rz. 113; *Dörner*, AR-Blattei, SD 60 Rz. 80.

bers an der Beantwortung der Fragen nach der gewerkschaftlichen, weltanschaulichen oder politischen Gesinnung. Die Fragen stellen einen ungerechtfertigten Eingriff in das allgemeine Persönlichkeitsrecht des Bewerbers dar.

Nur in den Fällen, in denen sich der Bewerber um die Einstellung als Tendenzträger in einem Tendenzunternehmen bemüht, ist die Frage ausnahmsweise zulässig, mit der Konsequenz, dass der Bewerber sie wahrheitsgemäß beantworten muss[297]. Der Tendenzträger muss die Tendenz regelmäßig auch von seiner eigenen weltanschaulichen, politischen und gewerkschaftlichen Überzeugung her mittragen, da er anderenfalls in einen permanenten Widerspruch zwischen seiner Überzeugung und der kraft Arbeitsvertrages zu vertretenden Meinung geraten würde. Gerade der aus solch einem Widerspruch entstehende persönliche Zwiespalt, in den sich der Bewerber zwangsläufig begeben müsste, würde aber im Laufe der Zeit dazu führen, dass der Arbeitnehmer seinem Auftrag zu überzeugender Vertretung der Tendenz nach außen nicht mehr gerecht werden könnte[298]. Letztlich erkundigt sich der Arbeitgeber hier nach Umständen, die einen Bezug zum Arbeitsplatz aufweisen und zur Feststellung der Qualifikation des Bewerbers dienen[299].

a) Die Frage nach der Gewerkschaftszugehörigkeit

Die Unzulässigkeit der Frage nach der Gewerkschaftszugehörigkeit ergibt sich unmittelbar aus Art. 9 Abs. 3 Satz 2 GG. Bewirbt sich der Bewerber jedoch um eine Anstellung bei einem Arbeitgeberverband oder einer Gewerkschaft, so ist ausnahmsweise die Frage des Arbeitgebers statthaft[300]. Hier kann der Arbeitgeber erwarten, dass der Bewerber nicht an den sozialen Gegenspieler gebunden ist, denn sonst wäre eine glaubhafte Vertretung der Interessen des Arbeitgebers kaum möglich.

Gegen die Ansicht, dass der tarifgebundene Arbeitgeber nach der Gewerkschaftszugehörigkeit fragen dürfe, weil er wissen müsse, ob dem Bewerber die

---

297 *Wohlgemuth*, ArbuR 1992, 46 (47); *Borgaes*, Informationsschutz, S. 108; *Däubler*, Gläserne Belegschaften?, Rz. 213; *Thees*, Arbeitnehmer-Persönlichkeitsrecht, S. 216 f; *Wohlgemuth*, Datenschutz, Rz. 125; Hess/Schlochauer/Glaubitz – *Glock*, § 94 BetrVG Rz. 13; MüHdbAR – *Buchner*, § 41 Rz. 123; *Knipp*, AR-Blattei, SD 640 Rz. 109.

298 KasselerHdb. Bd. I – *Künzl*, 2.1 Rz. 106; MüHdbAR – *Buchner*, § 41 Rz. 124.

299 MüHdbAR – *Buchner*, § 41 Rz. 125.

300 *Roos*, AiB 2000, 211 (213); *Wohlgemuth*, ArbuR 1992, 46 (47); *Degener*, Fragerecht des Arbeitgebers, S. 134; *Wohlgemuth*, Datenschutz, Rz. 126; Staudinger – *Richardi*, § 611 BGB Rz. 99; *Knipp*, AR-Blattei, SD 640 Rz. 108; weitergehend *Ehrich*, DB 2000, 421 (426), der die Frage auch bei der Bewerbung um eine leitende Position, die das persönliche Vertrauen des Arbeitgebers voraussetzt, fordert.

im Tarifvertrag geregelten Arbeitsbedingungen anzubieten seien[301], hat sich *Falkenberg* zu Recht gewandt. Er befürchtet zum einen nachteilige Folgen für den Arbeitnehmer bei Offenbarung seiner Gewerkschaftszugehörigkeit, zum anderen sei es kein schützenswertes Interesse des Arbeitgebers die Tarifbindung des Bewerbers zu erfahren[302].

Dem Argument, für die Zulässigkeit der Frage nach der Gewerkschaftszugehörigkeit spreche, dass die Betriebsleitung davon schon deshalb Kenntnis haben müsse, um zu wissen, wie viele und welche Gewerkschaften im Betrieb vertreten seien[303], ist *Falkenberg* zu Recht entgegen getreten. Dem Arbeitgeber stehen andere Möglichkeiten zur Feststellung, welche und wie viele Gewerkschaften in seinem Betrieb vertreten sind, zur Verfügung, als den Eingriff in das Persönlichkeitsrecht des Bewerbers[304]. Dies kann der Arbeitgeber auch durch Datenerhebung bei den im Betrieb bereits beschäftigten Arbeitnehmern ermitteln.

b) Die Frage nach der Religionszugehörigkeit

Aus Art. 4 GG und Art. 140 GG i. V. m. Art. 136 Abs. 3 Satz 1 WRV folgt, dass die Frage nach der Religionszugehörigkeit unzulässig ist. Auch hier sind nur dann Ausnahmen zuzulassen, wenn der Arbeitnehmer beispielsweise ein kirchliches Lehramt wahrnehmen soll oder in einem konfessionellen Krankenhaus, Verlag oder bei der Kirchenverwaltung arbeiten soll. Hier gehört es zum Aufgabenbereich des Arbeitnehmers den Glauben überzeugend zu verkünden. Von ihm wird erwartet, dass er seine Lebensführung den Grundsätzen der Glaubenslehre entsprechend gestaltet[305].

Im Zusammenhang mit der Frage nach der Religionszugehörigkeit wird in neuerer Zeit diskutiert, ob die Frage nach einer Mitgliedschaft bei Scientology den gleichen Grundsätzen zu unterwerfen ist. Eine Unzulässigkeit ist bei der Frage nach der Mitgliedschaft bei Scientology nicht schon unter dem Gesichtspunkt der Religionsgemeinschaft abzulehnen, da das BAG in seinem Urteil vom 22.03.1995 entschieden hat, dass die Scientology-Organisation keine Religions-

---

301 *Bleistein*, BlStSozArbR 1969, 172 (174).

302 *Falkenberg*, BB 1970, 1013 (1016).

303 *Knevels*, BB 1965, 336 (337).

304 *Falkenberg*, BB 1970, 1013 (1016).

305 *Ehrich*, DB 2000, 421 (426); *Falkenberg*, BB 1970, 1013 (1016); *Hümmerich*, BB 1979, 428 (431); *Roos*, AiB 2000, 211 (213); *Degener*, Fragerecht des Arbeitgebers, S. 135; Staudinger – *Richardi*, § 611 BGB Rz. 100; *Gola/Wronka*, Arbeitnehmerdatenschutz, Rz. 314; KasselerHdb. Bd. I – *Künzl*, 2.1 Rz. 103, 106.

oder Weltanschauungsgemeinschaft ist[306]. Daher finden bei der Frage nach einer Mitgliedschaft bei Scientology die zum Fragerecht des Arbeitgebers entwickelten Grundsätze Anwendung. Die Frage ist also dann zulässig, wenn eine Mitgliedschaft bei Scientology mit den arbeitsplatzbezogenen Anforderungen kollidiert. Unter Berücksichtigung der Zielsetzungen und Methoden der Scientology-Organisation wird die Frage also insbesondere dann zulässig sein, wenn es um die Besetzung einer Vertrauensstellung geht[307].

c) Die Frage nach der Parteizugehörigkeit

Die Unzulässigkeit der Frage nach der Parteizugehörigkeit des Bewerbers folgt aus Art. 2 Abs. 1, 5 und Art. 21 GG. Auch hiernach darf ausnahmsweise aus o. g. Gründen gefragt werden, wenn der Bewerber sich um eine Anstellung bei einer Partei bemüht[308].

12. Fragen nach persönlichen Lebensverhältnissen

Die Fragen nach allgemeinen Angaben zur Person, wie Name, Adresse, Geburtstag, Familienstand und Staatsangehörigkeit sind zulässig, da der Arbeitgeber hier ein berechtigtes Interesse hat, zu erfahren, mit wem er es zu tun hat.

Darüber hinaus gehende Fragen, die die persönlichen Lebensverhältnisse des Bewerbers betreffen, wie die Frage nach dem Bestehen einer ehelichen oder nichtehelichen Lebensgemeinschaft, einer bevorstehenden Heirat oder Scheidung, nach der Anzahl der Kinder, Hobbys oder Freizeitverhalten sind unzulässig. Fragen dieser Art weisen regelmäßig keinen Bezug zu dem in Aussicht genommenen Arbeitsverhältnis auf[309].

---

306 BAG Urteil vom 22.03.1995 – 5 AZB 21/94, AP 21 zu § 5 ArbGG 1979.

307 *Ehrich*, DB 2000, 421 (426); ErfK – *Preis*, § 611 BGB Rz. 391.

308 *Ehrich*, DB 2000, 421 (426); *Hümmerich*, BB 1979, 428 (431); *Moritz*, NZA 1987, 329 (332 f.); *Roos*, AiB 2000, 211 (213); Staudinger – *Richardi*, § 611 BGB Rz. 100; Däubler/Kittner/Klebe – *Klebe*, § 94 BetrVG Rz. 20.

309 *Moritz*, NZA 1987, 329 (333); *Sander*, AuA 1995, 9 (10); Staudinger – *Richardi*, § 611 BGB Rz. 98; *Däubler*, Gläserne Belegschaften?, Rz. 211; *Gola/Wronka*, Arbeitnehmerdatenschutz, Rz. 320; HAS – *Stevens-Bartol*, § 7 C Rz. 53; *Schaub*, ArbR-Hdb., § 26 Rz. 19; *Dörner*, AR-Blattei, SD 60 Rz. 80.

V. Ergebnis zum Fragerecht des Arbeitgebers

1. Uneingeschränkt zulässige Fragen

Anknüpfungspunkt für die Zulässigkeit des Fragerechts des Arbeitgebers ist immer das in Aussicht genommene Arbeitsverhältnis. Daher sind Fragen des Arbeitgebers, die die Arbeitssphäre des Bewerbers betreffen, stets zulässig.

Hierzu gehören alle Fragen, die sich um den beruflichen Werdegang, Qualifikationen oder das letzte Beschäftigungsverhältnis drehen, sowie die Fragen, die einen unmittelbaren Bezug zu dem zu begründenden Arbeitsverhältnis aufweisen.

2. Beschränkt zulässige Fragen

Die meisten Fragen des Arbeitgebers fallen in die Gruppe der beschränkt zulässigen Fragen. Hier sind regelmäßig die Fragen unzulässig, weil ein besonderes Interesse des Arbeitgebers nicht besteht und das Persönlichkeitsrecht des Bewerbers schutzwürdiger ist. Treten jedoch besondere Umstände hinzu, so überwiegt in einer ganzen Reihe von Fällen ausnahmsweise das Informationsinteresse des Arbeitgebers das Persönlichkeitsrecht des Bewerbers.

So darf der Arbeitgeber nach der bisherigen Vergütung des Bewerbers nur dann fragen, wenn dieser hieraus eine Mindestforderung für die Bezahlung ableiten will oder aus ihr Rückschlüsse für die Qualifikation möglich sind.

Die Frage nach den Vermögensverhältnissen darf der Arbeitgeber nur dann stellen, wenn es gilt, eine leitende Position mit hoher wirtschaftlicher Verantwortung zu besetzen, da hier aus desolaten privaten Vermögensverhältnissen auch auf mangelnde Kompetenz geschlossen werden kann.

Ausnahmsweise darf der Bewerber nach bestehenden Lohn- und Gehaltspfändungen gefragt werden, wenn zahlreiche Lohn- und Gehaltspfändungen zu einer wesentlichen Störung des Betriebsablaufes führen würden.

Auch die Frage nach dem Gesundheitszustand des Bewerbers ist nur eingeschränkt zulässig und zwar dann, wenn ein Zusammenhang mit der in Aussicht genommenen Tätigkeit besteht. Dies ist insbesondere dann der Fall, wenn eine Krankheit auf Dauer oder in periodisch wiederkehrenden Abständen die Arbeitsleistung des Bewerbers erheblich beeinträchtigt oder eine Krankheit oder bevorstehende Arbeitsunfähigkeit der Aufnahme der Tätigkeit bereits entgegen steht oder wenn es sich um eine ansteckende Krankheit handelt.

Der Arbeitgeber darf sich bei dem Bewerber nur insoweit nach dessen Vorstrafen erkundigen, wie diese für den zu besetzenden Arbeitsplatz einschlägig sind. Gleiches gilt im Grundsatz für die Frage nach laufenden Ermittlungs- oder Hauptverfahren, jedoch darf der Arbeitgeber sich hier zusätzlich auch danach erkundigen, ob gegen den Bewerber ein Ermittlungs- oder Hauptverfahren wegen eines Verbrechens läuft.

Der öffentliche Arbeitgeber darf darüber hinaus den Bewerber nach einer früheren Tätigkeit für das MfS befragen, sofern diese Tätigkeit nach dem Jahre 1970 ausgeübt wurde. Dem privaten Arbeitgeber ist dieses Fragerecht nur dann zuzugestehen, wenn es um die Einstellung als Tendenzträger in einem Tendenzunternehmen geht.

3. Unzulässige Fragen

Unzulässig sind zunächst alle Fragen des Arbeitgebers, die die Intimsphäre des Bewerbers betreffen. Darüber hinaus sind solche Fragen unzulässig, die in die Privatsphäre des Bewerbers fallen und bei denen das Persönlichkeitsrecht des Bewerbers das Informationsinteresse des Arbeitgebers überwiegt. Unzulässig sind daher Fragen nach der politischen, gewerkschaftlichen der weltanschaulichen Gesinnung des Bewerbers, sowie nach Fragen, die die persönlichen Lebensumstände oder die Familienplanung des Bewerbers betreffen. Insbesondere sind Fragen des Arbeitgebers nach der Schwangerschaft einer Bewerberin oder nach Wehr- oder Ersatzdienst eines Bewerbers unzulässig. Nach der Neuregelung des § 81 SGB IX sind nunmehr auch Fragen nach einer Schwerbehinderung des Bewerbers grundsätzlich unzulässig.

4. Ergebnis

Steht dem Arbeitgeber im Rahmen der Einstellungsentscheidung das Fragerecht zu, so kann der Bewerber zwar nicht zur Auskunftserteilung gezwungen werden. Ist er jedoch bereit, die Frage zu beantworten, muss der Bewerber auch eine wahrheitsgemäße Auskunft erteilen. Somit muss der Bewerber auf eine zulässige Frage des Arbeitgebers wahrheitsgemäß antworten[310]. Erkundigt sich der Arbeitgeber hingegen nach Umständen, auf die sich sein Fragerecht nicht erstreckt, darf der Bewerber nicht nur die Antwort verweigern, sondern auch die Frage wahrheitswidrig beantworten. Folglich darf der Bewerber bei unzulässigen Fragen unrichtig antworten[311]. Er hat demnach ein Recht zur Lüge.

---

310 MüHdbAR – *Buchner*, § 41 Rz. 174.

311 MüHdbAR – *Buchner*, § 41 Rz. 176.

E. Offenbarungspflichten des Bewerbers

I. Meinungsstand

Aus den Ausführungen zum Fragerecht folgt, dass Offenbarungspflichten des Bewerbers zumindest so weit bestehen, wie dem Arbeitgeber ein Fragerecht zusteht, da der Bewerber verpflichtet ist, dem Arbeitgeber auf seine zulässigen Fragen wahrheitsgemäß zu antworten. Fraglich ist jedoch, ob der Bewerber auch ohne Befragung durch den Arbeitgeber von sich aus auf bestimmte Umstände hinweisen muss, ob also auch eigenständige über das Fragerecht hinausgehende Offenbarungspflichten des Bewerbers bestehen.

Dies hat zumindest die *Arbeitsgesetzbuchkommission* angenommen, die sich in ihrem Arbeitsgesetzbuchentwurf aus dem Jahre 1977 mit § 5a für eine Regelung aussprach, nach der der Bewerber bestimmte Umstände ohne Befragen des Arbeitgebers offenbaren muss. So sollte er von sich aus verpflichtet sein, „Krankheiten oder andere körperliche Umstände, von denen eine Gefährdung anderer ausgehen kann oder die die Erfüllung des Arbeitsvertrages sonst wesentlich erschweren“ dem Arbeitgeber mitzuteilen. Ebenso sollte er auch ohne Befragung den Arbeitgeber informieren, wenn ihm die Aufnahme der Arbeit zum vorgesehenen Zeitpunkt unmöglich sein werde, oder wenn die angestrebte Tätigkeit in Widerspruch zu einer Wettbewerbsabrede oder einem Wettbewerbsverbot stehe[312].

Dies entspricht bis heute der überwiegenden Auffassung, die selbständige Offenbarungspflichten des Bewerbers im Sinne von eigenständigen Hinweispflichten in engen Grenzen anerkennt[313]. In der Regel sei dies dann der Fall, wenn der Bewerber die anstehende Tätigkeit auf längere Zeit oder überhaupt nicht erfüllen könne und dadurch das Arbeitsverhältnis entweder nicht durchführbar sei oder dem Arbeitgeber nicht zugemutet werden könne[314].

---

312 Entwurf eines Arbeitsgesetzbuches, Allgemeines Arbeitsvertragsrecht, vorgelegt von der Arbeitsgesetzbuchkommission, herausgegeben vom Bundesminister für Arbeit und Sozialordnung, Bonn, 1977, S. 24 f. Die ebenfalls vorgesehene Offenbarungspflicht über eine Schwangerschaft, sofern die Bewerberin die Tätigkeit nicht ausführen kann oder darf, ist vor dem Hintergrund der aktuellen Rechtsprechung zum Fragerecht des Arbeitgebers nach der Schwangerschaft als überholt anzusehen.

313 *Hofmann*, ZfA 1975, 1 (48); *Bellgardt*, Rechtsprobleme des Bewerbergesprächs, S. 34; *Schultze*, Offenbarungspflicht, S. 133; *Schwedes*, Einstellung und Entlassung des Arbeitnehmers, 7. Auflage, Freiburg, 1993, Rz. 37; HAS – *Stevens-Bartol*, § 7 C Rz. 43; *Schaub*, ArbR-Hdb., § 25 Rz. 5; *Haberkorn*, ArbR, S. 32; anderer Ansicht *Moritz*, NZA 1987, 329 (331).

314 MüHdbAR – *Buchner*, § 41 Rz. 165.

Eine eigenständige Offenbarungspflicht des schwer behinderten Bewerbers wurde daher angenommen, wenn dieser aufgrund seiner Schwerbehinderung oder Gleichstellung nicht in der Lage war, die vorgesehenen Arbeitsaufgaben zu erfüllen[315]. Ob an dieser Offenbarungspflicht aber auch noch nach der Neuregelung des § 81 SGB IX festgehalten werden kann, erscheint äußerst zweifelhaft[316].

Ebenso ist der Bewerber verpflichtet, den Arbeitgeber ungefragt über seinen Gesundheitszustand informieren, wenn er damit rechnen muss, dass er im Zeitpunkt der Arbeitsaufnahme krank sein oder in absehbarer Zeit durch eine bereits bestehende Krankheit arbeitsunfähig sein wird[317]. So muss beispielsweise ein alkoholkranker Berufskraftfahrer seine Alkoholabhängigkeit bei der Bewerbung ungefragt offenbaren, da bereits die abstrakte Gefahr des Führens von Kraftfahrzeugen unter Alkoholeinfluss und die damit verbundenen Risiken ausreichen, um die Eignung des Bewerbers zu verneinen[318]. Besteht bei dem Bewerber eine ansteckende Krankheit, durch die er Dritte, insbesondere die Arbeitskollegen, gefährden würde, muss er auch diese ungefragt offenbaren[319]. Aber auch wenn der Bewerber über einen so schlechten Gesundheitszustand verfügt, dass seine Einsatzfähigkeit stark herabgesetzt wird und er dadurch nicht mehr in der Lage sein wird, die vorgesehene Tätigkeit zu erfüllen, ist eine Offenbarungspflicht des Stellenbewerbers gegenüber dem Arbeitgeber anzunehmen[320]. Das ist z. B. dann der Fall, wenn seine Leistungsfähigkeit infolge von Epilepsie stark beeinträchtigt wird[321].

---

315 BAG Urteil vom 25.03.1976 – 2 AZR 136/75, AP 19 zu § 123 BGB; BAG Urteil vom 01.08.1985 – 2 AZR 101/83, AP 30 zu § 123 BGB; BAG Urteil vom 11.11.1993 – 2 AZR 467/93, AP 38 zu § 123 BGB; BAG Urteil vom 18.10.2000 – 2 AZR 380/99, AP 59 zu § 123 BGB; LAG Düsseldorf Urteil vom 06.03.1991 – 4 Sa 1615/90, NZA 1991, 674; *Bleistein*, BlStSozArbR 1969, 172 (173); *Haberkorn*, RdA 1962, 416 (418); *Schultze*, Offenbarungspflicht, S. 132; ErfK – *Preis*, § 611 BGB Rz. 357; MüHdbAR – *Buchner*, § 41 Rz. 166.

316 Vgl. oben S. 74.

317 BAG Urteil vom 07.02.1964 – 1 AZR 251/63, AP 6 zu § 276 BGB – Verschulden bei Vertragsabschluss; LAG Berlin Urteil vom 18.04.1978 – 3 Sa 115/77, ArbuR 1979, 221; *Bleistein*, BlStSozArbR 1969, 172 (174); *Gola*, BB 1987, 538 (539); *Knipp*, AR-Blattei, SD 640 Rz. 72; ErfK – *Preis*, § 611 BGB Rz. 356.

318 ArbG Kiel Urteil vom 21.01.1982 – 2 c Ca 2062/81, BB 1982, 804; *Gola*, BB 1987, 538 (539); *Schwedes*, Einstellung und Entlassung, Rz. 37; ErfK – *Preis*, § 611 BGB Rz. 356.

319 *Schultze*, Offenbarungspflicht, S. 55; *Schwedes*, Einstellung und Entlassung, Rz. 37; MüHdbAR – *Buchner*, § 41 Rz. 168.

320 MüHdbAR – *Buchner*, § 41 Rz. 167.

321 BAG Urteil vom 28.03.1974 – 2 AZR 92/73, AP 3 zu § 119 BGB.

Schließlich ist auch dann von einer Offenbarungspflicht ohne Befragung durch den Arbeitgeber auszugehen, wenn rechtliche oder tatsächliche Hindernisse der Arbeitsaufnahme oder einer Erfüllung der vertraglich geschuldeten Arbeitsleistung entgegenstehen. Hierunter fallen insbesondere die Fälle eines bestehenden Wettbewerbsverbots[322], bei ausländischen Arbeitnehmern die Versagung einer Aufenthalts- oder Arbeitserlaubnis[323] und der bereits bei den Einstellungsverhandlungen feststehende Termin für einen Strafantritt[324].

Während Einigkeit darüber besteht, dass eigenständige Offenbarungspflichten in den o. g. Fällen den Bewerber dazu verpflichten, den Arbeitgeber auch ungefragt über diese Umstände zu informieren, ist indes unklar, woraus diese Verpflichtung des Stellenbewerbers abgeleitet werden kann.

So vertritt *Bellgardt*[325] die Ansicht, dass mit dem Eintritt in arbeitsvertragliche Vorverhandlungen zwischen dem Arbeitgeber und dem Bewerber ein vertragsähnliches Vertrauensverhältnis entstehe, aus dem sich für beide Partner besondere Aufklärungs- und Mitteilungspflichten ergeben könnten und verweist auf die culpa in contrahendo.

Wiedemann[326] hingegen meint, dass dem Bewerber sowohl Schutzpflichten obliegen, die ihn verpflichten von sich aus auf Krankheiten und andere körperliche Umstände hinzuweisen, als auch Loyalitätspflichten, aus denen heraus er den Arbeitgeber über alle rechtlichen und sachlichen Umstände, die der Erfüllung des in Aussicht genommenen Arbeitsverhältnisses im Wege stehen, zu informieren hat.

Überwiegend werden die Offenbarungspflichten des Bewerbers auf den Grundsatz von Treu und Glauben, § 242 BGB, gestützt[327]. Auch auf die Begründung von Arbeitsverhältnissen sei das allgemeine zivilrechtliche Prinzip anwendbar, dass bei Vertragsverhandlungen zwar grundsätzlich jede Vertragspartei selbst

---

322 ErfK – *Preis*, § 611 BGB Rz. 354; MüHdbAR – *Buchner*, § 41 Rz. 170.

323 MüHdbAR – *Buchner*, § 41 Rz. 170.

324 *Conze*, Anm. zu BAG Urteil vom 18.09.1987, AP 32 zu § 123 BGB; *Knipp*, AR-Blattei, SD 640 Rz. 102; ErfK – *Preis*, § 611 BGB Rz. 354; MüHdbAR – *Buchner*, § 41 Rz. 170; *Haberkorn*, ArbR, S. 70.

325 *Bellgardt*, Rechtsprobleme des Bewerbergesprächs, S. 34.

326 *Wiedemann*, FS-Herschel, 1982, S. 463 (468).

327 *Conze*, Anm. zu BAG Urteil vom 18.09.1987, AP 32 zu § 123 BGB; *Falkenberg*, DB 1970, 1013 (1014); *Haberkorn*, RdA 1962, 416; *Hofmann*, ZfA 1975, 1 (48); *Janker*, AuA 1991, 264; *Neumann*, DB 1961, 129; MüKo – *Kramer*, § 123 BGB Rz. 17, 19; Palandt – *Heinrichs*, § 123 BGB Rz. 6; Staudinger – *Richardi*, § 611 BGB Rz. 111; ErfK – *Preis*, § 611 BGB Rz. 353; MüHdbAR – *Buchner*, § 41 Rz. 172; MüHdbAR – *Richardi*, § 46 Rz. 41; wohl auch *Schultze*, Offenbarungspflicht, S. 56.

bestimme, welche Informationen sie von dem Vertragsgegner benötige, um den Vertrag abzuschließen. In Ausnahmefällen müsse aber dann etwas anderes gelten, wenn bei der einen Partei unter Berücksichtigung der Verkehrsanschauung ein Umstand vorliege, der für die andere Partei von grundlegender Bedeutung für die Entscheidung des Vertragsabschlusses sei und diese daher Aufklärung nach Treu und Glauben erwarten dürfe. Dies seien solche Fälle, in denen die verschwiegenen Umstände dem Arbeitnehmer die arbeitsvertragliche Leistungspflicht unmöglich machen, oder solche, die für den in Aussicht genommenen Arbeitsplatz von ausschlaggebender Bedeutung seien[328], also solche in denen der Bewerber selbst die „elementarsten Anforderungen“ an den Arbeitsplatz nicht zu erfüllen in der Lage sei[329].

II. Stellungnahme

Im Gegensatz zum Fragerecht des Arbeitgebers, das sowohl hinsichtlich der einzelnen Fragen wie auch in seiner Rechtsgrundlage höchst umstritten ist, bereitet offensichtlich die Problematik der eigenständigen Offenbarungspflichten des Bewerbers in Rechtsprechung und Literatur kaum Probleme. Wie die vorstehenden Ausführungen zeigen, haben die eigenständigen Offenbarungspflichten in engen Grenzen ihre Anerkennung gefunden. Zu untersuchen bleibt jedoch, ob diese Anerkennung zu Recht erfolgte.

Vor dem Hintergrund der zum Fragerecht des Arbeitgebers entwickelten Dogmatik ist herauszustellen, dass grundsätzlich eigenständige Offenbarungspflichten nicht annehmbar sind, da sonst die Limitierung des Fragerechts ausgehebelt und der Schutz des Allgemeinen Persönlichkeitsrechts des Bewerbers ins Leere laufen würde. Das Fragerecht räumt dem Arbeitgeber weit reichende Möglichkeiten ein, sich ein umfassendes Bild von dem Bewerber, seiner Eignung und seinen Fähigkeiten zu machen. Daher liegt es auch in der Verantwortung des Arbeitgebers, den Bewerber nach den Umständen zu befragen, die für seine Einstellungsentscheidung von Belang sind. Nutzt er diese Möglichkeiten nicht und verzichtet auf eine Befragung oder erkundigt sich zu wenig, nach Falschem oder Nebensächlichem, kann dieses Versäumnis nicht zu Lasten des Bewerbers gehen. Dieser ist grundsätzlich nicht von sich aus verpflichtet, Auskunft zu erteilen und negative Umstände Preis zu geben. Denn die Durchbrechung der grundrechtlich geschützten Rechte des Bewerbers korrespondiert mit dem Risiko

---

328 BAG Urteil vom 25.03.1976 – 2 AZR 136/75, AP 19 zu § 123 BGB; BAG Urteil vom 21.02.1991 – 2 AZR 449/90, AP 35 zu § 123 BGB; *Neumann*, DB 1961, 1291; Staudinger – *Richardi*, § 611 BGB Rz. 112.

329 *Hofmann*, ZfA 1975, 1 (49).

des Arbeitgebers, die für seine Einstellungsentscheidung maßgebliche Informationserhebung durchzuführen[330].

Andererseits ist zu berücksichtigen, dass selbst der Arbeitgeber, der sich sorgfältig anhand der Bewerbungsunterlagen eingearbeitet hat und geschickt fragt, in der knappen Zeit eines Bewerbungsgesprächs nicht alle abstrakt denkbaren Umstände erforschen kann, sondern nur auf die wahrscheinlichen Leistungshindernisse eingehen wird. Aber gerade für diese besonderen, nicht vorhersehbaren Umstände, die nicht in das vom Arbeitgeber zu tragende Auswahlrisiko fallen, muss es eine eigenständige Offenbarungspflicht des Arbeitnehmers geben, wenn diese Umstände so eklatant sind, dass sie entweder für den Arbeitsplatz von ausschlaggebender Bedeutung sind oder durch sie eine Leistungserfüllung unmöglich wird. Daher bedarf es in diesen Ausnahmefällen eigenständiger Offenbarungspflichten des Bewerbers.

Zu erörtern bleibt aber noch, aus welchem Rechtsgrund diese Offenbarungspflichten abgeleitet werden können, da eine gesetzliche Regelung im Arbeitsrecht bis heute nicht besteht. Zur Begründung werden daher Aufklärungs-, Mitteilungs-, Schutz-, oder Loyalitätspflichten angeführt oder es wird auf allgemeingültige zivilrechtliche Grundsätze verwiesen. Trotz unterschiedlicher Benennung steht dabei immer im Vordergrund, dass eine Offenbarungspflicht des Bewerbes nur dann in Betracht kommen kann, wenn besondere rechtliche oder tatsächliche Umstände in der Person des Bewerbers vorliegen, die von so ausschlaggebender Bedeutung für das Arbeitsverhältnis sind, dass der Bewerber den Arbeitgeber redlicher Weise darüber informieren muss. Daher beruhen letztlich die dargestellten Ansätze auf den gleichen Überlegungen.

Bellgardt[331] hat zutreffend herausgestellt, dass sich die Arbeitsvertragsparteien beim Bewerbungsgespräch im Stadium der Vertragsanbahnung befinden, in dem bereits ein vorvertragliches Vertrauensverhältnis besteht. Dieses nach altem Recht nicht geregelte und mit culpa in contrahendo bezeichnete Rechtsverhältnis ist nunmehr seit dem Gesetz zur Modernisierung des Schuldrechts, das am 01.01.2002 in Kraft getreten ist, in § 311 Abs. 2 BGB ausdrücklich genannt. Hieraus können sich nach § 241 Abs. 2 BGB für die Vertragsparteien besondere Verhaltenspflichten, Aufklärungs- oder Schutzpflichten ergeben[332]. Während früher diese Pflichten mangels einer konkreten gesetzlichen Regelung aus § 242 BGB hergeleitet wurden, sollen nunmehr mit der Neufassung von § 241 Abs. 2 BGB diese Pflichten in Anlehnung an den allgemein anerkannten

---

330 *Bellgardt*, Rechtsprobleme des Bewerbergesprächs, S. 34.

331 Vgl. Fn. 325.

332 Palandt/Ergänzungsband – *Heinrichs*, § 241 BGB Rz. 7.

Grundsatz von Treu und Glauben eine ausdrückliche gesetzliche Anerkennung finden[333].

§ 241 Abs. 2 BGB enthält eine Blankettnorm und listet die einzelnen Verhaltenspflichten nicht auf. Umfang und Inhalt der Pflichten sind vielmehr von dem Vertragszweck, der Verkehrssitte und den Anforderungen an den redlichen Geschäftsverkehr abhängig zu machen[334]. Daher können die bereits nach altem Recht zu § 242 BGB entwickelten Grundsätze auch für § 241 Abs. 2 BGB Geltung haben. Danach ist grundsätzlich jeder Vertragspartner verpflichtet, seine eigenen Interessen zu wahren, eine allgemeine Pflicht zur Aufklärung besteht daher nicht[335]. Eine selbständige Offenbarungspflicht kann nur dann angenommen werden, wenn besonders bedeutsame Umstände hinzutreten, die für die Entscheidung des anderen Vertragspartners von erheblicher Bedeutung sind[336], so wenn die Umstände den Vertragszweck vereiteln oder erheblich gefährden[337]. Dies muss auch für die Anbahnung von Arbeitsverhältnissen gelten, so dass sich ausnahmsweise selbständige Offenbarungspflichten des Bewerbers aus § 311 Abs. 2 i. V. m. § 241 Abs. 2 BGB ergeben, wenn sie für den in Betracht kommenden Arbeitsplatz von entscheidender Bedeutung sind oder sonst der Erfüllung der arbeitsvertraglichen Leistungspflicht entgegenstehen würden.

F. Rechtsfolgen

I. Falsche Beantwortung der zulässigen Frage des Arbeitgebers durch den Bewerber

Stellt der Arbeitgeber dem Bewerber im Rahmen des vorvertraglichen Verhandlungsstadiums eine zulässige Frage, ist der Bewerber zwar nicht verpflichtet, diese Frage zu beantworten, entscheidet er sich aber dem Arbeitgeber Auskunft zu erteilen, so muss er wahrheitsgemäß antworten[338]. Daher ist zu untersuchen, welche Konsequenzen sich aus der falschen Beantwortung einer zulässigen Frage ergeben. In Betracht kommen die Anfechtung des Arbeitsverhältnisses nach §§ 119, 123 BGB und die ordentliche oder außerordentliche Kündigung.

---

333 Palandt/Ergänzungsband – *Heinrichs*, § 241 BGB Rz. 6.

334 Palandt/Ergänzungsband – *Heinrichs*, § 241 BGB Rz. 7.

335 Palandt – *Heinrichs*, § 123 BGB Rz. 5.

336 BGH Urteil vom 28.04.1971 – VIII ZR 258/69, NJW 1971, 1795 (1799); BGH Urteil vom 02.03.1979 – V ZR 157/77, NJW 1979, 2243; Palandt – *Heinrichs*, § 123 BGB Rz. 5b.

337 BGH Urteil vom 08.05.1980 – IVa ZR 1/80, NJW 1980, 2460 (2461); Palandt – *Heinrichs*, § 123 BGB Rz. 5b.

338 MüHdbAR – *Buchner*, § 41 Rz. 174.

1. Anfechtbarkeit des Arbeitsverhältnisses

Vereinzelt wird in der Literatur und der Rechtsprechung einiger Instanzgerichte die sog. Kündigungstheorie vertreten, nach der das Arbeitsrecht für das Institut der Anfechtung von Willenserklärungen keinen Raum biete. Nach Ansicht ihrer Vertreter seien nach Beginn der Vertragsdurchführung die ordentliche und außerordentliche Kündigung die spezielleren Gestaltungsrechte, die an die Stelle der Anfechtung treten, wodurch diese obsolet werde[339].

Wie schon der Entwurf der Akademie für Deutsches Recht aus dem Jahre 1939[340], bevorzugte auch die Arbeitsgesetzbuchkommission in ihrem Entwurf eines Arbeitsgesetzbuchs – Allgemeines Arbeitsvertragsrecht – im Jahre 1977 die Kündigung bei Auflösung eines angetretenen Arbeitsverhältnisses und wollte die Anfechtung nach § 119 Abs. 2 BGB durch die Kündigung ersetzen[341].

In Fortführung der ständigen Rechtsprechung des Reichsarbeitsgerichts[342] ist das BAG der Verdrängung des Anfechtungsrechts von Anfang an entgegen getreten. Es vertrat die Ansicht, dass „grundsätzlich alle Vorschriften des Allgemeinen Teils des BGB auch für das Arbeitsverhältnis gelten", sofern sie nicht mit

---

339 LAG München Urteil vom 23.11.1953 – 278/53 III, BB 1954, 161; LAG Baden-Württemberg Urteil vom 10.10.1956 – V Sa 52/56, DB 1956, 1236; *Hueck*, Anm. zu RAG Urteil vom 24.06.1939, ARS 36, 417; *Larenz*, Anm. zu ArbG Bremen Urteil vom 20.02.1953, AP 1 zu § 119 BGB; *Frey*, ArbuR 1953, 167 (171); *Gamillscheg*, AcP 176, 1976, 197 (217); *Haberkorn*, ArbuR 1953, 368 (369); *Hönn*, ZfA 1987, 61 ff.; *Hunn*, ArbuR 1955, 203 (204); *Gamillscheg*, FS-Molitor, 1962, S. 78 ff. *Gamillscheg*, FS-Weber, 1974, S. 793 (813); *Schwerdtner*, ArbR I, 1 Rz. 7 f.

340 Der von der Akademie für Deutsches Recht vorgelegte Entwurf eines Gesetzes über das Arbeitsverhältnis sah in § 13 nach Aufnahme der Arbeit die Ersetzung des Anfechtungsrechts durch ein Recht zur fristlosen Kündigung vor, vgl. bei *Picker*, ZfA 1981, 1 (7) Fn. 13a, mit Verweis auf Fn. 10.

341 § 17c des Entwurfs eines Arbeitsgesetzbuches, Allgemeines Arbeitsvertragsrecht, vorgelegt von der Arbeitsgesetzbuchkommission, herausgegeben vom Bundesminister für Arbeit und Sozialordnung, Bonn, 1977 lautete wie folgt: „Hat sich bei Abschluß des Arbeitsvertrages der Arbeitgeber über eine Eigenschaft des Arbeitnehmers geirrt, die im Verkehr als wesentlich angesehen wird, so kann der Arbeitgeber den Arbeitsvertrag kündigen, sofern die Voraussetzungen für die Kündigung gegeben sind und ihr kein Kündigungsverbot entgegen steht; eine Anfechtung (§ 119 Abs. 2 BGB) ist ausgeschlossen."

342 Vgl. RAG Urteil vom 10.11.1928 – 169/28, ARS 4, 146 ff.; RAG Urteil vom 16.03.1929 – 521/28, ARS 5, 470 ff.; RAG Urteil vom 15.06.1929 – 633/28, ARS 6, 305 ff.; RAG Urteil vom 09.06.1937 – 60/37, ARS 30, 103 ff.; RAG Urteil vom 10.05.1939 – 249/38, ARS 36, 147 ff.; RAG Urteil vom 24.06.1939 – 267/38, ARS 36, 411 ff.; RAG Urteil vom 08.11.1939 – 22/39, ARS 37, 289 ff.; RAG Urteil vom 28.10.1939 – II 124/39, ARS 38, 443 ff.

dem Wesen und dem Inhalt des Arbeitsverhältnisses unvereinbar seien. Eine solche Unvereinbarkeit und damit die Unanwendbarkeit liege in der Rückwirkung der Nichtigkeitsfolge der Anfechtung. Deshalb wirke die Anfechtung eines Arbeitsverhältnisses nur ex-nunc. Dabei betonte das BAG ausdrücklich, dass im Übrigen das Rechtsinstitut der Anfechtung neben der Kündigung bestehen bleibe[343]. Anfechtung und Kündigung hätten verschiedene juristische Funktionen und seien in ihren Voraussetzungen und Wirkungen durchaus von einander verschieden. Während die Kündigung das Rechtsverhältnis im Ganzen ergreife, betreffe die Anfechtung die Willenserklärung eines Vertragsteils. Nur weil mit dem Wegfall einer Willenserklärung auch das Vertragsverhältnis entfalle, wirke sie auch auf dieses ein. Ferner diene die Anfechtung dazu, den Anfechtenden von den Folgen eines Erklärungsaktes zu befreien, der auf einem Willensmangel beruhe. Die Kündigung habe hingegen die Aufgabe, ein nachträglich krank oder sinnlos gewordenes Rechtsverhältnis für die Zukunft zu beseitigen. Folglich setze die Anfechtung einen Grund voraus, der schon vor oder bei Abschluss des Vertrages vorlag. Dagegen beruhe die Kündigung regelmäßig auf einem Grund, der erst im Laufe der Vertragsdurchführung entstehe[344].

Diese Grundsatzentscheidung hat das BAG in der Folgezeit mehrfach bestätigt[345]. Auch die herrschende Meinung in der Literatur[346] hat sich dieser Auffassung, die als sog. Anfechtungstheorie bezeichnet wird, zu Recht angeschlossen. Die Anhänger der sog. Kündigungstheorie ignorieren die wesensverschiedenen Funktionen von Anfechtung und Kündigung, die trotz ex-nunc Wirkung der Anfechtung vorliegen. Durch sie wird lediglich ein Unterschied zur Kündigung aufgehoben, die unterschiedlichen Tatbestandsvoraussetzungen und die sonstigen Folgewirkungen bleiben indes bestehen[347]. Die besonderen Funktionen

---

343 BAG Urteil vom 05.12.1957 – 1 AZR 594/56, AP 2 zu § 123 BGB.

344 BAG Urteil vom 05.12.1957 – 1 AZR 594/56, AP 2 zu § 123 BGB.

345 BAG Urteil vom 28.03.1974 – 2 AZR 92/73, AP 3 zu § 119 BGB; BAG Urteil vom 22.09.1961 – 1 AZR 241/60, AP 15 zu § 123 BGB; BAG Urteil vom 12.02.1970 – 2 AZR 184/69, AP 17 zu § 123 BGB.

346 *Hueck*, Anm. zu BAG Urteil vom 05.12.1957, AP 2 zu § 123 BGB; *Küchenhoff*, Anm. zu BAG Urteil vom 28.04.1974, AP 3 zu § 119 BGB; *Picker*, ZfA 1981, 1 (152); *Wolf/Gangel*, ArbuR 1982, 271 (280); Staudinger – *Richardi*, § 611 BGB Rz. 153; MüHdbAR – *Buchner*, § 41 Rz. 178 und 185; MüHdbAR – *Richardi*, § 46 Rz. 28; *Schaub*, ArbR-Hdb., § 35 Rz. 15; *Dörner*, AR-Blattei, SD 60 Rz. 42; *Hanau/Adomeit*, ArbR, Rz. 632; *Zöllner/Loritz*, ArbR, § 11 II 1b; einzelne Stimmen innerhalb der Anfechtungstheorie befürworten jedoch weiterhin die ex-tunc-Wirkung der Anfechtung, vgl. Nachweis bei *Hönn*, ZfA 1987, 61 (72) Fn. 75, 76.

347 *Picker*, ZfA 1981, 1 ff.; Staudinger – *Richardi*, § 611 BGB Rz. 153; *Dörner*, AR-Blattei, SD 60 Rz. 87.

der Anfechtung, die Freiheit der Willensbildung zu sichern und Rechtsgeschäfte bei Einwirkung auf die freie Willensbildung zu korrigieren, können auf der Grundlage des geltenden Rechts von dem Rechtsinstitut der Kündigung nicht übernommen werden. Da die Kündigung nach § 626 BGB und § 1 KSchG an andere Aspekte als die Sicherung der Willensfreiheit geknüpft wird[348].

Daher ist dem BAG und der herrschenden Meinung in der Literatur zu folgen, die die Möglichkeit der Anfechtung neben dem Recht zur Kündigung als Rechtsfolgen der zulässigen Ausübung des Fragerechts bei wahrheitswidriger Auskunft des Bewerbers zulassen.

2. Anfechtung des Arbeitsverhältnisses

Beantwortet der Bewerber die zulässige Frage des Arbeitgebers vorsätzlich falsch, so kann das Arbeitsverhältnis nach § 123 BGB angefochten werden, vorausgesetzt, dass die falsche Beantwortung für den Abschluss des Arbeitsvertrages wesentlich und ursächlich war und der Bewerber dies auch erkennen konnte[349]. Um das Erfordernis der Arglist zu erfüllen, muss der Bewerber dabei mit bedingtem Vorsatz gehandelt haben[350].

Darüber hinaus kann auch die Anfechtung nach § 119 BGB in Betracht kommen. Besondere Bedeutung kommt hier der Anfechtung wegen Irrtums über eine verkehrswesentliche Eigenschaft nach § 119 Abs. 2 BGB zu. Ein solcher Irrtum liegt regelmäßig nicht schon dann vor, wenn sich der Arbeitgeber bei der Einstellung falsche Vorstellungen über die Leistung des Bewerbers gemacht hat und dieser seine Erwartungen nicht erfüllen kann. Ein Irrtum nach § 119 Abs. 2 BGB greift erst dann, wenn es dem Bewerber gänzlich nicht möglich ist, die arbeitsvertraglich vorgesehene Arbeitsleistung zu erbringen oder die Erbringung erhebliche Beeinträchtigungen erleidet[351], etwa dann, wenn der Bewerber Mängel in fachlicher Hinsicht aufweist, die notwendige Voraussetzung für die in

---

348 MüHdbAR – *Buchner*, § 41 Rz. 178.

349 BAG Urteil vom 05.12.1957 – 1 AZR 594/56, AP 2 zu § 123 BGB; BAG Urteil vom 25.03.1976 – 2 AZR 136/75, AP 19 zu § 123 BGB; BAG Urteil vom 01.08.1985 – 2 AZR 101/83, AP 30 zu § 123 BGB; BAG Urteil vom 05.10.1995 – 2 AZR 923/94, AP 40 zu § 123 BGB; BAG Urteil vom 20.05.1999 – 2 AZR 320/98, AP 50 zu § 123 BGB; *Bleistein*, BlStSozArbR 1969, 172 (173); *Ehrich*, DB 2000, 421 (426); *Schaub*, ArbR-Hdb., § 26 Rz. 12.

350 BAG Urteil vom 22.09.1961 – 1 AZR 241/60, AP 15 zu § 123 BGB; *Hofmann*, ZfA 1975, 1 (59); Staudinger – *Richardi*, § 611 BGB Rz. 161.

351 BAG Urteil vom 28.03.1974 – 2 AZR 92/73, AP 3 zu § 119 BGB.

Aussicht genommene Stelle sind, oder wenn durch gesundheitliche Mängel die Arbeitsleistung nicht ausführbar oder wesentlich erschwert wird[352].

a) Voraussetzungen für die Geltendmachung der Anfechtungsgründe

Problematisch erscheint eine Anfechtung dann, wenn der Arbeitgeber erst nachdem das Arbeitsverhältnis bereits über einen längeren Zeitraum besteht von Mängeln des Arbeitnehmers erfährt, die zwar im Zeitpunkt der Einstellung vorlagen, sich nunmehr aber zum Zeitpunkt der Anfechtung nicht mehr auf das Arbeitsverhältnis auswirken. Dies ist etwa dann der Fall, wenn der Bewerber unrichtig auf die Frage nach früheren Beschäftigungszeiten geantwortet hat, seine mangelnde Beständigkeit aber durch die Entwicklung des mehrjährig laufenden Arbeitsverhältnisses widerlegt wird[353].

Nach Rechtsauffassung des BAG ist für die Geltendmachung der Anfechtungsgründe nach §§ 119, 123 BGB erforderlich, dass diese für die Durchführung des Arbeitsverhältnisses zum Anfechtungszeitpunkt noch für das Arbeitsverhältnis von Bedeutung sind. Daher verstoße die Anfechtung gegen den Grundsatz von Treu und Glauben, wenn sich ihre Gründe in einem u. U. schon über mehrere Jahre laufenden Arbeitsverhältnis nicht mehr auswirken[354]. Diese Auffassung hat auch in der Literatur Zustimmung erfahren[355].

Ein Teil des Schrifttums fordert eindeutigere Kriterien und bildet zwei Fallgruppen. Die Fälle einer nachträglichen Veränderung nur des Wissens- und Kenntnisstandes seien von den Fällen einer nachträglichen Veränderung der tatsächlichen Gegebenheiten scharf zu trennen. Für die erste Fallgruppe richte sich die Beurteilung des Anfechtungsrechts nicht nach dem Zeitpunkt der Abgabe der Willenserklärung, sondern nach dem Zeitpunkt der Anfechtungserklärung. Schwierigkeiten bereite daher nur die zweite Fallgruppe. Falle der den Anfechtungsgrund liefernde Umstand weg, oder habe er seine Bedeutung für das Arbeitsverhältnis verloren, so sei die Anfechtung nicht schon ausgeschlossen, wenn aus der Sicht eines Dritten kein berechtigter Grund mehr bestehe. Entscheidend sei vielmehr, ob der Anfechtende bei Kenntnis der Sachlage, wie sie ihm im Zeitpunkt der Entscheidung über das Anfechtungsrecht bekannt war, eine andere Entscheidung getroffen hätte. Daher steht dem Arbeitgeber kein Anfechtungs-

352 Staudinger – *Richardi*, § 611 BGB Rz. 157.

353 Vgl. BAG Urteil vom 12.02.1970 – 2 AZR 184/69, AP 17 zu § 123 BGB.

354 BAG Urteil vom 12.02.1970 – 2 AZR 184/69, AP 17 zu § 123 BGB; BAG Urteil vom 18.09.1987 – 7 AZR 507/86, AP 32 zu § 123 BGB; BAG Urteil vom 28.05.1998 – 2 AZR 549/97, AP 46 zu § 123 BGB.

355 *Ehrich*, DB 2000, 427; *Wohlgemuth*, ArbuR 1992, 47 (49).

recht zu, wenn sich im Laufe des Arbeitsverhältnisses herausstellt, dass ein Anfechtungsgrund in Wirklichkeit von Anfang an nicht bestand[356].

Mit beiden Ansichten lassen sich in der Regel die gleichen Ergebnisse erzielen. Die Verlagerung auf den Kenntnisstand des Arbeitgebers vom Zeitpunkt des Vertragsschlusses auf den Zeitpunkt der Anfechtungserklärung lässt sich jedoch schwer aus § 119 und § 123 BGB heraus begründen. Überzeugender ist daher eine Einschränkung des Anfechtungsrechts nach dem Grundsatz von Treu und Glauben, da sie sowohl der Struktur des Anfechtungsrechts, wie den allgemeinen zivilrechtlichen Lehren entspricht[357]. Darüber hinaus spricht für die Heranziehung von § 242 BGB, dass durch sie eine einheitliche Lösung der unzulässigen Berufung auf Nichtigkeitsgründe ermöglicht wird. Die Anwendung des Grundsatzes von Treu und Glauben gestattet eine gebührende Abwägung zwischen dem Arbeitgeberinteresse auf Beachtung fehlerfreier Willensbildung auf der einen Seite und dem Bestandsschutz des Arbeitnehmers auf der anderen Seite, wie sie sich in langer Tradition durch verschiedene Fallgruppen, wie die unzulässige Rechtsausübung wegen Geringfügigkeit und Unverhältnismäßigkeit, wegen rücksichtslosen und übermäßigen Eigennutzes oder wegen überwiegender schutzwürdiger Interessen der Gegenpartei, herausgebildet hat[358].

b) Anfechtungsfrist

aa) Meinungsstand

Für die Anfechtung wegen arglistiger Täuschung ergibt sich die Anfechtungsfrist aus § 124 BGB. Sie beträgt ein Jahr ab Entdeckung der Täuschung[359].

Die Anfechtungsfrist für die Anfechtung nach § 119 BGB richtet sich nach § 121 BGB und muss vom Anfechtenden unverzüglich nach Kenntnis des Anfechtungsgrundes geltend gemacht werden. Der 7. Senat des BAG hat den unbestimmten Rechtsbegriff der „unverzüglichen" Anfechtung mit einer Entscheidung aus dem Jahre 1979 ausgefüllt, indem er in entsprechender Anwendung des § 626 Abs. 2 BGB die Geltendmachung innerhalb einer 2-Wochen Frist ab Kenntnis der für die Anfechtung maßgeblichen Tatsachen forderte. Zur Begrün-

---

356 *Picker*, ZfA 1981, 1 ff., 85 ff. (159); Staudinger – *Richardi*, § 611 BGB Rz. 170; MüHdbAR – *Richardi*, § 46 Rz. 49, 50.

357 *Löwisch/Krauß*, Anm. zu BAG Urteil vom 12.02.1970, SAE 1970, 176; *Wohlgemuth*, ArbuR 1992, 46 (49); MüKo – *Kramer*, § 119 BGB Rz. 129 und § 123 BGB Rz. 23; MüHdbAR – *Buchner*, § 41 Rz. 179.

358 *Wolf/Gangel*, ArbuR 1982, 271 (274).

359 BAG Urteil vom 19.05.1983 – 2 AZR 171/81, AP 25 zu § 123 BGB.

dung führte das BAG aus, dass die Zubilligung des Wahlrechts zwischen der Anfechtung und der außerordentlichen Kündigung eine Angleichung der beiden Gestaltungsrechte in ihren Ausübungsmodalitäten notwendig mache. Die in der Austauschbarkeit von Anfechtung nach § 119 BGB und außerordentlicher Kündigung nach § 626 Abs. 1 BGB liegende Gefahr einer Umgehung der 2-wöchigen Ausschlussfrist des § 626 Abs. 2 BGB könne nur entgegen getreten werden, wenn der Begriff der „Unverzüglichkeit" durch eine Höchstfrist in Anlehnung an § 626 Abs. 2 BGB konkretisiert werde[360].

Diese Entscheidung ist in der Literatur auf Kritik gestoßen[361] und ließ den Meinungsstreit zwischen Kündigungstheorie und Anfechtungstheorie erneut aufleben[362].

Dem BAG ist vorgeworfen worden, dass die im Wege richterlicher Rechtsfortbildung durchgesetzte Annäherung der beiden Gestaltungsrechte zu einer Auflockerung der Anfechtungstheorie führe. Die Angleichung der Ausübungsmodalitäten von Anfechtung und Kündigung bewirke tatsächlich eine Gleichschaltung der beiden Gestaltungsrechte, die das Wahlrecht zwischen den beiden Rechten hinfällig werden lasse. Ein Nebeneinander von Anfechtung und Kündigung erfordere aber, dass diese beiden Rechte nicht gleich funktionieren, da sonst das Wahlrecht „ad absurdum" geführt werde[363].

bb) Stellungnahme

Auch wenn durch die Rechtsprechung des BAG die beiden Rechtsinstitute Anfechtung und Kündigung einander angenähert werden, ist doch der Vorwurf, dass das Wahlrecht ausgehöhlt werde, nicht haltbar. Die Gleichstellung der beiden Gestaltungsrechte in ihren Ausübungsmodalitäten ändert nichts an den unterschiedlichen Anforderungen, die an die Anfechtungs- und Kündigungsgründe zu stellen sind. Daher ist auch weiterhin das Wahlrecht zwischen den beiden Rechten sinnvoll[364]. Eine Gefährdung des Rechtsinstituts der Anfechtung ist daher nicht ersichtlich[365].

---

360 BAG Urteil vom 14.12.1979 – 7 AZR 38/78, AP 4 zu § 119 BGB.

361 *Herschel*, Anm. zu BAG Urteil vom 14.12.1979, ArbuR 1980, 225; *Mühl*, Anm. zu BAG Urteil vom 14.12.1979, AP 4 zu § 119 BGB; *Picker*, Anm. zu BAG Urteil vom 14.12.1979, SAE 1981, 82; vgl. aber auch *Wolf/Gangel*, ArbuR 1982, 271.

362 *Hönn*, ZfA 1987, 61 (72); *Picker*, ZfA 1981, 1 ff.

363 *Picker*, Anm. zu BAG Urteil vom 14.12.1979, SAE 1981, 82 (87/88); *Picker*, ZfA 1981, 1 (112).

364 *Wolf/Gangel*, ArbuR 1982, 271 (275).

365 MüHdbAR – *Buchner*, § 41 Rz. 180.

Die Lösung des BAG ist aber auch unter dem Gesichtspunkt des Bestandsschutzes überzeugend. Kann ein Arbeitgeber das Arbeitsverhältnis sowohl kündigen wie auch anfechten, gilt es zu verhindern, dass die Fristenregelung des § 626 Abs. 2 BGB durch § 121 BGB ausgehebelt wird. Sonst könnte der Arbeitgeber nach versäumter Frist des § 626 Abs. 2 BGB immer noch das Arbeitsverhältnis in der Frist des § 121 BGB anfechten. Die Rechtssicherheit gebietet es, die Fristen auch für die Fälle, in denen sich der Anfechtungsgrund nicht mit dem Grund für eine außerordentliche Kündigung deckt, gleichzuschalten[366].

Im Ergebnis ist daher der Rechtsprechung des BAG zu folgen, nach der für die zeitliche Konkretisierung der Anfechtungsfrist des § 121 BGB die 2-wöchige Ausschlussfrist des § 626 Abs. 2 BGB heranzuziehen ist.

c) Anfechtungserklärung

Die Anfechtung des Arbeitgebers erfolgt nach § 143 BGB durch Erklärung gegenüber dem Arbeitnehmer. Die Anfechtung unterliegt keiner kündigungsschutzrechtlichen Prüfung. Daher finden weder Kündigungsbeschränkungen oder Kündigungsverbote wie §§ 9, 9a MuSchG, §§ 85 ff. SGB IX Anwendung[367] noch bedarf es einer Anhörung des Betriebsrates nach § 102 BetrVG[368].

d) Anfechtungswirkung

Die Wirkung der Anfechtung richtet sich grundsätzlich nach § 142 BGB und führt dazu, dass das Rechtsverhältnis als von Anfang an nichtig anzusehen ist. Dies bereitet auch vor Vollzug des Arbeitsverhältnisses keine Schwierigkeiten.

Ist das Arbeitsverhältnis jedoch bereits in Vollzug gesetzt, so hat die Anfechtung nach Ansicht des BAG und der überwiegenden Meinung in der Literatur nur ex-nunc Wirkung[369]. Mit dieser Durchbrechung des § 142 BGB soll

---

366 *Wolf/Gangel*, ArbuR 1982, 271 (275).

367 BAG Urteil vom 05.10.1995 – 2 AZR 923/94, AP 40 zu § 123 BGB; *Picker*, ZfA 1981, 1 (43); *Wolf/Gangel*, ArbuR 1982, 271, 273 ff.; *Richardi*, § 102 BetrVG Rz. 27; MüHdbAR – *Buchner*, § 41 Rz. 183; MüHdbAR – *Richardi*, § 46 Rz. 54.

368 *Fitting*, § 102 BetrVG Rz. 15; so aber *Hönn*, ZfA 1987, 61 (89/90); *Wolf/Gangel*, ArbuR 1982, 271, 276, 280; Däubler/Kittner/Klebe – *Kittner*, § 102 BetrVG Rz. 21.

369 BAG Urteil vom 05.12.1957 – 1 AZR 594/56, AP 2 zu § 123 BGB; BAG Urteil vom 18.04.1968 – 2 AZR 145/67, AP 32 zu § 63 HGB; BAG Urteil vom 16.09.1982 – 2 AZR 228/80, AP 24 zu § 123 BGB; BAG Urteil vom 20.02.1986 – 2 AZR 244/85, AP 31 zu § 123 BGB; *Ehrich*, DB 2000, 421 (427); *Wolf/Gangel*, ArbuR 1982, 271 (280); *Bellgardt*, Rechtsprobleme des Bewerbergesprächs, S. 51; Staudinger – *Richardi*, § 611 Rz. 181; *Schaub*, ArbR-Hdb., § 35 Rz. 34; *Dörner*, AR-Blattei, SD 60 Rz. 91 ff.;

dem Umstand Rechnung getragen werden, dass bei einem einmal in Funktion gesetzten Arbeitsverhältnis die Nichtigkeit nicht mehr mit rückwirkender Kraft geltend gemacht werden und daher nur für die Zukunft wirken kann[370].

Für diese Durchbrechung des § 142 Abs. 1 BGB bleibt jedoch in dem Fall kein Raum, in dem das zunächst aktualisierte Arbeitsverhältnis zwischenzeitlich wieder außer Kraft gesetzt wurde und der Arbeitnehmer keine Arbeitsleistung mehr erbringt. Da hier keine Rückabwicklungsschwierigkeiten auftreten, ist ein Festhalten an der Ausnahme der ex-nunc Wirkung auch nicht dogmatisch zu rechtfertigen. Daher wirkt die Anfechtung in diesem Fall auf den Zeitpunkt der Außerfunktionsetzung zurück[371]. Während das BAG[372] zunächst noch entgegen heftiger Kritik aus dem Schrifttum[373] davon ausging, dass eine Außerfunktionsetzung in diesem Sinne bei einer von dem Willen der beiden Vertragsparteien unabhängigen Erkrankung des Arbeitnehmers nicht vorliegen könne, hat es diese Rechtsprechung mittlerweile ausdrücklich aufgegeben[374].

3. Kündigung des Arbeitsverhältnisses

Der Arbeitgeber kann im Falle der unrichtigen Beantwortung einer zulässigen Frage auch auf das Rechtsinstitut der Kündigung zurückgreifen. Es kommen sowohl die außerordentliche Kündigung gem. § 626 BGB, als auch die ordentliche Kündigung gem. § 1 KSchG in Betracht. Dabei richtet sich die Kündigung nach den allgemeinen zu den Kündigungstatbeständen entwickelten Grundsätzen. Es gilt jedoch zu beachten, dass ein Anfechtungsgrund i. S. d. § 123 BGB oder § 119 Abs. 2 BGB nicht schon als solcher einen Kündigungsgrund darstellt[375].

Zöllner/Loritz, ArbR, § 11 II b; nach Anfechtungsgründen differenzierend *Picker*, ZfA 1981, 51 ff; anderer Ansicht *Beuthien*, RdA 1969, 161 ff.; *Käßer*, Der fehlerhafter Arbeitsvertrag, Berlin, 1979, S. 127.

370 Staudinger – *Richardi*, § 611 BGB Rz. 181; MüHdbAR – *Buchner*, § 41 Rz. 184.

371 BAG Urteil vom 16.09.1982 – 2 AZR 228/80, AP 24 zu § 123 BGB; BAG Urteil vom 29.08.1984 – 7 AZR 34/83, AP 27 zu § 123 BGB.

372 BAG Urteil vom 18.04.1968 – 2 AZR 145/67, AP 32 zu § 63 HGB; BAG Urteil vom 16.09.1982 – 2 AZR 228/80, AP 24 zu § 123 BGB; BAG Urteil vom 29.08.1984 – 7 AZR 34/83, AP 27 zu § 123 BGB.

373 *Brox*, Anm. zu BAG Urteil vom 16.09.1982, AP 24 zu § 123 BGB; *Mayer-Maly*, Anm. zu BAG Urteil vom 18.04.1968, AP 32 zu § 63 HGB; *Picker*, ZfA 1981, 1 (59); *Dörner*, AR-Blattei, SD 60 Rz. 98.

374 BAG Urteil vom 03.12.1998 – 2 AZR 754/97, AP 49 zu § 123 BGB.

375 *Ehrich*, DB 2000, 421 (427); MüHdbAR – *Buchner*, § 41 Rz. 186 f.

4. Geltendmachung von Schadensersatzansprüchen

Jede arglistige Täuschung nach § 123 BGB im Rahmen der Vertragsanbahnung bedeutet gleichzeitig auch immer ein Verschulden bei Vertragsschluss, so dass Ansprüche aus culpa in contrahendo geltend gemacht werden können[376]. Daher kann der Arbeitgeber vom Bewerber den Ersatz eines ihm entstandenen Schadens verlangen. Beispielsweise kann der Arbeitgeber von dem Bewerber, der ihn nicht darauf hingewiesen hat, dass er seine Arbeit zum vorgesehenen Dienstbeginn voraussichtlich krankheitsbedingt nicht antreten könne, die Kosten für die Inserate verlangen, die er aufgeben musste, um die Stelle anderweitig zu besetzen[377]. Seit dem Gesetz zur Modernisierung des Schuldrechts, das am 01.01.2002 in Kraft getreten ist, ergibt sich dieser Schadensersatzanspruch aus §§ 311 Abs. 2, 241 Abs. 2, 280 Abs. 1 BGB.

Darüber hinaus kann die arglistige Täuschung nach § 123 BGB gleichzeitig auch einen deliktischen Schadensersatzanspruch des Getäuschten begründen. Neben § 826 BGB kann sich ein solcher vor allem aus § 823 Abs. 2 BGB i. V. m. § 263 StGB ergeben[378]. Ob sich allerdings der Bewerber in den Fällen der wahrheitswidrigen Antwort auf die zulässige Frage des Arbeitgebers wegen Betruges nach § 263 StGB strafbar macht, ist Gegenstand der weiteren Untersuchung.

II. Konsequenzen der unzulässigen Frage des Arbeitgebers – Recht zur Lüge?

Nach § 123 Abs. 1 BGB kann die Willenserklärung anfechten, wer zu ihrer Abgabe durch arglistige Täuschung bestimmt worden ist. Nach Ansicht des BAG stellt aber nicht jede falsche Antwort des Bewerbers eine arglistige Täuschung im Sinne des § 123 BGB dar, sondern nur eine falsche Antwort auf eine zulässige Frage[379]. Auf der Grundlage dieses Leitsatzes besteht Einigkeit in der ar-

---

376 *Ehrich*, DB 2000, 421 (427); *Wohlgemuth*, ArbuR 1992 , 47 (49); *Bellgardt*, Rechtsprobleme des Bewerbergesprächs, S. 52; *Thees*, Arbeitnehmer-Persönlichkeitsrecht, S. 224; MüKo – *Kramer*, § 123 BGB Rz. 35; Palandt – *Heinrichs*, § 123 BGB Rz. 27; ErfK – *Preis*, § 611 BGB Rz. 348 f.; MüHdbAR – *Buchner*, § 41 Rz. 188.

377 BAG Urteil vom 07.02.1964 – 1 AZR 251/63, AP 6 zu § 276 BGB – Verschulden bei Vertragsabschluss.

378 MüKo – *Kramer*, § 123 BGB Rz. 35; vgl. auch *Bellgardt*, Rechtsprobleme des Bewerbergesprächs, S. 53.

379 BAG Urteil vom 05.12.1957 – 1 AZR 594/56, AP 2 zu § 123 BGB; BAG Urteil vom 22.09.1961 – 1 AZR 241/60, AP 15 zu § 123 BGB; BAG Urteil vom 25.03.1976 – 2 AZR 136/75, AP 19 zu § 123 BGB; BAG Urteil vom 19.05.1983 – 2 AZR 171/81, AP 25 zu

beitsrechtlichen Literatur, dass die unterlassene, unvollständige oder falsche Antwort des Bewerbers auf eine unzulässige Frage des Arbeitgebers keine arglistige Täuschung i. S. d. § 123 BGB darstellt. Wie dieses Ergebnis jedoch dogmatisch begründet werden kann, wird unterschiedlich beurteilt.

1. Anknüpfungspunkt Arglist

Das BAG hatte zunächst festgestellt, dass bei der wahrheitswidrigen Antwort des Bewerbers auf eine ihm unzulässigerweise gestellte Frage die Täuschung nicht arglistig sei[380]. Hierauf stützt ein großer Teil der Literatur bis heute ohne weitere Begründung die Ansicht, dass in diesen Fällen die Arglist entfalle[381]. *Buchner* führt dazu aus, dass die Arglist der Täuschung die Widerrechtlichkeit erfordere. Daher sei die Täuschung nur dann arglistig, wenn das arbeitgeberische Auskunftsbegehren rechtmäßig sei. Die Arglist entfalle hingegen, wenn der Arbeitgeber mangels schutzwürdiger Interessen zutreffende Angaben des Bewerbers nicht beanspruchen dürfe[382].

2. Anknüpfungspunkt Rechtfertigung

Andere Stimmen in der Literatur knüpfen an eine Rechtswidrigkeitsprüfung an und meinen, dass in Fällen der wahrheitswidrigen Antwort des Bewerbers auf eine unzulässige Frage des Arbeitgebers die Täuschung i. S. d. § 123 BGB nicht rechtswidrig sei[383]. Zwar fordere der Wortlaut des § 123 Abs. 1 BGB die Wi-

---

§ 123 BGB; BAG Urteil vom 22.02.1991 – 2 AZR 449/90, AP 35 zu § 123 BGB; BAG Urteil vom 11.11.1993 – 2 AZR 467/93, AP 38 zu § 123 BGB; BAG Urteil vom 05.10.1995 – 2 AZR 923/94, AP 40 zu § 123 BGB; BAG Urteil vom 20.05.1999 – 2 AZR 320/98, AP 50 zu § 123 BGB.

380 BAG Urteil vom 05.12.1957 – 1 AZR 594/56, AP 2 zu § 123 BGB; BAG Urteil vom 22.09.1961 – 1 AZR 241/60, AP 15 zu § 123 BGB.

381 *Hueck*, Anm. zu BAG Urteil vom 05.12.1957, AP 2 zu § 123 BGB; *Brill*, ArbuR 1968, 136 (139); *Gamillscheg*, AcP 164, 1964, 385 (425); *Haberkorn*, RdA 1962, 416 (417); *Neumann*, DB 1961, 1291 (1293/1294); *Gola/Wronka*, Arbeitnehmerdatenschutz, Rz. 233; *Schack*, BGB, Rz. 270.

382 MüHdbAR – *Buchner*, § 41 Rz. 193.

383 *Hofmann*, ZfA 1975, 1, 60 ff.; *Neumann-Duesberg*, JR 1967, 1 (3); *Wohlgemuth*, Datenschutz, Rz. 117; *von Lübtow*, FS-Bartholomeyczik, 1973, S. 249, 273 ff.; Erman – *Palm*, § 123 BGB Rz. 20; Hk – *Dörner*, § 123 BGB Rz. 4; MüKo – *Kramer*, § 123 BGB Rz. 10; Schliemann – *Schliemann*, § 611 BGB Rz. 399; Soergel – *Hefermehl*, § 123 BGB Rz. 18; *Brehm*, BGB, Rz. 246; *Brox*, BGB, Rz. 453; *Köhler*, BGB, § 7 Rz. 40; *Rüthers/Stadler*, BGB, § 25 Rz. 78; *Brox/Rüthers*, ArbR, Rz. 63; *Löwisch*, ArbR, Rz. 1232; *Zöllner/Loritz*, ArbR, S. 149.

derrechtlichkeit ausdrücklich nur bei der Drohung, die Motive zeigten aber, dass der BGB-Gesetzgeber davon ausging, dass die arglistige Täuschung immer rechtswidrig sei[384]. Gerade das Arbeitsvertragsrecht verdeutliche jedoch, dass dies nicht immer der Fall sei, was der Gesetzgeber seiner Zeit nicht gesehen habe. Der Tatbestand des § 123 BGB sei daher zu weit gefasst, so dass die hier im Gesetz enthaltene Lücke im Wege einer teleologischen Reduktion zu schließen sei[385]. Dieser Auffassung hat sich der 2. Senat des BAG in seinem Urteil vom 21.02.1991 ausdrücklich angeschlossen[386].

Die meisten Vertreter der „Rechtfertigungslösung" geben sich mit dem Ergebnis zufrieden, dass die falsche Antwort des Bewerbers auf die unzulässig gestellte Frage des Arbeitgebers nicht rechtswidrig sei, ohne dies weiter zu begründen[387]. *Herschel* vertritt jedoch die Ansicht, dass die unzutreffende Beantwortung der Frage über den Rechtfertigungsgrund der „Sozialadäquanz" gelöst werden müsse[388]. Für *von Lübtow*[389] und *Neumann-Duesberg*[390] greift in diesen Fällen die Notwehr, § 227 BGB, als Rechtfertigungsgrund ein[391]. Die unzulässige Frage des Arbeitgebers sei ein rechtswidriger Angriff auf das Rechtsgut „Intimsphäre" des Bewerbers, den dieser durch die Täuschung abwehre. *Hofmann* meint sogar, dass es keines speziellen Rechtfertigungsgrundes wie etwa der Notwehr bedürfe, da das Verhalten des Bewerbers in diesen Fällen ohnehin rechtmäßig sei[392]. Auch *Reitemeier* will die Rechtfertigung für die Täuschung des Bewerbers weder aus § 227 BGB, noch aus einem anderen gesetzlich fixierten Rechtfertigungsgrund herleiten. Die Rechtfertigung sei vielmehr allein aus der Abwägung

384 Vgl. Bericht der XII. Kommission über den Allgemeinen Teil vom 12.06.1896, 39; abgedruckt bei *Mugdan*, Die gesamten Materialien zum Bürgerlichen Gesetzbuch für das Deutsche Reich, Bd. 1, 1899, S. 965.

385 *Hofmann*, ZfA 1975, 1, 60 ff.; *Neumann-Duesberg*, JR 1967, 1 (3); *Kuhla*, Datenschutz, S. 90; *Reitemeier*, Täuschungen, S. 156; *von Lübtow*, FS-Bartholomeyczik, 1973, S. 249, 273 ff.; Erman – *Palm*, § 123 BGB Rz. 20; MüKo – *Kramer*, § 123 BGB Rz. 10.

386 BAG Urteil vom 21.02.1991 – 2 AZR 449/90, AP 35 zu § 123 BGB; vgl. auch BAG Urteil vom 20.05.1999 – 2 AZR 320/98, AP 50 zu § 123 BGB.

387 MüHdbAR – *Richardi*, § 46 Rz. 39; *Brehm*, BGB, Rz. 246; *Löwisch*, ArbR, Rz. 1232; *Brox/Rüthers*, ArbR, Rz. 63; *Zöllner/Loritz*, ArbR, S. 149.

388 *Herschel*, Anm. zu BAG Urteil vom 15.01.1970, AP 7 zu § 1 KSchG – Verhaltensbedingte Kündigung.

389 *Von Lübtow*, FS-Bartholomeyczik, 1973, S. 249 (275).

390 *Neumann-Duesberg*, JR 1967, 1 (2); *Neumann-Duesberg*, UFITA 36, 1962, 101 (113).

391 Zustimmend MüKo – *Kramer*, § 123 BGB Rz. 10; Staudinger – *Dilcher*, § 123 BGB Rz. 27; wohl auch *Köhler*, BGB, § 7 Rz. 40; unklarer bei Soergel – *Hefermehl*, § 123 BGB Rz. 18.

392 *Hofmann*, ZfA 1975, 1 (62).

der sich gegenüberstehenden Interessen von Arbeitgeber und Bewerber zu ermitteln. Daher soll die Täuschung rechtmäßig und ein Anfechtungsrecht des Arbeitgebers abzulehnen sein, wenn die geschützten Interessen des Bewerbers das Informationsinteresse des Arbeitgebers überwiegen[393].

3. Anknüpfungspunkt Täuschung

Schließlich wollen einige Autoren bei der falschen Antwort des Bewerbers auf die unzulässige Frage des Arbeitgebers § 123 BGB am Tatbestandsmerkmal der Täuschung scheitern lassen[394]. *Trieschmann* lehnt die Täuschung des Arbeitgebers ab, da dieser nicht in einen Irrtum über solche Umstände versetzt werde, die nach der Rechtsordnung für seine Willensentschließung bedeutsam sind[395]. *Medicus,* der in diesem Zusammenhang von „unwahren Angaben ohne Täuschungscharakter spricht“, meint, dass keine Täuschung im Rechtssinne vorliege. Eine solche müsse immer dann ausscheiden, wenn entweder das Gesetz eine unwahre Antwort zulasse, wie z. B. in Fällen, in denen sich ein Verurteilter nach dem BZRG als nicht vorbestraft bezeichnen dürfe, oder eine unwahre Antwort auf eine unzulässige Frage gegeben werde[396].

4. Anknüpfungspunkt Treu und Glauben, § 242 BGB

Einen ganz anderen Lösungsweg schlägt *Klein* ein, der über § 242 BGB die Grenzen der Täuschungsanfechtung bestimmen will und dem Arbeitgeber bei unzulässigen Fragen die Anfechtung wegen arglistiger Täuschung verbieten will[397]. Der Arbeitgeber, der bei der Einstellung dem Bewerber eine unzulässige Frage stelle und die Beantwortung zur Voraussetzung der Vertragsanbahnung mache, verhalte sich unredlich und verstoße gegen die guten Sitten, da er damit seine Verhandlungsposition über Gebühr ausnutze. Täusche der Bewerber in solch einem Fall den Arbeitgeber, indem er nicht wahrheitsgemäß antworte, könne eine Anfechtung des Arbeitsverhältnisses von der Rechtsordnung nicht hingenommen werden[398]. Daher sei dem Arbeitgeber zwar bei unzulässigen

---

393 *Reitemeier*, Täuschungen, S. 286.

394 *Trieschmann*, Anm. zu BAG Urteil vom 05.12.1957, BArbBl. 1958, 196 (197); *Medicus*, BGB, Rz. 792 f.; vgl. auch *Degener*, Fragerecht des Arbeitgebers, S. 100 f., der auch diese Lösung für vertretbar hält.

395 *Trieschmann*, Anm. zu BAG Urteil vom 05.12.1957, BArbBl. 1958, 196 (197).

396 *Medicus*, BGB, Rz. 792 f.

397 *Klein*, ArbuR 1978, 266 (269).

398 *Klein*, ArbuR 1978, 266 (269).

Fragen eine Anfechtung nach § 123 BGB zuzubilligen, er müsse jedoch gem. § 242 BGB nach den Grundsätzen des Rechtsmissbrauchs an ihrer Ausübung gehindert werden[399].

5. Stellungnahme

Alle vorgestellten Lösungsansätze haben das Anliegen, eine dogmatisch tragbare Begründung dafür zu liefern, dass im Falle einer unterlassenen, unvollständigen oder falschen Antwort des Bewerbers auf eine unzulässige Frage des Arbeitgebers eine arglistige Täuschung nach § 123 BGB nicht durchgreift. Sie befinden sich damit in dem Dilemma, die im Arbeitsrecht sehr detaillierte Problematik um das Fragerecht des Arbeitgebers und die Offenbarungspflichten des Bewerbers mangels spezieller arbeitsrechtlicher Vorschriften über einen Tatbestand des Allgemeinen Teils des Bürgerlichen Gesetzbuches lösen zu müssen.

Schon bei der Darstellung des arbeitgeberischen Fragerechts zeigten sich die Schwierigkeiten, die letztlich aus der bis heute fehlenden Kodifikation eines Arbeitsgesetzbuches resultieren. In Ermangelung einer gesetzlichen Regelung des Fragerechts des Arbeitgebers wird dieser Themenkomplex allein über die Interessenabwägung der widerstreitenden Interessen von Arbeitgeber und Bewerber gelöst[400]. Diese Schwierigkeiten setzen sich bei den rechtlichen Konsequenzen aus dem Fragerecht des Arbeitgebers fort. Für die Rechtsfolgen muss auf den Allgemeinen Teil des BGB zurückgegriffen werden. Die Anwendung des § 123 BGB kann aber dieser speziellen arbeitsrechtlichen Problematik kaum Rechnung tragen, da die Anfechtung wegen arglistiger Täuschung zunächst keinen Raum für eine Interessenabwägung lässt. Diesem Zwiespalt versuchen die dargestellten Auffassungen durch unterschiedliche Ansatzpunkte im Rahmen der Prüfung des § 123 BGB zu begegnen, um im Ergebnis dem Arbeitgeber die Anfechtung wegen arglistiger Täuschung bei einer unwahren Antwort des Bewerbers auf eine unzulässige Frage zu verwehren. Trotz übereinstimmenden Ergebnisses kann die Entscheidung, an welchem Merkmal § 123 BGB in diesen Fällen scheitert, nicht dahin stehen[401]. Ziel dieser Arbeit ist, die Fälle von Täuschungen bei Begründung von Arbeitsverhältnissen sowohl in Bezug auf die ar-

---

399 *Klein*, ArbuR 1978, 266 (270); vgl. auch Soergel – *Hefermehl*, § 123 BGB Rz. 18, der neben einer Lösung über den Rechtfertigungsgrund der Notwehr jedenfalls auch die arglistige Täuschung über § 242 BGB ausschließt, wenn die Täuschung auf eine unzulässige Frage des Arbeitgebers zurückgeht, die der Arbeitnehmer nicht zu beantworten braucht.

400 Siehe oben S. 49 ff.

401 Anders *Degener*, Fragerecht des Arbeitgebers, S. 100, der sowohl eine Lösung über die Täuschung als auch über die Arglist und die Rechtswidrigkeit für vertretbar hält.

beitsrechtlichen wie auch auf die strafrechtlichen Problemstellungen hin zu untersuchen und zu überprüfen, ob diese Fälle einer einheitlichen Lösung zugeführt werden können. Dafür muss jedoch notwendiger Weise bestimmt werden, an welchem Tatbestandsmerkmal die arglistige Täuschung gem. § 123 BGB bei der unwahren Antwort des Bewerbers auf die unzulässige Frage des Arbeitgebers abzulehnen ist.

Das Merkmal der „Arglist" ist als Anknüpfungspunkt für ein Scheitern des § 123 BGB bei der unwahren Antwort des Bewerbers auf eine unzulässige Frage des Arbeitgebers nicht geeignet. Denn mit der Voraussetzung der Widerrechtlichkeit für die Arglist wird „ein Moment der moralischen Vorwerfbarkeit" in § 123 BGB hineininterpretiert, für das es keine Anhaltspunkte gibt[402]. Zwar gibt das BGB selbst keinen Aufschluss darüber, was unter „Arglist" zu verstehen ist, nach allgemeiner Ansicht ist ihr aber der Vorsatz, mindestens in Form von dolus eventualis, gleich zu setzen[403]. Die Anfechtung wegen arglistiger Täuschung geht auf die „actio de dolo malo" des römischen Rechts und den römisch-gemeinrechtlichen Dolusbegriff als subjektives Tatbestandsmerkmal zurück. Die Aufnahme des Tatbestandsmerkmals der „Arglist" in den Wortlaut des § 123 BGB beruhte auf einem falschen Verständnis der römischrechtlichen Lehre von „dolus malus" und dem Gegenstück „dolus bonus". Daher steht heute fest, dass es für die Arglist nicht auf eine Differenzierung nach der moralisch vorwerfbaren oder guten Gesinnung des Täuschenden ankommt[404]. Der Vorsatz als subjektives Tatbestandsmerkmal eignet sich aber nicht als Anknüpfungspunkt, um eine arglistige Täuschung des Bewerbers gegenüber dem Arbeitgeber bei der falschen Antwort auf eine unzulässige Frage abzulehnen. Es darf wohl davon ausgegangen werden, dass der unwahr antwortende Bewerber im Einstellungsgespräch den Willen hat, dem Arbeitgeber „falsche" Informationen zu erteilen und dass er das Bewusstsein hat, den Arbeitgeber zur Abgabe einer Willenserklärung, nämlich der Einstellung, zu bestimmen. Es ist also zu unterstellen, dass der falsch Antwortende seine unwahren Antworten vorsätzlich gegenüber dem Arbeitgeber abgibt. Damit kann aber § 123 BGB in den

---

402 *Larenz*, Anm. zu BAG Urteil vom 22.09.1961, AP 15 zu § 123 BGB.

403 *Klein*, ArbuR 1978, 266 (269); *von Lübtow*, FS-Bartholomeyczik, 1973, S. 249 (269); *Reitemeier*, Täuschungen, S. 154 f., 276; Erman – *Palm*, § 123 BGB Rz. 27; Hk – *Dörner*, § 123 BGB Rz. 5; MüKo – *Kramer*, § 123 BGB Rz. 9; Palandt – *Heinrichs*, § 123 BGB Rz. 2; Staudinger – *Dilcher*, § 123 BGB Rz. 22; Schliemann – *Schliemann*, § 611 BGB Rz. 399.

404 *Von Lübtow*, FS-Bartholomeyczik, 1973, S. 249, 260, 269; Erman – *Palm*, § 123 BGB Rz. 30; MüKo – *Kramer*, § 123 BGB Rz. 9; Staudinger – *Dilcher*, § 123 BGB Rz. 24.

Fällen der unwahren Antwort des Bewerbers auf eine unzulässige Frage des Arbeitgebers auch nicht mangels Arglist scheitern[405].

Aber auch diejenigen, die an die Rechtswidrigkeit der Täuschung anknüpfen und im Wege der teleologischen Reduktion § 123 BGB dahingehend berichtigen, dass ihm „das Erfordernis der Rechtswidrigkeit hinzugesetzt“[406] wird, können nicht überzeugen.

Wie die Motive zeigen, ging schon der BGB-Gesetzgeber davon aus, dass die arglistige Täuschung immer widerrechtlich ist. Daher wurde damals die Widerrechtlichkeit bei § 123 BGB nur für den Fall der Drohung in das Gesetz aufgenommen[407]. Die Ergänzung der arglistigen Täuschung um das Merkmal der Rechtswidrigkeit widerspricht damit dem Willen des historischen Gesetzgebers.

Der Rechtswidrigkeitslösung steht aber auch der Vorwurf entgegen, zu konstruiert zu sein. Wird doch die Widerrechtlichkeit nur hinzugedacht und § 123 BGB um ein Tatbestandsmerkmal erweitert, um an diesem Ansatzpunkt dann die arglistige Täuschung bei einer unzulässigen Frage des Arbeitgebers zu Fall zu bringen, zumal als einziger Anwendungsbereich wohl nur die hier in Rede stehende arbeitsrechtliche Fragerechtsproblematik ersichtlich ist. Einer solchen Ergänzung des § 123 BGB bedarf es aber gar nicht, da die erforderliche Interessenabwägung auch anderweitig im Tatbestand der arglistigen Täuschung untergebracht werden kann. Insofern kann auch die von *Reitemeier* vertretene Ansicht, die die Rechtfertigung allein aus der Abwägung von Arbeitgeber- und Bewerberinteressen herleiten will, nicht überzeugen. Geeigneter ist die Täuschungshandlung als Anknüpfungspunkt, die zudem eine wortlautgetreue Auslegung des § 123 BGB ermöglicht[408].

Neben der grundsätzlichen Ablehnung einer Lösung über die Rechtfertigungsebene, ist aber auch den in der Literatur vertretenen Ansichten, die unter Bemühung verschiedener Rechtfertigungsgründe § 123 BGB scheitern lassen wollen, entgegen zu treten. Bis heute wird von vielen Autoren eine Rechtfertigung aus § 227 BGB – Notwehr – angenommen. Bei genauerer Betrachtung ist diese Lösung jedoch einer Reihe von Kritikpunkten ausgesetzt:

Zweifel bestehen schon an dem Vorliegen des für die Notwehrlage erforderlichen gegenwärtigen rechtswidrigen Angriffs des Arbeitgebers auf den Be-

---

405 So auch Staudinger – *Dilcher*, § 123 BGB Rz. 26, *Brox/Rüthers*, ArbR, Rz. 63.

406 *Von Lübtow*, FS-Bartholomeyczik, 1973, S. 249 (275 f.).

407 Vgl. Bericht der XII. Kommission über den Allgemeinen Teil vom 12.06.1896, 39; abgedruckt bei *Mugdan*, Die gesamten Materialien zum Bürgerlichen Gesetzbuch für das Deutsche Reich, Bd. 1, 1899, S. 965.

408 Zum eigenen Lösungsansatz, siehe unten S. 122 ff.

werber. Dabei erscheint es zunächst fraglich, ob das Verhalten des Arbeitgebers durch das Stellen seiner Frage überhaupt als Angriff qualifiziert werden kann[409]. Würde man durch die Fragestellung einen Angriff des Arbeitgebers auf das Allgemeine Persönlichkeitsrecht des Bewerbers bejahen, führt das aber dazu, dass dann zunächst jede, nicht nur die unzulässige Frage, einen Angriff auf den Bewerber darstellt. Denn der Prüfung des Angriffs, als objektive Voraussetzung der Notwehrlage, ist die Vornahme einer Interessenabwägung fremd. Die Abgrenzung von zulässigen und unzulässigen Fragen des Arbeitgebers könnte daher nur im Rahmen der Rechtswidrigkeit des Angriffs vorgenommen werden. Der Angriff wäre dann nicht rechtswidrig, wenn der Arbeitgeber seinerseits gerechtfertigt wäre. Gesetzlich fixierte Rechtfertigungsgründe greifen jedoch mangels arbeitsrechtlicher Kodifikation des Fragerechtskomplexes bekanntlich nicht ein. Daher bleibt zur Bestimmung der Rechtswidrigkeit des Angriffs allenfalls die Interessenabwägung übrig[410]. Gelangt man so zur Bejahung der Notwehrlage, erfordert die Rechtfertigung wegen Notwehr allerdings darüber hinaus eine erforderliche Notwehrhandlung des Bewerbers. Zwar mag die unwahre Antwort auf die unzulässige Frage ein geeignetes Mittel sein, den Angriff auf die geschützten Interessen des Bewerbers abzuwehren, sie stellt jedoch sicher nicht das mildeste Mittel zur Abwehr dieses Angriffs dar. Denn der Bewerber könnte zur Abwehr des Angriffs auf sein Persönlichkeitsrecht auch schweigen oder die Antwort auf die unzulässige Frage verweigern[411]. Vorstehende Kritikpunkte zeigen auf, dass eine Lösung über den Rechtfertigungsgrund der Notwehr wenig geeignet ist, die arbeitsrechtliche Problemstellung zu lösen.

Noch weniger kann eine Lösung über den Gesichtspunkt der Sozialadäquanz[412] oder ohne normierten Rechtfertigungsgrund[413] überzeugen. Schon der Begriffsinhalt der Sozialadäquanz ist unscharf und unbestimmt, zumal die Sozialadäquanz aus dem Deliktsrecht in das Vertragsrecht übertragen werden müsste[414]. Umso unpräziser erscheint da die Lösung, die ohne einen speziellen

---

409 Dies wird z. T. schon bestritten, vgl. *Leipold*, ArbuR 1971, 161 (163): „… liegt in der Frage als solcher noch kein Eingriff in die Intimsphäre des Bewerbers. Von beleidigenden Fragen abgesehen ist es grundsätzlich niemanden verwehrt, irgend jemanden irgend etwas zu fragen.“; *Klein*, ArbuR 1978, 266 (268): „im normalen mitmenschlichen Umgang stellt eine Frage keinen Angriff dar.“

410 *Reitemeier*, Täuschungen, S. 280 ff.

411 *Leipold*, ArbuR 1971, 166 (163).

412 *Herschel*, Anm. zu BAG Urteil vom 15.01.1970, AP 7 zu § 1 KSchG – Verhaltensbedingte Kündigung.

413 *Hofmann*, ZfA 1975, 1 (62).

414 *Hofmann*, Anm. zu BAG Urteil vom 15.01.1970, SAE 1971, 134 (137).

Rechtfertigungsgrund auskommen will. Dem gleichen Vorwurf ist auch die Lösung über § 242 BGB ausgesetzt. Auch sie will letztlich die Interessenabwägung berücksichtigt wissen, knüpft dazu aber nicht am Tatbestand der arglistigen Täuschung selbst an, sondern wählt mit § 242 BGB einen noch allgemeineren Prüfungsstandort. Geht es aber letztlich darum, die Überlegungen zur Interessenabwägung sachgerecht unterzubringen, erscheint das Tatbestandsmerkmal der Täuschung als idealer Anknüpfungspunkt[415].

6. Eigene Lösung

Eine sachgerechte Lösung für ein Scheitern der Anfechtung wegen arglistiger Täuschung bei einer falschen Antwort auf eine unzulässige Frage des Arbeitgebers lässt sich indes über den Anknüpfungspunkt der Täuschung finden, wenn man den arbeitsrechtlichen Hintergrund zur Limitierung des Fragerechts mit einbezieht.

Die Begrenzung des arbeitgeberischen Fragerechts resultiert aus dem Umstand, dass die Einstellungsentscheidung des Arbeitgebers keiner sachlichen Rechtfertigung unterliegt und dem Arbeitgeber daher weder die Berücksichtigung noch die Außerachtlassung bestimmter Kriterien bei der Auswahl eines Bewerbers vorgeschrieben werden darf. Durch die Fragerechtsbeschränkung wird aber die Möglichkeit eröffnet, bei der Informationserhebung als dem der Entscheidung vorgelagerten Stadium anzusetzen. Indem der Arbeitgeber in seiner Informationserhebung beschränkt wird, soll er letztlich von den Informationen fern gehalten werden, deren Kenntnis seine Entscheidung nicht beeinflussen sollen. Damit soll also verhindert werden, dass sich der Arbeitgeber ein Bild über die Umstände in der Person des Bewerbers machen kann, die für die Einstellungsentscheidung ohne Belang sein sollen[416]. Erkundigt sich der Arbeitgeber aber trotz bestehender Fragerechtsbeschränkung, stellt er also dem Bewerber eine unzulässige Frage, und antwortet der Bewerber hierauf nicht wahrheitsgemäß, so ist zweifelhaft, ob das Verhalten des Bewerbers überhaupt eine Täuschung darstellen kann.

Allgemein wird unter einer Täuschung i. S. d. § 123 BGB jedes Verhalten verstanden, durch das eine unrichtige Vorstellung erregt, bestärkt oder aufrechterhalten wird[417]. Danach wäre eine Täuschung des Bewerbers also immer zu

---

415 So auch *Trieschmann*, Anm. zu BAG Urteil vom 05.12.1957, BArbBl. 1958, 196 (197); *Medicus*, BGB, Rz. 792 f.

416 Vgl. oben S. 41 ff., 49 ff.

417 Erman – *Palm*, § 123 BGB Rz. 11; Hk – *Dörner*, § 123 BGB Rz. 2; Soergel – *Hefermehl*, § 123 BGB Rz. 2.

bejahen, wenn dieser dem Arbeitgeber eine unrichtige Antwort erteilt. Ob die Frage des Arbeitgebers zulässig oder unzulässig ist, bleibt für die Beurteilung der Täuschung außer Betracht.

Vor dem dargestellten arbeitsrechtlichen Hintergrund erscheint jedoch dieses Verständnis des Täuschungsbegriffs fragwürdig. Unzulässige Fragen sollen verhindern, dass der Arbeitgeber eine Vorstellung über Umstände erlangt, die seine Einstellungsentscheidung nicht beeinflussen sollen. Erkundigt sich der Arbeitgeber bei dem Bewerber gleichwohl und erzeugt der Bewerber durch seine unwahre Antwort ein falsches Vorstellungsbild, kann es nicht sinnvoll sein, dass dieses Verhalten des Bewerbers rechtlich erheblich sein soll. Denn gerade wenn von vornherein eine Vorstellung des Arbeitgebers über diese Umstände unterbunden werden soll, muss das Verhalten des Bewerbers, welches eine falsche Vorstellung beim Arbeitgeber hervorruft, erst recht unbeachtlich sein. Konsequenterweise darf dann unter Berücksichtigung der arbeitsrechtlichen Lösung die unwahre Antwort des Bewerbers auf eine unzulässige Frage des Arbeitgebers nicht als rechtserhebliche Täuschung verstanden werden. Im Ergebnis bedeutet das, dass der Arbeitgeber nicht durch eine Antwort des Bewerbers auf seine unzulässige Frage im Rechtssinne getäuscht werden kann.

Festzustellen ist, wie sich diese Überlegungen in die Prüfung des § 123 BGB integrieren lassen. Ob die Frage des Arbeitgebers unzulässig ist, der Bewerber damit nicht zur wahrheitsgemäßen Antwort verpflichtet ist und im Ergebnis § 123 BGB nicht durchgreift, wird stets anhand der Abwägung von Arbeitgeber- und Bewerberinteressen beurteilt. Der oben vorgestellte Ansatz macht also die Vornahme der Interessenabwägung im Rahmen des Tatbestandsmerkmals der Täuschung notwendig. Das Ergebnis dieser Abwägung gegenüberstehender Interessen ist damit entscheidend dafür, ob es sich bei einer wahrheitswidrigen Antwort des Bewerbers um eine rechtserhebliche Täuschung handeln kann. Ergibt die Interessenabwägung, dass die Frage des Arbeitgebers zulässig war, dann ist der Bewerber zur Offenbarung einer wahrheitsgemäßen Antwort verpflichtet. Gibt der Bewerber dem Arbeitgeber dennoch eine falsche Antwort, erregt er damit bei dem Arbeitgeber eine falsche Vorstellung und täuscht diesen rechtserheblich. Überwiegen aber die Bewerberinteressen und ist damit die Frage des Arbeitgebers unzulässig, hat dies zur Folge, dass der Bewerber nicht zur Offenbarung verpflichtet ist und daher seine Antwort keine rechtlich erhebliche Täuschung herbeiführen kann.

Die Vornahme dieser Interessenabwägung lässt sich auch problemlos in die Prüfung des Tatbestandsmerkmals der Täuschung einbetten. Voraussetzung ist allerdings, dass der Täuschungsbegriff modifiziert wird. Nicht bereits jedes schlichte Verhalten des Bewerbers darf dann als eine Täuschungshandlung verstanden werden. Für die hier vertretene Lösung müssen vielmehr qualifizierte Anforderungen an die Täuschung gestellt werden.

Eine solche zusätzliche Hürde ist der Täuschung durch positives Tun zunächst fremd. An die Täuschung durch Unterlassen werden indes immer qualifizierte Anforderungen gestellt. Sie erfordert stets eine Offenbarungspflicht hinsichtlich der verschwiegenen Umstände[418]. Daher kann der Arbeitgeber das Arbeitsverhältnis wegen arglistiger Täuschung durch Unterlassen auch nur dann anfechten, wenn der Bewerber Umstände verschwiegen hat, die dieser verpflichtet war, von sich aus, also ohne Befragung, zu offenbaren. Eine eigenständige Offenbarungspflicht des Bewerbers wird zwar nur in Ausnahmefällen angenommen[419], über ihr Vorliegen entscheidet im Einzelfall die Wertung der Gesamtumstände, die immer auch eine Interessenabwägung erfordert. Folglich werden also die Fälle, in denen der Bewerber ungefragt zur Offenbarung verpflichtet ist, ohne weiteres über den Anknüpfungspunkt der Täuschung gelöst.

Ein Vergleich dieser Fälle mit denen der Falschbeantwortung auf Befragen zeigt jedoch, dass bei beiden Fallgruppen ganz ähnliche Wertungsfragen auftreten. Die Zulässigkeit einer Frage und die daraus resultierende Offenbarungspflicht des Bewerbers auf Befragen durch den Arbeitgeber beruht auf denselben Grundüberlegungen, wie sie auch für die Annahme einer selbständigen Offenbarungspflicht des Bewerbers ohne Befragung durch den Arbeitgeber angestellt werden. Die Gemeinsamkeit beider Fallgruppen liegt also darin, dass der Begründung der jeweiligen Offenbarungspflicht die Interessenabwägung zugrunde liegt. Daher ist es sachgerecht, beide Fallgruppen auch einer einheitlichen Lösung zuzuführen.

Der Vergleich dieser beiden Fallgruppen verdeutlicht aber auch, dass die Fälle der Falschbeantwortung vor dem dargestellten arbeitsrechtlichen Hintergrund eine wesentlich größere Nähe zur arglistigen Täuschung durch Unterlassen als zur arglistigen Täuschung durch Tun aufweisen[420], auch wenn die Antwort des Bewerbers für sich genommen als positives Tun zu bewerten ist. Mit der Interessenabwägung, die über die Zulässigkeit einer Frage des Arbeitgebers und der damit korrespondierenden Pflicht des Bewerbers zur wahrheitsgemäßen Antwort entscheidet, enthalten die Fälle der Falschbeantwortung die charakteristischen Elemente, die eine arglistige Täuschung durch Unterlassen ausmachen. Daher erscheint es angebracht, an die Fälle der Falschbeantwortung des Bewerbers auf Befragen des Arbeitgebers ebenso qualifizierte Anforderungen zu stellen.

Festzuhalten bleibt also, dass mit der Forderung nach einer rechtserheblichen Täuschung ein Ansatzpunkt gefunden wurde, die für die arbeitsrechtliche Lösung entscheidende Interessenabwägung in die Prüfung des Tatbestandsmerkmals der Täuschung i. S. d. § 123 BGB einzugliedern.

---

418 Erman – *Palm*, § 123 BGB Rz. 13.

419 Siehe oben S. 100 ff.

420 So auch schon *Löwisch/Krauß*, Anm. zu BAG Urteil vom 12.02.1970, SAE 1970, 176 (177).

Eine solche Lösung widerspricht auch nicht dem Sinn von § 123 BGB, der auf dem Gedanken beruht, dass eine rechtsgeschäftliche Selbstbestimmung nur dann möglich ist, wenn sich die Willensbildung frei von Täuschung und Zwang vollziehen lässt[421]. Die arbeitsrechtliche Konstruktion des Fragerechts des Arbeitgebers zielt darauf ab, die Einstellungsentscheidung des Arbeitgebers frei von den Umständen zu halten, die für den Arbeitgeber ohne Belang sein sollen. Daher wird dem Arbeitgeber untersagt, sich über gewisse Umstände zu erkundigen, wenn diese Umstände keinen Einfluss auf seine Willensbildung haben sollen. Der Arbeitgeber wird also von vornherein bei bestimmten Faktoren in seiner Willensbildung beschnitten.

Überschreitet der Arbeitgeber durch eine unzulässige Frage diese Grenze der „erlaubten" Willensbildung, ist der Arbeitgeber auch nicht schutzwürdig. In seiner Einstellungsentscheidung sollen diese Aspekte keine Berücksichtigung finden. Die Antwort des Bewerbers stellt mithin keine arglistige Täuschung dar, da es bereits am Tatbestandsmerkmal der Täuschung mangelt.

Bewegt sich der Arbeitgeber hingegen mit seiner Frage innerhalb der Grenzen der „erlaubten" Willensbildung, indem er dem Bewerber eine zulässige Frage stellt, ist der Prozess der Willensbildung des Arbeitgebers auch schützenswert. Der Bewerber hat die Pflicht zur wahrheitsgemäßen Antwort. Seine falsche Antwort stellt eine Täuschung dar, die den Arbeitgeber zur Anfechtung wegen arglistiger Täuschung gem. § 123 BGB berechtigt.

Schließlich ist das Anknüpfen an die Täuschung aber auch aus anderen Gründen überzeugend. Mit der Lösung über das Tatbestandsmerkmal der Täuschung wird in diesem Merkmal die erforderliche Interessenabwägung angesiedelt. Damit wird die Ergänzung des Tatbestands um das Merkmal der Rechtswidrigkeit obsolet und die Prüfung der Arglist bleibt auf den Vorsatz beschränkt.

Die hier vorgestellte Lösung erfordert indes ein neues Verständnis der Täuschung des Bewerbers gegenüber dem Arbeitgeber bei Begründung eines Arbeitsverhältnisses: Unter einer rechtserheblichen Täuschung ist nur ein solches Verhalten zu verstehen, das eine rechtlich erhebliche Vorstellung erregt, bestärkt oder aufrechterhält. Dabei handelt es sich dann um eine rechtlich erhebliche Vorstellung, wenn die Willensbildung des Getäuschten schützenswert und der Täuschende zur Offenbarung verpflichtet ist.

In letzter Konsequenz bedeutet der hier vorgestellte Lösungsweg, dass der Bewerber bei unzulässigen Fragen des Arbeitgebers bei der Einstellung mit

---

421 Erman – *Palm*, § 123 BGB Rz. 1; Palandt – *Heinrichs*, § 123 BGB Rz. 1; Soergel – *Hefermehl*, § 123 BGB Rz. 1.

einem „Recht zur Lüge[422]“ oder anders gesagt einem „Verschweigungsrecht[423]“ ausgestattet wird, denn seine Antwort kann in solchen Fällen keine rechtliche Relevanz entfalten.

III. Verletzung der Offenbarungspflicht

Besteht für den Bewerber eine eigenständige Offenbarungspflicht und unterlässt er es, den Arbeitgeber über diesen Umstand von sich aus zu informieren, so kann der Arbeitgeber auch in diesem Fall nach den oben genannten Grundsätzen das Arbeitsverhältnis anfechten. Es kommt hier insbesondere die Anfechtung nach § 119 Abs. 2 BGB wegen des Fehlens einer verkehrswesentlichen Eigenschaft oder die Anfechtung wegen arglistiger Täuschung nach § 123 BGB in Betracht.

---

422 *Gumpert*, Anm. zu BAG Urteil vom 15.01.1970, BB 1970, 804; *Däubler*, CR 1994, 101 (104); *Hofmann*, ZfA 1975, 1 (63); *Joussen*, NJW 2003, 2857 (2858); *Neumann-Duesberg*, JR 1967, 1 (3); *Wohlgemuth*, BB 1980, 1530 (1533); *Wohlgemuth*, ArbuR 1992, 47 (49); *Däubler*, Gläserne Belegschaften?, Rz. 222; *von Lübtow*, FS-Bartholomeyczik, 1973, S. 249 (276); Hk – *Dörner*, § 123 BGB Rz. 4; MüKo – *Kramer*, § 123 BGB Rz. 10; Staudinger – *Dilcher*, § 123 BGB Rz. 27; ErfK – *Preis*, § 611 BGB Rz. 363; MüHdbAR – *Buchner*, § 41 Rz. 201; *Küfner-Schmitt*, ArbR, S. 28.

423 *Linnenkohl*, ArbuR 1983, 129 (133).

3. Abschnitt: Die beamtenrechtliche Einstellungsentscheidung

A. Einleitung

Der Anstellungsbetrug kommt nicht nur durch die vorsätzliche Täuschung bei Begründung eines Arbeitsvertrages in Betracht, eine weitere Fallgruppe bildet die sog. Amtserschleichung, also der Fall, in dem eine Beamtenstellung erschlichen wird.

Die Situation der Einstellung eines Beamten ist grundsätzlich ähnlich zu der bei der Anbahnung eines Arbeitsverhältnisses. Auch hier möchte der Bewerber einen möglichst positiven Eindruck von seiner Person vermitteln, um in das Beamtenverhältnis zu gelangen, welches der Sicherung seiner Existenz dient. Für den Dienstherrn stellt die Ernennung des Bewerbers eine bedeutsame Personalentscheidung dar, die nicht zuletzt wegen des Lebenszeitprinzips kaum revidierbar ist.

Vor dem Hintergrund, dass die Unterschiede zwischen Beamten und Arbeitnehmern infolge von wechselseitigen Angleichungen ihre praktische Bedeutung nahezu verloren haben[424], soll untersucht werden, ob wegen der scheinbar vergleichbaren Ausgangssituation die vorstehenden Ausführungen im 2. Abschnitt zum Fragerecht des Arbeitgebers und den Offenbarungspflichten des Bewerbers auch auf die Einstellung eines Beamten übertragbar sind. Verwunderlich ist dabei, dass der Problemkreis „Fragerecht und Informationsgewinnung des Arbeitgebers", dem im Arbeitsrecht eine überaus große Aufmerksamkeit gewidmet wird, in der beamtenrechtlichen Literatur für den öffentlichen Dienstherrn keine Beachtung findet.

B. Vergleich der Einstellungsentscheidung im Beamtenrecht und im Arbeitsrecht

Erste Zweifel an einer Übertragbarkeit der arbeitsrechtlichen Lösung aus dem 2. Abschnitt auf die Begründung eines Beamtenverhältnisses ergeben sich schon daraus, dass der Beamte in einem besonderen Dienst- und Treueverhältnis zu der ihn beschäftigenden juristischen Person steht (vgl. Art. 33 Abs. 4 GG, § 2 Abs. 1 BBG) und somit kein Arbeitnehmer ist. Das Beamtenverhältnis ist öffentlich-rechtlicher und nicht vertraglicher Natur und infolgedessen seinem Inhalt nach nicht verhandelbar. Seine wesentlichen Inhalte stehen also nicht zur Disposition der Beteiligten. Sie werden nicht kraft Autonomie der Beteiligten

424 Grundsätzlich zum Verhältnis von Beamtenrecht und Arbeitsrecht vgl. *Benz*, Beamtenverhältnis und Arbeitsverhältnis, Stuttgart, 1969.

sondern durch Gesetz geregelt[425]. Daher findet auf Beamte nicht das Arbeitsrecht sondern das Beamtenrecht Anwendung[426]. Dieses ist formstreng, so dass die Begründung eines Beamtenverhältnisses, genauso wie seine Änderung und Beendigung, nur in den gesetzlich vorgeschriebenen Formen möglich ist[427].

So enthalten die Beamtengesetze des Bundes und der Länder auch Tatbestände, die die Nichtigkeit und die Rücknahme der Ernennung abschließend regeln. Es wurde davon abgesehen, die Anfechtungsgründe des Zivilrechts, insbesondere die Anfechtung wegen Irrtums, daneben gelten zu lassen. Eine Ausnahme hiervon bildet zwar in gewisser Weise die Anfechtung wegen arglistiger Täuschung, aber auch sie ist in den Beamtengesetzen tatbestandlich erfasst[428]. Hierdurch wird deutlich, dass die zivilrechtlichen Normen, die im Arbeitsrecht zur Lösung des Fragerechts des Arbeitgebers herangezogen werden, nicht auf die Beamtenverhältnisse übertragbar sind und dass das Beamtenrecht stattdessen einen eigenen Lösungsweg einschlägt.

Bedenken gegen eine Übertragbarkeit des arbeitgeberseitigen Fragerechts und den damit korrespondierenden Offenbarungspflichten des Bewerbers ergeben sich aber vor allem aus dem Umstand, dass der Staat als Dienstherr im Gegensatz zu einem privaten Arbeitgeber in seiner Einstellungsentscheidung durch positive Kriterien gebunden ist. Seine Personalentscheidung ist daher nicht frei. So wird die Verwaltung gem. Art. 1 Abs. 3, 20 Abs. 3 GG zur Beachtung des Art. 33 GG als unmittelbar geltendes Recht verpflichtet[429]. Nach Art. 33 Abs. 2 GG ist die Einstellungsentscheidung von den Kriterien der Eignung, Befähigung und fachlichen Leistung abhängig zu machen, so dass alle anderen Eigenschaften des Bewerbers außer Acht zu lassen sind[430]. Die in Art. 33 Abs. 3, Art. 3 Abs. 3 GG enthaltenen absoluten Diskriminierungsverbote verbieten darüber hinaus eine Einbeziehung der dort genannten Kriterien in die Einstellungsentscheidung[431]. Zusätzlich legen das BBG, das BRRG und die Beamtengesetze der Länder die persönlichen Voraussetzungen fest, die an eine Berufung in ein Beamtenverhältnis zu knüpfen sind.

---

425 *Benz*, Beamtenverhältnis und Arbeitsverhältnis, S. 55; Dreier – *Lübbe-Wolff*, Art. 33 Rz. 76; *Wagner*, BeamtenR, Rz. 39.

426 *Schaub*, ArbR-Hdb., § 15 Rz. 2.

427 Scheerbarth/Höffken – *Bauschke*, BeamtenR, § 4 II; *Wagner*, BeamtenR, Rz. 24.

428 Z. B. in §§ 12 Abs. 1 Nr. 1 BBG, 9 Abs. 1 Nr. 1 BRRG und in den entsprechenden Vorschriften der Beamtengesetze der Länder; vgl. *Günther*, DÖD 1990, 281 (284).

429 *Gusy*, RiA 1979, 201.

430 Von Mangoldt/Klein/Stark – *Jachmann*, Art. 33 GG Rz. 12.

431 *Gusy*, RiA 1979, 201 (202).

Im Arbeitsrecht ist hingegen die Einstellungsentscheidung des privaten Arbeitgebers im Wesentlichen frei und unterliegt keiner sachlichen Rechtfertigung. Nach dem geltenden Arbeitsrecht kann dem Arbeitgeber weder die Berücksichtigung noch die Außerachtlassung bestimmter Kriterien bei der Bewerberauswahl vorgeschrieben werden. Anknüpfungspunkt für das Herausfiltern von Faktoren, die der Arbeitgeber in seine Entscheidung mit einbeziehen darf oder missachten soll, kann also nicht die Entscheidung selbst sein. Aus diesem Grunde wurde mit der Fragerechtsbeschränkung ein Weg gefunden, mit dem bereits bei der Informationserhebung, als dem der Entscheidung vorgelagerten Stadium, angesetzt wird. Durch die Einschränkung der Informationserhebung des Arbeitgebers soll dieser letztlich von den Informationen fern gehalten werden, deren Kenntnis seine Entscheidung nicht beeinflussen soll. Die Folge der Fragerechtsbeschränkung ist, dass der Bewerber nur verpflichtet ist, auf die zulässig gestellte Frage des Arbeitgebers zu antworten. Stellt der Arbeitgeber ihm hingegen eine unzulässige Frage, so kann er deren Antwort verweigern und hat sogar ein Recht zur Lüge[432]. Demzufolge unterscheidet sich die freie Einstellungsentscheidung des privaten Arbeitgebers wesentlich von der gebundenen Entscheidung des öffentlichen Dienstherrn.

Zu untersuchen bleibt jedoch, ob dieser Unterschied auch einer Übertragbarkeit des Fragerechts bei der Personalauswahl des öffentlichen Dienstherrn entgegensteht. Denn auch der Dienstherr muss Informationen über die Person des Bewerbers einholen, um die Einstellungsentscheidung nach den Vorgaben des Art. 33 Abs. 2 GG und den Beamtengesetzen treffen zu können. Anders als der private Arbeitgeber ist der öffentliche Dienstherr nicht einmal darauf beschränkt, die benötigten Informationen durch Befragung des Bewerbers zu erlangen, sondern kann sich unter Umständen diese auch durch behördliche Ermittlungen, die er von Amts wegen durchführen lassen kann[433], verschaffen. Diese Ermittlungen stellen für denjenigen, der sich um die Einstellung in ein Beamtenverhältnis bewirbt, einen mindestens ebenso großen Eingriff in seine Privatsphäre dar, wie für den Bewerber um ein privates Arbeitsverhältnis. Es wäre nämlich abwegig davon auszugehen, dass die Bewerbung für den öffentlichen Dienst gleichzeitig ein konkludentes Einverständnis für Ermittlungen des Dienstherrn in die Intimsphäre oder gar auf einen Grundrechtsverzicht enthielte[434].

---

432 Vgl. oben S. 126.

433 Das Einstellungsverfahren ist ein Verwaltungsverfahren im Sinne der Verwaltungsverfahrensgesetze, vgl. § 9 VwVfG und die Verwaltungsgesetze der Länder. Daher findet der Untersuchungsgrundsatz gemäß § 24 VwVfG Anwendung.

434 *Gusy*, RiA 1979, 201 (206); *Erichsen*, FS-H. J. Wolf, 1973, S. 219 (238 f.).

Das Arbeitsrecht will, mangels gesetzlicher Regelungen zum arbeitgeberseitigen Fragerecht, mit der Limitierung dem Schutz der Privat- und Intimsphäre des Bewerbers vor Eingriffen durch den Arbeitgeber Rechnung tragen. In der Arbeitsvertragsanbahnungsphase, in der sich zwei ungleiche Vertragspartner gegenüber stehen, stärkt das Arbeitsrecht damit die Rechtsposition des Schwächeren, um ihn nicht der Willkür des Arbeitgebers auszuliefern und diesem Grenzen zu setzen. Daher sind seine Fragen nur dann zulässig, wenn an ihrer Beantwortung ein erkennbares Interesse im Zusammenhang mit dem zu besetzenden Arbeitsplatz ausgemacht werden kann. Ob ein solches Interesse des Arbeitgebers vorliegt, ist im Wege der Interessenabwägung zu ermitteln.

Im Beamtenrecht werden andererseits die entscheidungsrelevanten Kriterien, von denen die Einstellung eines Beamten abhängig zu machen ist, durch Art. 33 Abs. 2 GG gesetzlich vorgegeben. Damit beinhaltet Art. 33 Abs. 2 GG ein Datenerhebungsrecht zur Ermittlung der Eignung, Befähigung und fachlichen Leistung[435]. Denn nur dann, wenn der öffentliche Dienstherr sich nach diesen Faktoren erkundigen darf, kann er seine Einstellungsentscheidung auch den gesetzlichen Vorgaben entsprechend treffen. Das Persönlichkeitsrecht des Bewerbers wird daher insoweit durch die verfassungsrechtlichen Vorgaben des Art. 33 Abs. 2 GG überlagert und der Dienstherr zum Eingriff in die Sphäre des Bewerbers ermächtigt. Da schon aus der Treuepflicht des Beamten folgt, dass dieser seinem Dienstherrn stets wahre und vollständige Auskünfte erteilen muss und diese ungeschriebene Pflicht bereits bei der Bewerbung gilt[436], ist derjenige, der sich um die Einstellung in ein Beamtenverhältnis bewirbt, verpflichtet, auf die Fragen hinsichtlich seiner Eignung, Befähigung und fachlichen Leistung wahrheitsgemäß zu antworten. Alle anderen Eigenschaften des Bewerbers muss der Dienstherr dagegen in seiner Einstellungsentscheidung außer Betracht lassen, so dass er kein Bedürfnis hat, sich danach zu erkundigen. Fragen dieser Art sind damit auch nicht mehr von der Ermächtigungsgrundlage des Art. 33 Abs. 2 GG gedeckt.

Folglich ist eine Fragerechtsbeschränkung, wie sie im Arbeitsrecht vorgenommen wird, grundsätzlich nicht notwendig. Da die Einstellungsentscheidung von den Merkmalen der Eignung, Befähigung und fachlichen Leistung abhängig zu machen ist und der sachlichen Rechtfertigung unterliegt, bedarf es im Beamtenrecht grundsätzlich keines Korrektivs bei der Informationsgewinnung

---

435 Vgl. *Conze*, ZTR 1991, 99 (102).

436 BVerwG Urteil vom 08.11.1961 – VI C 120.59, BVerwGE 13, 156 (158); BVerwG Urteil vom 06.05.1964 – VIII C 135.63, BVerwGE 18, 276 (280); BVerwG Urteil vom 14.11.1969 – VI C 10.66, ZBR 1970, 87 f.; BVerwG Urteil vom 27.04.1973 – I D 15.72, BVerwGE 46, 116 (119); BVerwG Beschluss vom 14.11.1996 – 2 B 16.96, ZBR 1997, 229; *Bauschke/Weber*, Anh. § 2 BDG Rz. 118; *Weißhaar*, BeamtenR, S. 125.

des Dienstherrn. Bei der Einstellung in ein Beamtenverhältnis normieren die Vorgaben des Art. 33 Abs. 2 GG die Informationsrechte des Dienstherrn. Im Umkehrschluss bedeutet dies aber auch, dass hierin eine Beschränkung eigener Art enthalten ist. Denn es besteht kein Grund für den Dienstherrn, sich über Umstände in der Person des Bewerbers zu erkundigen, die er in seine Entscheidung nicht einbeziehen darf.

Davon unabhängig ist die Frage zu beurteilen, wie zu verfahren ist, wenn der Dienstherr trotz der gesetzlichen Vorgaben Erkundigungen über Umstände einzieht, auf die er seine Einstellungsentscheidung nicht stützen darf. Zumindest dann, wenn nicht einmal mehr ein mittelbarer Dienstbezug erkennbar ist, oder sogar verbotene Auswahlkriterien betroffen sind, muss die Frage unzulässig sein, da sie nicht mehr von der Ermächtigungsgrundlage des Beamtenrechts gedeckt ist. Ob der Bewerber auch dann noch wahrheitsgemäß antworten muss, erscheint sehr zweifelhaft.

Aus den Wahrheits- und Auskunftspflichten, die einem Beamten obliegen, kann hier keine Pflicht des Bewerbers abgeleitet werden. Verstöße gegen die Wahrheits- und Auskunftspflicht können beamtenrechtlich mit dem Disziplinarrecht geahndet werden. Die Anwendung des Disziplinarrechts setzt aber voraus, dass im Zeitpunkt der Pflichtverletzung das Beamtenverhältnis bereits bestanden hat[437]. Insofern stellt § 2 Abs. 1 BDG klar, dass vordienstliche Verfehlungen dem Disziplinarrecht ausdrücklich entzogen sind[438]. Seine Anwendbarkeit auf den Bewerber kommt daher nicht in Betracht. Vor dem Hintergrund, dass selbst die Auskunftspflichten eines Beamten ihre Grenzen in dem Recht auf informationelle Selbstbestimmung finden[439], muss dies konsequenterweise auch für einen Beamtenbewerber gelten. Daher muss im Ergebnis auch der Bewerber um ein Beamtenverhältnis die Antwort sanktionslos verweigern dürfen, weil ihm der Eingriff in die Intimsphäre nicht zuzumuten ist[440].

C. Die Einstellungsentscheidung

Die verfassungsgemäße Auswahlentscheidung bei der Personalrekrutierung im öffentlichen Dienst hat auf der Grundlage der Kriterien des Art. 33 Abs. 2 GG

---

437 *Bauschke/Weber*, Anh. § 2 BDG, Rz. 9.

438 *Bauschke/Weber*, § 2 BDG Rz. 7.

439 *Bauschke/Weber*, Anh. § 2 BDG Rz. 118; vgl. zum Persönlichkeitsrecht des Beamten allgemein *Leuze*, ZBR 1998, 187 ff.

440 Vgl. *Günther*, DÖD 1990, 281 (292); vgl. auch OVG Lüneburg Urteil vom 07.02.2001 – 2 L 1476/99, NdsRPfl. 2001, 199 (200).

und des Negativkatalogs des Art. 33 Abs. 3 GG zu erfolgen[441]. Die auch unter dem Begriff des Leistungsprinzips zusammengefassten Auswahlkriterien der Eignung, Befähigung und fachlichen Leistung sind sowohl für den Eintritt in den Staatsdienst als auch bei Beförderungen entscheidend[442]. Mit Blick auf den Anstellungsbetrug ist hier jedoch nur die Auswahlentscheidung zum Erstzugang eines Amtes, also die Einstellungsentscheidung, zu untersuchen.

Für die Einstellungsentscheidung sind die Kriterien der Eignung, Befähigung und fachlichen Leistung nicht abstrakt zu bewerten, sondern auf das konkret zu besetzende Amt zu beziehen[443]. Obwohl die drei Auswahlkriterien gleichwertig nebeneinander stehen[444], überschneiden und bedingen sie sich teilweise gegenseitig. Deshalb werden die drei Kriterien auch unter dem Begriff der „Eignung im weiteren Sinne" zusammengefasst[445] und stellen damit die Qualifikation des Bewerbers für das zu besetzende Amt dar[446]. Zur Ermittlung dieser Qualifikation muss der Dienstherr alle einschlägigen Erkenntnisquellen ausschöpfen, um den geeignetsten Bewerber sachgerecht ermitteln zu können[447]. Damit hat er nicht nur ein uneingeschränktes Fragerecht in Bezug auf diese Kriterien, sondern darf auch Erkundigungen auf anderem Wege, z. B. durch Ermittlungen von Amts wegen, durchführen.

Die drei Auswahlkriterien sind grundsätzlich abschließend, so dass neben ihnen andere Faktoren in der Einstellungsentscheidung nicht berücksichtigt werden dürfen[448]. Durch entsprechende Wiederholung der Auswahlkriterien in den Beamtengesetzen des Bundes und der Länder haben diese auch eine einfachgesetzliche Regelung erfahren. Bei den drei Auswahlkriterien handelt es sich um unbestimmte Rechtsbegriffe[449], die im Folgenden näher erläutert werden sollen.

---

441 *Schroeder-Printzen*, RiA 1985, 73.

442 Schmidt-Bleibtreu/Klein – *Brockmeyer*, Art. 33 GG Rz. 4a; von Münch/Kunig – *Kunig*, Art. 33 GG Rz. 14.

443 MAK – *Dollinger/Umbach*, Art. 33 GG Rz. 41; von Mangoldt/Klein/Stark – *Jachmann*, Art. 33 GG Rz. 17.

444 *Gusy*, RiA 1979, 201 (202).

445 BVerwG Urteil vom 06.02.1975 – II C 68.73, BVerwGE 47, 330 (336 f.); MAK – *Dollinger/Umbach*, Art. 33 GG Rz. 41; Sachs – *Battis*, Art. 33 GG Rz. 27; von Mangoldt/Klein/Stark – *Jachmann*, Art. 33 GG Rz. 17.

446 Von Mangoldt/Klein/Stark – *Jachmann*, Art. 33 GG Rz. 17.

447 HessVGH Beschluss vom 12.10.1987 – 1 TG 2528/87, ZBR 1989, 378; Schmidt-Bleibtreu/Klein – *Brockmeyer*, Art. 33 GG Rz. 6b.

448 Zu den Ausnahmen, vgl. unten S. 142 f.

449 Von Münch/Kunig – *Kunig*, Art. 33 GG Rz. 29.

I. Fachliche Leistung

Unter der fachlichen Leistung wird die bisherige praktische Bewährung in einem Amt verstanden[450]. Ihre Feststellung ist regelmäßig erst möglich, wenn ein Beamter bereits in dem Aufgabengebiet tätig war, zu dem das angestrebte Amt gehört[451]. Da es dem Bewerber zumeist nicht möglich ist, sich vor seiner Bewerbung durch fachliche Leistungen zu qualifizieren, spielen diese bei der Einstellung, im Gegensatz zur Beförderung, keine Rolle[452]. Infolgedessen kann eine nähere Auseinandersetzung mit diesem Auswahlkriterium unterbleiben.

II. Befähigung

Die Befähigung beinhaltet die Merkmale, die die fachlich-technische Seite der Qualifikation des Bewerbers ausmacht. Gemeint ist das „handwerkliche Rüstzeug", das der Bewerber zur Erfüllung seiner Aufgaben benötigt[453]. Der Begriff der Befähigung erstreckt sich damit auf die für ein Amt erforderliche Aus- und Weiterbildung, Kenntnisse und Erfahrungen[454]. Die Befähigung soll also das erlernte berufliche Können erfassen, das vor allem durch das Ergebnis einer Anstellungsprüfung, des Schul- oder Studienabschlusses oder der Assessorprüfung nachweisbar und messbar ist[455]. Zur Feststellung der Befähigung des Bewerbers kann sich der Dienstherr demgemäß über sämtliche Faktoren, die die Qualifikation für das angestrebte Amt ausmachen, erkundigen.

III. Eignung im engeren Sinne

Die Eignung im engeren Sinne (i. e. S.) wird als umfassendes Merkmal verstanden und stellt den Inbegriff der Eigenschaften dar, die von dem Bewerber ver-

---

450 Schmidt-Bleibtreu/Klein – *Brockmeyer*, Art. 33 GG Rz. 6a; von Mangoldt/Klein/Stark – *Jachmann*, Art. 33 GG Rz. 17.

451 *Jung*, Der Zugang zum öffentlichen Dienst nach Art. 33 Abs. 2 GG, Saarbrücken, 1978, S. 73; Plog/Wiedow – *Lemhöfer*, § 8 BBG Rz. 10.

452 *Schroeder-Printzen*, RiA 1985, 73 (75); Maunz/Dürig – *Maunz*, Art. 33 GG Rz. 19; Schmidt-Bleibtreu/Klein – *Brockmeyer*, Art. 33 GG Rz. 6a; Plog/Wiedow – *Lemhöfer*, § 8 BBG Rz. 10; Scheerbarth/Höffken – *Schmidt*, BeamtenR, § 12 I 4 b.

453 *Schroeder-Printzen*, RiA 1985, 73 (75); *Jung*, Zugang zum öffentlichen Dienst, S. 68; Maunz/Dürig – *Maunz*, Art. 33 GG Rz. 19.

454 Sachs – *Battis*, Art. 33 GG Rz. 30; Schmidt-Bleibtreu/Klein – *Brockmeyer*, Art. 33 GG Rz. 6a; von Münch/Kunig – *Kunig*, Art. 33 GG Rz. 26.

455 Vgl. *Jung*, Zugang zum öffentlichen Dienst, S. 68.

langt werden[456]. Sie erfasst alle Persönlichkeitsmerkmale des Bewerbers, die nicht schon von den Kriterien der Befähigung und der fachlichen Leistung abgedeckt werden[457] und geht damit über rein fachliche Gesichtspunkte hinaus[458]. Der Begriff der Eignung schließt daher, neben der körperlichen und geistigen, auch die charakterliche Eignung mit ein[459]. So werden etwa von der Eignung erfasst: Gesundheit, physische und psychische Belastbarkeit, Ehrlichkeit, Zuverlässigkeit, Teamfähigkeit, Umgangsformen und anderweitige Fähigkeiten im Umgang mit Menschen, Kollegen und Vorgesetzten, aber auch die Bereitschaft zur Erfüllung der mit dem angestrebten Amt verbundenen Aufgaben[460].

Das umfassende Merkmal der Eignung ist nicht nur inhaltlich schwer konkretisierbar, insbesondere ist der Begriff einer abstrakten Definition angesichts der Vielzahl divergierender Fälle kaum zugänglich. Das Auswahlkriterium der Eignung ist als möglichst weitgehende Übereinstimmung der Voraussetzungen des Bewerbers mit den Anforderungen der zu besetzenden Position nicht generalisierbar, weil die Eignung jeweils für das zu besetzende Amt festzustellen ist[461]. Die Eignung ist also immer in Bezug auf ein konkretes Amt zu ermitteln, ihre Feststellung würde sonst einen gravierenden Eingriff in die Persönlichkeitssphäre des Bewerbers darstellen. Es verbietet sich daher eine schematische Betrachtung. Gleichwohl werden im Folgenden die wesentlichen Bestandteile der Eignung erörtert, um darzulegen, hinsichtlich welcher Eigenschaften der Dienstherr hauptsächlich das Recht bzw. die Pflicht hat, Ermittlungen über den Bewerber anzustellen.

1. Physische Eignung

Weder im Grundgesetz noch in den Beamtengesetzen des Bundes oder der Länder existiert eine Vorschrift, die die Untersuchung, Feststellung oder Beurteilung der gesundheitlichen Eignung des Bewerbers ausdrücklich vorschreiben

---

456 *Gusy*, RiA 1979, 201 (203); *Schroeder-Printzen*, RiA 1985, 73 (74); *Jung*, Zugang zum öffentlichen Dienst, S. 41; GKÖD – *Zängl*, § 8 BBG Rz. 36.

457 MAK – *Dollinger/Umbach*, Art. 33 GG Rz. 43; von Mangoldt/Klein/Stark – *Jachmann*, Art. 33 GG, Rz. 17.

458 *Jung*, Zugang zum öffentlichen Dienst, S. 42; Maunz/Dürig – *Maunz*, Art. 33 GG Rz. 19; GKÖD – *Zängl*, § 8 BBG Rz. 36.

459 *Jung*, Zugang zum öffentlichen Dienst, S. 41 f.; Sachs – *Battis*, Art. 33 GG Rz. 28; von Münch/Kunig – *Kunig*, Art. 33 GG Rz. 26.

460 Von Mangoldt/Klein/Stark – *Jachmann*, Art. 33 GG Rz. 17, m. w. N.

461 *Gusy*, RiA 1979, 201 (202 f.).

würde[462]. Dennoch besteht Einigkeit darüber, dass das Qualifikationsmerkmal der Eignung auch die gesundheitlichen und körperlichen Eigenschaften des Bewerbers einschließt[463] und somit die gesundheitliche Eignung eine zwingende Einstellungsvoraussetzung darstellt[464]. Aus der Pflicht der Verwaltung nur „geeignete" Bewerber einzustellen, ist die Einstellungsbehörde daher ermächtigt, ärztliche Untersuchungen über den Gesundheitszustand des Bewerbers von Amts wegen anzustellen[465]. Denn erst anhand eines amtsärztlichen Gutachtens kann der Dienstherr die gesundheitliche Eignung des Bewerbers feststellen und eine gesetzeskonforme Einstellungsentscheidung treffen[466]. Dabei versteht es sich von selbst, dass damit nicht jedwede gesundheitliche Untersuchung[467] des Bewerbers zulässig ist[468]. Die gesundheitliche Eignung des Bewerbers ist vielmehr danach zu beurteilen, ob häufige Erkrankungen oder dauernde Dienstunfähigkeit vor Erreichen der Altersgrenze mit hoher Wahrscheinlichkeit ausgeschlossen werden können[469], er also frei von Krankheiten ist, die zur Dienstunfähigkeit oder einer Minderung der Dienstfähigkeit führen können. Dabei sind die gesundheitlichen Anforderungen an den Bewerber auch hier tätigkeitsspezifisch und amtsbe-

---

462 *Seume*, BayVBl. 1988, 359 (361); *Pollmann*, Gesundheitliche Eignung als Einstellungsvoraussetzung im Beamtenrecht am Beispiel des HIV-Tests, München, 2001, S. 7.

463 BVerwG Urteil vom 25.02.1993 - 2 C 27.90, BVerwGE 92, 147 (149/150); *Gusy*, RiA 1979, 201 (203); *Schroeder-Printzen*, RiA 1985, 73 (74); *Seewald*, VerwArch Band 80, 1989, 163 (168); *Jung*, Zugang zum öffentlichen Dienst, S. 42; *Pollmann*, Gesundheitliche Eignung als Einstellungsvoraussetzung, S. 12, 16; von Mangoldt/Klein/Stark - *Jachmann*, Art. 33 GG Rz. 17; *Battis*, § 8 BBG Rz. 14; *Minz/Conze*, Öffentlicher Dienst, Rz. 53; Scheerbarth/Höffken - *Schmidt*, BeamtenR, § 12 III 3 c.

464 OVG Mecklenburg-Vorpommern Beschluss vom 23.04.1998 - 2 M 68/97, DÖD 1999, 43; *Pollmann*, Gesundheitliche Eignung als Einstellungsvoraussetzung, S. 7 f.

465 *Seewald*, VerwArch Band 80, 1989, 163 (168).

466 *Pollmann*, Gesundheitliche Eignung als Einstellungsvoraussetzung, S. 8.

467 OVG Mecklenburg-Vorpommern Beschluss vom 23.04.1998 - 2 M 168/97, DÖD 1999, 43; *Schenke*, DVBl. 1988, 165 (172).

468 Zum Untersuchungsumfang *Seume*, BayVBl. 1988, 359 (360); zu den Grenzen der Gesundheitsuntersuchung, insbesondere bei HIV-Tests BayVGH Beschluss vom 09.11.1988 - 3 CS 88.01854, BayVBl. 1989, 83 ff.; *Haesen*, RdA 1988, 158 (162); *Seewald*, VerwArch Band 80, 1989, 163 ff.; *Pollmann*, Gesundheitliche Eignung als Einstellungsvoraussetzung, S. 74 ff; *Minz/Conze*, Öffentlicher Dienst, Rz. 53a.

469 BVerwG Urteil vom 25.02.1993 - 2 C 27.90, BVerwGE 92, 147 (149); BVerwG Urteil vom 17.05.1962 - II C 87.59, ZBR 1963, 215; BVerwG Urteil vom 18.07.2001 - 2 A 5.00, ZBR 2002, 184; *Conze*, ZTR 1991, 99 (106); MAK - *Dollinger/Umbach*, Art. 33 GG Rz. 44; Sachs - *Battis*, Art. 33 GG Rz. 29; Plog/Wiedow - *Lemhöfer*, Art. 8 BBG Rz. 17; *Minz/Conze*, Öffentlicher Dienst, Rz. 53a; vgl. auch *Pollmann*, Gesundheitliche Eignung als Einstellungsvoraussetzung, S. 27 ff.

zogen zu beurteilen[470]. So sind beispielsweise die Anforderungen, die an einen Beamten im Polizeivollzugsdienst zu stellen sind, sog. „Polizeidienstfähigkeit“[471], höher als die für einen Verwaltungsbeamten im Innendienst[472].

Darüber hinaus kann für die physische Eignung auch das Lebensalter des Bewerbers als Kriterium herangezogen werden. Das Alter des Bewerbers ist unter Umständen wichtig für die Einstellungsentscheidung. Denn es kann bedeutsam sein, für welche Dauer dem Staat die Dienste des Beamten voraussichtlich zur Verfügung stehen werden[473].

Ähnlich wie im Arbeitsrecht darf auch im Beamtenrecht der Gesundheitszustand des Bewerbers nur in Bezug auf das in Aussicht genommene Amt ermittelt werden. Jedoch ist die Einstellungsbehörde, anders als der private Arbeitgeber, aus Art. 20 Abs. 3 GG verpflichtet, die gesundheitliche Eignung des Bewerbers festzustellen und als Auswahlkriterium bei der Einstellung zu beachten. Diese Ermittlungspflicht wird verfahrensrechtlich auf §§ 24, 26 VwVfG gestützt. Nach § 24 VwVfG bzw. den wortgleichen Vorschriften der Verwaltungsverfahrensgesetze der Länder muss die Einstellungsbehörde aufgrund des Amtsermittlungsgrundsatzes den für die gesundheitliche Eignung maßgeblichen Sachverhalt ermitteln. Hierzu darf sie sich nach § 26 VwVfG bzw. der entsprechenden Vorschrift der Verwaltungsverfahrensgesetze der Länder Sachverständiger bedienen. Als Sachverständige für Fragen der gesundheitlichen Eignung kommen insbesondere die Amtsärzte bei den staatlichen Gesundheitsbehörden in Betracht[474]. Damit geht im Beamtenrecht die Informationserhebung des Dienstherrn zu Fragen der Gesundheit des Bewerbers weit über das hinaus, was der private Arbeitgeber den Bewerber im Einstellungsgespräch fragen darf. Dafür wird aber auch durch die Ernennung in das Beamtenverhältnis in der Regel eine lebenslange Bindung zwischen dem Lebenszeitbeamten und dem öffentlichen Dienstherrn begründet, die den Dienstherrn verpflichtet, für das Wohl des Beamten und seiner Familie, auch über die aktive Dienstzeit hinaus, zu sorgen und ihn mittels Besoldungs- und Versorgungsleistungen bzw. seine Angehöri-

470 *Seewald*, VerwArch Band 80, 1989, 163 (169).

471 Vgl. § 101 BRRG.

472 *Seewald*, VerwArch Band 80, 1989, 163 (170).

473 BVerwG Urteil vom 25.08.1988 – 2 C 51.86, BVerwGE 80, 123 (126); *Schroeder-Printzen*, RiA 1985, 73 (74); *Jung*, Zugang zum öffentlichen Dienst, S. 44; Schmidt-Bleibtreu/Klein – *Brockmeyer*, Art. 33 GG Rz. 6b; Plog/Wiedow – *Lemhöfer*, § 8 BBG Rz. 14; vgl. zu den Höchstaltersgrenzen für die Berufung in ein öffentliches Amt MAK – *Dollinger/Umbach*, Art. 33 GG Rz. 44, m. w. N.

474 *Pollmann*, Gesundheitliche Eignung als Einstellungsvoraussetzung, S. 22, 26.

gen mittels einer Hinterbliebenenversorgung zu alimentieren[475]. Vor dem Hintergrund dieser nahezu unauflöslichen, auf Dauer angelegten Verpflichtung erscheint es sachgerecht, dass sich der Dienstherr, der sich im Gegensatz zum privaten Arbeitgeber nicht beispielsweise durch eine krankheitsbedingte Kündigung von dem Beamten wieder lösen kann, umfassender über die vorhersehbare Dienstfähigkeit des Beamten informieren darf. Bei einer derart angelegten Verpflichtung muss der Dienstherr auch eine möglichst konstante Erfüllung der grundsätzlich zeitlich nur durch den Tod oder durch den Eintritt in das Beamtenpensionsalter begrenzten Dienstpflicht erwarten können.

2. Psychische Eignung

Größere Schwierigkeiten bereitet die Feststellung der psychischen Eignung, da sich hier kaum messbare Beurteilungskriterien anbieten. Primär verlangt die psychische Eignung des Bewerbers eine seelische Belastbarkeit und Stabilität im Hinblick auf den mit dem in Aussicht genommenen Amt verbundenen Aufgabenbereich[476]. Hierzu ist neben einem Mindestmaß an Intelligenz, Willensstärke, Zuverlässigkeit, Arbeits-[477] und Entscheidungsfreude auch die Fähigkeit zu zählen, sich in einem Team und der Amtshierachie einzuordnen[478].

3. Charakterliche Eignung

Weiterer Bestandteil der Eignung ist die sog. „charakterliche Eignung" des Bewerbers[479]. Neben allgemeinen Eigenschaften des Bewerbers, wie Integrationsfähigkeit, soziale Kompetenz, Auffassungsgabe und Menschlichkeit[480], ist vor allem Folgendes für das Merkmal entscheidend:

---

475 BVerfG Beschluss vom 12.03.1975 – 2 BvL 10/74, BVerfGE 39, 196 (200 f.); BVerfG Beschluss vom 23.06.1981 – 2 BvR 1067/80, BVerfGE 58, 68 (76 f.); BVerfG Beschluss vom 13.11.1990 – 2 BvF 3/88, BVerfGE 83, 89 (98); *Conze*, ZTR 1991, 99 (106); *Thiel*, ZTR 1987, 264; *Benz*, Beamtenverhältnis und Arbeitsverhältnis, S. 60 ff., 68 ff., 76 ff.; *Pollmann*, Gesundheitliche Eignung als Einstellungsvoraussetzung, S. 38.

476 MAK – *Dollinger/Umbach*, Art. 33 GG Rz. 45.

477 *Schroeder-Printzen*, RiA 1985, 73 (74); *Jung*, Zugang zum öffentlichen Dienst, S. 43.

478 MAK – *Dollinger/Umbach*, Art. 33 GG Rz. 45.

479 Zur Problematik der Bezeichnung wegen des Missbrauchs des Charakterbegriffs während der nationalsozialistischen Gewaltherrschaft, vgl. MAK – *Dollinger/Umbach*, Art. 33 GG Rz. 46; von Münch/Kunig – *Kunig*, Art. 33 GG Rz. 26.

480 BVerfG Beschluss vom 05.10.1955 – 1 BvR 103/52, BVerfGE 4, 294 (297 f.); MAK – *Dollinger/Umbach*, Art. 33 GG Rz. 47.

Zur charakterlichen Eignung gehört die Fähigkeit und innere Bereitschaft des Bewerbers, die dienstlichen Aufgaben nach den Grundsätzen der Verfassung wahrzunehmen, die Freiheitsrechte der Bürger zu wahren und rechtsstaatliche Regeln einzuhalten[481]. In diesem Zusammenhang ist insbesondere die sog. Verfassungstreue zu nennen[482], die durch das Eintreten für die freiheitlich-demokratische Grundordnung im Sinne des Grundgesetzes Ausdruck findet[483]. Sie stellt einen hergebrachten Grundsatz des Berufsbeamtentums i. S. d. Art. 33 Abs. 5 GG dar[484]. In § 7 Abs. 1 Nr. 2 BBG, § 4 Abs. 1 Nr. 2 BRRG und in den gleich lautenden Vorschriften der Landesbeamtengesetze wird die Gewähr, für die freiheitlich-demokratische Grundordnung einzutreten, als Einstellungsvoraussetzung genannt. Demnach hat die Verfassungstreue als Ausdruck der politischen Treuepflicht des Beamten ebenfalls eine einfachgesetzliche Regelung erfahren[485].

Die „Gewähr" ist dahingehend zu verstehen, dass keine Umstände vorliegen dürfen, die die Erfüllung der zukünftigen politischen Treuepflicht zweifelhaft erscheinen lassen[486]. Der Dienstherr muss also im Einzelfall eine Prognose über das künftige verfassungsgemäße Verhalten des Bewerbers abgeben[487]. Zweifel an der Verfassungstreue des Bewerbers muss er auf feststellbare und festgestellte äußere Verhaltensweisen eines Bewerbers stützen[488]. Die Art und Weise der politischen Eignungsprüfung steht im pflichtgemäßen Ermessen des Dienstherrn. Er kann nicht nur den Bewerber befragen, sondern sich auch der Erkenntnisse der Staatsschutzbehörden bedienen[489]. Allerdings muss die Einstellungsbehörde bei der Prüfung der Verfassungstreue auch den Grundsatz der

---

481 BVerfG Beschluss vom 21.02.1995 – 1 BvR 1397/93, BVerfGE 92, 140 (151); BVerfG Urteil vom 08.07.1997 – 1 BvR 1243, 1247/95, 774/96, BVerfGE 96, 152 (163); MAK – *Dollinger/Umbach*, Art. 33 GG Rz. 48.

482 Sachs – *Battis*, Art. 33 GG Rz. 32; Schmidt-Bleibtreu/Klein – *Brockmeyer*, Art. 33 GG Rz. 6.

483 *Gusy*, RiA 1979, 201 (204); *Schroeder-Printzen*, RiA 1985, 73 (74); MAK – *Dollinger/ Umbach*, Art. 33 GG Rz. 48; Sachs – *Battis*, Art. 33 GG Rz. 32.

484 Sachs – *Battis*, Art. 33 GG Rz. 32; *Battis*, § 7 BBG Rz. 8.

485 *Gusy*, RiA 1979, 201 (204).

486 BVerfG Beschluss vom 22.05.1975 – 2 BvL 13/73, BVerfGE 39, 334 (353); BVerwG Urteil vom 06.05.1964 – VIII C 135.63, BVerwGE 18, 276 (280); BVerwG Urteil vom 06.02.1975 – II C 68.73, BVerwGE 47, 330 (338); BVerwG Beschluss vom 26.03.1975 – II C 11.74, BVerwGE 47, 365 (375); BVerwG Urteil vom 27.11.1980 – 2 C 38.79, BVerwGE 61, 176 (180); *Schroeder-Printzen*, RiA 1985, 73 (74); Plog/Wiedow – *Lemhöfer*, § 7 BBG Rz. 15.

487 Plog/Wiedow – *Lemhöfer*, § 7 BBG Rz. 15 f; *Battis*, § 7 BBG Rz. 14.

488 *Wagner*, BeamtenR, Rz. 65.

489 Plog/Wiedow – *Lemhöfer*, § 7 BBG Rz. 19.

Verhältnismäßigkeit beachten, so dass sich systematische und routinemäßige Anfragen beim Verfassungsschutz verbieten[490]. Im Einzelnen gelten auf Bundesebene die von der Bundesregierung im Jahre 1979 festgelegten „Grundsätze für die Prüfung der Verfassungstreue"[491].

Der Verfassungstreue von Bewerbern wird unter zwei verschiedenen Aspekten besondere Aufmerksamkeit zuteil: Ein Problemkreis im Zusammenhang mit der Frage der Verfassungstreue wird unter dem Schlagwort „Radikale im öffentlichen Dienst" diskutiert. Gemeint sind damit die Fälle der Mitgliedschaft und Betätigung in einer rechts- oder linksextremen Partei[492]. Ohne Schwierigkeit lassen sich die Fälle behandeln, in denen der Bewerber Mitglied einer vom BVerfG gem. Art. 21 Abs. 2 GG als verfassungswidrig verbotenen Partei oder einer sonstigen gem. Art. 9 Abs. 2 GG, § 3 Abs. 1 Satz 1 VereinsG verbotenen Vereinigung ist. Regelmäßig wird hier die vom Bewerber geforderte Verfassungstreue nicht vorliegen[493]. Lange Zeit wurde hingegen die Mitgliedschaft in einer zwar von der Einstellungsbehörde als verfassungsfeindlich angesehenen, aber nicht als verfassungswidrig verbotenen Partei oder sonstigen Vereinigung für problematischer gehalten[494]. Denn einerseits steht die Einleitung eines Feststellungs- und Verbotsverfahrens im Ermessen der zuständigen Organe, die nur sehr zurückhaltend hiervon Gebrauch gemacht haben. Andererseits dürfen, so das BVerfG, Parteien, solange ihre Verfassungswidrigkeit nicht förmlich festgestellt ist, rechtlich ungehindert agieren und an Tätigkeiten mit allgemein erlaubten Mitteln für diese Parteien keine Rechtsnachteile geknüpft werden[495]. Seitdem das BVerfG jedoch zumindest für Beamtenbewerber[496] erkannt hat, dass auch der Beitritt oder die Zugehörigkeit zu einer politischen Partei, die verfassungsfeindliche Ziele verfolgt – unabhängig davon, ob ihre Verfassungswidrigkeit durch ein Urteil des BVerfG festgestellt wurde – für die Beurteilung der Persönlichkeit des Beamtenbewerbers entscheidend sein kann, sog. Radikalen-

---

490 *Wagner*, BeamtenR, Rz. 65.

491 Presse- und Informationsamt der Bundesregierung, Bulletin Nr. 6 vom 19.01.1979, S. 45 ff. = PersV 1979, 89 ff.; vgl. dazu *Claußen*, PersV 1979, 92 ff.

492 Vgl. Zusammenstellung von Parteien und Vereinigungen mit verfassungsfeindlicher Zielsetzung bei Plog/Wiedow – *Lemhöfer*, § 52 BBG Rz. 14, 15.

493 BVerwG Urteil vom 06.05.1964 – VIII C 135.63, BVerwGE 18, 276 (280); *Battis*, § 7 BBG Rz. 16; Plog/Wiedow – *Lemhöfer*, § 52 BBG Rz. 9.

494 Sachs – *Battis*, Art. 33 GG Rz. 33; *Battis*, § 7 BBG Rz. 17.

495 Plog/Wiedow – *Lemhöfer*, § 52 BBG Rz. 9.

496 Eine andere Beurteilung kann sich aber für Amtsinhaber erheben, vgl. EGMR Urteil vom 26.09.1993 – 7/1994/454/535, NJW 1996, 375 ff.

Beschluss[497], gilt zumindest für Beamtenbewerber, dass die Einstellung im Zweifel zu unterbleiben hat[498].

In jüngerer Zeit werden Zweifel an der Verfassungstreue eines Beamtenbewerbers auch im Zusammenhang mit Verstrickungen wegen einer Tätigkeit für die frühere SED, in von ihr gelenkten Organisationen und der Staatssicherheit erörtert. Allein die Mitgliedschaft oder die untergeordnete Mitarbeit in der SED oder in einer von ihr gelenkten Partei oder Massenorganisation reicht jedoch nicht aus, Zweifel an der Gewähr, für die freiheitlich-demokratische Grundordnung einzutreten, zu begründen. Bis auf das Land Brandenburg haben alle neuen Länder in ihre Beamtengesetze Regelungen aufgenommen, die die Verbeamtung belasteter Personen verhindern sollen[499]. Die Feststellung der Nichteignung des Bewerbers hat aufgrund einer Einzelfallprüfung zu erfolgen[500]. Diese soll feststellen, ob die (ehemalige) Identifikation des Bewerbers mit dem Regime der DDR mit der politischen Treuepflicht für die freiheitlich-demokratische Grundordnung im Sinne des Grundgesetzes vereinbar ist[501].

Es bleibt festzuhalten, dass sich der öffentliche Dienstherr, im Gegensatz zum privaten Arbeitgeber, umfangreich über die politische Treuepflicht des Bewerbers erkundigen darf. Um die Vorgaben der Verfassung und der Beamtengesetze des Bundes und der Länder zu erfüllen, muss der Dienstherr dabei eine einzelfallbezogene Prognose über die Verfassungstreue des Bewerbers abgeben. Während im privaten Arbeitsverhältnis die politische Orientierung des Bewerbers vor Fragen des Arbeitgebers geschützt wird, da sie regelmäßig keinen Bezug zu dem in Aussicht genommenen Beschäftigungsverhältnis aufweist, ist für den Staat als Dienstherr, die Gewähr für die freiheitlich-demokratische Grundordnung einzutreten, von überaus großer Bedeutung. Dabei geht es nicht nur für den Staat um den Schutz vor Verfassungsfeinden von außen. Der Beamte muss sich auch mit den Ideen des Staates und seiner freiheitlichen, demokratischen,

---

497 BVerfG Beschluss vom 22.05.1975 – 2 BvL 13/73, BVerfGE 39, 334 ff.

498 MAK – *Dollinger/Umbach*, Art. 33 GG Rz. 51; Sachs – *Battis*, Art. 33 GG Rz. 33; Plog/Wiedow – *Lemhöfer*, § 52 BBG Rz. 9; vgl. auch BVerwG Urteil vom 06.05.1964 – VIII C 135.63, BVerwGE 18, 276 (278).

499 Sachs – *Battis*, Art. 33 GG Rz. 36; *Battis*, § 7 BBG Rz. 20; zu Darstellungen der einzelnen relevanten landesbeamtenrechtlichen Regelungen *Catenhusen*, Stasi-Überprüfung, S. 248 ff; *Engbers*, Ausgrenzung oder Integration, Berlin, 2001, S. 150 ff.

500 *Niksch*, DtZ 1990, 340 (343); von Mangoldt/Klein/Stark – *Jachmann*, Art. 33 GG Rz. 19; *Battis*, § 7 BBG Rz. 20; siehe hierzu auch *Kutscha*, NJ 1995, 284 ff.; *Will*, NJ 1997, 513 ff.; *Goerlich*, FS-Gitter, 1995, S. 277 (282); *Schlink*, FS-Böckenförde, 1995, S. 341 ff.; für das Land Brandenburg *Wagner*, ZBR 1993, 173 (175); für den Freistaat Sachsen *Woydera*, ZBR 1993, 178 (179).

501 Von Mangoldt/Klein/Stark – *Jachmann*, Art. 33 GG Rz. 19.

rechts- und sozialstaatlichen Ordnung identifizieren und diesem gegenüber loyal sein, wenn er ihn nach außen hin vertreten und seine Dienstpflichten gewissenhaft erfüllen soll.

IV. Verbotene Auswahlkriterien

Die vorstehenden Ausführungen machen deutlich, dass die Einstellungsentscheidung im Beamtenrecht von den in Art. 33 Abs. 2 GG genannten Auswahlkriterien Eignung, Befähigung und fachliche Leistung abhängig zu machen ist. Grundsätzlich ist es damit verboten, in der Entscheidung andere Kriterien, insbesondere die in Art. 3 Abs. 3, 33 Abs. 3 GG genannten Merkmale, zu berücksichtigen. Es sind also alle sachfremden Erwägungen aus der Entscheidung auszuklammern. Das Differenzierungsverbot ist zudem in § 8 Abs. 1 BBG, § 7 BRRG bzw. den entsprechenden Vorschriften in den Beamtengesetzen der Länder einfachgesetzlich geregelt. Dort wird noch einmal deutlich gemacht, dass die Auslese ohne Rücksicht auf Geschlecht, Abstammung, Rasse, Glauben, religiöse oder politische Anschauungen, Herkunft oder Beziehungen vorzunehmen ist. Konsequenterweise darf sich die Einstellungsbehörde deshalb auch nicht über Umstände erkundigen, die diese Differenzierungsverbote betreffen. Dahingehende Fragen sind also grundsätzlich unzulässig.

Spezielle Bedeutung kommt dem Merkmal der Geschlechtszugehörigkeit im Zusammenhang mit der Schwangerschaft einer Bewerberin zu. Schon aus Art. 6 GG folgt, dass die Schwangerschaft keinen sachlichen Grund dafür bietet, die Berufung in ein Beamtenverhältnis zurückzustellen. Daher kann die Schwangerschaft einer Bewerberin keinen Eignungsmangel in ihrer Person begründen[502]. Mithin muss die Schwangerschaft bei der Eignungsprüfung unberücksichtigt bleiben. Ihre Einbeziehung würde gegen das Verbot verstoßen, nach der Geschlechtszugehörigkeit zu differenzieren.

Die Differenzierungsverbote gelten jedoch nicht schrankenlos. Ausnahmsweise kann gerade eines dieser verpönten Merkmale die Eignung des Bewerbers ausmachen und für die Einstellungsentscheidung entscheidend sein, wenn im Einzelfall besondere Anforderungen an das Amt zu stellen sind und daher die Berücksichtigung dieser Eigenschaft sachlich geboten ist[503].

So kann ausnahmsweise das Geschlecht auch ein zulässiges Auswahlkriterium darstellen, wenn z. B. das Amt einer kommunalen Frauenbeauftragten zu

---

502 BVerfG Beschluss vom 22.03.1977 – 2 BvR 782/76, BVerfGE 44, 211 (215); MAK – *Dollinger/Umbach*, Art. 33 Rz. 53; Plog/Wiedow – *Lemhöfer*, § 8 BBG Rz. 18.

503 Von Mangoldt/Klein/Stark – *Jachmann*, Art. 33 GG Rz. 18; Plog/Wiedow – *Lemhöfer*, § 8 BBG Rz. 13.

besetzen ist oder es um die Position der Leiterin einer reinen Mädchenschule geht. Die Einstellungsentscheidung darf aber beispielsweise auch in den Fällen von dem Geschlecht abhängig gemacht werden, in denen die Interessen der Personen, mit denen der Beamte in Kontakt treten soll, dies gebietet, so etwa bei körperlichen Durchsuchungen durch Personen gleichen Geschlechts[504].

Auch die Zugehörigkeit zu einer Religions- oder Weltanschauungsgemeinschaft kann im Einzelfall Einfluss auf die Eignung des Bewerbers haben, etwa wenn eine Lehrerstelle an einer öffentlichen Bekenntnisschule oder die Stelle für einen Militärgeistlichen zu besetzen ist[505].

V. Hilfskriterien bei gleicher Qualifikation

Weisen mehrere Bewerber die gleiche Qualifikation auf, so kann die Entscheidung ausnahmsweise auf sog. Hilfskriterien gestützt werden. Als zulässige Hilfskriterien sind neben sozialen Aspekten, vor allem die Schwerbehinderteneigenschaft und das Dienstalter anerkannt[506].

Dagegen herrscht in der Literatur Uneinigkeit darüber, ob sog. Frauenquoten gegen den Gleichheitsgrundsatz verstoßen und daher verfassungswidrig sind[507]. Das BVerfG hatte bislang über die Zulässigkeit einer leistungsabhängi-

---

504 BVerfG Beschluss vom 22.05.1975 – 2 BvL 13/73, BVerfGE 39, 334 (368); Dreier – *Lübbe-Wolff*, Art. 33 GG Rz. 42; Maunz/Dürig – *Maunz*, Art. 33 GG Rz. 19; von Mangoldt/Klein/Stark – *Jachmann*, Art. 33 GG Rz. 18.

505 BVerfG Urteil vom 26.03.1957 – 2 BvG 1/55, BVerfGE 6, 309 (339); BVerfG Beschluss vom 22.05.1975 – 2 BvL 13/73, BVerfGE 39, 334 (368); BVerwG Urteil vom 13.12.1963 – VI C 163.61, BVerwGE 17, 267 (269); BVerwG Urteil vom 17.09.1964 – II C 121.62, BVerwGE 19, 252 (260); Schmidt-Bleibtreu/Klein – *Brockmeyer*, Art. 33 GG Rz. 8; von Mangoldt/Klein/Stark – *Jachmann*, Art. 33 GG Rz. 18; Plog/Wiedow – *Lemhöfer*, § 8 BBG Rz. 16.

506 BVerwG Urteil vom 25.08.1988 – 2 C 51.86, BVerwGE 80, 123 (126); MAK – *Dollinger/Umbach*, Art. 33 GG Rz. 58; Schmidt-Bleibtreu/Klein – *Brockmeyer*, Art. 33 GG Rz. 20; GKÖD – *Zängl*, § 8 BBG Rz. 34.

507 Für Verfassungsmäßigkeit *Battis/Schulte-Trux/Weber*, DVBl. 1991, 1165 ff.; *Kokott*, NJW 1995, 1049 (1051); *Pfarr/Fuchsloch*, NJW 1988, 2201 (2206); *Schwidden*, RiA 1996, 105 (107); *Maidowski*, Umgekehrte Diskriminierung – Quotenregelungen zur Frauenförderung im öffentlichen Dienst und in den politischen Parteien, Berlin, 1989, S. 154 ff.; *Raasch*, Frauenquote und Männerrechte, Baden-Baden, 1991, S. 271 ff. (291); *Sacksofsky*, Das Grundrecht auf Gleichberechtigung, Baden-Baden, 2. Auflage, 1996, S. 374 ff. (379); *Slupik*, Die Entscheidung des Grundgesetzes für Parität im Geschlechterverhältnis, Berlin, 1988, S. 129 f.; *Garbe-Emden*, Gleichberechtigung durch Gesetz – Ziele, Ausgestaltung und verfassungsrechtliche Probleme eines Antidiskriminierungsgesetzes, Hannover, 1984, S. 158 ff.; von Münch/Kunig – *Kunig*, Art. 33 GG

gen Frauenquote unter Gleichheitsaspekten nicht zu entscheiden. Nach Ansicht des EuGH sind Regelungen, die bei gleicher Qualifikation Frauen automatisch den Vorrang in Bereichen geben, in denen sie unterrepräsentiert sind, europarechtlich unzulässig. Enthält hingegen die frauenrechtliche Förderklausel eine Öffnungs- oder Härtefallklausel für männliche Bewerber mit gleicher Qualifikation, bestehen gegen ihre Zulässigkeit keine Bedenken[508].

Im Hinblick auf Art. 3 Abs. 2 GG spricht nichts dagegen, eine gesetzlich verankerte leistungsabhängige Frauenförderung als ein Hilfskriterium bei der Einstellungsentscheidung zu berücksichtigen. Daher kann auf der Grundlage bestehender Frauenförderungsgesetze einer leistungsabhängigen Frauenförderung ein relativer Vorrang gegenüber anderen Hilfskriterien eingeräumt werden. Das bei der Einstellungsentscheidung vorherrschende Leistungsprinzip darf dagegen nicht mit einer starren, leistungsunabhängigen Frauenquote durchbrochen werden, denn darin läge ein Verstoß gegen Art. 33 Abs. 2 GG[509].

VI. Persönliche Voraussetzungen des Bewerbers

Um zum Beamten ernannt zu werden, muss der Bewerber vor allem noch folgende allgemeine Voraussetzungen erfüllen, über die sich die Einstellungsbehörde erkundigen darf.

1. Deutscher i. S. d. Art. 116 GG

Der Bewerber muss Deutscher im Sinne des Art. 116 GG sein oder die Staatsangehörigkeit eines anderen Mitgliedsstaates der Europäischen Gemeinschaft besitzen, § 7 Abs. 1 Nr. 1 BBG. Deutscher im Sinne des Art. 116 GG ist, wer die deutsche Staatsangehörigkeit besitzt oder als Flüchtling oder Vertriebener deutscher Volkszugehörigkeit oder als dessen Ehegatte oder Abkömmling in dem Gebiet des Deutschen Reiches nach dem Stand vom 31.12.1937 Aufnahme gefunden hat.

Rz. 34; gegen Verfassungsmäßigkeit *Jachmann*, ZBR 1996, 161 (174); *Kempen*, ZTR 1988, 287 (292); *Kruse*, DÖV 1991, 1002 (1010); *Ladeur*, ZBR 1992, 39 (43); *Laubinger*, VerwArch Band 87, 1996, 473 (521); *Stober*, ZBR 1989, 289 ff.; *Hofmann*, NVwZ 1995, 662 f.; Schmidt-Bleibtreu/Klein – *Brockmeyer*, Art. 33 GG Rz. 7b; von Mangoldt/Klein/Stark – *Jachmann*, Art. 33 GG Rz. 20.

508 EuGH Urteil vom 17.10.1995 – C-450/93, EuGHE I 1995, 3051 ff.; EuGH Urteil vom 11.11.1997 – C-409/95, EuGHE I 1997, 6363 ff.

509 So auch MAK – *Dollinger/Umbach*, Art. 33 GG Rz. 58.

2. Amtswürdigkeit

Aus dem Umkehrschluss zu § 12 Abs. 1 Nr. 2 BBG folgt ferner, dass der Bewerber kein Verbrechen oder Vergehen begangen haben darf, das ihn der Berufung in das Beamtenverhältnis unwürdig erscheinen lässt[510]. Daher besteht für den Bewerber eine Pflicht über Bestrafungen Auskunft zu erteilen, sofern er sich nicht als unbestraft bezeichnen darf, weil die Verurteilung nicht in das Führungszeugnis aufzunehmen war oder getilgt ist, § 53 Abs. 1 BZRG[511]. Im Übrigen kann sich die Behörde mit einem Führungszeugnis über den Inhalt des Zentralregisters informieren[512].

Abweichend von § 51 Abs. 1 BZRG kann bei der Einstellung in den öffentlichen Dienst ausnahmsweise nach § 52 Abs. 1 Nr. 4 BZRG auch eine dem Verwertungsverbot unterliegende Strafe berücksichtigt werden, wenn von der Einstellung eine erhebliche Gefährdung für die Allgemeinheit ausgeht. Eine solche Gefährdung ist allerdings nicht schon dann zu bejahen, wenn die Möglichkeit, dass der Beamte erneut kleinere Straftaten begehen werde, nicht ausgeschlossen werden kann oder das Ansehen des Berufsbeamtentums gefährdet wird[513]. Vielmehr dürfen einerseits nur Anstellungen von § 52 Abs. 1 Nr. 4 BZRG erfasst werden, die wegen ihrer Bedeutung für die Allgemeinheit ganz besondere Anforderungen an die persönliche Eignung des Bewerbers stellen. Dies ist beispielsweise bei Lehrern oder Richtern der Fall. Andererseits darf das Verwertungsverbot nur durchbrochen werden, wenn eine Gesamtwürdigung ergibt, dass eine beschreibbar konkrete, schwerwiegende Gefahr für die Allgemeinheit von der Einstellung des Bewerbers ausgeht[514].

Ferner besteht eine Offenbarungspflicht des Bewerbers auch für aktuelle Strafverfahren und Sachverhalte, die zu entsprechenden Sanktionen führen können[515].

3. Fähigkeit zur Bekleidung öffentlicher Ämter

Der Bewerber muss die Fähigkeit zur Bekleidung öffentlicher Ämter besitzen. Dies folgt aus dem Umkehrschluss zu § 11 Abs. 2 Nr. 2 BBG. Eine Person kann

---

510 *Minz/Conze*, Öffentlicher Dienst, Rz. 57.

511 BVerwG Urteil vom 31.01.1980 – 2 C 50.78, BVerwGE 59, 366 (368); *Günther*, DÖD 1990, 281 (292).

512 *Minz/Conze*, Öffentlicher Dienst, Rz. 53.

513 *Götz/Tolzmann*, § 52 BZRG Rz. 13.

514 *Rebmann/Uhlig/Pieper*, § 52 BZRG Rz. 13.

515 *Günther*, DÖD 1990, 281 (293).

die Fähigkeit öffentliche Ämter zu bekleiden verlieren, wenn dies als Nebenfolge einer strafrechtlichen Verurteilung gem. §§ 45, 12 StGB ausgesprochen wird[516].

4. Geordnete finanzielle Verhältnisse

Schließlich muss der Bewerber in geordneten wirtschaftlichen Verhältnissen leben. Der Nachweis hierfür ist regelmäßig durch eine sog. „Schuldenfreierklärung" zu erbringen. Jedoch deutet nicht schon das Bestehen jeglicher Verbindlichkeiten auf ungeordnete finanzielle Verhältnisse hin[517]. Eine Offenbarungspflicht des Bewerbers wird vielmehr erst dann bejaht, wenn er in völlig ungeordneten wirtschaftlichen Verhältnissen lebt[518]. Ein solcher Fall liegt beispielsweise dann vor, wenn der Bewerber die Tilgung seiner Schulden nicht mehr mit der gebotenen oder ihm zumutbaren Sorgfalt betreibt. Die Vermögensverhältnisse erlangen erst dann für den Dienstherrn Bedeutung, wenn die Schulden ein Ausmaß erreichen, in dem ihre vereinbarte Abwicklung dem Bewerber nicht mehr möglich ist[519]. Befindet sich der Bewerber in derart ungeordneten finanziellen Verhältnissen, so stehen diese seiner Einstellung entgegen.

D. Die Ernennung

Die Begründung eines Beamtenverhältnisses erfolgt durch die Ernennung, § 6 Abs. 1 Nr. 1 BBG, § 5 Abs. 1 Nr. 1 BRRG[520]. Bei der Ernennung handelt es sich um einen rechtsgestaltenden, mitwirkungsbedürftigen, bedingungsfeindlichen und formbedürftigen Verwaltungsakt[521]. Nach § 6 Abs. 2 BBG erfolgt die Ernennung durch Aushändigung der Ernennungsurkunde mit der in Abs. 2 Satz 2 Nr. 1 BBG vorgegebenen Formulierung. Näheres zur Gestaltung und dem Wortlaut der Urkunde ist in Verwaltungsvorschriften geregelt[522]. Diese Urkunde muss eigenhändig unterschrieben sein[523] und den Dienstherrn bzw. die ausstellende

---

516 *Wagner*, BeamtenR, Rz. 70.

517 Scheerbarth/Höffken – *Schmidt*, BeamtenR, § 12 III 3 c.

518 BVerwG Urteil vom 08.11.1961 – VI C 120.59, BVerwGE 13, 156 (158); *Battis*, § 12 BBG Rz. 6.

519 BVerwG Urteil vom 12.05.1971 – II WD 2.69, BVerwGE 43, 227 (228).

520 Die Ausführungen erfolgen auf der Grundlage des BBG, entsprechende Vorschriften befinden sich aber auch im BRRG und den Vorschriften der Beamtengesetze der Länder.

521 *Wagner*, BeamtenR, Rz. 74.

522 Scheerbarth/Höffken – *Schmidt*, BeamtenR, § 12 I 2 c.

523 *Wagner*, BeamtenR, Rz. 78.

Behörde erkennen lassen[524]. Die Ernennung wird mit dem Tag der Aushändigung der Urkunde oder dem darin bestimmten zukünftigen Datum wirksam. Sie kann nicht rückwirkend erfolgen[525].

E. Rechtsfolgen falscher oder unvollständiger Auskünfte des Bewerbers

Die Formstrenge des Beamtenrechts schreibt nicht nur die Voraussetzungen zur Begründung eines Beamtenverhältnisses vor, sie regelt auch seine Beendigung. Für Mängel bei der Ernennung sieht das BBG abschließende Sonderregelungen vor[526]. Eine fehlerhafte Ernennung kann neben den hier nicht zu beachtenden Fällen der Nichternennung gemäß § 6 Abs. 2 Satz 3 BBG zu den in § 11 BBG geregelten Fällen nichtiger Ernennung und zur rücknehmbaren Ernennung nach § 12 BBG führen[527].

I. Nichtige Ernennung, § 11 BBG

§ 11 BBG zählt die Gründe für eine nichtige Ernennung abschließend auf, so dass sich ein Rückgriff auf § 44 VwVfG verbietet. § 11 BBG differenziert zwischen Nichtigkeitsgründen, die im Bereich des Dienstherrn, § 11 Abs. 1 BBG, und solchen, die in der Sphäre des Bewerbers liegen, § 11 Abs. 2 BBG[528]. Für den Anstellungsbetrug ist einzig letzterer Absatz interessant.

Eine Ernennung in das Beamtenverhältnis ist kraft Gesetzes nichtig, wenn der Ernannte im Zeitpunkt seiner Ernennung nicht Deutscher i. S. d. Art. 116 GG war oder nicht die Staatsbürgerschaft eines anderen EU-Mitgliedsstaates hatte und keine Ausnahme zugelassen war. Weiterhin ist die Ernennung auch dann nichtig, wenn der Ernannte nicht die Fähigkeit hatte, ein öffentliches Amt zu bekleiden[529].

Ist die Ernennung nichtig, so ist sie von Anfang an nicht zustande gekommen und ein Beamtenverhältnis hat nicht bestanden[530].

---

524 *Wagner*, BeamtenR, Rz. 77.

525 Scheerbarth/Höffken – *Schmidt*, BeamtenR, § 12 I 3.

526 *Wagner*, BeamtenR, Rz. 88.

527 Vgl. auch §§ 8 und 9 BRRG und die entsprechenden Vorschriften in den Beamtengesetzen der Länder.

528 *Wagner*, BeamtenR, Rz. 90.

529 *Wagner*, BeamtenR, Rz. 93.

530 *Wagner*, BeamtenR, Rz. 94.

II. Rücknehmbare Ernennung, § 12 BBG

In § 12 BBG sind die Rücknahmegründe der Ernennung erschöpfend geregelt[531]. Eine Anwendung von allgemeinen verwaltungsverfahrensrechtlichen Regelungen kommt auch hier daneben nicht in Betracht[532]. Das Verhältnis der Rücknahmegründe des § 12 BBG untereinander ist dergestalt, dass die verschiedenen Rücknahmegründe selbständig nebeneinander stehen[533]. Voraussetzung für die Rücknahme ist, dass die Ernennung zunächst wirksam war und somit ein rücknahmefähiger Verwaltungsakt existiert. Es ist zwischen der obligatorischen Rücknahme nach § 12 Abs. 1 BBG und der fakultativen, d. h. im Ermessen der Behörde liegenden Rücknahme nach § 12 Abs. 2 BBG zu differenzieren[534].

Die Rücknahme beseitigt die Ernennung rückwirkend durch Verwaltungsakt, die mit ihr begründete Rechtsstellung wird beseitigt. Sie hat also ex-tunc Wirkung[535].

1. Obligatorische Rücknahme, § 12 Abs. 1 BBG

§ 12 Abs. 1 Nr. 1 BBG sieht vor, dass die Ernennung zurück genommen werden muss, wenn sie durch Zwang, arglistige Täuschung oder Bestechung herbeigeführt worden ist. Die Vorschrift dient dem Zweck, die durch das unlautere Verhalten des Bewerbers betroffene Entschließungsfreiheit des Dienstherrn bei der Ernennung in ein Beamtenverhältnis zu schützen und das Berufsbeamtentum von ungeeigneten Personen möglichst freizuhalten[536]. Mit Blick auf den Anstellungsbetrug ist hier nur die Fallgruppe der durch arglistige Täuschung herbeigeführten Ernennung relevant.

---

531 GKÖD – *Summer*, § 12 BBG Rz. 1; Schütz/Maiwald – *Schütz*, § 12 NW LBG Rz. 2.

532 GKÖD – *Summer*, § 12 BBG Rz. 1; Plog/Wiedow – *Lemhöfer*, § 12 BBG Rz. 1a.

533 BVerwG Urteil vom 08.11.1961 – VI C 120.59, BVerwGE 13, 156 (159); BVerwG Urteil vom 31.01.1980 – 2 C 50.78, BVerwGE 59, 366 (371); GKÖD – *Summer*, § 12 BBG Rz. 4; Plog/Wiedow – *Lemhöfer*, § 12 BBG Rz. 2b; Schütz/Maiwald – *Schütz*, § 12 NW LBG Rz. 2.

534 *Wagner*, BeamtenR, Rz. 96.

535 Plog/Wiedow – *Lemhöfer*, § 12 BBG Rz. 13.

536 BVerwG Urteil vom 12.09.1963 – II C 195.61, BVerwGE 16, 340 (342); BVerwG Urteil vom 25.10.1968 – VI C 95.67, BVerwGE 31, 1 (4); BVerwG Urteil vom 31.01.1980 – 2 C 50.78, BVerwGE 59, 366 (369); *Battis*, § 12 BBG Rz. 3; GKÖD – *Summer*, § 12 BBG Rz. 10; Plog/Wiedow – *Lemhöfer*, § 12 BBG Rz. 2a.

a) Arglistige Täuschung

Die Täuschung ist ein Verhalten, das bewusst einen Irrtum hervorruft[537]. Sie kann durch Vorspiegeln falscher oder Verschweigen wahrer Tatsachen, also grundsätzlich sowohl durch ein Tun als auch durch ein Unterlassen hervorgerufen werden. Macht der Bewerber unrichtige Angaben, so stellt dies stets eine Täuschung dar, unabhängig davon, ob die Einstellungsbehörde ihm diesbezügliche Fragen gestellt hat oder nicht. Anders verhält es sich bei dem Verschweigen von Tatsachen. Hier liegt nur dann eine Täuschung vor, wenn der Dienstherr den Bewerber tatsächlich danach gefragt hat oder der Bewerber auch ohne entsprechende Frage wusste oder zumindest damit rechnen konnte, dass die verschwiegene Tatsache für die Einstellungsentscheidung wesentlich war oder hätte sein können. Eine Täuschung durch Unterlassen ist also nur dann anzunehmen, wenn für den Bewerber eine Offenbarungspflicht bestand[538]. Eine solche Pflicht wird aus dem auch im Beamtenrecht geltenden Grundsatz von Treu und Glauben abgeleitet[539]. Allgemein wird eine Täuschung durch Verschweigen zumindest in den Fällen angenommen, in denen der Bewerber eine Tatsache verschweigt, deren Fehlen die Behörde ohne weiteres annehmen konnte[540]. Sie geht aber noch darüber hinaus, denn der Bewerber ist sogar zur Offenbarung solcher Umstände verpflichtet, durch die er sich selbst belastet. Dies gilt selbst dann, wenn die Angelegenheit eine strafbare Handlung beinhaltet oder zumindest der Verdacht einer solchen erzeugt wird. Diese sehr weit reichende Offenbarungspflicht erfährt auch unter dem Gesichtspunkt der Zumutbarkeit keine Einschränkungen, denn der Bewerber könnte sich jederzeit der Offenbarungspflicht dadurch entziehen, dass er sich mit der Ernennung nicht einverstanden erklärt. Niemand wird gezwungen, sich um eine Anstellung als Beamter zu bewerben oder sich zum Beamten ernennen zu lassen und sich dadurch der Gefahr der Selbstbelastung auszusetzen[541].

Die Täuschung kann über die Gesamtheit der bereits dargestellten Voraussetzungen in der Person des Bewerbers erfolgen, da es sich bei diesen in der Regel um für die Ernennung bedeutsame Tatsachen handeln wird. Also bei-

537 *Günther*, DÖD 1990, 281 (292); *Wagner*, BeamtenR, Rz. 98.

538 BVerwG Urteil vom 08.11.1961 – VI C 120.59, BVerwG 13, 156 (158); BVerwG Urteil vom 06.05.1964 – VIII C 135.63, BVerwGE 18, 276 (280); BVerwG Urteil vom 14.11.1969 – VI C 10.66, ZBR 1970, 87; GKÖD – *Summer*, § 12 BBG Rz. 12; Plog/Wiedow – *Lemhöfer*, § 12 BBG Rz. 4; Schütz/Maiwald – *Schütz*, § 12 NW LBG Rz. 5; *Wagner*, BeamtenR, Rz. 98.

539 *Wagner*, BeamtenR, Rz. 98.

540 *Battis*, § 12 BBG Rz. 6; GKÖD – *Summer*, § 12 BBG Rz. 12.

541 BVerwG Urteil vom 14.11.1969 – VI C 10.66, ZBR 1970, 87 (88); *Battis*, § 12 BBG Rz. 6; GKÖD – *Summer*, § 12 BBG Rz. 12.

spielsweise die Täuschung über die Vorbildung, Ausbildung, Vorstrafen, anhängige Strafverfahren, aber auch die Täuschung gegenüber dem Amtsarzt bei der Einstellungsuntersuchung in Bezug auf Krankheiten und Beschwerden.

Der Bewerber handelt arglistig, wenn er erkennt oder zumindest billigend in Kauf nimmt, dass er bei der Ernennungsbehörde einen Irrtum über das Vorliegen wesentlicher oder das Fehlen hinderlicher Umstände hervorruft, um diese durch die Täuschung zu einer für ihn günstigen Entscheidung zu beeinflussen[542]. Die Täuschung ist also dann arglistig, wenn der Bewerber mit direktem oder zumindest bedingtem Vorsatz handelt[543].

Die Ernennung muss durch die arglistige Täuschung herbeigeführt werden, d. h. zwischen Ernennung und Täuschung muss ein ursächlicher Zusammenhang bestehen. Dieser wird bejaht, wenn die Behörde bei Kenntnis des wahren Sachverhaltes von der Ernennung Abstand genommen hätte[544].

b) Unwürdigkeit

Die Ernennung muss gemäß § 12 Abs. 1 Nr. 2 BBG auch im Fall der sog. Amtsunwürdigkeit zurück genommen werden, also dann, wenn der Einstellungsbehörde nicht bekannt war, dass der Ernannte ein Verbrechen oder Vergehen begangen hat, das ihn der Berufung in das Beamtenverhältnis unwürdig erscheinen lässt und er deswegen rechtskräftig zu einer Strafe verurteilt war oder wird.

Voraussetzung für die Anwendung des § 12 Abs. 1 Nr. 2 BBG ist zunächst, dass die strafbare Handlung vor der Ernennung begangen wurde. Auch ein strafbarer Versuch reicht aus. Die Tat kann sowohl ein Verbrechen, als auch ein Vergehen sein, es gelten die Legaldefinitionen des § 12 StGB. Erforderlich ist, dass die Tat vor der Ernennung bereits beendet wurde. Die strafrechtliche Verurteilung in Form eines Urteils oder eines Strafbefehls kann hingegen auch nach

---

542 BVerwG Urteil vom 08.11.1961 – VI C 120.59, BVerwGE 13, 156 (158); BVerwG Urteil vom 14.11.1969 – VI C 10.66, ZBR 1970, 87; SächsOVG Beschluss vom 28.06.1994 – 2 S 130/94, SächsVBl. 1994, 269 (270); GKÖD – *Summer*, § 12 BBG Rz. 12; Schütz/Maiwald – *Schütz*, § 12 NW LBG Rz. 5; *Wagner*, BeamtenR, Rz. 99.

543 Schütz/Maiwald – *Schütz*, § 12 BBG Rz. 5; *Wagner*, BeamtenR, Rz. 99.

544 BVerwG Urteil vom 12.09.1963 – II C 195.61, BVerwGE 16, 340 (342); BVerwG Urteil vom 26.09.1963 – VIII C 32.63, BVerwGE 17, 1 (3); BVerwG Urteil vom 06.05.1964 – VIII C 135.63, BVerwGE 18, 276 (282); BVerwG Urteil vom 25.10.1968 – VI C 95.67, BVerwGE 31, 1 (5); *Günther*, DÖD 1990, 281 (293); GKÖD – *Summer*, § 12 BBG Rz. 13; Plog/Wiedow – *Lemhöfer*, § 12 BBG Rz. 4a; Schütz/Maiwald – *Schütz*, § 12 NW LBG Rz. 7; Scheerbarth/Höffken – *Schmidt*, BeamtenR, § 12 V 4 a; *Wagner*, BeamtenR, Rz. 100.

der Ernennung erfolgen[545]. Dabei kommt es weder auf die Art der Strafe – Freiheits- oder Geldstrafe –, noch auf ihre Höhe, oder darauf an, ob sie vollstreckt oder zur Bewährung ausgesetzt wurde[546].

Das Verbrechen oder Vergehen muss den Ernannten der Berufung in das Beamtenverhältnis unwürdig erscheinen lassen. Die Unwürdigkeit ist ein unbestimmter Rechtsbegriff. Daher ist der Dienstherr bei der Beurteilung der Unwürdigkeit an die tatsächlichen Feststellungen und die rechtliche Beurteilung der Tat durch das Gericht im Strafurteil gebunden[547]. Die Straftat macht den Bewerber zumindest dann unwürdig, wenn durch sie die persönlichkeitsbezogenen Minimalvoraussetzungen jeder Ernennung nicht mehr erfüllt werden[548]. Für die Beurteilung der Unwürdigkeit sind neben der Art der Straftat, die Person des Täters, seine Motive und die besonderen Umstände des Einzelfalls, wie die Schwere der Tat oder eine besondere Verwerflichkeit zu berücksichtigen. Generell wird man bei Verurteilungen i. S. d. § 48 BBG von der Unwürdigkeit des Bewerbers ausgehen können. Unwürdigkeit ist im Übrigen in der Regel dann anzunehmen, wenn der Bewerber wegen eines Verbrechens oder eines vorsätzlichen Vergehens abgeurteilt wurde, während ihn die Verurteilung wegen eines Fahrlässigkeitsdelikts normalerweise nicht unwürdig erscheinen lässt[549]. Bejaht wurde die Unwürdigkeit von der Rechtsprechung z. B. bei Verurteilungen wegen Eigentumsdelikten[550].

Entscheidend für eine Rücknahme der Ernennung nach § 12 Abs. 1 Nr. 2 BBG ist schließlich, dass die Straftat der Ernennungsbehörde unbekannt war. Erfolgte die Ernennung in Kenntnis der Straftat, binden Vertrauensschutzgründe den Dienstherrn an seine Entscheidung, zumal in diesem Fall die Entschließungsfreiheit der Behörde nicht durch Unkenntnis an einem Mangel litt und daher kein Grund für die Rücknahme der Ernennung ersichtlich ist[551].

---

545 *Günther*, DÖD 1990, 281 (294); GKÖD – *Summer*, § 12 BBG Rz. 18; Plog/Wiedow – *Lemhöfer*, § 12 BBG Rz. 8.

546 Plog/Wiedow – *Lemhöfer*, § 12 BBG Rz. 10.

547 BVerwG Urteil vom 08.11.1962 – II C 180.60, BVerwG 15, 128 (129 f.); *Günther*, DÖD 1990, 281 (294); *Battis*, § 12 BBG Rz. 9; GKÖD – *Summer*, § 12 BBG Rz. 20.

548 *Günther*, DÖD 1990, 281 (294).

549 *Günther*, DÖD 1990, 281 (294 f.); GKÖD – *Summer*, § 12 BBG Rz. 20.

550 BVerwG Urteil vom 06.07.1960 – VI C 193.58, BVerwGE 11, 61 (63); BVerwG Urteil vom 08.11.1962 – II C 180.60, BVerwGE 15, 128 (130); BVerwG Urteil vom 12.05.1966 – II C 116.65, DÖD 1966, 193 (194); OVG Weimar vom 20.04.1995 – 2 EO 6/93, n. v.

551 BVerwG Urteil vom 06.07.1960 – VI C 193.58, BVerwGE 11, 61 (62); GKÖD – *Summer*, § 12 BBG Rz. 22; Schütz/Maiwald – *Schütz*, § 12 NW LBG Rz. 8.

2. Fakultative Rücknahme, § 12 Abs. 2 BBG

Ferner kann die Ernennung zurückgenommen werden, wenn zum Zeitpunkt der Ernennung dem Dienstherrn nicht bekannt war, dass der Ernannte vor seiner Ernennung bereits in einem Disziplinarverfahren aus dem Beamtenverhältnis entfernt oder dass auf Aberkennung des Ruhegehalts erkannt worden war. Hierbei handelt es sich um eine Ermessensentscheidung[552].

F. Stellungnahme

Abschließend ist festzustellen, dass dem öffentlichen Dienstherrn durch die Vorgaben der Verfassung in Art. 33 Abs. 2 und Abs. 3 GG sowie durch die einfachgesetzlichen Regelungen in den Beamtengesetzen des Bundes und der Länder weit reichende Informationsrechte zustehen. Die Ausübung dieser weit reichenden Rechte findet ihre Grenzen in Bezug zu dem konkret zu besetzenden Amt. Sie hat daher tätigkeitsspezifisch und amtsbezogen zu erfolgen. Im Vergleich zum Arbeitsrecht ist bemerkenswert, dass der öffentliche Dienstherr sich nicht nur wesentlich weit reichenderer Möglichkeiten, wie Anfragen an den Staatsschutz oder Einschaltung des Amtsarztes bedienen darf, sondern auch ein wesentlich umfangreicheres Informationsrecht über einzelne Umstände in der Person des Bewerbers hat. Dennoch hat auch der Beamtenbewerber die gleichen Persönlichkeitsrechte wie der Bewerber um ein privates Arbeitsverhältnis. Bei näherer Auseinandersetzung mit der Problematik fällt daher auf, dass dort, wo die Informationsrechte des öffentlichen Dienstherrn über die des privaten Arbeitgebers hinausgehen, die sachliche Rechtfertigung meist in der Eigenart des Beamtenverhältnisses begründet liegt. Im Gegensatz zum privaten Arbeitsverhältnis kommt zwischen dem Staat und dem Beamten eine wesentlich intensivere Bindung zu Stande, die u. a. durch das Lebenszeitprinzip, das Alimentationsprinzip sowie weit reichende Fürsorgepflichten geprägt wird und besondere Treuepflichten fordert. Es ist daher sachlich gerechtfertigt, den Bewerber um ein Beamtenverhältnis einer weiter reichenden Prüfung zu unterziehen, bevor die kaum auflösbare Verbindung eingegangen wird.

Die Einstellungsbehörde darf sich also in Bezug auf das zu besetzende Amt über und bei dem Bewerber im Rahmen des geltenden Rechts informieren. Ähnlich wie im Arbeitsrecht darf sich grundsätzlich auch die Einstellungsbehörde von demjenigen lösen, der wahrheitswidrige Angaben bei der Einstellung gemacht hat. Die Beamtengesetze erfassen diese Fälle mit ihren Nichtigkeits- und Rücknahmetatbeständen. Einschlägig ist hier vor allem die Rücknahme wegen arglistiger Täuschung, die dann zu bejahen ist, wenn der Bewerber die Behörde

552 *Battis*, § 12 BBG Rz. 13.

über Tatsachen getäuscht hat, von denen diese die Einstellung zulässigerweise abhängig machen durfte.

Ungeklärt bleibt nunmehr nur der Fall, in dem der Bewerber zwar eine wahrheitswidrige Angabe gegenüber der Behörde macht, diese falsche Information jedoch für die Einstellungsbehörde nicht relevant sein darf. Diese Konstellation, der im Arbeitsrecht als „falsche Antwort auf eine unzulässige Frage" überaus große Aufmerksamkeit gewidmet wird, ist in der Rechtsprechung des Bundesverwaltungsgerichts bislang nicht entschieden worden[553] und wird auch in der beamtenrechtlichen Literatur nicht diskutiert. Vergegenwärtigt man sich jedoch, dass die Einstellungsbehörde ihre Entscheidung nicht von unzulässigen Kriterien abhängig machen darf, finden dementsprechend die Informationsrechte auch hier ihre Grenzen. Nicht nur das GG regelt die verbotenen Auswahlkriterien in Art. 33 Abs. 3, 3 Abs. 3 GG ausdrücklich, auch die Beamtengesetze des Bundes und der Länder haben das Differenzierungsverbot einfachgesetzlich geregelt. Konsequenterweise darf sich daher die Einstellungsbehörde nicht über solche Kriterien informieren, die nicht in ihre Entscheidung einfließen dürfen. Dies bedeutet aber nichts anderes, als dass auch im Beamtenrecht unzulässige Fragen des Dienstherrn existieren. Befragt die Einstellungsbehörde den Bewerber dennoch über einen solchen Umstand, befindet sich dieser in einer misslichen Lage. Beantwortet er die Frage falsch, läuft er Gefahr, dass seine Ernennung später wegen § 12 Abs. 1 Nr. 1 BBG angefochten werden kann. Beantwortet er die Frage richtig und räumt damit einen negativen Umstand in seiner Person ein, muss er damit rechnen, dass seine Bewerbung abgelehnt wird. Ein Fehlverhalten der Behörde, die an Recht und Gesetz gebunden ist, Art. 1 Abs. 3, 20 Abs. 3 GG, kann jedoch nicht zu Lasten des Bewerbers gehen. Daher muss auch im Beamtenrecht die wahrheitswidrige Antwort auf eine unzulässig gestellte Frage für den Bewerber sanktionslos bleiben und darf die Behörde nicht zur Rücknahme der Ernennung nach § 12 Abs. 1 Nr. 1 BBG wegen arglistiger Täuschung ermächtigen. Diese Ergebnis entspricht auch dem Sinn und Zweck des § 12 BBG, der die Entschlussfreiheit der Behörde wieder herstellen und den öffentlichen Dienst von solchen Personen freihalten soll, die durch ihr unlauteres Verhalten diese Freiheit eingeschränkt haben. Dafür muss aber eine Tatsache betroffen sein, die die Behörde auch zulässigerweise zur Einstellungsvoraussetzung machen durfte[554].

Konsequenterweise ist damit auch im Beamtenrecht das Recht zur Lüge auf eine unzulässigerweise gestellte Frage anzuerkennen. Zur Lösung dieser Problematik bietet sich, wie schon im Arbeitsrecht, ebenfalls die Täuschungshandlung als Anknüpfungspunkt an. War die Frage des Dienstherrn nicht zulässig, so

553 Vgl. OVG Lüneburg Urteil vom 07.02.2001 – 2 L 1476/99, NdsRPfl. 2001, 199 (200).

554 Vgl. OVG Lüneburg Urteil vom 07.02.2001 – 2 L 1476/99, NdsRPfl. 2001, 199 (200).

kann die falsche Antwort des Bewerbers keine rechtserhebliche Täuschung i. S. d. § 12 Abs. 1 BBG darstellen. Eine Rücknahme der Ernennung wegen arglistiger Täuschung scheitert somit bereits an der Täuschungshandlung.

4. Abschnitt: Der Anstellungsbetrug

A. Einleitung

Die Einstellungsentscheidung des Arbeitgebers war Untersuchungsgegenstand des 2. Abschnitts. Dort wurde kritisch betrachtet, wie das Arbeitsrecht die Fälle unterlassener, unvollständiger oder unwahrer Antworten des Bewerbers auf Fragen des Arbeitgebers bei der Einstellung löst. Arbeitsrechtliche Sanktionen zieht ein solches Verhalten des Bewerbers nur dann nach sich, wenn die Frage des Arbeitgebers zulässig war und dem Bewerber eine Offenbarungspflicht oblag. War hingegen die Frage des Arbeitgebers unzulässig und der Bewerber daher nicht zur Offenbarung verpflichtet, kann der Arbeitgeber das Arbeitsverhältnis weder anfechten noch aus diesem Grunde kündigen. Arbeitsrechtlich bleibt das Verhalten des Bewerbers also unbeachtlich.

Auch im Beamtenrecht, das dem öffentlichen Dienstherrn viel weitergehende Informationsrechte in Bezug auf die Person des Bewerbers einräumt, ist die Täuschung der Einstellungsbehörde unbeachtlich, wenn sich die Behörde nach den gefragten Umständen nicht erkundigen durfte oder der Bewerber nicht zur Offenbarung verpflichtet war.

Im folgenden Abschnitt soll nunmehr untersucht werden, inwiefern dem Bewerber strafrechtliche Konsequenzen in Zusammenhang mit einer unterlassenen, unvollständigen oder falschen Antwort auf eine Frage bei der Einstellung drohen. Das StGB kennt, anders als etwa das österreichische StGB[555], einen eigenständigen Tatbestand, der die Amts- oder Stellenerschleichung regelt, nicht. Dennoch wird dieses Verhalten des Bewerbers bei der Einstellung strafrechtlich erfasst, indem Amts- und Stellenerschleichungen sowohl von der Rechtsprechung als auch der Literatur unter den Tatbestand des Betruges, § 263 StGB, also eines Vermögensdeliktes, subsumiert werden. Die Problematik des Anstellungsbetruges als strafrechtlicher Anknüpfungspunkt für das Verhalten des Bewerbers gegenüber dem Arbeitgeber bzw. dem öffentlichen Dienstherrn steht daher im Mittelpunkt dieses Kapitels.

555 § 315 des österreichischen StGB regelt die Erschleichung eines Amtes folgendermaßen: „Wer wissentlich eine zur Übertragung eines öffentlichen Amtes berufene Stelle über eine Tatsache täuscht, die nach dem Gesetz oder einer Rechtsvorschrift die Übertragung eines bestimmten öffentlichen Amtes ausschließen würde, und dadurch bewirkt, dass ihm dieses Amt übertragen wird, ist mit Freiheitsstrafe bis zu einem Jahr zu bestrafen."

B. Problemaufriss

Erreicht der Bewerber durch eine unterlassene, unvollständige oder unwahre Antwort gegenüber dem Arbeitgeber seine Einstellung, kommt nach der bisher ausschließlich vertretenen Ansicht eine Strafbarkeit wegen Anstellungsbetruges infolge der Rechtsnatur des § 263 StGB als Vermögensdelikt nur in Betracht, wenn sich die Einstellung nachteilig auf das Vermögen des Arbeitgebers auswirkt. Daher konzentriert sich bis heute in Rechtsprechung und Literatur die strafrechtliche Diskussion um den Anstellungsbetrug allein auf die Bestimmung dieses Vermögensschadens.

Die Frage nach einer Strafbarkeit des Bewerbers wegen Anstellungsbetruges mag noch problemlos zu beantworten sein, wenn es um die fachliche Leistungsfähigkeit, also Kenntnisse und Können des Bewerbers geht. Ist der Bewerber gar nicht oder zumindest nicht in der geforderten Qualität zur Erbringung der Arbeitsleistung in der Lage, erhält der Arbeitgeber kein Äquivalent für die von ihm übernommene Gehaltsverpflichtung und erleidet daher einen Vermögensschaden. Entspricht dagegen die Leistung des Bewerbers den üblichen Anforderungen, bekommt der Arbeitgeber das, worauf er einen Anspruch hat, so dass ein Vermögensschaden des Arbeitgebers zunächst nicht ersichtlich ist[556].

Weitaus größere Probleme bereitet jedoch die Bestimmung des Vermögensschadens des Arbeitgebers und damit auch die Beurteilung der Strafbarkeit des Bewerbers, wenn sich die unterlassenen, unvollständigen oder falschen Angaben des Bewerbers nicht auf Fragen nach dem beruflichen Werdegang und der Qualifikation beziehen und der Schaden beim Arbeitgeber nicht maßgeblich durch mangelhafte Arbeitsleistung auszumachen ist. Hier hat die Rechtsprechung durch Ausweitung des Begriffs des Vermögensschadens Möglichkeiten geschaffen, einen Anstellungsbetrug unter bestimmten Umständen auch in Fällen an sich ausreichender Arbeitsleistung zu bejahen. Diese Ausdehnung des Begriffs des Vermögensschadens ist in der Literatur zum Teil auf heftige Kritik gestoßen. Der von der Rechtsprechung entwickelte Ansatz zum Vermögensschaden beim Anstellungsbetrug ist daher näher zu untersuchen.

Anders als bei der Erschleichung einer Beamtenstellung, bei der die Rechtsprechung die Begründung des Vermögensschadens an die beamtenrechtlichen Einstellungsvoraussetzungen koppelt, bleiben bei der Beurteilung der Strafbarkeit des Bewerbers wegen Erschleichung eines Arbeitsverhältnisses die arbeitsrechtlichen Grundsätze zum Fragerecht des Arbeitgebers und den damit korrespondierenden Offenbarungspflichten des Bewerbers bis heute außen vor. Eine Berücksichtigung arbeitsrechtlicher Ergebnisse findet nicht statt. Vielmehr lö-

556 Siehe hierzu S. 183, insb. Fn. 675.

sen Arbeitsrecht und Strafrecht diese Fälle isoliert voneinander. Daher ist es denkbar, dass sich der Bewerber wegen Anstellungsbetruges strafbar macht, obwohl die Frage des Arbeitgebers nach den im Arbeitsrecht geltenden Grundsätzen nicht zulässig und der Bewerber arbeitsrechtlich nicht zur wahrheitsgemäßen Antwort verpflichtet war. Es wird daher zu untersuchen sein, ob auch bei der Erschleichung eines Arbeitsverhältnisses eine mit dem Arbeitsrecht im Einklang stehende, einheitliche Lösung gefunden werden kann.

C. Der Anstellungsbetrug in Rechtsprechung und Literatur

Die Figur des Anstellungsbetruges geht im Wesentlichen auf die Rechtsprechung des RG zurück. Schon für das RG war die Bestimmung des Vermögensschadens der entscheidende Punkt für die Strafbarkeit des Bewerbers. Der BGH hat sich dieser Rechtsprechung angeschlossen und sie ausdifferenziert. Nachdem der BGH sich in seinen ersten Jahren mehrfach mit dem Anstellungsbetrug zu beschäftigen hatte, da manch ein Bewerber die Nachkriegswirren nutzte, um seine Vita zu verschönern, folgten in den nachfolgenden Jahrzehnten nur vereinzelt Entscheidungen zum Anstellungsbetrug. Erst mit der Vereinigung Deutschlands standen erneut Fälle an, in denen über die Strafbarkeit wegen Anstellungsbetruges zu entscheiden war. So erging erst im Jahre 1999 die vorerst letzte Entscheidung des BGH zum Anstellungsbetrug. Die auf diese Entscheidung folgende Diskussion in der Literatur zeigt, dass der Anstellungsbetrug als Rechtsfigur bis heute nicht an Aktualität verloren hat.

Um die Entwicklung des Anstellungsbetruges, als eine spezielle Ausprägung des § 263 StGB aufzuzeigen, soll zunächst ein Überblick über die Rechtsprechung des RG gegeben werden. Sodann wird die Rechtsprechung des BGH dargestellt. Schließlich wird auf die Kritik des Schrifttums einzugehen sein.

I. Die Rechtsprechung des Reichsgerichts zum Anstellungsbetrug

1. Urteil des Reichsgerichts vom 05.11.1908 – III 637/08

Das RG hatte den Fall zu entscheiden, in dem ein geschlechtskranker Steward dem Norddeutschen Lloyd bei Abschluss des Heuervertrages seine Erkrankung verschwiegen hatte. Das RG sah den Vermögensschaden darin begründet, dass der Arbeitgeber vermögensrechtliche Verpflichtungen durch die Zahlung des Heuerlohns übernommen habe, ohne dafür eine entsprechende Gegenleistung – die Dienste eines für seine Zwecke geeigneten, dienstlich tauglichen und nicht geschlechtskranken Stewards – zu erhalten[557].

557 RG Urteil vom 05.11.1908 – III 637/08, RGSt 42, 49 (50).

Auch wenn der Arbeitnehmer trotz seiner Krankheit in der Lage gewesen wäre, seine Dienste ordnungsgemäß zu verrichten, stehe dies der Begründung des Vermögensschadens nicht entgegen. Dem Arbeitnehmer seien nämlich die Grundsätze des Arbeitgebers bekannt gewesen, nach denen mit Rücksicht auf die bestehende Ansteckungsgefahr und auf sonstige aus der Erkrankung evtl. erwachsende nachteilige Folgen jegliche Geschlechtskrankheit ein Anstellungshindernis für einen Steward auf einem der Schiffe des Arbeitgebers darstelle. Daher seien die Dienste eines solchen Arbeitnehmers für den Arbeitgeber nicht geeignet und somit völlig wertlos gewesen[558].

2. Urteil des Reichsgerichts vom 30.10.1919 – III 595/19

In Anlehnung an seine zentralen Entscheidungen zur Vermögensbeschädigung bei § 263 StGB[559] entschied das RG, dass der Betrug bei Abschluss eines Arbeitsvertrages ein Eingehungsbetrug sei, bei dem es zur Ermittlung des Vermögensschadens auf eine Abwägung des Wertes der vom Getäuschten übernommenen Verpflichtung oder aufgebrachten Leistungen und dem Wert der Gegenverpflichtung des Täuschenden ankomme. Ein Vermögensschaden – als Minderung des Vermögens im Ganzen – sei nur dann zu bejahen, wenn der Vergleich ergebe, dass die Leistung des Täuschenden gegenüber der Leistung des Getäuschten minderwertig sei[560].

In dem Fall, der dieser Entscheidung zugrunde lag, hatte der Bewerber eine Anstellung als Diplomingenieur mit einem entsprechend hohen Gehalt erhalten, ohne die für die Stelle notwendige Ausbildung zu haben. Das RG sah in dem Abschluss des Arbeitsvertrages einen Vermögensschaden zum Nachteil des Arbeitgebers, da von dem Bewerber eine gewisse Ausbildung und Fähigkeiten vorausgesetzt worden seien, die dieser tatsächlich nicht aufgewiesen hätte. Für die gewährte Vergütung, die der Ausbildung und den Fähigkeiten eines Diplomingenieurs angemessen gewesen sei, habe der Arbeitgeber auf diese Weise keine Gegenleistung erhalten, wie er sie nach dem Vertrag hätte erwarten dürfen. Somit seien die Leistungen des Angeklagten minderwertig gewesen und hätten nicht dem gewährten Gehalt entsprochen[561].

---

558 RG Urteil vom 05.11.1908 – III 637/08, RGSt 42, 49 (50).

559 RG Beschluss vom 20.04.1887 – Rep. 2237/86, RGSt 16, 1 ff; RG Beschluss vom 14.12.1910 – II 1214/10, RGSt 44, 230 ff.

560 RG Urteil vom 30.10.1919 – III 595/19, RGSt 54, 37 (38), ausführlicher JW 1920, 440 (441).

561 RG Urteil vom 30.10.1919 – III 595/19, RGSt 54, 37 (38), ausführlicher JW 1920, 440 (441).

3. Urteil des Reichsgerichts vom 02.12.1929 – II 1265/29

In seiner Entscheidung vom 02.12.1929[562] hatte sich das RG erstmals mit der Frage des Anstellungsbetruges nicht nur bei Begründung eines privaten Arbeitsverhältnisses, sondern auch bei Erschleichung einer Beamtenstellung zu beschäftigen. Das RG vertrat damals die Ansicht, dass die zum privaten Arbeitsverhältnis entwickelten Grundsätze auch auf die Erschleichung eines Beamtenverhältnisses zu übertragen seien. Beide seien in ihren wirtschaftlichen Wirkungen ähnlich und könnten daher nur schwer von einander unterschieden werden. Dem öffentlichen Dienstherrn entstehe bei einer unberechtigt erlangten Anstellung des Beamten ein Vermögensschaden, der sich aus der nicht adäquaten Zahlungsverpflichtung der Bezüge ergebe[563].

4. Urteil des Reichsgerichts vom 13.04.1931 – III 107/31

Mit Urteil vom 13.04.1931[564] bejahte das RG einen Vermögensschaden zum Nachteil des Arbeitgebers auch für den Fall, in dem der Arbeitgeber einen Bewerber aufgrund unwahrer Angaben über seine Fachausbildung einstellte, die dieser trotz an sich ausreichender Leistungen nicht besaß. Das RG erblickte den Vermögensschaden darin, dass der Arbeitgeber dem Bewerber höhere Bezüge versprochen habe, als sie für einen Bewerber ohne die behauptete Vorbildung nach den auf dem Arbeitsmarkt geltenden Sätzen üblich gewesen seien[565].

In dem zu entscheidenden Fall hatte die Angeklagte keine anerkannte Ausbildung zur Friseuse absolviert, sondern war lediglich eine sog. „Kursusfriseuse" gewesen, deren Beschäftigung von der Innung verboten war. Nach Ansicht des RG müssten für die Beurteilung eines Vermögensschadens stets auch die individuellen Verhältnisse des Arbeitgebers, wie beispielsweise sein Stand oder sein Beruf Berücksichtigung finden. Stelle der Arbeitgeber einen Bewerber aufgrund seiner unwahren Angaben ein, bei deren bekannt werden er ihn nach den Bestimmungen seiner Innung sofort wieder entlassen müsse, könne auch hierin ein Vermögensschaden liegen[566].

---

562 RG Urteil vom 02.12.1929 – II 1265/29, RGSt 64, 33 ff.

563 RG Urteil vom 02.12.1929 – II 1265/29, RGSt 64, 33 (38/39).

564 RG Urteil vom 13.04.1931 – III 107/31, RGSt 65, 273 ff.

565 RG Urteil vom 13.04.1931 – III 107/31, RGSt 65, 273 (275).

566 RG Urteil vom 13.04.1931 – III 107/31, RGSt 65, 273 (276).

5. Urteil des Reichsgerichts vom 27.04.1931 – III 171/31

Einen Wandel in seiner Rechtsprechung zum Anstellungsbetrug vollzog das RG mit Urteil vom 27.04.1931[567]. Es ging nunmehr von verschiedenen Voraussetzungen für die Bejahung des Anstellungsbetruges bei Arbeitsverhältnissen und Beamtenverhältnissen aus. Im Gegensatz zum Arbeitsverhältnis handele es sich beim Beamtenverhältnis um ein dauerhaft eingegangenes Treueverhältnis, bei dem der Beamte seine ganze Persönlichkeit hingebe und dafür der Dienstherr die Fürsorge für den Beamten im beamtenrechtlichen Sinne übernehme. Aus den allgemeinen beamtenrechtlichen Grundsätzen ergebe sich für die Begründung eines solchen Verhältnisses zwischen Dienstherrn und Beamten das Erfordernis, dass der Beamte nicht nur in Bezug auf seine Vorbildung und Leistungen den Anforderungen für die in Aussicht genommene Stellung genüge, sondern darüber hinaus auch in seiner ganzen Persönlichkeit, insbesondere in sittlicher Hinsicht, untadelig sei. Ein nicht diesen Anforderungen entsprechender Beamter sei für den Dienstherrn nicht zu gebrauchen und wertlos, selbst wenn seine dienstlichen Leistungen im Einzelnen sonst keine Mängel aufwiesen, da sich die Tauglichkeit nicht nur nach seinen Leistungen, sondern auch nach seiner ganzen Persönlichkeit bemessen lasse. Daher liege der Vermögensschaden bei der Ernennung einer untauglichen Person darin, dass der öffentliche Dienstherr beamtenrechtliche Fürsorge in Form von vermögensrechtlichen Leistungen übernehme, für die er bedingt durch die völlige Untauglichkeit des Beamten durch Nichterfüllung der Einstellungsvoraussetzungen keinen Gegenwert erhalte[568].

6. Urteil des Reichsgerichts vom 13.07.1939 – 3 D 472/39

In der nachfolgenden Entscheidung zum Anstellungsbetrug erweiterte das RG den Begriff des Vermögensschadens bei Arbeitsverhältnissen in Vertrauensstellungen[569]. Bei solchen könne dem Arbeitgeber auch dann ein Vermögensschaden entstehen, wenn zwar die fachliche Leistung des Arbeitnehmers nicht zu beanstanden sei, der Arbeitgeber aber gerade mit Rücksicht auf die Vertrauensstellung eine besonders hohe Vergütung gewährt habe und der Arbeitnehmer die geforderte Zuverlässigkeit oder Vertrauenswürdigkeit nicht besitze. Hier stehe der geforderten Vertrauenswürdigkeit des Arbeitnehmers eine gesondert in Geld messbare Gegenleistung gegenüber[570]. Ein solcher Fall könne bei-

567 RG Urteil vom 27.04.1931 – III 171/31, RGSt 65, 281 ff.

568 RG Urteil vom 27.04.1931 – III 171/31, RGSt 65, 281 f.

569 RG Urteil vom 13.07.1939 – 3 D 472/39, RGSt 73, 268 ff. mit zustimmender Anm. *Mezger*, ZAkDR 1939, 649.

570 RG Urteil vom 13.07.1939 – 3 D 472/39, RGSt 73, 268 (269).

spielsweise dann vorliegen, wenn ein Bewerber auf eine Vertrauensstellung als Prokurist eingestellt werde, nachdem er zuvor dem Arbeitgeber falsche Zeugnisse vorgelegt und verschwiegen habe, dass er seine vorherige Anstellung wegen Unzuverlässigkeit verloren habe[571].

Das RG stellte in dieser Entscheidung heraus, dass die zum Beamtenverhältnis in RGSt 65, 281 entwickelten Grundsätze nicht auf die Anstellung im Arbeitsverhältnis anzuwenden seien, auch wenn dieses mit dem Staat abgeschlossen werde. Im Gegensatz zum privaten Arbeitsverhältnis übernehme der Staat bei einem Beamtenverhältnis die beamtenrechtliche Fürsorge in Form vermögensrechtlicher Leistungen, die neben dem Gehalt auch weitere vermögensrechtliche Ansprüche wie Ruhegeld oder Hinterbliebenenversorgung begründe. Während der Arbeitnehmer, bei dem eine Täuschung und seine Ungeeignetheit aufgedeckt werden, fristlos entlassen werden könne, sei dies bei einem Beamten nur in den gesetzlich normierten Ausnahmefällen möglich. Daher entstehe dem Staat – anders als dem privaten Arbeitgeber – bei einem unwürdigen Beamten ein Vermögensschaden durch weitere Gehaltszahlungen und die Übernahme von weitergehenden vermögensrechtlichen Verpflichtungen, denen keine entsprechende Gegenleistung gegenüberstehe, da der Staat die Dienste eines untauglichen Beamten regelmäßig nicht mehr in Anspruch nehme[572].

7. Urteil des Reichsgerichts vom 14.07.1939 – 4 D 198/39

Mit Urteil vom 14.07.1939 hatte das RG über einen Fall zu entscheiden, in dem der Angeklagte die Anstellung als Arbeitsdienstleiter beim Reichsarbeitsdienst unter Täuschung über persönliche Eigenschaften erlangt hatte. Der Angeklagte hatte wahrheitswidrige Angaben über einen militärischen Dienstgrad und Kriegsauszeichnungen gemacht, die er tatsächlich nicht besessen hatte und eine akademische Vorbildung als Diplomlandwirt vorgetäuscht[573]. Das RG bejahte den Vermögensschaden aufgrund der charakterlichen Mängel des Angeklagten, die er mit seinen Lügen deutlich gemacht habe. Er sei daher für eine Stellung, in der er die Erziehung von Arbeitsdienstmännern, die ihm unterstellt waren, überwachen und leiten sollte und denen er ein Vorbild sein sollte, völlig ungeeignet gewesen. Durch seine falschen Angaben habe der Angeklagte die Einstellung, Weiterbeschäftigung, Förderung und Besoldung durch den Träger des Arbeitsdienstes erreicht. Das RG vertrat die Ansicht, dass auch trotz zufrieden stellender Leistungen ein Vermögensschaden aufgrund charakterlicher Mängel vorliegen könne, wenn es sich um eine Person in amtlicher oder beamtenähnlicher

---

571 RG Urteil vom 13.07.1939 – 3 D 472/39, RGSt 73, 268 (270).

572 RG Urteil vom 13.07.1939 – 3 D 472/39, RGSt 73, 268 (271).

573 RG Urteil vom 14.07.1939 – 4 D 198/39, HRR 1939, Nr. 1491.

Stellung handele[574]. Damit weitete das RG die in seiner Entscheidung vom 27.04.1931[575] zunächst nur für Beamte aufgestellten Grundsätze zum Vermögensschaden auch auf Personen in einer beamtenähnlichen Stellung aus.

8. Urteil des Reichsgerichts vom 19.11.1940 – 1 D 498/40

In seiner letzten Entscheidung zum Anstellungsbetrug ging das RG dazu über, die zuvor nur für die Erschleichung einer Beamtenstellung aufgestellten Grundsätze nunmehr auch auf die Anstellung eines Arbeiters auszuweiten[576]. In dem der Entscheidung zugrunde liegenden Sachverhalt stellte ein Bauunternehmen, das mit einem Bau im Auftrag der Heeresverwaltung unmittelbar für Zwecke der Kriegsführung befasst war, einen mehrfach vorbestraften Hilfsarbeiter ein, der seine Vorstrafen auf Befragung verschwiegen hatte. Obwohl seine Arbeiten fachlich nicht zu beanstanden waren, bejahte das RG einen Vermögensschaden des Arbeitgebers. Bei den Bauarbeiten hätten "nur völlig einwandfreie und zuverlässige Gefolgsleute" beschäftigt werden dürfen, der Arbeitnehmer habe aber wegen seiner Vorstrafen gerade diese Zuverlässigkeit nicht besessen. Er sei daher aus persönlichen Gründen für die übernommene Tätigkeit unfähig gewesen, so dass seine Beschäftigung nicht zu verantworten gewesen sei. Durch Abschluss eines Arbeitsverhältnisses mit einem solchen persönlich untauglichen Arbeitnehmer habe sich der Arbeitgeber mit Lohnansprüchen belastet, für die er einen Anspruch auf Leistungen des Arbeitnehmers erlangte, die er aber nicht für das betreffende Bauprojekt beanspruchen durfte. Insoweit waren die Leistungen des Arbeitnehmers wenn nicht gar wertlos, doch zumindest wertmäßig kein voller Ausgleich für die übernommenen Verpflichtungen[577]. Ein Vermögensschaden liege aber immer schon dann vor, wenn der Arbeitgeber unwissentlich einen Bewerber einstelle, den er bestimmungsgemäß nicht beschäftigen dürfe und den er daher entlassen müsse, sobald bekannt werde, dass ihm eine für die Tätigkeit erforderliche persönliche Eigenschaft fehle, über die er bei der Einstellung unwahre Angaben gemacht habe[578].

574 RG Urteil vom 14.07.1939 – 4 D 198/39, HRR 1939, Nr. 1491.

575 RG Urteil vom 27.04.1931 – III 171/31, RGSt 65, 281 f.

576 RG Urteil vom 19.11.1940 – 1 D 498/40, RGSt 75, 8 ff.

577 RG Urteil vom 19.11.1940 – 1 D 498/40, RGSt 75, 8 (9).

578 RG Urteil vom 19.11.1940 – 1 D 498/40, RGSt 75, 8 (10).

9. Zusammenfassung

Nach Ansicht des RG war also beim Anstellungsbetrug zwischen der Erschleichung einer Beamtenstellung und eines privaten Arbeitsverhältnisses zu differenzieren und die Betrugsstrafbarkeit für die beiden Fallgruppen von verschiedenen Voraussetzungen abhängig zu machen[579]. Den Grund für diese Differenzierung sah das RG in der Verschiedenheit der beiden Rechtsverhältnisse. Im Gegensatz zum privaten Arbeitsverhältnis sei das Beamtenverhältnis ein auf Dauer angelegtes Treueverhältnis. Dieses erfordere von dem Beamten nicht nur in Bezug auf seine Vorbildung und Leistung, sondern in seiner ganzen Persönlichkeit den Anforderungen zu genügen. Dafür übernehme der Dienstherr die Fürsorge im beamtenrechtlichen Sinne in Form von vermögensrechtlichen Leistungen[580].

Die Leistungen eines Beamten, der die an ihn gestellten Anforderungen nicht erfülle, seien für seinen Dienstherrn insgesamt nicht brauchbar und daher wertlos. Deshalb liege der Vermögensschaden beim Anstellungsbetrug eines Beamten darin, dass der Dienstherr durch die Ernennung einer untauglichen Person zur Übernahme der Fürsorge im beamtenrechtlichen Sinne in Form von vermögensrechtlichen Leistungen verpflichtet werde, für die er keinen Gegenwert erhalte[581]. Im Gegensatz zu einem privaten Arbeitsverhältnis, das in solchen Fällen von dem Arbeitgeber wieder aufgelöst werden könne, dürfe sich der Dienstherr – abgesehen von den gesetzlich normierten Ausnahmen – von dem Beamten nicht trennen, obwohl er seine Dienste nicht mehr in Anspruch nehmen werde[582]. Bei der Erschleichung einer Beamtenstellung reichte dem RG damit für die Begründung des Vermögensschadens beim Anstellungsbetrug eines Beamten aus, dass der Bewerber bei der Ernennung nicht den Anforderungen genügte.

Einen anderen Maßstab legte das RG hingegen zunächst beim Anstellungsbetrug eines privaten Arbeitnehmers an. Hier nahm das RG grundsätzlich einen Vermögensschaden nur an, wenn die Leistungen des Arbeitnehmers nicht dem vom Arbeitgeber gewährten Gehalt entsprachen, sondern diesem gegenüber minderwertig waren[583].

579 Ständige Rechtsprechung seit RG Urteil vom 27.04.1931 – III 171/31, RGSt 65, 281 f.

580 RG Urteil vom 27.04.1931 – III 171/31, RGSt 65, 281 f.; RG Urteil vom 13.07.1939 – 3 D 472/39, RGSt 73, 268 (271).

581 RG Urteil vom 27.04.1931 – III 171/31, RGSt 65, 281 f.

582 RG Urteil vom 13.07.1931 – 3 D 472/39, RGSt 73, 268 (271).

583 RG Urteil vom 30.10.1919 – III 595/19, RGSt 54, 37 (38).

Nur unter bestimmten Voraussetzungen bejahte das RG einen Vermögensschaden des Arbeitgebers bei an sich ausreichender Leistung des Arbeitnehmers. Knüpfte der Arbeitgeber an eine besonders hohe, über der arbeitsmarktüblichen liegenden Vergütung bestimmte Kriterien, die er bei der Einstellung verlangte und wies der Arbeitnehmer diese Eigenschaften tatsächlich nicht auf, so nahm das RG einen Vermögensschaden auch bei nicht zu beanstandenden Leistungen des Arbeitnehmers an. In solchen Fällen stünde der Anforderung an den Arbeitnehmer eine in Geld messbare Gegenleistung gegenüber[584]. So hatte das RG einen Anstellungsbetrug angenommen, weil der Arbeitnehmer etwa die geforderte berufliche Qualifikation[585] oder die geforderte Zuverlässigkeit für eine Vertrauensstellung[586] nicht besaß. Darüber hinaus hat das RG einen Vermögensschaden bei der Erschleichung eines Arbeitsverhältnisses auch bejaht, wenn in der Person des Arbeitnehmers ein Einstellungshindernis begründet lag, bei dessen bekannt werden der Arbeitgeber den Arbeitnehmer sofort wieder entlassen musste[587] oder die Dienste des Arbeitnehmers wegen der aus ihnen drohenden Gefahren nicht mehr verwenden konnte[588].

Erst in seiner letzten Entscheidung im Jahre 1940 ging das RG dazu über, die für Beamte entwickelten Grundsätze auch auf die Erschleichung eines Arbeitsverhältnisses anzuwenden und nahm einen Vermögensschaden bei persönlicher Untauglichkeit eines Hilfsarbeiters an[589].

II. Die Rechtsprechung verschiedener Obergerichte zum Anstellungsbetrug in der Nachkriegszeit

In den Nachkriegsjahren gab es eine ganze Reihe von Entscheidungen verschiedener Oberlandesgerichte zum Anstellungsbetrug. Hier soll ein kurzer Überblick über die veröffentlichten Nachkriegsentscheidungen gegeben werden.

Auch in der Nachkriegszeit hatten sich die Gerichte besonders häufig mit dem Anstellungsbetrug durch Verschweigen von Vorstrafen zu beschäftigen.

Das *OLG Kiel* hatte in seiner Entscheidung vom 30.09.1946 den Fall eines erheblich vorbestraften Bewerbers zu entscheiden, der die Stelle eines Pfarrers

---

584 RG Urteil vom 13.07.1939 – 3 D 472/39, RGSt 73, 268 (269).

585 RG Urteil vom 13.04.1931 – III 107/31, RGSt 65, 273 (275/276).

586 RG Urteil vom 13.07.1939 – 3 D 472/39, RGSt 73, 268 (269).

587 RG Urteil vom 13.04.1931 – III 107/31, RGSt 65, 273 (276); RG Urteil vom 19.11.1940 – 1 D 498/40, RGSt 75, 8 (10).

588 RG Urteil vom 05.11.1908 – III 637/08, RGSt 42, 49 (50).

589 RG Urteil vom 19.11.1940 – 1 D 498/40, RGSt 75, 8 (9).

in einer Kirchengemeinde erschlichen hatte. Das *OLG Kiel* führte aus, dass es sich bei dem Anstellungsverhältnis um ein beamtenrechtliches Dienstverhältnis gehandelt habe, das nicht nur die Verwaltungsfunktionen, sondern auch die eigentlichen Pfarrgeschäfte umfasst habe. Ein solches Dienstverhältnis erfordere von dem Beamten nicht nur, dass er hinsichtlich seiner Vorbildung und Leistungen geeignet sei, sondern auch, dass er in seiner ganzen Persönlichkeit untadelig dastehe. Eine wegen Verbrechens vorbestrafte Person könne keine Kirchengemeinde gebrauchen, daher habe die anstellende Behörde aufgrund der völligen Untauglichkeit überhaupt keinen Gegenwert für die übernommene Fürsorge erhalten und einen Vermögensschaden erlitten[590].

Das *OLG Celle* musste sich gleich mehrfach mit der Problematik des Einstellungsschwindels auseinander setzen. In seiner Entscheidung vom 24.07.1946 beschäftigte sich das *OLG Celle* mit dem Fall, in dem zwei Bewerber unter Verschweigen ihrer erheblichen Vorstrafen die Einstellung als städtische Angestellte erlangt hatten. Obwohl die Arbeitnehmer weder eine Beamtenstellung noch eine besonders hoch bezahlte Vertrauensposition oder eine Anstellung in einem Betrieb erschlichen hatten, die eine besondere Charakterfestigkeit erforderte, sah das *OLG Celle* gleichwohl Raum für eine schadensgleiche Vermögensgefährdung. Die Angeklagten hätten im Rahmen ihrer Tätigkeit Zugriff auf erhebliche Vermögenswerte der Arbeitgeberin gehabt und die Gelegenheit bekommen, über diese Vermögenswerte zu ihren Gunsten zu verfügen. Indem „städtisches Vermögen in die Hände solcher Persönlichkeiten" gefallen sei, sei dieses äußerst gefährdet gewesen und in seinem geldlichen Wert damit erheblich beeinträchtigt worden. Ob die Arbeitnehmer sich auch tatsächlich an dem städtischen Vermögen vergriffen hätten, sei für die Begründung des Vermögensschadens irrelevant. Der nachträgliche Wegfall der Gefahr könne die in der Vergangenheit gleichwohl vorhanden gewesene Vermögensminderung nicht beseitigen, sondern gleiche nur den eingetretenen Schaden nachträglich wieder aus[591].

In seiner Entscheidung vom 14.06.1947 hatte das *OLG Celle* über die Revision eines Angeklagten zu entscheiden, der vor dem Krieg zunächst eine Lehre in einem Anwaltsbüro absolviert hatte, dann Bürovorsteher bei verschiedenen Rechtsanwälten gewesen war und später als Rechtsbeistand und Steuerhelfer zugelassen wurde. Nach einer Verurteilung im Jahre 1940 und der Verbüßung der Strafe wurde ihm die Zulassung als Steuerhelfer entzogen. Aus Furcht, dass ihm auch die Zulassung als Rechtsbeistand entzogen werden könnte, übte er eine Tätigkeit als Rechtsbeistand zunächst nicht mehr aus. Nach dem Krieg bewarb er sich nicht nur um mehrere Stellen für Juristen im öffentlichen Dienst,

590 OLG Kiel Urteil vom 30.09.1946 – Ss 146/46, SchlHA 1946, 502 = DRZ 1947, 135.

591 OLG Celle Urteil vom 24.07.1946 – Ss 19/46, SJZ 1947, 212 (213) = Zentral-Justizblatt für die britische Zone 1947, 85 Nr. 136 = Hann. Rechtspfl. 1946, 92.

sondern bemühte sich auch um die Zulassung als Rechtsanwalt bei verschiedenen Gerichten. Aufgrund seiner falschen Angaben wurde er als Rechtsanwalt zugelassen und nur wenig später in einem Prozess als Armenanwalt beigeordnet[592]. Nach Ansicht des *OLG Celle* könne in einem solchen Fall auch ein Betrug zum Nachteil der bereits niedergelassenen Rechtsanwälte liegen. Indem ein Rechtsanwalt mit seiner Zulassung auch die Anwartschaft auf Zuteilung von Armenrechtsmandaten erhalte, könne den bereits zugelassenen Rechtsanwälten ein Vermögensschaden entstehen. Den bereits zugelassenen Rechtsanwälten entgingen die Armenrechtsmandate, die der neu zugelassene Rechtsanwalt übertragen bekomme. Ebenso könne bei der Erschleichung der Zulassung als Rechtsanwalt ein Vermögensschaden zum Nachteil eines anderen Bewerbers vorliegen, der infolge des (damals) geltenden numerus clausus mangels Bedürfnisses nicht mehr zugelassen werde[593].

Einen Vermögensschaden bejahte auch das *Kammergericht Berlin* in einem Fall, in dem ein mehrfach vorbestrafter Bewerber unter Verschweigen seiner kriminellen Vergangenheit die Einstellung bei der Polizei erlangte[594]. Um in den Polizeidienst eintreten zu können, müsse der Bewerber seiner ganzen Persönlichkeit nach, insbesondere hinsichtlich seiner Zuverlässigkeit und seiner sittlichen Eigenschaften, untadelig sein. Ein vorbestrafter Polizist bringe aber die ständige Gefahr mit sich, dass er sich zu nicht einwandfreiem Verhalten verleiten lassen könne oder dass bei bekannt werden der Vorstrafen die für die Stellung erforderliche Autorität Schaden nehme. Selbst bei sonst nicht zu beanstandenden Leistungen habe die Dienststelle aufgrund der dargestellten Gefahr keinen Gegenwert für ihre Vergütung erhalten und sei an ihrem Vermögen beschädigt worden[595].

In dem Fall, den der *Oberste Gerichtshof für die britische Zone* im Jahre 1949 zu entscheiden hatte[596], hatte ein Angeklagter die Einstellung in den Polizeidienst aufgrund falscher Angaben über seine politische und berufliche Vergangenheit erlangt und eine aus dem Jahre 1942 stammende Verurteilung wegen Urkundenunterdrückung und Urkundenfälschung fälschlicherweise als politische Vorstrafe dargestellt.

---

592 OLG Celle Urteil vom 14.06.1947 – Ss 30/47, NdsRPfl. 1947, 65.

593 OLG Celle Urteil vom 14.06.1947 – Ss 30/47, NdsRPfl. 1947, 65 (67).

594 KG Urteil vom 23.10.1946 – 1 Ss 89/46, JR 1948, 141.

595 KG Urteil vom 23.10.1946 – 1 Ss 89/46, JR 1948, 141.

596 OGH Urteil vom 14.06.1949 – StS 8/49, OGHSt 2, 82 ff.

Unter Berufung auf das RG[597] bejahte der *OGH* einen Vermögensschaden des Landes mit der Begründung, dass es die beamtenrechtliche Fürsorge für den Angeklagten, also vermögensrechtliche Leistungen, übernommen habe, ohne dass es wegen der Untauglichkeit des Angeklagten für das von ihm bekleidete Amt einen Gegenwert erhalten habe[598]. Der *OGH* betonte, dass die für die Begründung eines Vermögensschadens bei einem Dienst- oder Arbeitsverhältnis entwickelten Grundsätze nicht ohne weiteres auf die Begründung eines öffentlich-rechtlichen Dienstverhältnisses übertragen werden dürften[599]. Aufgrund der Besonderheiten des Beamtenverhältnisses könne nicht der Wert der zu erbringenden Leistungen mit dem Wert der vom Dienstberechtigten übernommenen Verpflichtungen verglichen werden und ein Vermögensschaden dann angenommen werden, wenn der Wert der Leistung des Beamten dem Wert der Gegenleistung nicht entspreche, da eine solche Betrachtungsweise nicht mit der Stellung eines Beamten vereinbar sei. Das Beamtenverhältnis, als ein auf Dauer eingegangenes Treueverhältnis, zeichne sich dadurch aus, dass der Beamte seine ganze Person in die Dienste des Staates stelle und die Anstellungsbehörde dafür die Fürsorge für den Beamten im beamtenrechtlichen Sinne übernehme. Daher müsse der Beamte nicht nur den Anforderungen hinsichtlich seiner Vorbildung und seiner Leistungen entsprechen, sondern auch seiner ganzen Persönlichkeit nach für das Amt geeignet sein. Insbesondere dürfe er keine charakterlichen Schwächen und Mängel aufweisen, die ihn nach Auffassung der anstellenden Behörde für sein Amt ungeeignet erscheinen lassen[600]. Gerade solche Mängel habe der Angeklagte aber aufgewiesen, daher sei der Vermögensschaden zu bejahen gewesen[601].

Gegenstand mehrerer OLG-Entscheidungen der Nachkriegszeit war auch der Anstellungsbetrug durch Bewerber, die ihre politische Vergangenheit verschwiegen hatten.

Das *OLG Braunschweig* hatte im Jahre 1947 über den Fall zu entscheiden, in dem ein Bewerber um die Stelle eines Stadtrates bei seiner Bewerbung einen Aufnahmeantrag an die NSDAP aus dem Jahre 1940 verschwiegen hatte. Das *OLG Braunschweig* setzte sich mit der Frage auseinander, ob bereits ein Aufnahmegesuch an die NSDAP den Bewerber für die in Aussicht genommene Tätigkeit ungeeignet mache. Unter Bezugnahme auf die Rechtsprechung des RG zur Erschleichung einer Amtsstellung kam das *OLG Braunschweig* zu der An-

597 RG Urteil vom 27.04.1931 – III 171/31, RGSt 65, 281.

598 OGH Urteil vom 14.06.1949 – StS 8/49, OGHSt 2, 82 (85).

599 OGH Urteil vom 14.06.1949 – StS 8/49, OGHSt 2, 82 (84).

600 OGH Urteil vom 14.06.1949 – StS 8/49, OGHSt 2, 82 (84).

601 OGH Urteil vom 14.06.1949 – StS 8/49, OGHSt 2, 82 (85).

sicht, dass die vorliegende Fallkonstellation nicht mit den Fällen verglichen werden könnte, in denen beispielsweise der Bewerber seine Vorstrafen verschwiegen habe. Da das *OLG Braunschweig* der Ansicht war, dass der Bewerber für die Position eines Stadtrates nicht unwürdig war, lehnte es demzufolge einen Vermögensschaden der Stadt ab[602].

Anders hingegen entschied das *OLG Gera* den Fall, in dem ein Lehrer der Anstellungsbehörde gegenüber verschwiegen hatte, dass er früher der NSDAP oder einer ihrer Gliederungen angehört hatte und bejahte den Anstellungsbetrug. Nach Ansicht des *OLG Gera* sei der Bewerber, wenn auch fachlich geeignet, dennoch keine vollwertige Lehrkraft gewesen, die die Anstellungsbehörde in seiner Person erwartet, ihn deshalb eingestellt und die Vergütung, die jeder anderen politisch einwandfreien Lehrkraft gewährt worden wäre, an ihn entrichtet habe. Daher sei der einstellenden Körperschaft ein Vermögensschaden entstanden[603].

Vom *OLG Oldenburg* wurde am 17.02.1948 ein weiterer Fall eines Lehrers entschieden, der unter wahrheitswidriger Vorspiegelung, er habe das erste Lehrerexamen abgelegt, als Schulamtsbewerber eingestellt wurde. Das *OLG Oldenburg* bejahte einen Vermögensschaden des Staates trotz ordnungsgemäßer Diensterfüllung, da der Bewerber aufgrund mangelnder Wahrheitsliebe und Charakterfestigkeit nicht als vollwertig angesehen werden konnte. Darüber hinaus habe er mit seiner Einstellung die Anwartschaft auf die Anstellung als planmäßiger Beamter und damit die Anwartschaft auf die beamtenrechtliche Fürsorge des Staates erhalten. Indem ihm diese Fürsorge zugute gekommen sei, obwohl er charakterlich untauglich für seinen Beruf war, sei auch eine Gefährdung des Staatsvermögens in wirtschaftlicher Hinsicht eingetreten[604].

Dem *OLG Freiburg* lag ein Fall zur Entscheidung vor, in dem sich der Angeklagte wahrheitswidrig als Gerichtsreferendar ausgegeben, den juristischen Vorbereitungsdienst bei der Inneren- und der Justizverwaltung aufgenommen und dafür einen Unterhaltszuschuss entgegen genommen hatte[605]. Auch hier wurde ein Vermögensschaden bejaht. Entscheidend war dabei für das *OLG Freiburg*, dass der Angeklagte tatsächlich nicht Gerichtsreferendar war. Neben dem Wert der geleisteten Dienste sei für die Schadensberechnung vor allem die behauptete Ausbildung zu berücksichtigen, die wesentlich die Höhe der Bezüge mitbestimme. Darüber hinaus sei der Unterhaltszuschuss nicht als Gegenleis-

602 OLG Braunschweig Urteil vom 23.06.1947 – Ws 25/47, NdsRPfl. 1947, 47 (48).

603 OLG Gera (71), Reg. Thür. Bl. 47 II 188 = OLG Gera NJW 1947, 34, Nr. 126.

604 OLG Oldenburg Urteil vom 17.02.1948 – Ss 108/47, NdsRPfl. 1948, 95.

605 OLG Freiburg Urteil vom 29.05.1947 – Ss 19/47, HESt 1, 272 ff.

tung für die geleisteten Dienste zu verstehen, sondern werde dem Referendar zum Zwecke der Fortbildung gezahlt[606].

Nach der Gründung des BGH im Jahre 1950 entschied dieser erstmals im Jahre 1951 über einen Anstellungsbetrug. Daher orientierten sich die Oberlandesgerichte im Wesentlichen an der Rechtsprechung des RG, auf die sie regelmäßig auch ausdrücklich verwiesen. Es fällt dennoch auf, dass in einigen OLG-Entscheidungen auch versucht wurde, für den Anstellungsbetrug andere Begründungen zu geben[607].

III. Die Rechtsprechung des BGH zum Anstellungsbetrug

Der BGH hielt mit seiner Rechtsprechung zum Anstellungsbetrug an der bis zur letzten Entscheidung des RG im Jahre 1940 geltenden Trennung zwischen der Erschleichung einer Beamtenstellung und der Erschleichung eines Arbeitsverhältnisses fest, hat jedoch die Rechtsprechung des RG zum Vermögensschaden weiter ausdifferenziert.

1. Die Erschleichung eines Beamtenverhältnisses

Wie zuvor schon das RG[608], so hat auch der BGH an der Ansicht festgehalten, dass sich das Beamtenverhältnis nicht auf Leistung von Arbeit gegen Vergütung beschränke. Es sei vielmehr ein Verhältnis eigener Art mit dem Schwerpunkt auf gegenseitiger Treuepflicht. Aus dieser heraus sei einerseits der Beamte verpflichtet, sich und seine Arbeitskraft dem Dienstherrn zu widmen und andererseits der Dienstherr zur Fürsorge für den Beamten in Form von Dienstbezügen, deren Höhe sich jeweils nach dem verliehenen Amt bestimme[609]. Die Übertragung eines öffentlichen Amtes könne der Staat durch Gesetz oder Verwaltungsvorschriften von bestimmten Voraussetzungen abhängig machen. Damit sei jeder Beamte, der diese Voraussetzungen nicht erfülle, auch nicht für das in Aussicht genommene Amt geeignet[610]. Täusche der Beamte über Umstände, die seiner Einstellung rechtlich entgegenstehen, entstehe dem Dienstherrn stets ein wirtschaftlicher Vermögensschaden, da er den Beamten aufgrund einer Ermessensreduzierung auf Null nicht hätte einstellen dürfen[611].

---

606 OLG Freiburg Urteil vom 29.05.1947 – Ss 19/47, HESt 1, 272 (273).

607 So auch *Bauer*, Erschleichung, S. 62 f.

608 Siehe oben S. 162 f.

609 BGH Urteil vom 16.03.1954 – 5 StR 552/53, BGHSt 5, 358 (360).

610 BGH Urteil vom 16.03.1954 – 5 StR 552/53, BGHSt 5, 358 (360); BGH Urteil vom 27.09.1960 – 5 StR 323/60, n. v.

611 BGH Beschluss vom 18.02.1999 – 5 StR 193/98, BGHSt 45, 1 (11).

Der BGH hat bei der Erschleichung einer Beamtenstellung zwei verschiedene Fallgruppen zum Vermögensschaden entwickelt und differenziert heute zwischen Fällen fehlender fachlicher Eignung und Fällen fehlender persönlicher Eignung[612].

a) Fehlende fachliche Eignung

Indem der Staat die Übertragung eines öffentlichen Amtes an Gesetze oder Verwaltungsvorschriften knüpfen könne, dürfe er insbesondere auch eine bestimmte Berufsausbildung für das jeweilige Amt fordern. Damit sei jeder Beamte, der diese fachlichen Voraussetzungen nicht erfülle, auch nicht für dieses Amt geeignet[613]. Täusche ein Bewerber über seine fachliche Eignung und werde aufgrund seiner falschen Angaben ernannt, ohne seiner Vorbildung nach die geforderten Voraussetzungen für das Amt zu besitzen, werde der Dienstherr an seinem Vermögen geschädigt[614]. Der Dienstherr zahle dem Beamten Bezüge, die diesem nicht zustehen, da er aus Sicht des Dienstherrn für das Amt untauglich sei[615]. Die Höhe der sich aus den Besoldungsgesetzen und der Besoldungsordnung ergebenden Vergütung knüpfe zwar zunächst an die berufliche Vorbildung an, werde aber darüber hinaus von bestimmten sozialen Gesichtspunkten, wie Alter und Familienstand bestimmt, die mit dem objektiven Wert der Dienste nicht zusammenhängen[616]. Dementsprechend bemessen sich die Bezüge eines Beamten, auch wenn sie wirtschaftlich eine Art Gegenleistung für seine Dienste darstellen, in ihrer Höhe nicht nach ihrem „Wert“, entscheidend sei vielmehr ihr durch die Besoldungsordnung festgesetzter „Preis“. Folglich trete bei dem öffentlichen Dienstherrn immer dann ein Vermögensschaden ein, wenn er einem Beamten mehr als den geschuldeten „Preis“ bezahle, unabhängig von dem objektiven Wert der geleisteten Dienste des Beamten. Daher komme es auch nicht darauf an, ob der Beamte die mit seiner Position einhergehenden Aufgaben ordnungsgemäß erfüllen könne[617].

---

612 BGH Beschluss vom 18.02.1999 – 5 StR 193/98, BGHSt 45, 1 (5).

613 BGH Urteil vom 16.03.1954 – 5 StR 552/53, BGHSt 5, 358 (360); BGH Urteil vom 27.09.1960 – 5 StR 323/60, n. v.

614 BGH Urteil vom 23.10.1951 – 1 StR 398/51, n. v.; BGH Urteil vom 10.01.1961 – 5 StR 353/60, n. v.

615 BGH Urteil vom 16.03.1954 – 5 StR 552/53, BGHSt 5, 358 (362).

616 BGH Urteil vom 16.03.1954 – 5 StR 552/53, BGHSt 5, 358 (361).

617 BGH Urteil vom 16.03.1954 – 5 StR 552/53, BGHSt 5, 358 (362); BGH Urteil vom 10.01.1961 – 5 StR 353/60, n. v.

Nach diesen Grundsätzen bejahte der BGH in seiner Entscheidung vom 16.03.1953 – 5 StR 552/53[618] den Anstellungsbetrug des Angeklagten, der die Stelle eines Gewerbeoberlehrers erschwindelte, obwohl er lediglich eine Ausbildung zum Volksschullehrer hatte.

Dieselben Überlegungen seien auch für einen Beamten gültig, der aufgrund falscher Angaben über seinen Familienstand oder seine Laufbahn die Auszahlung höherer Bezüge erhalte. Auch hier sei der Vermögensschaden des Dienstherrn zu bejahen, selbst wenn dieser Beamte ebensoviel oder sogar mehr leiste, als ein vergleichbarer Beamter, der jedoch älter sei oder eine größere Familie habe[619].

b) Fehlende persönliche Eignung

Der BGH nimmt einen Vermögensschaden des Dienstherrn darüber hinaus auch dann an, wenn der Beamte zwar aus fachlicher Sicht geeignet ist, ihm aber die persönliche Eignung in sittlicher oder charakterlicher Hinsicht für das Amt fehlt und er daher aufgrund einer Ermessensreduzierung auf Null nicht hätte eingestellt werden dürfen oder er bei Kenntnis der Sachlage zu entlassen sei[620]. Ein solcher Fall liege dann vor, wenn der Beamte die nach dem Gesetz oder einer Verwaltungsvorschrift notwendige persönliche Eignung z. B. in Form von persönlicher Zuverlässigkeit hinsichtlich der versprochenen Amtsführung nicht aufweise[621].

Nach Ansicht des BGH sei jedenfalls von einer schadensgleichen Vermögensgefährdung auszugehen, wenn das Risiko bestehe, dass sich die fehlende persönliche Zuverlässigkeit des Beamten auf die Qualität seiner Amtsführung auswirken werde und er sein Amt nicht den Leistungsanforderungen entsprechend ausüben werde. Der einwandfreien Amtsführung eines Beamten komme ein Vermögenswert zu, der nach objektiven Gesichtspunkten bestimmbar sei. Daher sei auch die persönliche Zuverlässigkeit des Beamten ein für die Bestimmung des wirtschaftlichen Wertes seiner Leistungen maßgeblicher Faktor. Bei einem persönlich unzuverlässigen Beamten entspreche der Wert seiner Leistungen nicht dem, was er versprochen habe. Bei wirtschaftlicher Betrachtungsweise seien daher die Dienste des Beamten zu den Leistungen des Dienstherrn nicht äquivalent, auch dann nicht, wenn der Beamte sonst fachlich „geeignet"

---

618 BGH Urteil vom 16.03.1954 – 5 StR 552/53, BGHSt 5, 358 (362).

619 BGH Urteil vom 16.03.1954 – 5 StR 552/53, BGHSt 5, 358 (361); BGH Urteil vom 27.09.1960 – 5 StR 323/60, n. v.; vgl. auch OLG Celle Urteil vom 03.08.1972 – 1 Ss 210/72, NdsRpfl. 1972, 281 f.

620 BGH Urteil vom 10.01.1961 – 5 StR 353/60, n. v.; BGH Beschluss vom 18.02.1999 – 5 StR 193/98, BGHSt 45, 1 (11).

621 BGH Beschluss vom 18.02.1999 – 5 StR 193/98, BGHSt 45, 1 (11).

erscheine, oder während seiner Anstellung tatsächlich fachlich nicht zu beanstandende Leistungen erbringe[622]. Der Staat übernehme in diesen Fällen die beamtenrechtliche Fürsorge in Form von vermögensrechtlichen Verpflichtungen, erhalte aber andererseits im Hinblick auf die charakterliche Untauglichkeit überhaupt keinen Gegenwert[623].

aa) Vermögensschaden durch einen vorbestraften Beamten

Mehrfach hatte der BGH Fälle zu entscheiden, in denen sich ein Beamter durch Verschweigen seiner Vorstrafen seine Anstellung erschlichen hatte. Der BGH bejahte hier den Vermögensschaden, weil dieser „Charaktermangel" den Beamten für das Amt untauglich mache[624].

Bei einem wegen Betruges vorbestraften Polizeibeamten begründete der BGH den Vermögensschaden des Staates damit, dass der Beamte nicht die für das Amt erforderlichen sittlichen Eigenschaften aufgewiesen habe. Der BGH ließ den ideellen Schaden, der in der Schädigung des Ansehens der Behörde durch die Anstellung und Tätigkeit eines vorbestraften Beamten entstehe, außer Betracht[625]. Er sah allerdings in der Einstellung eines wegen Betruges vorbestraften Beamten zumindest eine Vermögensgefährdung für den Dienstherrn, da ein solcher Beamter die ständige Gefahr mit sich bringe, weitere Straftaten, insbesondere vermögensrechtlicher Art, zu begehen. Daher kam es nach Ansicht des BGH für die Strafbarkeit des Polizeibeamten auch nicht darauf an, ob der Beamte im Übrigen seinen Dienst ordentlich versehe[626].

Am 31.08.1955 hatte der BGH über den Fall eines Bürgermeisters zu entscheiden, der vor seiner Ernennung die Frage nach Vorstrafen wahrheitswidrig verneint hatte. In Wirklichkeit war er im Krieg wegen schwerer Urkundenfälschung und nach dem Krieg wegen Diebstahls verurteilt worden. Der BGH sah hier den Vermögensschaden der Stadt in der Übernahme der beamtenrechtlichen Fürsorge, für die sie keinen entsprechenden Gegenwert erhalten habe. Aufgrund seiner Charakterfehler sei der Angeklagte für das Amt untauglich gewesen[627].

---

622 BGH Beschluss vom 18.02.1999 – 5 StR 193/98, BGHSt 45, 1 (12).

623 BGH Urteil vom 23.10.1951 – 1 StR 398/51, n. v.; BGH Urteil vom 13.08.1953 – 4 StR 320/53, n. v.; BGH Urteil vom 31.08.1955 – 2 StR 110/55, GA 56, 121 (122); BGH Urteil vom 21.07.1961 – 4 StR 93/61, NJW 1961, 2027 (2028).

624 BGH Urteil vom 06.07.1954 – 5 StR 192/54, n. v.; BGH Urteil vom 31.08.1955 – 2 StR 110/55, GA 1956, 121 (122).

625 BGH Urteil vom 13.08.1953 – 4 StR 320/53, n. v.

626 BGH Urteil vom 13.08.1953 – 4 StR 320/53, n. v.

627 BGH Urteil vom 31.08.1955 – 2 StR 110/55, GA 1956, 121 (122).

bb) Vermögensschaden durch einen Beamten mit früherer Tätigkeit für das MfS der DDR

In seiner vorerst letzten Entscheidung zum Anstellungsbetrug war dem BGH vom Kammergericht Berlin gem. § 121 Abs. 2 GVG die Rechtsfrage zur Entscheidung vorgelegt worden, ob ein Vermögensschaden i. S. d. § 263 StGB vorliege, wenn der Bewerber um eine Beamtenstellung, der die laufbahnrechtlichen Voraussetzungen erfülle und nach seiner Einstellung als Beamter fachlich nicht zu beanstandende Leistungen erbringe, bei seiner Einstellung die Behörde über Art und Umfang seiner Tätigkeit für das MfS der DDR und somit über charakterliche und sittliche Mängel getäuscht habe, bei deren Kenntnis die Einstellungsbehörde ihn nicht hätte einstellen dürfen[628].

Auch in dieser Frage entschied der BGH nach den allgemeinen Grundsätzen der höchstrichterlichen Rechtsprechung zum Anstellungsbetrug durch Erschleichung einer Beamtenstellung[629]. Nach den beamtenrechtlichen Vorschriften schließe eine frühere Tätigkeit für das MfS der DDR die persönliche Eignung im Sinne einer persönlichen Zuverlässigkeit aus. Aufgrund einer Ermessensreduzierung auf Null dürfe in diesen Fällen der Bewerber nicht ernannt werden, so dass in einer Anstellung eines solchen Beamten eine schadensgleiche Vermögensgefährdung liege. Der BGH vertrat die Ansicht, dass ein Vermögensschaden i. S. d. § 263 StGB zu bejahen sei, wenn ein Bewerber um eine Beamtenstellung bei seiner Einstellung falsche Angaben über seine frühere Tätigkeit als Mitarbeiter des MfS mache[630].

2. Die Erschleichung eines Arbeitsverhältnisses

Im Gegensatz zu der Erschleichung eines Beamtenverhältnisses hat der BGH die Bestimmung des Vermögensschadens bei der Erschleichung eines Arbeitsverhältnisses einer streng wirtschaftlich orientierten Betrachtungsweise unterzogen. Wie schon das RG[631] vertritt auch der BGH die Ansicht, dass es bei der Erschleichung eines Arbeitsverhältnisses entscheidend darauf ankomme, ob die vom Arbeitgeber übernommenen geldlichen Leistungen wertmäßig die vom Arbeitnehmer versprochenen und geleisteten Arbeiten übersteigen; nur wenn die

---

628 BGH Beschluss vom 18.02.1999 – 5 StR 193/98, BGHSt 45, 1 ff.

629 BGH Beschluss vom 18.02.1999 – 5 StR 193/98, BGHSt 45, 1 (11).

630 BGH Beschluss vom 18.02.1999 – 5 StR 193/98, BGHSt 45, 1 (11).

631 RG Urteil vom 27.04.1931 – III 171/31, RGSt 65, 281 ff.; RG Urteil vom 13.07.1939 – 3 D 472/39, RGSt 73, 268 ff.

fachlichen Leistungen minderwertig seien, könne der Vermögensschaden bejaht werden[632].

Dementsprechend bejahte der BGH mit Urteil vom 05.01.1951 einen Vermögensschaden des Arbeitgebers, weil sich der Arbeitnehmer unter falschen Angaben über seine berufliche Vorbildung die Stelle eines Eisenbahnsekretärs verschafft hatte. In Ermangelung der für die Position erforderlichen Vorbildung sei der Arbeitnehmer nicht in der Lage gewesen, die von ihm geforderten Leistungen zu erbringen, für die er bezahlt wurde. Da er nicht imstande gewesen sei, eine vollwertige Arbeit als Gegenleistung für die ihm gewährte Vergütung zu erbringen, habe der Arbeitgeber einen Vermögensschaden erlitten[633].

Nach Ansicht des BGH kommt es also für die Feststellung des Vermögensschadens des Arbeitgebers grundsätzlich nur auf den Wertvergleich zwischen den vom Arbeitnehmer geleisteten Diensten und den vom Arbeitgeber übernommenen geldlichen Verpflichtungen an[634]. Die Ermittlung dieses Wertvergleiches könne bei einem bereits längere Zeit bestehenden Arbeitsverhältnis aufgrund der tatsächlichen Leistung des Arbeitnehmers erfolgen. Habe das Arbeitsverhältnis hingegen erst für kurze Zeit bestanden, reiche es nicht aus, nur darauf abzustellen, ob die Arbeitsleistungen zufrieden stellend waren, da hier möglicherweise das volle Leistungsvermögen des Arbeitnehmers noch nicht hat in Erscheinung treten können. Daher dürfe in solchen Fällen der Wertvergleich nicht allein anhand der tatsächlich erbrachten Leistungen vorgenommen werden. Entscheidend sei vielmehr, ob der Arbeitnehmer die Fähigkeiten habe, den allgemeinen Leistungsanforderungen zu entsprechen, die an seine Vergütungsgruppe zu stellen seien. Erfülle das allgemeine Leistungsvermögen des Arbeitnehmers nicht die Erwartungen des Arbeitgebers, so könne in dem Abschluss des Arbeitsvertrages bereits eine Vermögensgefährdung liegen, die einem Vermögensschaden gleichkomme[635].

Für öffentlich-rechtliche Anstellungsverhältnisse hatte der BGH jedoch zunächst noch die Ansicht vertreten, dass die gleichen Grundsätze heranzuziehen seien, wie sie auch bei der Erschleichung einer Beamtenstellung Anwendung finden. Zwar seien die Angestellten des öffentlichen Dienstes keine Beamten im

632 BGH Urteil vom 05.01.1951 – 2 StR 29/50, BGHSt 1, 13 (14); BGH Urteil vom 21.07.1961 – 4 StR 93/61, NJW 1961, 2027 (2028); BGH Urteil vom 04.05.1962 – 4 StR 71/62, BGHSt 17, 254 (256); BGH Urteil vom 09.05.1978 – StR 104/78, NJW 1978, 2042 (2043).

633 BGH Urteil vom 05.01.1951 – 2 StR 29/50, BGHSt 1, 13 (14).

634 BGH Urteil vom 21.07.1961 – 4 StR 93/61, NJW 1961, 2027 (2028); BGH Urteil vom 04.05.1962 – 4 StR 71/62, BGHSt 17, 254 (256).

635 BGH Urteil vom 04.05.1962 – 4 StR 71/62, BGHSt 17, 255 (257/258).

staatsrechtlichen, so doch im strafrechtlichen Sinne. Ihr Anstellungsverhältnis sei ein eben solches Treueverhältnis[636].

Seit seinem Urteil vom 21.07.1961[637] hat der BGH jedoch seine Rechtsprechung dahingehend geändert, dass auch bei Angestellten des öffentlichen Dienstes der Vermögensschaden auf der Grundlage eines Wertvergleiches zu ermitteln ist. Insbesondere dürften die für Beamte entwickelten Grundsätze nicht auf Arbeitsverhältnisse im öffentlichen Dienst übertragen werden, selbst dann nicht, wenn diese mit dem Staat oder anderen öffentlich-rechtlichen Körperschaften geschlossen würden und der Arbeitnehmer mit gleichen Aufgaben, wie Beamte auch, betraut werde[638].

Für Arbeitsverhältnisse im öffentlichen Dienst würden trotz einer Vergütungsordnung, die sich an bestimmten Tätigkeitsmerkmalen orientiere, gerade nicht dieselben strengen Laufbahnvoraussetzungen gelten, wie sie bei Beamten Anwendung finden. Bei den Angestellten im öffentlichen Dienst komme es vielmehr auf die tatsächlich erbrachte Leistung an. Daher sei jeder, der die Anforderungen an die erstrebte Vergütungsgruppe erfülle, eine vollwertige Arbeitskraft, selbst wenn er mit seiner Ausbildung nicht den für die Vergütungsgruppe geforderten Voraussetzungen genüge[639].

Wie zuvor schon das RG[640] ist allerdings auch der BGH der Ansicht, dass trotz fachlich nicht zu beanstandender Leistung des Arbeitnehmers dem Arbeitgeber ausnahmsweise dann ein Vermögensschaden entstehen soll, wenn der Arbeitnehmer besondere Kriterien nicht aufweise, die Voraussetzung des Vertragsschlusses waren. So will der BGH auch dann einen Vermögensschaden bejahen, wenn der Arbeitnehmer spezielle, für die Höhe der Vergütung ausschlaggebende Vorbedingungen nicht erfülle[641]. Dies sei der Fall, wenn – ähnlich wie beim Beamten – eine abgeschlossene Ausbildung oder die Art und Dauer früherer Beschäftigungen für die Einstellung und die Höhe der Bezüge zur Voraussetzung

636 BGH Urteil vom 23.10.1951 – 1 StR 398/51, n. v.; BGH Urteil vom 26.06.1952 – 5 StR 58/52, n. v.; BGH Urteil vom 06.07.1954 – 5 StR 192/54, n. v.; vgl. auch BGH Urteil vom 05.01.1951 – 2 StR 29/50, BGHSt 1 (13), (15).

637 BGH Urteil vom 21.07.1961 – 4 StR 93/61, NJW 1961, 2027 (2028).

638 BGH Urteil vom 21.07.1961 – 4 StR 93/61, NJW 1961, 2027 (2028); BGH Urteil vom 04.05.1962 – 4 StR 71/62, BGHSt 17, 254 (256).

639 BGH Urteil vom 21.07.1961 – 4 StR 93/61, NJW 1961, 2027 (2028); BGH Urteil vom 04.05.1962 – 4 StR 71/62, BGHSt 17, 254 (257).

640 Siehe oben S. 162 f.

641 BGH Urteil vom 09.05.1978 – StR 104/78, NJW 1978, 2042 (2043).

gemacht werden[642]. Dies gelte auch dann, wenn von dem Arbeitnehmer eine Vertrauenswürdigkeit und Zuverlässigkeit gefordert und seine Vergütung mit Rücksicht darauf besonders hoch festgesetzt werde[643].

Im Hinblick auf die persönliche Zuverlässigkeit hatte der BGH sich mehrfach vor allem mit vorbestraften Arbeitnehmern zu beschäftigen. Dabei machte er deutlich, dass ein Vermögensschaden zum Nachteil des Arbeitgebers auch in der Gefährdung liegen könne, die von einem wegen Vermögensstraftaten vorbestraften Arbeitnehmer ausgehe, der in der für ihn vorgesehenen Position über das Vermögen des Arbeitgebers verfügen könne. Durch zahlreiche Vorverurteilungen könne auf eine starke Anfälligkeit für Vermögensstraftaten geschlossen werden. Daraus resultiere die ständige Gefahr, dass der Arbeitnehmer zum Nachteil des Arbeitgebers über dessen Vermögen verfügen werde, sobald sich ihm eine günstige Gelegenheit biete[644].

Andere, nicht wirtschaftlich bestimmbare Kriterien, wie beispielsweise einen ideellen Schaden, will der BGH für die Begründung des Vermögensschadens nicht zulassen. So hat der BGH in einem Fall, in dem der Arbeitnehmer gegenüber zwei Stadtverwaltungen seine Vorstrafen verschwiegen hatte, aus der Schädigung des Ansehens, die den Stadtverwaltungen beim bekannt werden der Einstellung eines vorbestraften Arbeitnehmers entsteht, keinen Vermögensschaden hergeleitet[645].

3. Zusammenfassung

Der BGH hat also die Rechtsprechung des RG zum Anstellungsbetrug fortgeführt, jedoch die Kriterien für die Bejahung eines Vermögensschadens weiter ausdifferenziert. Dabei hat er insbesondere an der unterschiedlichen Behandlung der Erschleichung eines Beamtenverhältnisses und der Erschleichung eines privaten oder öffentlichen Arbeitsverhältnisses festgehalten.

Bei der Erschleichung einer Beamtenstellung knüpft der BGH für die Bestimmung des Vermögensschadens an die Eignung des Beamten für das in Aussicht genommene Amt an. Erfüllt der Beamte die durch Gesetz oder Verwaltungs-

---

642 BGH Urteil vom 21.07.1961 – 4 StR 93/61, NJW 1961, 2027 (2028); BGH Urteil vom 04.05.1962 – 4 StR 71/62, BGHSt 17, 254 (257).

643 BGH Urteil vom 21.07.1961 – 4 StR 93/61, NJW 1961, 2027 (2028); BGH Urteil vom 04.05.1962 – 4 StR 71/62, BGHSt 17, 254 (257); BGH Urteil vom 09.05.1978 – StR 104/78, NJW 1978, 2042 (2043).

644 BGH Urteil vom 04.05.1962 – 4 StR 71/62, BGHSt 17, 254 (259); BGH Urteil vom 09.05.1978 – StR 104/78, NJW 1978, 2042 (2043).

645 BGH Urteil vom 04.05.1962 – 4 StR 71/62, BGHSt 17, 254 (259).

vorschriften vorgegebenen Voraussetzungen für die Einstellung nicht und täuscht er hierüber, so entsteht dem Dienstherrn ein Vermögensschaden, wenn dieser den Beamten aufgrund einer Ermessensreduzierung auf Null nicht hätte einstellen dürfen. Der BGH differenziert weiter zwischen den Fällen, in denen der Beamte schon fachlich nicht geeignet war und den Fällen, in denen es trotz fachlicher Eignung an der persönlichen Eignung des Beamten fehlt.

Erfüllt der Beamte die rechtlich unerlässlichen Anforderungen an die fachliche Qualifikation nicht, gilt er als untauglich, selbst wenn seine Leistungen sonst zufrieden stellend sein sollten. In solchen Fällen vermag der Beamte keine rechtlich gleichwertige Gegenleistung für die ihm gewährten Bezüge zu erbringen, so dass ein Vermögensschaden auf Seiten des Dienstherrn eintritt[646]. Da die Besoldungsordnungen die Höhe der Bezüge auch von bestimmten sozialen Gesichtspunkten, wie Alter und Familienstand und der vorherigen Laufbahn abhängig machen, bejaht der BGH auch hier einen Vermögensschaden, wenn der Beamte durch falsche Angaben unberechtigt höhere Bezüge erhält[647].

Der BGH hat einen Vermögensschaden darüber hinaus auch bejaht, wenn der Beamte zwar aus fachlicher Sicht geeignet war, ihm aber die persönliche Eignung in sittlicher oder charakterlicher Hinsicht für das Amt fehlte. Er begründete in diesen Fällen den Vermögensschaden damit, dass einerseits der Staat die beamtenrechtliche Fürsorge, also vermögensrechtliche Verpflichtungen übernimmt, er aber andererseits im Hinblick auf die charakterliche Untauglichkeit überhaupt keinen Gegenwert erhält[648].

Die Erschleichung eines Arbeitsverhältnisses unterzieht der BGH hingegen einer strengeren wirtschaftlichen Betrachtungsweise. Hier kommt es daher in erster Linie auf einen Wertvergleich zwischen der Leistung des Arbeitnehmers und der Vergütung des Arbeitgebers an. Grundsätzlich bejaht der BGH nur dann einen Vermögensschaden, wenn der Arbeitgeber kein Äquivalent für die übernommenen geldlichen Verpflichtungen erhält. Nur wenn der Arbeitgeber den Vertragsschluss von bestimmten Eigenschaften des Arbeitnehmers abhängig gemacht hat und die Vergütung mit Rücksicht auf diese Kriterien besonders hoch festgesetzt wird, will der BGH einen Vermögensschaden auch trotz fach-

---

646 BGH Urteil vom 16.03.1954 – 5 StR 552/53, BGHSt 5, 358 (360); BGH Urteil vom 27.09.1960 – 5 StR 323/60, n. v.; BGH Urteil vom 10.01.1961 – 5 StR 353/60, n. v.; vgl. auch BGH Urteil vom 21.07.1961 – 4 StR 93/61, NJW 1961, 2027 (2028); BGH Beschluss vom 18.02.1999 – 5 StR 193/98, BGHSt 45, 1 (5).

647 BGH Urteil vom 16.03.1954 – 5 StR 552/53, BGHSt 5, 358 (361); BGH 27.09.1960 – 5 StR 323/60, n. v.; BGH Urteil vom 10.01.1961 – 5 StR 353/60, n. v.; vgl. auch BGH Beschluss vom 18.02.1999 – 5 StR 193/98, BGHSt 45, 1 (6).

648 BGH Urteil vom 13.08.1953 – 4 StR 320/53, n. v.

lich einwandfreier Leistung des Arbeitnehmers bejahen. Als solche Kriterien kommen insbesondere eine abgeschlossene Ausbildung, Art und Dauer einer früheren Beschäftigung oder die geforderte Zuverlässigkeit oder Vertrauenswürdigkeit in Betracht.

IV. Die Rechtsprechung des Bundesverfassungsgerichts zum Anstellungsbetrug

Auch das BVerfG hatte sich im Rahmen einer Verfassungsbeschwerde mit dem Anstellungsbetrug zu beschäftigen. Der Beschwerdeführer wandte sich gegen seine Verurteilung wegen Betruges, die wegen Verleugnung seiner langjährigen inoffiziellen Mitarbeit für das ehemalige Ministerium für Staatssicherheit der DDR anlässlich seiner Weiterverwendung für den öffentlichen Dienst erfolgt war und rügte die Verletzung des „nulla poena sine lege" Grundsatzes des Art. 103 Abs. 2 GG[649].

Das BVerfG konnte einen Verfassungsverstoß nicht erkennen. Die Ansicht des OLG Dresden, das Verhalten des Beschwerdeführers habe den objektiven Tatbestand des § 263 StGB erfüllt, überschreite insbesondere nicht die vom möglichen Wortsinn des Gesetzes markierte, nach Art. 103 Abs. 2 GG zu wahrende äußerste Grenze zulässiger richterlicher Auslegung. Nach Ansicht des BVerfG sei die Annahme eines Vermögensschadens unter dem Aspekt der Bestimmtheit des Straftatbestands nicht zu beanstanden gewesen. Für den Normadressaten müsse wenigstens das Risiko einer Bestrafung auf der Grundlage eines objektiven Maßstabes, nämlich aus Sicht des Bürgers, erkennbar sein[650].

Hinsichtlich der Bejahung des Vermögensschadens nahm das BVerfG Bezug auf die Rechtsprechung des RG und des BGH und bestätigte diese. Der Anstellungsbetrug sei als Eingehungsbetrug dadurch gekennzeichnet, dass schon mit Vertragsschluss der Vermögensschaden eintrete. Deshalb resultiere der Vermögensschaden aus dem Vergleich des Vermögens des Geschädigten vor und nach Vertragsschluss. Ein Vermögensschaden trete schon dann ein, wenn der vertragliche Anspruch auf Leistung des Täuschenden in seinem Wert hinter der Verpflichtung zur Gegenleistung des Getäuschten zurücktrete. Die tatsächliche Erfüllung des Vertrages stelle sich somit nur noch als Vertiefung des bereits mit Vertragsschluss eingetretenen Vermögensschadens dar. Da bei einem Eingehungsbetrug bereits eine schadensgleiche Vermögensgefährdung ausreiche, lie-

649 BVerfG Beschluss vom 20.05.1998 – 2 BvR 1385/95, NStZ 1998, 506 f.

650 BVerfG Beschluss vom 20.05.1998 – 2 BvR 1385/95, NStZ 1998, 506.

ge der Vermögensschaden schon in der konkreten Gefährdung vermögenswerter Positionen. Tatsächlicher Vermögensverluste bedürfe es nicht mehr[651].

Vor diesem Hintergrund trete beim Anstellungsbetrug das Problem auf, dass dem Anspruch des Dienstverpflichteten auf Vergütung ein in Bezug auf die Erfüllung seiner Leistungen gleichwertiger Anspruch gegenüber stehen könne. Schon das RG und ihm folgend der BGH hätten daher grundlegend zwischen der Erschleichung einer Beamtenstellung und der eines privaten Arbeitsverhältnisses differenziert[652].

Bei der Erschleichung einer Beamtenstellung könne trotz ausreichender Leistungen und disziplinarisch einwandfreier Führung dennoch ein Vermögensschaden vorliegen, wenn der Beamte persönlich unwürdig sei oder über die laufbahnrechtliche Vorbildung nicht verfüge[653].

Anders hingegen verhalte es sich mit der Erschleichung eines Arbeitsverhältnisses, da hier die für die Beamten aufgestellten Grundsätze grundsätzlich nicht übertragbar seien. Für die Bejahung eines Vermögensschadens sei hier entscheidend, ob die vom Arbeitgeber übernommene geldliche Verpflichtung wertmäßig die vom Arbeitnehmer zugesagten Leistungen übersteige. Etwas anderes gelte nur dann, wenn die gestellten Aufgaben eine besondere Vertrauenswürdigkeit oder Zuverlässigkeit erforderten oder die Anstellung und Höhe der Vergütung von einer abgeschlossenen Ausbildung oder Art und Dauer früherer Beschäftigungen abhängig gemacht würde[654].

Nach Ansicht des BVerfG sei die von der Rechtsprechung entwickelte Begründung des Vermögensschadens beim Anstellungsbetrug vertretbar. Der Beschwerdeführer, der sich als Amtsleiter eines Hochbauamtes gegen die Verurteilung wegen Anstellungsbetruges gewandt hatte, hatte daher mit seiner Verfassungsbeschwerde keinen Erfolg. Das BVerfG sah keine Grundrechtswidrigkeit gegeben und hat die Verfassungsbeschwerde nicht zur Entscheidung angenommen[655].

V. Weitere Rechtsprechung zum Anstellungsbetrug

Neben der BGH-Rechtsprechung sind nur wenige Urteile anderer Gerichte zum Anstellungsbetrug veröffentlicht worden.

651 BVerfG Beschluss vom 20.05.1998 – 2 BvR 1385/95, NStZ 1998, 506.

652 BVerfG Beschluss vom 20.05.1998 – 2 BvR 1385/95, NStZ 1998, 506.

653 BVerfG Beschluss vom 20.05.1998 – 2 BvR 1385/95, NStZ 1998, 506.

654 BVerfG Beschluss vom 20.05.1998 – 2 BvR 1385/95, NStZ 1998, 506.

655 BVerfG Beschluss vom 20.05.1998 – 2 BvR 1385/95, NStZ 1998, 506 f.

Ganz auf der Linie der Entscheidungen der höchstrichterlichen Rechtsprechung lag das Urteil des *OLG Celle* vom 28.01.1960, in dem ein Bewerber um die Position als Betriebsingenieur und stellvertretender Betriebsleiter über seinen beruflichen Werdegang und die Art und Dauer seiner vorherigen Tätigkeiten falsche Angaben gemacht hatte und so die Anstellung für eine Probezeit von drei Monaten erschlichen hatte. Das gezahlte Gehalt war mit Rücksicht auf die Position besonders hoch festgelegt worden, das Leistungsvermögen des Arbeitnehmers entsprach diesem nicht[656].

Das *OLG Celle* bejahte den Vermögensschaden der Arbeitgeberin mit der Begründung, dass der Arbeitnehmer die geforderte Vertrauenswürdigkeit und Zuverlässigkeit nicht besessen habe. Im vorliegenden Fall käme es nicht darauf an, ob die fachlichen Leistungen des Arbeitnehmers seinem Verdienst entsprochen hätten, zumal er in der Probezeit noch eingearbeitet werden sollte. Entscheidend sei vielmehr, dass die Arbeitgeberin das Gehalt nur einer besonders zuverlässigen und vertrauenswürdigen Person zahlen wollte, die nach ihrer Vorbildung und ihrem Charakter der Vertrauensstellung würdig gewesen wäre. Da der Arbeitnehmer diese Voraussetzungen aber nicht erfüllt hätte, sei die Arbeitgeberin geschädigt worden, denn sie habe für die Dienstleistungen zu teuer bezahlt. Der Vergleich der Vermögensstände ergebe, dass die Arbeitgeberin wertlose Dienste honoriert habe. Der von ihr gezahlte Preis sei daher ohne Rücksicht auf den objektiven Wert der Dienste zu hoch gewesen[657].

Das *OLG Köln* hatte sich mit dem Fall eines Bewerbers um Aufnahme als Berufssoldat auseinander zu setzen, der die ausdrücklich gestellte Frage in zwei Bewerbungsfragebögen nach gegen ihn anhängigen Strafverfahren wahrheitswidrig verneinte. Tatsächlich endete ein gegen ihn anhängiges Strafverfahren bereits einen Tag, nachdem er den Fragebogen ausgefüllt hatte, noch bevor der Bewerber zur Eignungsprüfung einberufen wurde, mit Freispruch. Während der Eignungsprüfung, aber noch bevor der Bewerber in das Dienstverhältnis als Berufssoldat berufen wurde, wurde in einem weiteren Strafverfahren das Hauptverfahren mangels hinreichenden Tatverdachtes nicht eröffnet[658]. Das OLG lehnte einen Vermögensschaden der Anstellungskörperschaft ab. Anders als Vorstrafen eines Bewerbers, die einen Eignungsmangel begründen würden, reichten falsche Angaben oder Unwahrheiten für sich genommen für die Annahme eines Vermögensschadens nicht aus. Allein aus der Tatsache, dass gegen einen Bewerber ein Ermittlungsverfahren geschwebt habe, könne kein Eignungsmangel begründet werden, der die Annahme eines Vermögensschadens rechtfertige.

---

656 OLG Celle Urteil vom 28.01.1960 – 1 Ss 350/59, MDR 1960, 696 (697).

657 OLG Celle Urteil vom 28.01.1960 – 1 Ss 350/59, MDR 1960, 696 (697).

658 OLG Köln Urteil vom 12.03.1963 – Ss 478/62, NZWehrr 1963, 175 ff.

Mit der Frage nach schwebenden Ermittlungsverfahren wolle der Dienstherr der Gefahr vorbeugen, einen Bewerber einzustellen, den man dann später wegen einer Verurteilung für eine vor der Einstellung begangene Straftat wieder entlassen müsse, weil er unwürdig für das Dienstverhältnis sei. Verschweige der Bewerber hingegen ein Ermittlungsverfahren, das für ihn nicht zu einer Verurteilung führe, könne zwar in dem Verschweigen ein Angriff auf die Dispositionsfreiheit des Dienstherrn liegen, ein Angriff auf das durch § 263 StGB allein geschützte Rechtsgut des Vermögens der Anstellungskörperschaft könne hingegen nicht begründet werden, solange das Ermittlungsverfahren zumindest zwischen Bewerbung und der Auszahlung der ersten Dienstbezüge einen für den Bewerber günstigen Ausgang nehme[659].

Das *OLG Celle* hatte sich auch mit einem Anstellungsbetrug eines Oberregierungsrates zu beschäftigen, der falsche Angaben über sein Geburtsdatum gemacht hatte[660]. Das *OLG Celle* bejahte in seinem Urteil vom 03.08.1972 den Vermögensschaden des Dienstherrn mit der Begründung, dass der Beamte ein Gehalt bezogen habe, das ihm nicht zugestanden hätte. Führe die falsche Angabe über ein älteres Geburtsdatum zu der Auszahlung von überhöhten Dienstbezügen, beziffere sich der Vermögensschaden auf die Höhe dieser überhöhten Bezüge[661].

In jüngerer Zeit ist der Anstellungsbetrug wieder häufiger Gegenstand instanzgerichtlicher Entscheidungen geworden. Zunächst hatte ein Beschluss des *AG Tiergarten* hinsichtlich des Verschweigens einer früheren MfS-Tätigkeit für großes Interesse gesorgt.

Das *AG Tiergarten* lehnte die Eröffnung des Hauptverfahrens wegen Betruges in einem Fall ab, in dem ein Arbeiter im öffentlichen Dienst im Personalfragebogen, den er anlässlich seiner Weiterbeschäftigung nach dem 03.10.1990 ausfüllen musste, wahrheitswidrig eine Tätigkeit für das ehemalige MfS der DDR verneinte[662]. Nach Ansicht des *AG Tiergarten* komme es, im Gegensatz zu der Erschleichung einer Beamtenstellung, bei Angestellten und Arbeitern grundsätzlich nur darauf an, ob die vereinbarte Arbeitsleistung den bezahlten Lohn wert gewesen sein. Von einem einfachen Arbeiter könne nicht mehr erwartet werden, als dass er leiste, was er verspreche, dies gelte auch im öffentlichen Dienst[663]. Daher sei ein Vermögensschaden nicht erkennbar gewesen[664].

---

659 OLG Köln Urteil vom 12.03.1963 – Ss 478/62, NZWehrr 1963, 175 (177).

660 OLG Celle Urteil vom 03.08.1972 – 1 Ss 210/72, NdsRPfl. 1972, 281 f.

661 OLG Celle Urteil vom 03.08.1972 – 1 Ss 210/72, NdsRPfl. 1972, 281 (282).

662 AG Tiergarten Beschluss vom 29.11.1993 – 272 Ds 833/93, NStZ 1994, 243 f.

663 AG Tiergarten Beschluss vom 29.11.1993 – 272 Ds 833/93, NStZ 1994, 243 (244).

664 AG Tiergarten Beschluss vom 29.11.1993 – 272 Ds 833/93, NStZ 1994, 243.

Auch das *LG Berlin* hatte in einem Berufungsverfahren über den Vorwurf eines Anstellungsbetruges durch Verschweigen einer früheren Tätigkeit für das MfS zu entscheiden. In dem Fall, der dem Urteil vom 21.04.1997 zugrunde lag, hatte ein Polizist anlässlich der Überprüfung seiner Eignung für die Weiterbeschäftigung im öffentlichen Dienst falsche Angaben über eine Tätigkeit als inoffizieller Mitarbeiter des MfS gemacht[665]. Das *LG Berlin* bestätigte den erstinstanzlichen Freispruch des Angeklagten und verwarf die Berufung der Staatsanwaltschaft. Nach Ansicht des *LG Berlin* sei ein Vermögensschaden des Staates nicht erkennbar, denn die Arbeitsleistungen des Angeklagten seien nicht beanstandet worden, so dass der Staat eine gleichwertige Gegenleistung erhalten habe[666]. Ausdrücklich hielt das *LG Berlin* die obergerichtliche Rechtsprechung zur Erschleichung einer Beamtenstellung für überholt und vertrat die Ansicht, dass § 263 StGB als reine Vermögensstraftat weder vom Wortlaut noch von der systematischen Stellung her die öffentliche Ordnung schütze. Für die Begründung eines Vermögensschadens müsse vielmehr eine messbare Vermögensminderung bei dem Getäuschten eingetreten sein. An dieser fehle es jedoch bei der Erschleichung einer Beamtenstellung, wenn das Arbeitspensum ordnungsgemäß erbracht werde. Selbst wenn man anerkennen würde, dass der Beamte dem Dienstherrn auch die persönliche Hingabe schulde, sei dennoch der Vermögensschaden abzulehnen, wenn der Beamte seine Dienste ordnungsgemäß erfüllt habe. Denn nach Ansicht des *LG Berlin* bleibe ein Element dieser persönlichen Hingabe das geleistete Arbeitspensum. Werde dieses vollwertig erbracht, könne nicht im Wege einer pauschalen Betrachtungsweise so getan werden, als existiere es nicht. Da andererseits nicht beziffert werden könne, in welcher Höhe die Gegenleistung des Beamten durch den Mangel gemindert werde, habe der Staat wirtschaftlich betrachtet ein vollwertiges Äquivalent durch das ordnungsgemäße Arbeitspensum erhalten[667].

Über einen ähnlich gelagerten Fall, in dem auch ein Polizist seine ehemalige MfS-Vergangenheit verschwiegen hatte, hatte das Berliner *Kammergericht* zu entscheiden. Da das *Kammergericht* zu dem Ergebnis kam, dass auf der Grundlage der Rechtsprechung des BGH ein Vermögensschaden zu bejahen gewesen wäre, es aber dieser Rechtsprechung zum Anstellungsbetrug des Beamten durch Täuschung über charakterlich-sittliche Mängel nicht folgen wollte, legte es mit dem Vorlagebeschluss vom 26.02.1998 dem BGH die Rechtsfrage vor, ob ein Vermögensschaden i. S. d § 263 StGB zu bejahen sei, „... wenn der Bewerber um eine Beamtenstelle, der die laufbahnrechtlichen Voraussetzungen erfüllt und nach seiner Einstellung als Beamter fachlich nicht zu beanstandende

---

665 LG Berlin Urteil vom 21.04.1997 – (574) 59 Js 2170/95 Ns (117/96), NStZ 1998, 302 f.

666 LG Berlin Urteil vom 21.04.1997 – (574) 59 Js 2170/95 Ns (117/96), NStZ 1998, 302.

667 LG Berlin Urteil vom 21.04.1997 – (574) 59 Js 2170/95 Ns (117/96), NStZ 1998, 302 (303).

Leistungen erbringt, bei seiner Einstellung die Behörde über Art und Umfang seiner Tätigkeit für das MfS der DDR und somit über charakterliche oder sittliche Mängel getäuscht hat, bei deren Kenntnis die Einstellungsbehörde ihn nicht hätte einstellen dürfen"[668].

Seine ablehnende Haltung begründete das *Kammergericht* mit dem Widerspruch, den es in der Rechtsprechung des BGH bei der Täuschung eines Beamten über persönliche Eigenschaften zu dem im Übrigen zum Vermögensschaden vertretenen objektiv-wirtschaftlichen Schadensbegriff sehe[669]. Das *Kammergericht* kritisierte, dass es nicht um den Eintritt eines Vermögensschadens, sondern vielmehr um das Ansehen des Staates gehe, der sich nicht von Beamten repräsentieren lassen wollte, die wegen ihrer charakterlich-sittlichen Mängel als Vertreter der Staatsgewalt gegenüber den Bürgern ungeeignet erscheinen und das Vertrauen in den Staat beeinträchtigen könnten. Gerade eine solche Betrachtungsweise, die von einer gewissen Bemakelung des Beamten ausgehe, die die Person für ein Amt unmöglich mache und den Vermögensschaden begründe, könne nicht überzeugen. Dies habe die Rechtsprechung des BGH in anderen Bereichen des § 263 StGB auch erkannt und dort die sog. „Makeltheorie" längst weitestgehend aufgegeben[670].

Nach Ansicht des *Kammergerichts* ließen sich Täuschungshandlungen, die im Zusammenhang mit der persönlichen Eignung des Bewerbers stünden, nicht durch das Vermögensdelikt des Betruges erfassen. Unter Bezugnahme auf die kritischen Stimmen in der Literatur betonte das *Kammergericht*, dass es tatsächlich bei der Rechtsprechung des BGH zum Vermögensschaden bei Erschleichung einer Beamtenstellung durch Täuschung über persönliche Eigenschaften nicht um den Eintritt des Vermögensschadens, sondern vielmehr um die Integrität und das Ansehen der öffentlichen Verwaltung gehe. Der Betrug sei jedoch kein Delikt, das die Dispositionsfreiheit schütze, sondern ein Vermögensdelikt, daher trete bei der Erschleichung einer Beamtenstellung kein Vermögensschaden ein[671].

Die Vorlagefrage des Kammergerichts beantwortete der BGH mit seinem Beschluss vom 18.02.1999, in dem er an seiner überkommenen Rechtsprechung festhielt und im Wesentlichen die Ansicht des Kammergerichts ablehnte[672].

---

668 KG Beschluss vom 26.02.1998 – (4) 1 Ss 217/97 (88/97), JR 1998, 434.

669 KG Beschluss vom 26.02.1998 – (4) 1 Ss 217/97 (88/97), JR 1998, 434 (438).

670 KG Beschluss vom 26.02.1998 – (4) 1 Ss 217/97 (88/97), JR 1998, 434 (438).

671 KG Beschluss vom 26.02.1998 – (4) 1 Ss 217/97 (88/97), JR 1998, 434 (438).

672 Vgl. oben S. 172.

Nach dem Beschluss des BGH vom 18.02.1999 ist – soweit ersichtlich – nur eine weitere Entscheidung – und zwar des OLG Dresden – zur Erschleichung einer Beamtenstellung veröffentlicht worden. Das *OLG Dresden* ist dabei ganz auf der Linie des BGH geblieben[673].

Festzuhalten bleibt, dass das *OLG Celle* seine Entscheidungen zum Anstellungsbetrug in Übereinstimmung mit der höchstrichterlichen Rechtsprechung des BGH getroffen hat. Das *OLG Köln* hatte sich hingegen mit einer Thematik zu beschäftigen, die außerhalb eines bis dahin entschiedenen Problemkreises beim Anstellungsbetrug lag. Das *OLG Köln* konnte daher einen eigenen Lösungsweg einschlagen und entschied sich beim Verschweigen von laufenden Ermittlungsverfahren gegen die Annahme eines Vermögensschadens. Diese Entscheidung ist jedoch weitgehend unbeachtet geblieben. Die Versuche der Rechtsprechung des *LG Berlin* und des *Kammergerichts*, eine Wende in der Rechtsprechung des BGH zur Erschleichung einer Beamtenstellung herbeizuführen sind durch den Beschluss des BGH vom 18.02.1999 gescheitert.

VI. Der Anstellungsbetrug im Schrifttum

Auch in der Literatur wird der Anstellungsbetrug als Eingehungsbetrug eingeordnet[674]. Übereinstimmend mit der Rechtsprechung bejaht die Literatur einen Vermögensschaden beim Anstellungsbetrug, wenn die Qualität der versprochenen Leistung der vereinbarten Lohn- oder Gehaltszahlung wertmäßig nicht entspricht[675]. Überwiegend ablehnend steht das Schrifttum jedoch den Fällen gegenüber, in denen der BGH trotz ausreichender Leistungen zu einer Bejahung des Vermögensschadens gelangt ist. Mit zum Teil unterschiedlichen Argumenten wird daher im Schrifttum sowohl die Rechtsprechung zur Erschleichung einer Beamtenstellung als auch zur Erschleichung eines Arbeitsverhältnisses kritisiert. Auch hier soll daher die Darstellung der Kritik, die sich ausschließlich auf die Bestimmung des Vermögensschadens bezieht, getrennt nach diesen beiden Fallgruppen erfolgen.

---

673 OLG Dresden Beschluss vom 28.04.1999 – 2 Ss 714/98, NStZ 2000, 259 (269).

674 Den Eingehungsbetrug bei tatsächlich ausreichender Leistung des Bewerbers ablehnend *Endemann*, Anstellungsbetrug, S. 137, 139.

675 *Otto*, Anm. zu BGH Beschluss vom 18.02.1999, JZ 1999, 738; *Haupt*, NJW 1958, 938 (939); *Kracht*, Amts- und Stellenerschleichung, S. 49 f.; *Otto*, Die Struktur des strafrechtlichen Vermögensschutzes, Berlin, 1970, S. 284; *Reitemeier*, Täuschungen, S. 296; *Stocker*, Anstellungsbetrug, S. 55; *Lackner/Kühl*, § 263 StGB Rz. 52; LK – *Tiedemann*, § 263 StGB Rz. 223; LPK – *Kindhäuser*, § 263 StGB Rz. 197; NK – *Kindhäuser*, § 263 StGB Rz. 381; *Maurach/Schroeder/Maiwald*, BT-1, § 41 Rz. 126; *Otto*, BT, § 51 Rz. 131; *Wessels/Hillenkamp*, BT-2, Rz. 577.

1. Die Erschleichung einer Beamtenstellung

a) Billigung der Rechtsprechung

Einheitlich bejaht auch die Literatur einen Vermögensschaden des Dienstherrn, wenn der Beamte über seine persönlichen Verhältnisse in dem Sinne täuscht, dass er z. B. ein älteres Geburtsdatum oder Dienstalter angibt oder falsche Angaben zum Familienstand macht und dafür höhere Dienstbezüge erhält[676].

Vielfach wird in der Literatur ebenfalls die Annahme eines Vermögensschadens des Dienstherrn gebilligt, wenn es dem Beamtenbewerber an der sog. fachlichen Eignung, also an der Befähigung, mangelt. Damit sind die Eigenschaften oder Ausbildungsvoraussetzungen des Beamtenbewerbers gemeint, die nach dem anzuwendenden Beamtenrecht Voraussetzungen für seine Ernennung sind, also insbesondere einschlägige Einstellungs- oder Laufbahnvorschriften, oder mangels solcher Vorschriften die übliche Vorbildung[677]. Zur Begründung wird angeführt, dass diese Vorschriften verbindliche Mindestbedingungen für die Erlangung eines öffentlichen Amtes normierten und gleichzeitig deutlich machten, dass die Leistungen derjenigen, die diese Voraussetzungen nicht erfüllen, „für die besonderen Bedürfnisse zuverlässiger Staatstätigkeit nicht voll brauchbar und daher auch nicht vollwertig" seien[678]. Entscheidend komme es auf die aus Sicht des Staates zu beurteilende Tauglichkeit für das Amt an. Diese fehle beispielsweise bei mangelnder beruflicher Vorbildung[679]. Die Annahme eines Vermögensschadens wird überwiegend damit gerechtfertigt, dass der Staat hinsichtlich der Anstellungsbedingungen der Beamten eine Monopolstellung inne habe und daher den „Preis" für die Dienstleistungen des Beamten einseitig, unter Berücksichtigung der für die Anstellung erforderlichen persönlichen und sonstigen Voraussetzungen, festsetze[680]. Stehen bindende Einstellungsvoraus-

---

676 *Otto*, Anm. zu BGH Beschluss vom 18.02.1999, JZ 1999, 738 (739); *Dieckhoff*, DB 1961, 1487 (1488); *Duttge*, JR 2002, 271 (275); *Sarstedt*, JR 1952, 308; *Otto*, Vermögensschutz, S. 287; *Geppert*, FS-Hirsch, 1999, S. 525 (541); Schönke/Schröder – *Cramer*, § 263 StGB Rz. 156.

677 *Gutmann*, MDR 1963, 91 (96); *Haupt*, NJW 1958, 938 (939); *Protzen*, Anstellungsbetrug, S. 258; *Joecks*, § 263 StGB Rz. 90; LK – *Tiedemann*, § 263 StGB Rz. 224; NK – *Kindhäuser*, § 263 StGB Rz. 382; Schönke/Schröder – *Cramer*, § 263 StGB Rz. 156; *Arzt/Weber*, BT, § 20 Rz. 109; *Wessels/Hillenkamp*, BT-2, Rz. 577.

678 LK – *Lackner*, 10. Auflage, § 263 StGB Rz. 239; LK – *Tiedemann*, § 263 StGB Rz. 224.

679 LK – *Tiedemann*, § 263 StGB Rz. 224.

680 *Haupt*, NJW 1958, 938 (939); *Sarstedt*, JR 1952, 308; LK – *Lackner*, 10. Auflage, § 263 StGB Rz. 239; LK – *Tiedemann*, § 263 StGB Rz. 224; NK – *Kindhäuser*, § 263 StGB Rz. 382; Schönke/Schröder – *Cramer*, § 263 StGB Rz. 156.

setzungen einer Einstellung entgegen, sei der Preis der Dienste eines solchen Beamten gleich Null[681].

Ob jedoch mit dem BGH auch in Fällen fehlender persönlicher Eignung ein Vermögensschaden des Dienstherrn bejaht werden kann, ist in der Literatur äußerst umstritten. Unter der fehlenden persönlichen Eignung werden die Fälle subsumiert, in denen der Bewerber über persönliche Umstände bei der Einstellung täuscht, die für das angestrebte Amt unerlässlich sind. An besonderer Aktualität hat diese Fragestellung durch die Rechtsprechung zum Verschweigen einer früheren Mitarbeit für das MfS der DDR gewonnen. In Teilen der Literatur ist die Rechtsprechung des BGH zur Erschleichung einer Beamtenstellung bei fehlender persönlicher Eignung auf Zustimmung gestoßen[682].

b) Kritik an der Rechtsprechung

Zahlreiche Stimmen in der Literatur wenden sich jedoch auch gegen die Rechtsprechung des BGH zur Erschleichung einer Beamtenstellung und lehnen eine „beamtenrechtsakzessorische" Lösung des Anstellungsbetruges ab. Sie fordern eine Gleichbehandlung von Fällen der Erschleichung der Beamtenstellung und Fällen der Erschleichung eines Arbeitsverhältnisses[683] und verneinen einen Vermögensschaden zum Nachteil des Dienstherrn, sofern die Dienstleistungen des Beamten nicht zu beanstanden waren[684].

Der Haupteinwand der Kritiker richtet sich gegen die Schadensbegründung des BGH bei der Amtserschleichung, die mit dem ansonsten zu § 263 StGB vertretenen objektiv-wirtschaftlichen Schadensbegriff nicht zu vereinbaren sei[685]. Voraussetzung für einen Vermögensschaden i. S. d. § 263 StGB sei eine Minderung des Gesamtwertes des Vermögens, wobei es entscheidend auf den Vergleich des Vermögensgesamtwertes vor und nach der Vermögensverfügung ankomme. Bei gegenseitigen Vertragsverhältnissen müsse dazu der Wert der Gegenleistung des Täuschenden hinter der Leistung des Getäuschten zurückbleiben. Erbringe der

681 *Sarstedt*, JR 1952, 308; *Arzt/Weber*, BT, § 20 Rz. 109.

682 *Gutmann*, MDR 1963, 91 (96); *Haupt*, NJW 1958, 938 (939); *Protzen*, NStZ 1997, 525 (527); *Sarstedt*, JR 1952, 308; *Joecks*, § 263 StGB Rz. 90; LK – *Tiedemann*, § 263 StGB Rz. 224; NK – *Kindhäuser*, § 263 StGB Rz. 382; *Tröndle/Fischer*, § 263 StGB Rz. 91; *Arzt/Weber*, BT, § 20 Rz. 109; wohl auch *Lackner/Kühl*, § 263 StGB Rz. 52.

683 *Duttge*, JR 2002, 271 (275); *Otto*, Vermögensschutz, S. 285; *Geppert*, FS-Hirsch, 1999, S. 525 (542); vgl. aber auch *Oppe*, NJW 1958, 1909.

684 *Dieckhoff*, DB 1961, 1487 (1488); *Otto*, Vermögensschutz, S. 285; *Otto*, BT, § 51 Rz. 134.

685 *Jahn*, Anm. zu BGH Beschluss vom 18.02.1999, JA 1999, 628 (630); *Dammann/Kutscha*, NJ 1999, 281 (285).

Beamte aber eine vollwertige Arbeitsleistung, so vermindere sich der Gesamtgeldwert des Vermögens der Anstellungskörperschaft nicht. Ein Vermögensschaden liege daher nicht vor[686].

Insbesondere dürfe ein Vermögensschaden nicht schon dann bejaht werden, wenn jemand infolge eines durch eine Täuschung über Tatsachen hervorgerufenen Irrtums eine Vermögensverfügung treffe, die er nicht getroffen hätte, wenn er die Wahrheit gekannt hätte. Sonst würde der Betrug gem. § 263 StGB seinen typischen Charakter als eine gegen fremdes Vermögen gerichtete Straftat verlieren und lediglich zu einem Angriff auf die Verfügungsfreiheit verfälscht werden. Die Dispositionsfreiheit werde allgemein im heutigen Strafgesetzbuch jedoch nur gegen Gewalt und Drohung durch § 240 StGB, nicht aber gegen Täuschung strafrechtlich geschützt. Deshalb müsse stets geprüft werden, ob die Verfügung des Getäuschten sich vorteilhaft oder nachteilig auf das Vermögen ausgewirkt habe[687]. Zu diesen Grundsätzen stehe jedoch die Rechtsprechung zur Erschleichung eines Beamtenverhältnisses im Widerspruch, wenn sie den Vermögensschaden des Staates im Wesentlichen damit begründe, dass der Staat die beamtenrechtliche Fürsorge in Form von vermögensrechtlichen Leistungen für den untauglichen Beamten übernehme und für diese Leistungen im Hinblick auf die völlige Untauglichkeit des Beamten keinen Gegenwert erhalte. Denn mit dieser Betrachtungsweise verlasse die Rechtsprechung die streng wirtschaftlich orientierte Bestimmung des Vermögensschadens[688].

Nach Ansicht der Kritiker der Rechtsprechung könne man den „Preis" der Dienste eines ungeeigneten Beamten, dessen Einstellung durch bindende Laufbahnvorschriften verboten gewesen wäre, nicht „auf Null" festsetzen und damit den Vermögensschaden des Staates begründen[689]. Habe der Beamte trotz seiner fehlenden Qualifikation den Dienst ordnungsgemäß erbracht, müsse man diese Gegenleistung beim Wertvergleich berücksichtigen. Denn auch die Besoldung des Beamten sei vornehmlich ein Entgelt für geleistete Dienste[690]. Seine Eignung sei hingegen nur ein vergütungsunabhängiges Erfordernis, das nicht den Vermögenswert der Dienstleistung bestimme, sondern lediglich beamtenrechtlich Einfluss auf die Begründung und das Fortbestehen des Beamtenverhältnis-

---

686 Vgl. BGH Beschluss vom 18.07.1961 – 1 StR 606/60, BGHSt 16, 220 (221).

687 BGH Beschluss vom 16.08.1961 – 4 StR 166/61, BGHSt 16, 321 (325); vgl. *Geppert*, FS-Hirsch, 1999, S. 525 (539).

688 *Dammann/Kutscha*, NJ 1999, 281 (285).

689 *Otto*, Anm. zu BGH Beschluss vom 18.02.1999, JZ 1999, 738 (739).

690 *Duttge*, JR 2002, 271 (273); *Geppert*, FS-Hirsch, 1999, S. 525 (539).

ses habe. Die Eignung eines Beamten liege daher außerhalb des durch § 263 StGB geschützten Rechtsgutes[691].

Aus heutiger Sicht sei daher die Auffassung abwegig, der Beamte werde nicht für seine konkreten Dienstleistungen entlohnt, sondern er werde aufgrund des gegenseitigen Treueverhältnisses staatlich alimentiert, weil er dem Staat seine ganze Persönlichkeit hingebe und sich zur untadeligen Lebensführung verpflichte[692]. Auch die Beamtenbesoldung sei heute leistungsbezogen. Dies werde nicht zuletzt dadurch deutlich, dass dem Grundgehalt des Beamten, wie es den formalen Prüfungs- oder Laufbahnvorschriften und den daran ausgerichteten Besoldungsgruppen entspreche, auch eine wirtschaftliche Bewertung des übertragenen Amtes, seines Schwierigkeitsgrades und der damit verbundenen Verantwortung zugrunde liege[693]. Daher könne auch der Einwand, dass das Gehalt nach der Besoldungsordnung und nicht nach der konkreten Leistung festgelegt werde, nicht überzeugen[694].

Für die Begründung des Vermögensschadens lasse sich auch nicht anführen, dass der Staat als Monopolinhaber den Preis der Dienstleistungen des Beamten einseitig festlegen könne[695]. Das Einstellungsmonopol des Staates stehe einem „Marktpreis" der Dienste des Beamten nicht entgegen, schließlich sei die einer bestimmten Laufbahnordnung entsprechende Besoldung eine Art „Marktersatz zu Festpreisen"[696]. Zwar könne der Staat aufgrund seines Einstellungsmonopols einseitig entscheiden, ob ein Bewerber eingestellt werde, dies beinhalte aber nicht die Entscheidung, ob durch die Einstellung ein Vermögensschaden begründet werde[697]. Im Grunde genommen liege der wirtschaftliche Zweck der Einstellung eines Beamten in seiner ordnungsgemäßen Diensterfüllung und nicht in der Einstellung eines geeigneten Bewerbers, der den Laufbahnvorschriften genüge, denn die Einstellung eines Beamten sei nicht lediglich ein Selbstzweck. Wenn der Beamte aber die ihm übertragenen Aufgaben anstandslos erfülle, habe auch seine Einstellung ihren wirtschaftlichen Zweck er-

---

691 *Duttge*, JR 2002, 271 (273).

692 *Dammann/Kutscha*, NJ 1999, 281 (284); *Geppert*, FS-Hirsch, 1999, S. 525 (539); *Maurach/Schroeder/Maiwald*, BT-1, § 41 Rz. 126.

693 *Dieckhoff*, DB 1961, 1487 (1488); *Geppert*, FS-Hirsch, 1999, S. 525 (539).

694 *Otto*, Vermögensschutz, S. 285.

695 *Dammann/Kutscha*, NJ 1999, 281 (284).

696 *Jahn*, Anm. zu BGH Beschluss vom 18.02.1999, JA 1999, 628 (630); *Dammann/Kutscha*, NJ 1999, 281 (284); *Geppert*, FS-Hirsch, 1999, S. 525 (540).

697 *Otto*, Anm. zu BGH Beschluss vom 18.02.1999, JZ 1999, 738 (739); *Otto*, Vermögensschutz, S. 287; *Geppert*, FS-Hirsch, 1999, S. 525 (539).

reicht[698]. Zwar mag der Staat darüber enttäuscht sein, dass er von einem Bewerber durch falsche Angaben zur Eignung getäuscht wurde und ihn eingestellt habe, obwohl diesem Bewerber der öffentliche Dienst hätte verschlossen bleiben müssen. Nach der Ansicht von *Geppert* sei diese Enttäuschung jedoch aus wirtschaftlicher Sicht nur von sekundärer Bedeutung. Zwar bewirke das Verhalten des Bewerbers die Verletzung der Dispositionsfreiheit, aber darüber hinaus gerade nicht eine Vermögensbeschädigung[699].

Dammann/Kutscha wenden ferner ein, dass vor dem Hintergrund der Einführung von Teilzeitbeschäftigungen von Beamten gegen deren Willen sich eine Pflicht zur vollen Hingabe der Persönlichkeit an den Dienstherrn kaum rechtfertigen lasse, da auch der Staat in diesen Fällen keine Vollalimentation mehr leiste[700]. Auch in der Öffentlichkeit sei das Bild eines Beamten, der sich gegenüber seinen Mitbürgern durch einen untadeligen Lebenswandel auszeichne, kaum mehr gegenwärtig[701]. Ein Blick in die Amtsstuben zeige zudem, dass heute trotz des in Art. 33 Abs. 4 GG verankerten Funktionsvorbehaltes eine Vielzahl hoheitlicher Aufgaben sowohl von Beamten als auch von Angestellten des öffentlichen Dienstes wahrgenommen würden. Aus diesen Gründen sei aber kaum verständlich, dass die ordnungsgemäße Dienstleistung eines Beamten, der beispielsweise dem Dienstherrn bei der Einstellung bestimmte Umstände verschwiegen habe, im Gegensatz zur gleichen Leistung eines Angestellten keinen Wert haben solle[702].

Duttge gibt schließlich gegen eine streng „beamtenrechtsakzessorische" Lösung zu bedenken, dass keineswegs alle Einstellungsvoraussetzungen in ihrer Zwecksetzung auf die Sicherung einer ordnungsgemäßen Leistungserbringung beschränkt seien, sondern auch Statusgesichtspunkten dienten. Dies verdeutliche insbesondere die Einstellungsvoraussetzung der deutschen Staatsangehörigkeit oder der Staatsangehörigkeit eines anderen Mitgliedsstaates der Europäischen Gemeinschaft. Käme man auch bei einer Täuschung über diese Einstellungsvoraussetzung zur Bejahung eines Vermögensschadens des Staates mit der Begründung, dass die von dem Bewerber versprochene Leistung der von der Behörde zugesagten Gegenleistung nicht adäquat sei, so würde letztlich hinter solch einer Lösung die absurde Aussage stehen, dass Nichtdeutsche bzw. Nichteu-

698 *Geppert*, FS-Hirsch, 1999, S. 525 (539).

699 *Geppert*, FS-Hirsch, 1999, S. 525 (541); vgl. auch *Duttge*, JR 2002, 271 (273).

700 *Dammann/Kutscha*, NJ 1999, 281 (284).

701 *Dammann/Kutscha*, NJ 1999, 281 (284).

702 *Dammann/Kutscha*, NJ 1999, 281 (284).

ropäer stets minderwertige Arbeit leisten würden[703]. Gerade das Beispiel der Staatsangehörigkeit als zwingende Einstellungsvoraussetzung für ein Beamtenverhältnis zeige aber, dass die Einstellungsvoraussetzungen nicht allein leistungsbezogen seien, sondern dass es auch statusbezogene Gründe gebe. Hinter diesem Erfordernis stehe beispielsweise der Gedanke des Gesetzgebers, dass eine gesetzmäßig handelnde und damit parteipolitisch unabhängige Verwaltung nur mit einem für loyale Pflichterfüllung einstehenden Personal möglich sei. Daher werde wohl nur zur Sicherung der Rechtsstaatlichkeit des Gemeinwesens, also aus Gründen des Allgemeinwohls, einem der deutschen Hoheitsgewalt vermutlich weniger verbundenen Bewerber der Zugang zum Beamtentum aufgrund seiner Staatsangehörigkeit eines Nicht-EU-Staates verwehrt. Um die Wahrung finanzieller Interessen, Vermögensschutz oder wirtschaftlicher Betrachtung gehe es hierbei jedoch nicht[704].

Letztendlich konzentriert sich die Kritik an der Rechtsprechung des BGH auf den Vorwurf, dass es dem BGH in den Fällen der Erschleichung einer Beamtenstellung nicht tatsächlich um den Vermögensschutz als dem ausschließlich durch § 263 StGB geschützten Rechtsgut gehe, sondern vielmehr um die Abwehr eines immateriellen Schadens, der in der Herabwürdigung des Ansehens und der Autorität des öffentlichen Dienstes zu erblicken sei. Damit missbrauche die Rechtsprechung aber den Begriff des Vermögensschadens und bestrafe tatsächlich die Verletzung der öffentlichen Verwaltung und ihres Ansehens[705]. Gerade dieses Anliegen sei jedoch nur durch § 132a StGB mit der Amtsanmaßung strafrechtlich geschützt. Ein Tatbestand der Amtserschleichung habe trotz vielfacher Bestrebungen bis heute keine Aufnahme in das StGB gefunden[706]. Der Betrug als reine Vermögensstraftat schütze ausschließlich das Vermögen. Täuschungshandlungen des Bewerbers, die sich auf seine fachliche oder persönliche Eignung beziehen, könnten daher nicht von § 263 StGB erfasst werden[707]. § 263 StGB schütze nicht die Dispositionsfreiheit[708]. Die sich daraus ergebende Konsequenz sei, dass es sich verbiete, diese Fälle dem Betrugs-

---

703 *Duttge*, JR 2002, 271 (274).

704 *Duttge*, JR 2002, 271 (274).

705 *Geppert*, Anm. zu BGH Beschluss vom 18.02.1999, NStZ 1999, 305 (306); *Jahn*, Anm. zu BGH Beschluss vom 18.02.1999, JA 1999, 628 (639); *Duttge*, JR 2002, 271 (272); *Geppert*, FS-Hirsch, 1999, S. 525 (542).

706 *Prittwitz*, Anm. zu BGH Beschluss 18.02.1999, JuS 2000, 335 (336); *Duttge*, JR 2002, 271 (272).

707 *Dammann/Kutscha*, NJ 1999, 281 (285); *Kracht*, Amts- und Stellenerschleichung, S. 57.

708 *Geppert*, Anm. zu BGH Beschluss vom 18.02.1999, NStZ 1999, 305 (306); *Prittwitz*, Anm. zu BGH Beschluss vom 18.02.1999, JuS 2000, 335; *Gading*, NJ 1996, 297 (299).

tatbestand unterzuschieben[709]. Mit seiner Rechtsprechung überdehne daher der BGH die Tatbestandsvoraussetzungen des Vermögensschadens des § 263 StGB. Dies sei vor dem Hintergrund des sich aus Art. 103 Abs. 2 GG ergebenden Grundsatzes „nulla poena sine lege" bedenklich[710].

Trotz einer Vielzahl von Einwänden gegen die Rechtsprechung des BGH zur Bestimmung des Vermögensschadens bei der Erschleichung einer Beamtenstellung geben die Kritiker selbst auch kein einheitliches Bild ab. Teilweise wird die Rechtsprechung zur Erschleichung einer Beamtenstellung grundsätzlich abgelehnt und insbesondere ein Vermögensschaden des Staates bei einer Täuschung über die fachliche Eignung, entgegen der Rechtsprechung des BGH und der herrschenden Meinung in der Literatur, verneint[711]. Andere setzen sich hauptsächlich mit der Erschleichung einer Beamtenstellung in den Fällen auseinander, in denen der Beamte falsche Angaben zu seiner persönlichen Eignung gemacht hat. Neben dem Verschweigen von Vorstrafen[712] ist in diesem Zusammenhang vor allem das Verschweigen einer ehemaligen Mitarbeit beim MfS der DDR hervorzuheben. Die jüngsten Entscheidungen der Rechtsprechung hierzu zum Anlass nehmend, haben sich etliche Stimmen in der Literatur zu Wort gemeldet, um sich kritisch mit dem Beschluss des BGH vom 18.02.1999[713] auseinander zu setzen.

In der Literatur wird diese Entscheidung im Hinblick auf die Argumentation des BGH in den Entscheidungsgründen unterschiedlich bewertet. *Jerouschek/Koch* meinen, der BGH habe mit diesem Beschluss einen „dritten Weg" zur Amtserschleichung eingeschlagen. Indem bei einem persönlich unzuverlässigen Beamten der Wert der versprochenen Leistung hinter dem objektiven, tatsächlichen Wert der Vertragspflicht zurückbleibe, habe der BGH nunmehr der persönlichen Zuverlässigkeit einen objektiv-werthaftigen Faktor für die Bemessung des wirtschaftlichen Wertes der versprochenen Leistung zugebilligt. Damit habe sich der BGH von seiner bisherigen Begründung des Vermögensschadens, die sich an den Besonderheiten des Beamtenrechts orientiert habe, gelöst[714]. Auch *Seelmann* und *Duttge* wollen hierin eine Abkehr des BGH von seiner bis-

---

709 *Duttge*, JR 2002, 271 (272); *Jerouschek/Koch*, GA 2001, 271 (282); *Maurach/Schroeder/Maiwald*, BT-1, § 41 Rz. 126.

710 *Dammann/Kutscha*, NJ 1999, 281 (285).

711 *Otto*, Anm. zu BGH Beschluss vom 18.02.1999, JZ 1999, 738 (739); *Otto*, Vermögensschutz, S. 285; *Geppert*, FS-Hirsch, 1999, S. 525 ff.

712 *Otto*, Vermögensschutz, S. 287; *Geppert*, FS-Hirsch, 1999, S. 525 (536).

713 Vgl. oben S. 172.

714 *Jerouschek/Koch*, GA 2001, 273 (280).

herigen Begründung erblicken[715]. *Geppert* und *Otto* vertreten hingegen die Ansicht, dass auch der jüngste Beschluss des BGH sich nahtlos in die bisherige Rechtsprechung einreihe[716]. Einigkeit besteht bei den Kritikern der Rechtsprechung im Ergebnis hingegen darin, dass die Lösung, die Erschleichung einer Beamtenstellung durch Verschweigen einer Tätigkeit für das ehemalige MfS der DDR über eine schadensgleiche Vermögensgefährdung strafrechtlich zu erfassen, nicht zu überzeugen vermag[717].

c) Zusammenfassung

In Übereinstimmung mit der Rechtsprechung bejaht auch das Schrifttum einen Vermögensschaden, wenn der Beamte bei der Einstellung über solche persönlichen Umstände täuscht, aufgrund derer ihm höhere Dienstbezüge vom Dienstherrn gewährt werden.

Die herrschende Meinung in der Literatur nimmt mit dem BGH einen Vermögensschaden auch dann an, wenn der Beamte über Eigenschaften täuscht, die seine fachliche Eignung für das in Aussicht genommene Amt betreffen. Eine Mindermeinung lehnt hingegen einen Vermögensschaden des Staates in diesen Fällen ab, wenn der Beamte trotz fehlender Befähigung in der Lage ist, seinen Dienst ordnungsgemäß zu leisten.

Besonders umstritten sind jedoch die Fälle, in denen der Beamte bei der Einstellung über Umstände täuscht, die seine persönliche Eignung ausmachen. Während auch hier teilweise mit der Rechtsprechung ein Anstellungsbetrug zum Nachteil des Dienstherrn bejaht wird, stößt diese Ansicht in weiten Teilen der Literatur auf Kritik.

Gegen die Rechtsprechung zur Erschleichung einer Beamtenstellung wird in der Literatur angeführt, dass für einen Vermögensschaden i. S. d § 263 StGB kein Raum sei, wenn der Beamte eine vollwertige Arbeitsleistung erbracht habe, da das Rechtsgut des Betrugstatbestands ausschließlich das Vermögen sei. In-

---

715 *Seelmann*, Anm. zu BGH Beschluss 18.02.1999, JR 2000, 164 (165); *Duttge*, JR 2002, 271 (273).

716 *Geppert*, Anm. zu BGH Beschluss vom 18.02.1999, NStZ 1999, 305; *Otto*, Anm. zu BGH Beschluss vom 18.02.1999, JZ 1999, 738 (739); so wohl auch *Martin*, Anm. zu BGH Beschluss vom 18.02.1999, JuS 2000, 922 (923).

717 *Jahn*, Anm. zu BGH Beschluss vom 18.02.1999, JA 1999, 628 (639); *Seelmann*, Anm. zu BGH Beschluss vom 18.02.1999, JR 2000, 164 f.; *Martin*, Anm. zu BGH Beschluss vom 18.02.1999, JuS 1999, 922 (923); *Otto*, Anm. zu BGH Beschluss vom 18.02.1999, JZ 1999, 738 (739); *Prittwitz*, Anm. zu BGH Beschluss 18.02.1999, JuS 2000, 335 f.; *Dammann/Kutscha*, NJ 1999, 281 (284); *Gading*, NJ 1996, 297 (299); *Jerouschek/Koch*, GA 2001, 271 (279); *Maurach/Schroeder/Maiwald*, BT-1, § 41 Rz. 126.

dem die Rechtsprechung die Fälle der Amtserschleichung dennoch unter § 263 StGB subsumiere, schütze sie tatsächlich die Verletzung der öffentlichen Verwaltung und ihr Ansehen, die jedoch dem Schutzzweck des § 263 StGB nicht unterliegen. Damit mache sie aber aus einem Vermögensdelikt ein Delikt der Amtserschleichung.

2. Die Erschleichung eines Arbeitsverhältnisses

Das Schrifttum behandelt die Erschleichung eines Arbeitsverhältnisses im Wesentlichen nach den von der Rechtsprechung aufgestellten Grundsätzen. Für die Bestimmung des Vermögensschadens sei der Wert der Arbeitsleistung maßgeblich. Dieser sei an den Erwartungen zu messen, die im Allgemeinen an die jeweilige Vergütungs- oder Tarifgruppe gestellt werden. Ein Vermögensschaden entstehe dem Arbeitgeber im Rahmen eines Arbeitsverhältnisses daher grundsätzlich nur, wenn die Leistungen des Arbeitnehmers das vom Arbeitgeber bezahlte Gehalt nicht wert seien. Könne der Arbeitnehmer hingegen die zugesagten Dienste erbringen, sei der Arbeitgeber in seinem Vermögen nicht geschädigt[718].

Ausnahmsweise könne aber ein Vermögensschaden auch bei fachlich einwandfreier Leistung des Arbeitnehmers bejaht werden. Zu dieser Beurteilung kommt die Literatur unter Bezugnahme auf die Rechtsprechung des BGH[719], wenn der Bewerber eine Stelle erschleiche, die ein besonderes Vertrauen oder eine besondere Zuverlässigkeit voraussetze und aus diesem Grunde die Vergütung besonders hoch festgesetzt werde, der Arbeitnehmer aber diese geforderten Eigenschaften tatsächlich nicht aufweise[720].

Ebenso sei mit dem BGH[721] ein Vermögensschaden anzunehmen, wenn der Arbeitnehmer gegenüber dem Arbeitgeber bei der Einstellung unwahre Angaben über eine abgeschlossene Ausbildung[722] oder frühere Beschäftigungszeiten

---

718 *Otto*, JZ 1985, 69 (72); *Protzen*, Anstellungsbetrug, S. 288; *Lackner/Kühl*, § 263 StGB Rz. 52; LK – *Tiedemann*, § 263 StGB Rz. 225; LPK – *Kindhäuser*, § 263 StGB Rz. 198; NK – *Kindhäuser*, § 263 StGB Rz. 385; Schönke/Schröder – *Cramer*, § 263 StGB Rz. 154; SK – *Samson/Günther*, § 263 StGB Rz. 178; *Maurach/Schroeder/Maiwald*, BT-1, § 41 Rz. 126.

719 Siehe oben S. 174.

720 LK – *Tiedemann*, § 263 StGB Rz. 226; Schönke/Schröder – *Cramer*, § 263 StGB Rz. 154; wohl auch *Dieckhoff*, DB 1961, 1487 (1488); *Otto*, JZ 1985, 69 (72); *Maurach/Schroeder/Maiwald*, BT-1, § 41 Rz. 126; *Otto*, BT, § 51 Rz. 133; *Wessels/Hillenkamp*, BT-2, Rz. 577.

721 Siehe oben S. 174.

722 *Lackner/Kühl*, § 263 StGB Rz. 52; Schönke/Schröder – *Cramer*, § 263 StGB Rz. 154; SK – *Samson/Günther*, § 263 StGB Rz. 178.

mache und er dadurch in eine höhere Vergütungs- oder Tarifgruppe eingestuft werde[723].

Schließlich könne der Wert der Arbeitsleistung auch deshalb minderwertig sein, weil der Arbeitgeber die Dienste des Arbeitnehmers – beispielsweise weil von ihnen gesundheitliche Gefahren drohen – nicht verwenden dürfe[724].

Ablehnend steht die Literatur hingegen der Rechtsprechung zu Bewerbern mit einer kriminellen Vergangenheit gegenüber[725]. Nach Ansicht der Rechtsprechung[726] soll schon allein die Gefahr ausreichen, dass der vorbestrafte Arbeitnehmer seine Tätigkeit zur Begehung von Straftaten ausnutzen werde[727].

Nach Ansicht der Literatur vermag diese Auffassung nicht zu überzeugen, da mit ihr der Vollendungszeitpunkt des Betruges auf den Vertragsschluss vorverlagert werde, ein Vermögensschaden jedoch erst mit der strafbaren Handlung des Arbeitnehmers tatsächlich entstehe[728]. Der Vertragsschluss stelle lediglich für den Arbeitnehmer die Möglichkeit dar, während seiner folgenden Dienstzeit durch wirtschaftlich nachteilige Dispositionen einen Vermögensschaden zu einem späteren Zeitpunkt herbeizuführen. Die Möglichkeit von Vermögensgefährdungen liege aber außerhalb des Sachzusammenhangs des Vertragsschlusses, denn hier fehle es an der Unmittelbarkeit der Wertminderung der vertraglichen Gegenleistung[729].

Außerdem löse die bloße Eröffnung der Möglichkeit, das Vermögen des Arbeitgebers zukünftig kriminell zu schädigen, noch keine Vermögensverfügung des Arbeitgebers i. S. d § 263 StGB aus[730]. Als Parallele werden in der Literatur die Fälle herangezogen, in denen sich der einbruchswillige Dieb den Zugang zu den Räumlichkeiten des Opfers erschleicht und in denen die herrschende

---

723 *Lackner/Kühl*, § 263 StGB Rz. 52; LK – *Tiedemann*, § 263 StGB Rz. 226; NK – *Kindhäuser*, § 263 StGB Rz. 384.

724 LK – *Tiedemann*, § 263 StGB Rz. 227; NK – *Kindhäuser*, § 263 StGB Rz. 385.

725 *Lackner/Kühl*, § 263 StGB Rz. 52.

726 Vgl. BGH Urteil vom 04.05.1962 – 4 StR 71/61, BGHSt 17, 254 (257); BGH Urteil vom 09.05.1978 – StR 104/78, NJW 1978, 2042 (2043).

727 Siehe oben S. 175.

728 *Sonnen*, Anm. zu BGH Urteil vom 09.05.1978, JA 1979, 166; SK – *Samson/Günther*, § 263 StGB Rz. 178.

729 *Sonnen*, Anm. zu BGH Urteil vom 09.05.1978, JA 1979, 166; LK – *Lackner*, 10. Auflage, § 263 StGB Rz. 237; *Eser*, Strafrecht IV, 13 A 59.

730 LK – *Lackner*, 10. Auflage, § 263 StGB Rz. 237; Schönke/Schröder – *Cramer*, § 263 StGB Rz. 154; *Eser*, Strafrecht IV, 13 A 59.

Meinung auch eine Betrugsstrafbarkeit stets abgelehnt hat[731]. Die Rechtsprechung interpretiere daher zu Unrecht die Möglichkeit einer kriminellen Schädigung und Vermögensgefährdung als Schaden und verkenne dabei, dass die Gefährdung und der Schaden hier nicht identisch seien[732]. Die Gefahr, dass der Arbeitnehmer in Zukunft ein Vermögensdelikt begehen werde, könne aber im Zeitpunkt des Vertragsschlusses noch keinen geringeren wirtschaftlichen Wert des gefährdeten Vermögens des Arbeitgebers begründen[733]. Der Anstellung selbst komme daher keine unmittelbar vermögensmindernde Wirkung zu[734].

Kindhäuser führt gegen die Auffassung des BGH an, dass sich auf diese Weise nicht begründen lasse, dass die Schädigung zum Nachteil des Arbeitgebers gerade auf seiner Vermögensverfügung in Form der Lohnzahlung beruhe[735].

Miehe wirft dem BGH vor, er mache mit seiner Rechtsprechung den „Gefährlichen zum Schädling". Ein solches Auslegungsergebnis sei jedoch mit dem Eigenwert des Menschen i. S. d. Art. 1 Abs. 1, 2 Abs. 1 GG, der gleichermaßen für vorbestrafte Personen anerkannt sei, unvereinbar[736].

Schließlich wird die Rechtsprechung des BGH auch unter Resozialisierungsgesichtspunkten kritisiert. *Geppert* stellt in Frage, ob es aus kriminalpolitischer Sicht Sinn mache, einen Vorbestraften, der sich in der erschlichenen Stellung bewährt habe, in eine neue Strafbarkeit hineinzutreiben. Aus Resozialisierungsgesichtspunkten könne eine solche Strafbarkeit nur höchst unerwünscht sein. Fraglich sei zudem, ob im Falle einer erneuten Straftat des vorbestraften Arbeitnehmers neben der Bestrafung wegen des Rückfalls eine zusätzliche Bestrafung wegen Anstellungsbetruges nicht ein höchst überflüssiger und generalpräventiv eher schädlicher Perfektionismus wäre[737].

---

731 *Otto*, Anm. zu BGH Beschluss vom 18.02.1999, JZ 1999, 735 (739); *Miehe*, JuS 1980, 261 (264); LK – *Lackner*, 10. Auflage, § 263 StGB Rz. 237.

732 *Otto*, Anm. zu BGH Beschluss vom 18.02.1999, JZ 1999, 735 (739); *Otto*, BT, § 51 Rz. 133.

733 *V. Weber*, Anm. zu OLG Celle Urteil vom 24.07.1946, SJZ 1947, Sp. 214; *Otto*, JZ 1985, 69 (72).

734 *Geppert*, FS-Hirsch, 1999, S. 525 (536).

735 LPK – *Kindhäuser*, § 263 StGB Rz. 198; NK – *Kindhäuser*, § 263 StGB Rz. 385.

736 *Miehe*, JuS 1980, 261 (264).

737 *Geppert*, FS-Hirsch, 1999, S. 525 (536).

3. Zusammenfassung

Die höchstrichterliche Rechtsprechung zum Anstellungsbetrug ist im Schrifttum teilweise auf Zustimmung gestoßen.

Bei der Erschleichung eines Arbeitsverhältnisses hat die Literatur die Auffassung der Rechtsprechung in wesentlichen Zügen übernommen und bejaht den Vermögensschaden des Arbeitgebers, wenn die Leistungen des Arbeitnehmers nicht adäquat sind. Überwiegend ablehnend steht man in der Literatur hingegen der Annahme eines Vermögensschadens bei einem vorbestraften Arbeitnehmer gegenüber.

Hinsichtlich der Erschleichung einer Beamtenstellung ergibt sich ein differenzierteres Bild. Einige Stimmen billigen auch die höchstrichterliche Rechtsprechung, andere lehnen sie gänzlich ab und fordern die Gleichbehandlung zu den Fällen der Erschleichung eines Arbeitsverhältnisses. Schließlich hat sich eine dritte Meinungsgruppe herausgebildet, die sich zwar noch bei der Täuschung des Bewerbers über seine fachliche Eignung auf der Linie der Rechtsprechung bewegt, aber der rechtlichen Beurteilung des BGH bei den Fällen, in denen der Bewerber über seine persönliche Eignung falsche Angaben macht, eine Absage erteilt.

5. Abschnitt: Eigene Lösung zum sog. Anstellungsbetrug

A. Einleitung

Die bisherige Untersuchung hat aufgezeigt wie das Verhalten eines Bewerbers im Arbeitsrecht, im Beamtenrecht und im Strafrecht erfasst und bewertet wird, der seine Einstellung aufgrund unterlassener, unvollständiger oder falscher Auskünfte gegenüber dem Arbeitgeber bzw. Dienstherrn erlangt hat. Während bei der strafrechtlichen Beurteilung der Erschleichung eines Arbeitsverhältnisses die arbeitsrechtliche Lösung zum Fragerecht des Arbeitgebers und den damit korrespondierenden Offenbarungspflichten des Bewerbers unberücksichtigt bleibt, ist die Beurteilung der Strafbarkeit wegen der Erschleichung einer Beamtenstellung nach der Rechtsprechung und Teilen der Literatur maßgeblich an die beamtenrechtlichen Einstellungsvoraussetzungen gekoppelt.

Ob das Vorliegen eines strafrechtlichen Anstellungsbetruges in dieser Weise je nach den Besonderheiten der unterschiedlichen Rechtsmaterien differenziert beurteilt werden darf, mag allerdings zweifelhaft sein. Es könnte sich vielmehr die Frage stellen, ob nicht der Grundsatz der „Einheit der Rechtsordnung" einen harmonisierenden Lösungsansatz gebietet, der geeignet ist, aufgezeigte Wertungswidersprüche unter den Teilrechtsordnungen zu beseitigen.

Eine Antwort auf diese Frage könnte in zwei Teilschritten erarbeitet werden. Zunächst wäre erforderlich, den Grad der rechtlichen Verbindlichkeit eines solchen Grundsatzes der „Einheit der Rechtsordnung" zu ermitteln sowie dessen Rechtscharakter und Tragweite[738]. Die hierbei gefundenen Ergebnisse müssten sodann methodisch und inhaltlich in die Diskussion um die Reichweite eines strafrechtlichen Anstellungsbetruges gem. § 263 StGB eingebracht werden. Dabei könnte sich ergeben, dass die in der bisherigen Darstellung aufgefundenen beachtlichen Unterschiede zwischen der Einstellungsentscheidung im Arbeitsrecht und im Beamtenrecht durchaus auch eine jeweils spezifische Reichweite des § 263 StGB in den jeweiligen Teilrechtsordnungen zur Folge haben können[739].

B. Der Grundsatz der „Einheit der Rechtsordnung"

I. Einführung

Die Häufigkeit, mit der der Grundsatz der „Einheit der Rechtsordnung" als Argumentationstopos in der rechtswissenschaftlichen Diskussion auftaucht, steht

---

738 Siehe unter B.

739 Siehe unter C. und D.

auf den ersten Blick in einem auffälligen Gegensatz zum Grad seiner in vielen Lehrbüchern und Kommentaren zum Strafrecht umschriebenen Konkretisierung. Vielfach wird dieser Begriff lediglich als Schlagwort in den Raum gestellt[740] oder bei der Erörterung konkreter dogmatischer Probleme als Metapher benutzt, um diese in einen übergeordneten abstrakten Argumentationszusammenhang zu stellen[741]. In manchen Schlagwortregistern taucht der Grundsatz nicht auf, obwohl er der Sache nach angesprochen wird[742].

In anderen Darstellungen wird er mit relativierenden Zusatzbegriffen versehen, die den Eindruck einer Unbestimmtheit des Begriffes verstärken. So spricht *Jakobs* in seinem Lehrbuch bei der Erörterung der „Prinzipien der Rechtfertigung" lediglich von einem „Postulat der Einheit der Rechtsordnung" und führt sodann aus: „Nach üblicher Lehre soll die universelle Anwendbarkeit aller Rechtfertigungsgründe eine Konsequenz der ‚so genannten' Einheit der Rechtsordnung sein; diese Einheit soll wiederum Konsequenz des einheitlichen Begriffs der Rechtswidrigkeit sein."[743].

Auch *Kühl* spricht in diesem Zusammenhang in seinem Lehrbuch nur vom „sog. Grundsatz" bzw. vom „nicht ganz deutlichen Gesichtspunkt der Einheit der Rechtsordnung"[744].

In seinem Lehrbuch zur „Allgemeinen Rechtslehre" verweist *Röhl* darüber hinaus auf weitere Anwendungsfelder dieses Grundsatzes. Eine Einheit der Rechtsordnung könne „soziologisch, normtheoretisch, als Begriffseinheit, als Wert- oder Prinzipieneinheit sowie als rechtspolitisches Postulat begründet sein"[745].

Angesichts dieser begrifflichen Breite des Grundsatzes und seines dadurch bedingten hohen Abstraktionsgrades ist auf den zweiten Blick die Zurückhaltung der strafrechtlichen Lehrbücher und Kommentare bei der umfassenden Konkretisierung dieses Prinzips schon eher verständlich.

Aus der Sicht der strafrechtlichen Dogmatik scheinen im Wesentlichen auch nur zwei Grundsatzbereiche eine nähere Konkretisierung des Prinzips der „Einheit der Rechtsordnung" einzufordern: die Problematik um die „Relativität der Rechtsbegriffe" und die Diskussion um die sog. „Einheitlichkeit der Rechtswid-

---

740 *Ebert*, AT, S. 67, 69; *Wessels/Beulke*, AT, Rz. 274.

741 Etwa bei *Jescheck/Weigend*, AT, S. 327.

742 So z. B. bei *Lackner/Kühl*, Vor § 32 StGB Rz. 9; MüKo – *Schlehofer*, Vor § 32 StGB Rz. 98; *Tröndle/Fischer*, Vor § 32 StGB Rz. 2; *Wessels/Beulke*, AT, Rz. 274.

743 *Jakobs*, AT, 11/4.

744 *Kühl*, AT, § 7 Rz. 155 bzw. § 9 Rz. 130.

745 *Röhl*, Rechtslehre, S. 429 ff.

rigkeit". So sind es denn auch diese beiden Themenkreise, in denen der Einheitsgedanke in der strafrechtlichen Literatur – in Ausnahme zu der oben sonst festgestellten Zurückhaltung – eine breitere juristische Aufbereitung erfährt[746].

Im Grundsatz der „Einheit der Rechtsordnung" steckt als Kehrseite ganz offensichtlich vor allem auch das „Gebot der Vermeidung von Widersprüchen". Für die hier zu lösende Frage, ob die in den Teilrechtsordnungen aufgespürten Wertungswidersprüche im Bereich des sog. Anstellungsbetruges durch ein solches „Vermeidungsgebot" beseitigt werden können, ist die Sondierung des „Einheitsgrundsatzes" allerdings über die beiden oben genannten Bereiche der „Rechtsbegriffe" und der „Rechtswidrigkeit" hinaus zu führen. Ohne eine etwas grundsätzlichere Durchleuchtung des Prinzips der „Einheit der Rechtsordnung" kann der Grad seiner rechtlichen Verbindlichkeit und damit seiner Tragweite bei der Beseitigung von Wertungswidersprüchen nicht bestimmt werden.

II. Die „Einheit der Rechtsordnung" als Rechtsprinzip

Wenn es richtig ist, dass der Grundsatz der „Einheit der Rechtsordnung" in seiner Kehrseite vor allem auch das „Gebot der Vermeidung von Widersprüchen" enthält, so macht dieses Gebot nur Sinn, wenn es sich in gleicher Weise an alle im Rechtssetzungs- wie im Rechtsfindungsprozess Beteiligten richtet. Dies liegt gleichsam in der Natur der Sache.

Fraglich ist aber, mit welchem Grad von Verbindlichkeit die durch das Gebot Verpflichteten eine solche „Einheit der Rechtsordnung" anstreben müssen und die durch entsprechende Bemühungen Betroffenen die Einhaltung eines Wertungswiderspruchs einfordern können. Es ist ein Unterschied, ob die „Einheit der Rechtsordnung" sich lediglich als rechtspolitisches Postulat an den Gesetzgeber richtet, ob sie sich für den Rechtsfinder lediglich als ein Gebot richterlicher Standesethik, also gleichsam als „nobile officium" erweist, oder ob dieser Grundsatz als ein Rechtsprinzip Bestandteil der geltenden Rechtsordnung ist. Rechtspflichten zur Wahrung des Einheitsgrundsatzes würden dann korrespondierenden Rechtsansprüchen gegenüberstehen. Verletzungen des Grundsatzes wären als Rechtsfehler im Rechtsmittelwege nachprüfbar und behebbar.

Da der Grundsatz der „Einheit der Rechtsordnung" nirgendwo in unsere Rechtsordnung ausdrücklich aufgenommen ist, kann seine Eigenschaft als ein Rechtsprinzip nur mittelbar aus dieser Ordnung erschlossen werden. Starke Indizien für eine solche hohe Verbindlichkeit des Grundsatzes ergeben sich etwa aus Art. 93 und 95 GG.

---

746 Zu Einzelheiten, vgl. *Röhl*, Rechtslehre, S. 432 und 433 mit entsprechender Literatur.

So begründet Art. 93 Abs. 1 Ziffer 2 GG eine Zuständigkeit des BVerfG bei Meinungsverschiedenheiten oder Zweifeln über die förmliche und sachliche Vereinbarkeit von Landesrecht mit sonstigem Bundesrecht. Wäre der Einheitsgrundsatz lediglich Gegenstand eines rechtspolitischen Postulats und nicht als ein Rechtsgebot Bestandteil der Rechtsordnung würde ein richterliches Kontrollverfahren dieser Art wenig Sinn machen.

Dasselbe gilt gem. Art. 95 Abs. 3 GG für die dort vorgeschriebene Einrichtung eines Gemeinsamen Senates der obersten Gerichtshöfe des Bundes zur Wahrung der Einheitlichkeit der Rechtsprechung von Bundesgerichtshof, Bundesverwaltungsgericht, Bundesfinanzhof, Bundesarbeitsgericht und Bundessozialgericht.

Der Verfassungsgesetzgeber hat hier deutlich gemacht, dass er notfalls mithilfe eines Rechtsverfahrens der Aufsplitterung des Rechts in Teilrechtsordnungen und der dadurch bedingten Gefahr divergierender Rechtsprechung durch die jeweils zuständigen obersten Bundesgerichte entgegen wirken will.

Auch der BGH stützt in seinem Urteil vom 23.10.1957[747] letztlich diese Bewertung des Einheitsgrundsatzes als ein Rechtsprinzip. Seine Feststellungen die „Einheit der Rechtsordnung umfasse alle im Bundesgebiet geltenden Normen ohne Rücksicht auf den Normengeber" kann sinnvoll nur in dieser Richtung interpretiert werden. Letzte Zweifel in dieser Richtung hat seit 1998 das BVerfG beseitigt. In zwei Entscheidungen vom 07.05.1998 hat es den „Einheitsgrundsatz" als Bestandteil und Ausfluss des Rechtsstaatsprinzips anerkannt. „Das Rechtsstaatsprinzip", so hat es ausgeführt, „verpflichtet alle rechtsetzenden Organe des Bundes und der Länder, die Regelungen jeweils so aufeinander abzustimmen, dass den Normadressaten nicht gegenläufige Regelungen erreichen, die die Rechtsordnung widersprüchlich machen"[748]. Der Grundsatz der „Einheit der Rechtsordnung" muss daher als ein Rechtsprinzip und somit als Bestandteil der Rechtsordnung angesehen werden. Als Ausfluss des Rechtsstaatsprinzips genießt er Verfassungsrang.

III. Der Rechtscharakter eines Rechtsprinzips der „Einheit der Rechtsordnung"

Wer den Grundsatz der „Einheit der Rechtsordnung" als Rechtsprinzip erfasst, muss sich zunächst auf die Wesensmerkmale eines solchen Prinzips besinnen. Es ist nämlich zu vermuten, dass die Bestimmung seines Rechtscharakters so-

747 BGH Urteil vom 23.10.1957 – 2 StR 458/56, BGHSt 11, 241 (244).

748 BVerfG Urteil vom 07.05.1998 – 2 BvR 1876/91, 1083/92, 2188/92, 2200/92, 2624/94, BVerfGE 98, 83 (97); BVerfG Urteil vom 07.05.1998 – 2 BvR 1991/95, 2004/95, BVerfGE 98, 106 (118/119).

dann nicht nur Aufschlüsse über seine mögliche Wirkkraft, die materielle Reichweite, sondern auch Erkenntnisse darüber liefern kann, wie man methodisch sinnvoll die so gefundenen Ergebnisse im hier vorliegenden konkreten Fall in eine harmonisierende Lösung zur Beseitigung von Wertungswidersprüchen einbringen kann.

Weinberger[749] hat 1978 die „adäquate Darstellung der Form von Rechtsgrundsätzen für ein bisher nicht gelöstes Problem gehalten". Wenn man heute auch aufgrund der weiterführenden Forschungen von *Larenz*, *Alexy* u. a.[750] diese Aussage nicht mehr in dieser Form aufrechterhalten kann, so sollten dennoch verbleibende Schwierigkeiten bei der Untersuchung und Darstellung von Rechtsprinzipien nicht übersehen werden.

Auf eine der wichtigsten macht *Larenz* ausdrücklich aufmerksam, nämlich auf die Schwierigkeit der Definition, der Erfassung des vollen Sinngehalts und damit des Verstehens der Tragweite eines Prinzips insbesondere in der Phase einer ersten Annäherung[751].

Prinzipien sind leitende Gedanken, die erst noch zu rechtssatzförmigen Regelungen verdichtet werden müssen. Sie geben lediglich die Richtung an, in der die zu findende Regel gelegt ist. Von daher hafte ihnen eine relative Unbestimmtheit an, die eine rein begriffliche Definition unmöglich macht, wolle man sich nicht dem Vorwurf aussetzen, man produziere „Leerformeln".

Eine weitere Schwierigkeit bei der Darstellung von Rechtsprinzipien besteht in der verwirrenden Vielfalt der ihre Struktur betreffenden Terminologie und Thesen[752]. Da das Erkenntnisinteresse dieser Untersuchung vorrangig rechtsdogmatischer Art ist, kann und will sie einerseits an rechtstheoretischen Forschungsergebnissen nicht vorbeigehen, solche aber andererseits nicht selbständig erarbeiten und fortentwickeln. Von daher muss es erlaubt sein, an überzeugende neuere Forschungen eines Autors anzuknüpfen und dessen Ergebnisse in diese Untersuchung einzubringen. Mehrere Gründe sprechen dafür, sich inso-

---

749 *Weinberger*, Rechtstheorie Band 9, 1978, 125 (131 f.) und Fn. 12.

750 Vgl. etwa nur *Alexy*, Rechtstheorie, Beiheft 1, 1979, 59 ff.; *Alexy*, Theorie der juristischen Argumentation, 4. Auflage, Frankfurt, 2001; *Alexy*, Theorie der Grundrechte, 4. Auflage, Frankfurt, 2001; *Alexy*, ARSP, Beiheft 25, 1986, 13 ff.; *Alexy*, Rechtsregeln und Rechtsprinzipien, S. 217 ff.; *Larenz*, Richtiges Recht, München, 1979. Vgl. ansonsten nur etwa *Berkemann*, JR 1989, 221 ff.; *Penski*, JZ 1989, 105 ff.; *Van Eikema Hommes*, ARSP 1984, 153 ff.

751 *Larenz*, Richtiges Recht, S. 23 (27).

752 Vgl. dazu nur die Übersichten bei *Alexy*, Rechtstheorie, Beiheft 1, 1979, 59 ff.; *Alexy*, Theorie der Grundrechte, S. 72 ff.; *Alexy*, ARSP, Beiheft 25, 1986, 13 (14), insb. Fn. 5.

weit an den bereits genannten[753] Forschungsarbeiten *Alexys* auszurichten. Seine Ergebnisse sind nicht nur in gründlicher Auseinandersetzung mit den Thesen *Dworkins*[754] entstanden, sondern auch in Fortentwicklung der vorangegangenen einschlägigen deutschen Diskussion, die im wesentlichen von *Esser*, *Larenz*, *Canaris* und *Göldner* geführt worden ist[755].

Nach der Terminologie von *Alexy*[756] ist jede Norm entweder eine Regel oder ein Prinzip. Dabei ist der Unterschied zwischen diesen Normen nicht nur ein gradueller, etwa in dem Sinne, dass Prinzipien Normen eines relativ hohen und Regeln Normen eines relativ geringen Generalitätsgrades darstellen. Der Unterschied ist vielmehr ein qualitativer: Regeln sind Normen, die stets nur erfüllt oder nicht erfüllt werden können. „Wenn eine Regel gilt, dann ist es geboten genau das zu tun, was sie verlangt, nicht mehr und nicht weniger“[757]. Für *Alexy* enthalten Regeln damit Festsetzungen im Raum des tatsächlich und rechtlich Möglichen. Prinzipien sind dagegen Normen, „die gebieten, dass etwas in einem relativ hohen Maße realisiert wird“[758]. Sie sind demnach Optimierungsgebote. Im Gegensatz zu den Regeln können sie in unterschiedlichen Graden erfüllt werden. Das gebotene Maß ihrer Erfüllung hängt nicht nur von den tatsächlichen Umständen des Einzelfalls, sondern auch von den rechtlichen Möglichkeiten ab. Diese werden durch gegenläufige Prinzipien und Regeln bestimmt, die im konkreten Fall die Reichweite und den Wirkungsgrad eines Prinzips mitbestimmen können.

Am deutlichsten zeigt sich daher nach *Alexy* der Unterschied zwischen Regeln und Prinzipien bei Regelkonflikten und Prinzipienkollisionen. Ein „Konflikt zwischen Regeln“ kann nur dadurch gelöst werden, dass entweder eine

---

753 Siehe Fn. 750.

754 *Alexy*, Rechtstheorie, Beiheft 1, 1979, 59 ff.; *Alexy*, ARSP, Beiheft 25, 1986, 13; vgl. auch *Penski*, JZ 1989, 105.

755 Vgl. nur *Alexy*, Theorie der Grundrechte, S. 77, insb. Fn. 26; *Canaris*, Systemdenken und Systembegriff in der Jurisprudenz, 2. Auflage, Berlin 1983; *Esser*, Vorverständnis und Methodenwahl in der Rechtsfindung, Frankfurt, 1972; *Esser*, Grundsatz und Norm in der richterlichen Fortbildung des Privatrechts, 4. Auflage, Tübingen, 1990; *Göldner*, Verfassungsprinzip und Privatrechtsnorm in der verfassungskonformen Auslegung und Rechtsfortbildung, Berlin, 1969; *Larenz*, Richtiges Recht; *Larenz/Canaris*, Methodenlehre der Rechtswissenschaft, 3. Auflage, Berlin, 1995.

756 *Alexy*, Theorie der Grundrechte, S. 75 ff.

757 *Alexy*, Theorie der Grundrechte, S. 76, *Alexy*, Rechtsregeln und Rechtsprinzipien, S. 217 (224).

758 Vgl. hierzu und zum Folgenden *Alexy*, Theorie der Grundrechte, S. 75 f.; *Alexy*, ARSP, Beiheft 25, 1986, 13 (19/20); *Alexy*, Rechtsregeln und Rechtsprinzipien, S. 217 (224).

Ausnahmeklausel, die den Konflikt beseitigt, in eine der Regeln eingefügt oder mindestens eine der Regeln für ungültig erklärt wird[759]. Ganz anders ist dagegen eine „Prinzipienkollision" zu lösen: „Wenn zwei Prinzipien kollidieren, was etwa dann der Fall ist, wenn nach dem einen Prinzip etwas verboten und nach dem anderen Prinzip dasselbe erlaubt ist, muss eines der beiden Prinzipien zurücktreten. Das bedeutet aber weder, dass das zurücktretende Prinzip für ungültig zu erklären ist, noch, dass in das zurücktretende Prinzip eine Ausnahmeklausel einzubauen ist. Vielmehr geht das eine Prinzip dem anderen unter bestimmten Umständen vor. Unter anderen Umständen kann die Vorrangfrage umgekehrt zu lösen sein. Das ist gemeint, wenn gesagt wird, dass Prinzipien in konkreten Fällen unterschiedliche Gewichte haben und dass das Prinzip mit dem jeweils größeren Gewicht vorgeht. Regelkonflikte spielen sich in der Dimension der Geltung ab, Prinzipienkollisionen finden, da nur geltende Prinzipien kollidieren können, jenseits der Dimension der Geltung in der Dimension des Gewichts statt"[760]. Prinzipienkollisionen und Regelungskonflikte sind also auf kategorial verschiedenen Ebenen anzusiedeln. Soweit *Penski*[761] in seiner von Alexy abweichenden Terminologie und in Kritik an dessen Formel von den „Prinzipien als Optimierungsgeboten" „Rechtsgrundsätze" als Normen ansehen möchte, „die nur allgemein die Verwirklichung eines Zieles fordern, ohne dass sie genauer bestimmen, durch welches Verhalten das geschehen soll", würde sich an diesen Strukturierungen nichts ändern. Auch er erkennt an, dass bei Rechtsgrundsätzen (Prinzipien) Kollisionen mit anderen Grundsätzen von vornherein angelegt sind, so dass ihre Erfüllung nur möglich ist, „soweit sie anderen Erfordernissen nicht entgegenstehen"[762]. Von daher scheint die Abweichung sich nicht auf die Struktur von Rechtsgrundsätzen zu beziehen, sondern sich vielmehr lediglich in einer anderen Terminologie zu erschöpfen.

IV. Die Tragweite eines Rechtsprinzips der „Einheit der Rechtsordnung"

Mit der Feststellung, dass der Grundsatz der „Einheit der Rechtsordnung" mit der Verbindlichkeit eines Rechtsprinzips mit Verfassungsrang gilt und von seiner Rechtsnatur her als ein Optimierungsgebot zu verstehen ist, liegen die Parameter zur Bestimmung seiner Tragweite und damit seiner Wirksamkeit vor.

Diese Bestimmung soll sich wegen der hier konkret zu lösenden Problematik auf das bereits oben angesprochene im Einheitsprinzip u. a. ganz offensichtlich

---

759 *Alexy*, Theorie der Grundrechte, S. 78.

760 *Alexy*, Theorie der Grundrechte, S. 78 f.

761 *Penski*, JZ 1989, 105 (107).

762 *Penski*, JZ 1989, 105 (110).

enthaltene „Gebot zur Vermeidung von Widersprüchen“ beschränken. Damit wird inhaltlich an die Begründbarkeit der „Einheit der Rechtsordnung“ als Wert- oder Prinzipieneinheit angeknüpft[763].

Konkret geht es um die Beantwortung der oben in der Einleitung des 5. Abschnitts aufgeworfenen Frage, ob nicht der Grundsatz der „Einheit der Rechtsordnung“ einen harmonisierenden Lösungsansatz gebietet, der geeignet ist, die im Bereich des sog. Anstellungsbetruges in den jeweiligen Teilrechtsordnungen des Arbeitsrechts, des Beamtenrechts und des Strafrechts aufgezeigten Wertungswidersprüche zu beseitigen.

Dass nach dem bisher Gesagten eine Rechtspflicht zur Herbeiführung einer die Wertungswidersprüche beseitigenden harmonisierenden Lösung besteht, kann nicht mehr zweifelhaft sein. Die Rechtsnatur des „Einheitsprinzips“ als Optimierungsgebot gibt auch Ziel und Richtung an, der die zu findende Entscheidung im Ergebnis entsprechen muss. Unklar ist lediglich wie ein solcher Lösungsansatz zunächst einmal im Grundsatz aussehen könnte. Hier dürfte es hilfreich sein, das oben geschilderte Kollisionsverhalten von Prinzipien noch einmal zu bedenken und in die konkrete Diskussion einzuführen[764]: Die negative Funktion von Prinzipien, ihnen widersprechende Wertungen und die auf ihnen beruhenden Setzungen auszuschließen, ihre innewohnende Fähigkeit zur gegenseitigen Abgrenzung, die somit gegebene Möglichkeit, in Kollision miteinander zu geraten und nicht ohne Ausnahme zu gelten, entfalten vielmehr ihren eigentlichen Sinngehalt mit.

Wenn zwei Prinzipien kollidieren, was etwa dann der Fall ist, wenn nach dem einen Prinzip etwas verboten und nach dem anderen Prinzip dasselbe erlaubt ist, muss eines der beiden Prinzipien zurücktreten. Da im konkreten Fall – wie oben dargestellt – Grundsätze des Arbeitsrechts und solche des Beamtenrechts mit Grundsätzen des Strafrechts im obigen Sinne kollidieren, ist es sinnvoll diesen Lösungsansatz auch hier zu erproben.

Hier soll es zunächst nur darum gehen, eine generelle Leitlinie für die Auflösung dieser Kollision gleichsam im Sinne der Herstellung einer „praktischen Konkordanz“ aufzuzeigen. Dabei erweist es sich als sinnvoll, sich in der Linie zu bewegen, die sich im Strafrecht bei der Diskussion um eine „einheitliche Rechtswidrigkeit“ bewährt hat. Es geht hier nämlich um fast inhaltlich identische Wertungsfragen. Wie dort stellen sich zwei Grundsatzfragen:

Sind im zivilrechtlichen Bereich des Arbeitsrechts und im öffentlich-rechtlichen Bereich des Beamtenrechts aufgefundene „sanktionslose Freiräume“ im

---

763 *Röhl*, Rechtslehre, S. 429.

764 Siehe oben S. 201.

Rahmen von Einstellungsentscheidungen auch im Strafrecht mit der Folge einer Nichtbestrafung anzuerkennen oder kann dennoch wegen Anstellungsbetruges gem. § 263 StGB bestraft werden?

In diesem Falle muss das Optimierungsgebot des Einheitsgrundsatzes voll ausgeschöpft werden. Eine Nichtherausnahme solcher Fälle aus dem Bereich eines strafbaren Anstellungsbetruges würde deutlich gegen den Grundsatz der Subsidiarität des Strafrechts als des äußersten Mittels der Sozialpolitik und der Strafe als ultima ratio verstoßen. Überdies wäre das verfassungsrechtlich gebotene Übermaßverbot beeinträchtigt[765]. Ein offensichtlicher Wertungswiderspruch kann hier nur durch ein Ausscheiden des Strafrechts vermieden werden.

Anders könnte die Frage zu entscheiden sein, ob ein im Bereich des Arbeits- oder Beamtenrechts unerlaubtes Verhalten eines Bewerbers wegen des Grundsatzes der „Einheit der Rechtsordnung" unter allen Umständen auch als Anstellungsbetrug bestraft werden müsste. In Anlehnung an eine vergleichbare Begründung durch *Roxin*[766] im Rahmen der Diskussion um die „einheitliche Rechtswidrigkeit" kann diese Frage nicht eindeutig mit „ja" beantwortet werden. Einer optimalen Anerkennung des „Einheitsgrundsatzes" steht der „fragmentarische Charakter" des Strafrechts entgegen.

Wie *Roxin*[767] zu Recht feststellt, ist es nämlich weder denknotwendig noch auch nur immer kriminalpolitisch angezeigt, ein zivilrechtlich oder öffentlichrechtlich verbotenes Handeln unter allen Umständen auch zu bestrafen. Bezogen auf die strittige Diskussion um eine „einheitliche Rechtswidrigkeit" hält er aber gleichzeitig fest: „In der Regel freilich wird es so sein, dass ein deliktstypisches (= tatbestandsmäßiges) Verhalten, das zugleich dem ausdrücklichen Verbot eines anderen Rechtsgebietes zuwiderläuft, der Bekämpfung auch durch das Strafrecht bedarf. Aber es muss nicht so sein, weil ein aus einem anderen Rechtsgebiet stammendes Verbot primär die Auslösung rechtsgebietsspezifischer Rechtsfolgen (z. B. Schadensersatz oder öffentlich-rechtliche Konsequenzen) bezweckt, und das Strafrecht sich dem mit seinen weit schwereren Sanktionen nicht unbedingt anschließen muss."[768]

Ob solche Voraussetzungen in den einschlägigen Fällen des sog. Anstellungsbetruges gegeben sind, kann nur durch Umsetzung dieser generellen Leitlinien im Bereich von Arbeitsverhältnissen bzw. Beamtenverhältnissen festgestellt werden.

---

765 So zu Recht MüKo – *Schlehofer*, Vor § 32 StGB Rz. 98.

766 *Roxin*, AT, § 14 Rz. 32.

767 *Roxin*, AT, § 14 Rz. 32.

768 *Roxin*, AT, § 14 Rz. 32.

C. Die Erschleichung eines Arbeitsverhältnisses

Die arbeitsrechtliche Untersuchung hat gezeigt, dass nicht jede falsche Angabe des Bewerbers dem Arbeitgeber eine Anfechtung des Arbeitsverhältnisses nach § 123 BGB ermöglicht. Es kommt vielmehr darauf an, ob die Frage des Arbeitgebers zulässig und der Bewerber zur Offenbarung verpflichtet war. Anderenfalls scheitert die Anfechtung nach § 123 BGB nach der hier vertretenen Ansicht bereits an dem Tatbestandsmerkmal der Täuschung. Dies hat zur Konsequenz, dass der Arbeitgeber das Arbeitsverhältnis nicht anfechten kann und die falsche Auskunft des Bewerbers damit keine Auswirkung auf das Arbeitsverhältnis hat[769]. Strafrechtlich werden hingegen die Fälle der Erschleichung eines Arbeitsverhältnisses durch § 263 StGB mit dem sog. Anstellungsbetrug erfasst. Anknüpfungspunkt für die Frage nach der Strafbarkeit des Bewerbers ist das Tatbestandsmerkmal des Vermögensschadens, auf dessen Bestimmung sich die strafrechtliche Diskussion um den Anstellungsbetrug allein konzentriert[770]. Eine Berücksichtigung der arbeitsrechtlichen Grundsätze zum Fragerecht des Arbeitgebers und der damit korrespondierenden Offenbarungspflichten des Bewerbers bei der Prüfung des § 263 StGB ist in den bisherigen Erörterungen nicht erfolgt.

Die isolierte Betrachtung falscher Auskünfte des Bewerbers gegenüber dem Arbeitgeber bei der Einstellung im Strafrecht und im Arbeitsrecht birgt jedoch die Gefahr einer unterschiedlichen Beurteilung eines einheitlichen Lebenssachverhaltes. So besteht die Möglichkeit, dass ein Bewerber sich wegen Anstellungsbetruges durch Erschleichung eines Arbeitsverhältnisses strafbar macht, indem er dem Arbeitgeber eine falsche Auskunft gibt, obwohl er arbeitsrechtlich die unzulässige Frage des Arbeitgebers falsch beantworten durfte und der Arbeitgeber daher nicht zur Anfechtung nach § 123 BGB berechtigt ist. Zur Verhinderung solch divergierender Ergebnisse bedarf es einer Lösung für den Anstellungsbetrug, die die arbeitsrechtlichen Grundlagen zum Fragerecht des Arbeitgebers und den Offenbarungspflichten des Bewerbers berücksichtigt. Anderenfalls würde das Vertrauen der Rechtsgemeinschaft in die Vernünftigkeit des Rechtssystems bei solch widersprüchlichen Entscheidungen in Frage gestellt. Autorität kann gerade dem Strafrecht jedoch nur dann zuteil werden, wenn seine Entscheidungen jedem einsichtigen Bürger auch als sinnvoll einleuchten[771]. Dies wird jedoch bei einem Arbeitnehmer, der wegen Anstellungsbetruges strafbar ist, obwohl der Arbeitgeber das Arbeitsverhältnis aus dem-

---

769 Siehe oben S. 122 ff.

770 Vgl. 4. Abschnitt C.

771 Vgl. *Cramer*, Vermögensbegriff und Vermögensschaden im Strafrecht, Bad Homburg, 1968, S. 112.

selben Grund nicht nach § 123 BGB anfechten darf, stark in Zweifel zu ziehen sein. Ein Bewerber um einen neuen Arbeitsplatz braucht also die Rechtssicherheit, strafrechtlich nicht für das Verschweigen von Umständen zur Verantwortung gezogen zu werden, die er aus arbeitsrechtlicher Sicht nicht verpflichtet war zu offenbaren. Aber auch das ausgewogene arbeitsrechtliche Konstrukt aus Fragerecht und Offenbarungspflichten, das vor allem dem Schutz des Bewerbers vor Aushöhlung seines Persönlichkeitsrechts dient, gerät vor diesem Hintergrund ad absurdum.

Mit einem Ansatz, der die Harmonisierung von Arbeitsrecht und Strafrecht zur Lösung des Anstellungsbetruges durch Erschleichung eines Arbeitsverhältnisses anstrebt, öffnet sich im Gegensatz zur Lösung der herrschenden Meinung im Strafrecht, die sich ausschließlich mit der Frage des Vermögensschadens auseinandersetzt, der Blick auf die übrigen Tatbestandsmerkmale des § 263 StGB. Diese sollen daher zunächst vornehmlich auf den Prüfstand gestellt werden.

I. Täuschungshandlung

1. Einleitung

Die Tathandlung des § 263 StGB besteht in einer Täuschung über Tatsachen[772]. Nach allgemeiner Ansicht wird im Strafrecht unter einer Täuschung ein Verhalten in Form von Tun oder Unterlassen verstanden, das objektiv irreführt oder einen Irrtum unterhält und damit auf die Vorstellung eines anderen einwirkt[773].

Mit dieser Auffassung kommt die herrschende Meinung – wie auch schon die herrschende Meinung im Arbeitsrecht bei § 123 BGB[774] – problemlos zur Bejahung einer Täuschungshandlung des Bewerbers, der gegenüber dem Arbeitgeber bei der Einstellung eine unrichtige Antwort erteilt hat. Da auch regelmäßig die Bejahung der Tatbestandsmerkmale „Irrtum“ und „Vermögensverfügung“ keine Schwierigkeiten bereiten wird, konzentriert sich die Problematik des Anstellungsbetruges auf die umstrittene Bestimmung des Tatbestandsmerkmals des Vermögensschadens[775].

Mit einer differenzierteren Betrachtungsweise der Täuschungshandlung unter Einbeziehung der arbeitsrechtlichen Erkenntnisse des 2. Abschnitts könnten jedoch die Fälle der Erschleichung eines Arbeitsverhältnisses einer neuen

---

772 *Lackner/Kühl*, § 263 StGB Rz. 3; *Tröndle/Fischer*, § 263 StGB Rz. 5.

773 *Lackner/Kühl*, § 263 StGB Rz. 6; Schönke/Schröder – *Cramer*, § 263 StGB Rz. 11; *Tröndle/Fischer*, § 263 StGB Rz. 10.

774 Vgl. oben S. 122 f.

775 Vgl. 4. Abschnitt.

Lösung zugeführt werden. Die arbeitsrechtliche Untersuchung im 2. Abschnitt hat gezeigt, dass nach der hier vertretenen Ansicht nicht jede falsche Auskunft des Bewerbers eine Täuschung i. S. d. § 123 BGB darstellt, die den Arbeitgeber zur Anfechtung des Arbeitsverhältnisses berechtigt. Ausschlaggebend ist vielmehr, ob die Täuschung des Bewerbers rechtserheblich ist. Damit wird als Täuschung nur solches Verhalten erfasst, das eine rechtlich erhebliche Vorstellung erregt, bestärkt oder aufrechterhält. Eine rechtlich erhebliche Vorstellung des Getäuschten liegt vor, wenn seine Willensbildung schützenswert und der Täuschende zur Offenbarung verpflichtet ist[776]. Im Arbeitsrecht ermöglicht eine solche Auslegung des Tatbestandsmerkmals der Täuschung des § 123 BGB eine sachgerechte Einbeziehung der Interessenabwägung, deren Ergebnis darüber entscheidet, ob die Frage des Arbeitgebers zulässig und der Bewerber zur Offenbarung verpflichtet war[777].

Vor dem Hintergrund dieser arbeitsrechtlichen Lösung bietet sich auch im Rahmen des § 263 StGB schon die Täuschungshandlung als Anknüpfungspunkt für eine Lösung des Anstellungsbetruges durch Erschleichung eines Arbeitsverhältnisses an. Die angestrebte Harmonisierung von Arbeitsrecht und Strafrecht lässt sich durch die Übertragung der hier vertretenen Auffassung zur Täuschung des Bewerbers gegenüber dem Arbeitgeber im Rahmen des § 123 BGB auf die Täuschungshandlung beim Anstellungsbetrug gem. § 263 StGB erreichen. Zwar liegt auch nach der herrschenden Meinung im Strafrecht bereits mit jeder unrichtigen Auskunft des Bewerbers gegenüber dem Arbeitgeber eine Täuschung vor. Schon in der arbeitsrechtlichen Untersuchung wurde aber dargelegt, dass der Täuschungsbegriff bei Täuschungen zur Begründung eines Arbeitsverhältnisses enger gefasst werden muss[778].

Daher ist zu untersuchen, auf welchem methodischen Wege das Tatbestandsmerkmal der Täuschungshandlung im Rahmen des § 263 StGB so modifiziert werden kann, dass bei der strafrechtlichen Bewertung des Anstellungsbetruges aufgrund des Prinzips der „Einheit der Rechtsordnung“ Wertungswidersprüche vermieden werden können. Im Einklang mit der arbeitsrechtlichen Lösung kann es bei einer entsprechenden Reduktion der Täuschungshandlung auf eine Täuschung durch rechtserhebliche Tatsachen im Ergebnis nur um eine Einengung des Anwendungsbereichs der Norm gehen. In der Methodik der Auslegung stehen hier die „klassischen“ Formen zur Verfügung.

---

776 Siehe oben S. 125.

777 Siehe oben S. 123.

778 Vgl. oben S. 125.

2. Methoden der Auslegung

a) Wortlaut

Nach dem Wortlaut des Gesetzes besteht die Tathandlung des § 263 StGB in der Vorspiegelung falscher oder in der Entstellung oder Unterdrückung wahrer Tatsachen. Das Vorspiegeln falscher Tatsachen heißt, dass der Täter einem anderen eine nicht bestehende Tatsache als bestehend zur Kenntnis bringt. Mit dem Entstellen wird das Verfälschen des tatsächlichen Gesamtbildes durch Hinzufügen oder Fortlassen einzelner Umstände erfasst. Das Unterdrücken einer wahren Tatsache ist ein Handeln, durch das eine Tatsache der Kenntnis eines anderen entzogen wird[779]. Da diese gesetzliche Aufteilung der Täuschungshandlung wegen vielfacher Überschneidungen als irreführend empfunden wird, wird heute bei der Täuschungshandlung vielmehr nach allgemeiner Ansicht zwischen einer Täuschung durch ausdrückliches Vorspiegeln, durch schlüssiges Verhalten und durch die Unterlassung einer bestehenden Aufklärungspflicht differenziert[780].

Unterschiedlich beurteilt wird hingegen, welche Anforderungen an die Täuschung zu stellen sind. Eine Ansicht in der Literatur begreift die Täuschungshandlung als rein objektives Tatbestandsmerkmal[781]. Damit liegt in jeder falschen, unvollständigen oder unterlassenen Antwort des Bewerbers auf eine Frage des Arbeitgebers eine Täuschungshandlung. Andere fordern für die Täuschungshandlung zusätzlich eine subjektive Komponente. Dem Täter müsse bewusst sein, dass zwischen dem vorgegebenen Sachverhalt und der Wirklichkeit eine Diskrepanz bestehe, sog. Täuschungsbewusstsein[782]. Auch nach diesem Verständnis ändert sich nichts an der strafrechtlichen Bewertung des Verhaltens des Bewerbers als ein Täuschungsverhalten, da diesem regelmäßig die Unrichtigkeit seiner Angaben bewusst sein wird. In den hier zu untersuchenden Fällen ist es vielmehr so, dass der Bewerber die unrichtige Antwort in dem Bewusstsein abgibt, dass diese Täuschung arbeitsrechtlich erlaubt ist.

---

779 Schönke/Schröder – *Cramer*, § 263 StGB Rz. 6.

780 *Kargl*, FS-Lüderssen, 2003, S. 613 (616); LPK – *Kindhäuser*, § 263 StGB Rz. 46; Schönke/Schröder – *Cramer*, § 263 StGB Rz. 7; *Maurach/Schroeder/Maiwald*, BT-1, § 41 Rz. 25, 36.

781 LK – *Tiedemann*, § 263 StGB Rz. 23; LKP – *Kindhäuser*, § 263 StGB Rz. 46; NK – *Kindhäuser*, § 263 StGB Rz. 73; *Tröndle/Fischer*, § 263 StGB Rz. 10; *Krey/Hellmann*, BT-2, Rz. 337a; *Mitsch/Küpper*, BT-2/1, § 7 Rz. 25.

782 BGH Urteil vom 05.02.1963 – 1 StR 533/62, BGHSt 18, 235 (237); *Lackner/Kühl*, § 263 StGB Rz. 6; *Küper*, BT, S. 267/268 f.; *Otto*, BT, § 51 Rz. 14; *Rengier*, BT-1, § 13 Rz. 3; *Wessels/Hillenkamp*, BT-2, Rz. 493.

Nach dem Wortlaut des § 263 StGB stellt also jede falsche, unvollständige oder unterlassene Antwort des Bewerbers auf eine Frage des Arbeitgebers eine Täuschung dar. Mit der Methode der Wortlautauslegung können daher die hier zu untersuchenden Fälle nicht aus dem Anwendungsbereich des § 263 StGB herausgelöst werden.

b) Historische Auslegung

Die Wurzeln des Betrugstatbestands liegen bereits im römischen Recht begründet, das betrügerisches Verhalten entweder als „furtum“, zumeist aber mit der Fälschung, „crimen falsi“, erfasste. Bestraft wurde damit die „Entstellung der Wahrheit“[783]. Der Betrugstatbestand in seiner heutigen Form ist jedoch ein Produkt des 19. Jahrhunderts. Seine Ausgestaltung als Vermögensdelikt geht im Wesentlichen auf das Preußische StGB (PrStGB) von 1851 zurück[784]. Die Betrugsdefinition des § 241 PrStGB von 1851 fand in wesentlichen Teilen Eingang in den Betrugstatbestand des Reichsstrafgesetzbuches von 1871. Schon seit dem PrStGB genügte für die Begründung eines Betruges der vorsätzliche und in Bereicherungsabsicht aufgrund einer Täuschung herbeigeführte Vermögensschaden[785]. Eine Veränderung dieser Struktur des § 263 Abs. 1 StGB hat es seitdem nicht mehr gegeben[786].

Für eine Reduktion des Betrugstatbestands hinter den Wortlaut des § 263 StGB auf rechtserhebliche Tatsachen bietet weder die dogmengeschichtliche Auslegung noch der Wille des Gesetzgebers Anhaltspunkte.

c) Teleologische Auslegung

Fraglich ist aber, ob die Beschränkung der Täuschungshandlung im Rahmen des § 263 StGB im Wege einer teleologischen Reduktion vorgenommen werden kann. Eine solche kommt immer dann in Betracht, wenn der Wortlaut des Gesetzes weiter reicht, als es der Zweck gebietet. Dazu bedarf es zuvor der teleologischen Auslegung der Norm[787].

Für die teleologische Auslegung ist zunächst der Blick auf den maßgeblichen Normzweck des Betruges zu richten. Betrug ist die Schädigung fremden Vermögens, die der Täter zur Erlangung eines rechtswidrigen Vermögensvor-

---

783 *Joecks*, § 263 StGB Rz. 2; LK – *Tiedemann*, Vor § 263 StGB Rz. 13.

784 *Joecks*, § 263 StGB Rz. 2 f.; LK – *Tiedemann*, Vor § 263 StGB Rz. 12, 15.

785 LK – *Tiedemann*, Vor § 263 StGB Rz. 16.

786 LK – *Tiedemann*, Vor § 263 StGB Rz. 17.

787 *Röhl*, Rechtslehre, S. 602.

teils für sich oder einen Dritten dadurch bewirkt, dass er durch Täuschung eine irrtumsbedingte Verfügung über das Vermögen veranlasst. Daher bezeichnet man den Betrug auch als Vermögensverschiebungsdelikt[788]. § 263 StGB ist also ein Vermögensdelikt[789], das nicht jede Täuschung an sich, sondern nur die vermögensschädigende Täuschung unter Strafe stellt[790]. Nach ganz herrschender Meinung ist geschütztes Rechtsgut des § 263 StGB das Vermögen[791]. Der Schutz des Vermögens vor vermögensschädigenden Täuschungen wird aber durch den Wortlaut des § 263 StGB sichergestellt. Die angestrebte Reduktion der Täuschungshandlung beim Anstellungsbetrug auf rechtserhebliche Täuschungen verfolgt nicht das Ziel, den Wortlaut hinter den Normzweck zurück zuführen. Hier geht es vielmehr darum, die zwischen der arbeitsrechtlichen und strafrechtlichen Bewertung aufgetretenen Wertungswidersprüche zu beseitigen. Dafür steht aber die teleologische Reduktion nicht zur Verfügung.

Fraglich ist hingegen, ob mit der entgegen der herrschenden Meinung im Schrifttum vereinzelt vertreten Auffassung, nach der § 263 StGB auch als Freiheitsdelikt verstanden werden müsse[792], eine teleologische Reduktion der Täuschungshandlung vorgenommen werden kann. Nach dieser Mindermeinung sollen betrügerische Täuschungen gem. § 263 StGB strafbar sein, da sie das Recht des Opfers verletzten, in seiner Vermögensverwaltungsfreiheit respektiert zu werden[793]. Sie verletzten also das Recht auf Wahrheit des Opfers. Daher seien die Tatbestandsmerkmale des § 263 StGB in einer freiheitstheoretisch legitimierbaren Weise auszulegen, so dass es bei betrügerischen Täuschungen für die Tatbestandsmäßigkeit darauf ankomme, ob garantierte Rechte auf Wahrheit verletzt würden[794].

---

788 *Wessels/Hillenkamp*, BT-2, Rz. 489.

789 Vgl. aber *Kindhäuser*, ZStW 103, 1991, 399, der zunächst § 263 StGB als „Vermögen und Dispositionsfreiheit schützende Norm" begriff, diese Auffassung aber mittlerweile aufgegeben hat; *Kindhäuser*, FS-Bemmann, 1997, S. 339 (354), Fn. 40.

790 *Wessels/Hillenkamp*, BT-2, Rz. 489.

791 *Pawlik*, Das unerlaubte Verhalten beim Betrug, Köln, 1999, S. 83, 105; *Joecks*, § 263 StGB Rz. 1; *Lackner/Kühl*, § 263 StGB Rz. 1; LK – *Tiedemann*, Vor § 263 StGB Rz. 18; Schönke/Schröder – *Cramer*, § 263 StGB Rz. 1; SK – *Samson/Günther*, § 263 StGB Rz. 1; *Tröndle/Fischer*, § 263 StGB Rz. 3; *Arzt/Weber*, BT, § 20 Rz. 15; *Maurach/Schroeder/Maiwald*, BT-1, § 41 Rz. 18 f.; *Mitsch/Küpper*, BT-2/1, § 7 Rz. 1; *Otto*, BT, § 51 Rz. 2; *Wessels/Hillenkamp*, BT-2, Rz. 489.

792 *Pawlik*, Unerlaubtes Verhalten, S. 82.

793 *Pawlik*, Unerlaubtes Verhalten, S. 83.

794 *Pawlik*, Unerlaubtes Verhalten, S. 103 ff.; vgl. auch *Kindhäuser*, FS-Bemmann, 1997, S. 339 (354).

Mit einem solchen Verständnis käme es für die hier zu untersuchenden Fälle also darauf an, ob der Bewerber das Recht auf Wahrheit des Arbeitgebers verletzen würde. Die arbeitsrechtliche Untersuchung hat gezeigt, dass der Arbeitgeber nicht schutzwürdig ist, wenn er eine unzulässige Frage an den Bewerber stellt. Nach dieser Ansicht müsste also § 263 StGB mangels betrügerischer Täuschung scheitern.

Fraglich ist jedoch, ob der vor allem von *Kindhäuser* und *Pawlik* vertretene Ansatz überzeugt, dem die Interpretation des § 263 StGB als Freiheitsdelikt zugrunde liegt. Schon der Gesetzestext des § 263 StGB liefert keinen Hinweis auf bestehende Wahrheitspflichten[795]. Als Hauptargument gegen ein solches Verständnis von § 263 StGB wird aber auch vorgebracht, dass weder das individuelle Vertrauen des Opfers noch ein Recht auf Wahrheit Teil des geschützten Rechtsgutes des § 263 StGB sind. Zwar kann auch bei Vermögensdelikten die Angriffsmodalität mit in die Rechtsgutsbestimmung aufgenommen werden, wie dies z. B. bei § 253 StGB anerkannt ist, der das Vermögen und die Freiheit schützt. Während aber § 253 StGB auf dem Grundtatbestand des § 240 StGB aufbaut und erst durch seinen Vermögensbezug zu einem Vermögensdelikt wird, fehlt es bei § 263 StGB an eben so einem Grunddelikt[796]. Während bei § 240 StGB eine Beschränkung auf die rechtlich garantierte Freiheit noch Sinn machen mag, um ein rechtwidriges Rechtsgut im Rahmen des § 240 StGB wegen der Kollision faktischer Freiheiten zu vermeiden, kann eine solche Betrachtungsweise dort nicht überzeugen, wo primär ein anderes Rechtsgut geschützt wird und die Verletzung der Handlungsfreiheiten nur eine Angriffsform darstellt[797]. Daher ist der herrschenden Meinung, die dieser Auffassung eine Absage erteilt hat, zuzustimmen[798].

Eine Reduktion der Täuschungshandlung auf rechtserhebliche Täuschungen kann im Wege der teleologischen Auslegung nicht erreicht werden.

795 *Kargl*, FS-Lüderssen, 2003, S. 613 (614).

796 LK – *Tiedemann*, Vor § 263 StGB Rz. 23, 24.

797 *Krack*, List als Straftatbestandsmerkmal, zugleich ein Beitrag zu Täuschung und Irrtum beim Betrug, Frankfurt am Main, 1994, S. 73.

798 *Krack*, List als Straftatbestandsmerkmal, S. 73 f.; *Kargl*, FS-Lüderssen, 2003, S. 613 (614 f.); *Lackner/Kühl*, § 263 StGB Rz. 6; LK – *Tiedemann*, Vor § 263 StGB Rz. 25; vgl. auch *Arzt/Weber*, BT, § 20 Rz. 26; *Gössel*, BT-2, § 21 Rz. 2.

d) Systematische Auslegung in der speziellen Ausrichtung der verfassungskonformen Auslegung

Die angestrebte Reduktion kann jedoch im Wege der systematischen Auslegung erreicht werden, deren Aufgabe nach der Ansicht von *Röhl* de lege lata die Beseitigung von Wertungswidersprüchen ist[799].

Begreift man die Rechtsordnung als Stufenbau, stellt innerhalb dieses Systems das Arbeitsrecht eine das Grundverhältnis regelnde Teilrechtsordnung dar. Zu diesem Grundverhältnis ist das Strafrecht die ultima ratio. Mit dem Regelungsprinzip der „Einheit der Rechtsordnung", dessen Kehrseite die Beseitigung von Wertungswidersprüchen als Verfassungsgebot beinhaltet, kann die Auflösung dieses Wertungswiderspruchs zwischen Arbeitsrecht und Strafrecht nur in der Herstellung einer „praktischen Konkordanz" im Wege verfassungskonformer Auslegung liegen.

Wie bereits oben dargestellt wurde[800], erfordert die Auflösung des dargestellten Wertungswiderspruchs ein vollständiges Ausschöpfen des Optimierungsgebots des Grundsatzes der „Einheit der Rechtsordnung", die nur durch ein Ausscheiden des Strafrechts erreicht werden kann. Die Subsumtion der falschen, unvollständigen oder unterlassenen Antwort auf eine unzulässige Frage des Arbeitgebers unter den strafbaren Anstellungsbetrug würde nicht nur dem Grundsatz der Subsidiarität des Strafrechts, sondern auch der Strafe als ultima ratio widersprechen.

Mit der Beschränkung der Tathandlung des Betruges auf rechtserhebliche Täuschungen kommt aber eine Strafbarkeit des Bewerbers dann nicht mehr in Betracht, wenn der Bewerber arbeitsrechtlich nicht zur Offenbarung verpflichtet war. Damit hat also arbeitsrechtlich erlaubtes Handeln des Bewerbers im Strafrecht die Folge einer Nichtbestrafung. Unrichtige, unvollständige oder unterlassene Angaben des Bewerbers auf unzulässige Fragen des Arbeitgebers scheitern bereits an der Täuschungshandlung, so dass das Verhalten des Bewerbers nicht mehr tatbestandsmäßig ist.

Der hier entwickelte Lösungsansatz ist nunmehr auf die einzelnen Täuschungsvarianten zu übertragen. Dabei ist zu untersuchen, wie sich die Herstellung der „praktischen Konkordanz" auf die einzelnen Täuschungsmodalitäten auswirkt.

---

799 *Röhl*, Rechtslehre, S. 430.

800 Siehe oben S. 204.

aa) Täuschung durch Unterlassen

Die Herstellung der „praktischen Konkordanz" führt zur nahtlosen Einordnung in die bisherige Dogmatik der Unterlassungsdelikte. Nach allgemeinem strafrechtlichen Verständnis begeht eine Täuschung durch Unterlassen, wer entgegen einer Aufklärungspflicht die Entstehung eines Irrtums nicht verhindert oder einen bestehenden Irrtum nicht beseitigt[801]. Erforderlich ist also eine Rechtspflicht zur Offenbarung gem. § 13 StGB[802].

Eine Übertragung der arbeitsrechtlichen Lösung lässt sich in die Täuschung durch Unterlassen mühelos integrieren. Im Rahmen des Anstellungsbetruges steht für die Täuschung durch Unterlassen ohnehin nur ein sehr kleiner Anwendungsbereich zur Verfügung. Werden hiermit doch nur die Fälle erfasst, in denen der Bewerber ohne vorherige Befragung durch den Arbeitgeber gewisse Umstände von sich aus verschweigt, die er verpflichtet gewesen wäre zu offenbaren.

Die arbeitsrechtliche Untersuchung hat gezeigt, dass der Bewerber grundsätzlich nicht verpflichtet ist, von sich aus Umstände gegenüber dem Arbeitgeber Preis zu geben, da es in der Verantwortung des Arbeitgebers liegt, die für die Einstellung maßgeblichen Erkundigungen beim Bewerber einzuziehen. Vor dem Hintergrund, dass aber selbst der sorgfältigste Arbeitgeber nicht alle abstrakt denkbaren Leistungshindernisse bei dem Bewerber erfragen kann, haben im Arbeitsrecht selbständige Offenbarungspflichten in sehr engen Grenzen ihre Anerkennung gefunden, die aus § 311 Abs. 2 i. V. m. § 241 Abs. 2 BGB abgeleitet werden. Eigenständige Offenbarungspflichten des Bewerbers bestehen nur für solche eklatanten Umstände, die entweder für den Arbeitsplatz von entscheidender Bedeutung sind oder die die Erfüllung der arbeitsvertraglichen Leistungspflicht unmöglich machen[803].

Mit der Übertragung dieser Grundsätze auf die Täuschung durch Unterlassen beim Anstellungsbetrug kommt es für die Beurteilung der i. S. d. § 13 StGB erforderlichen Garantenstellung des Bewerbers darauf an, ob der Bewerber nach arbeitsrechtlichen Grundsätzen zur eigenständigen Offenbarung verpflichtet war. Eine rechtserhebliche und damit strafrechtlich erhebliche Täuschung durch Unterlassen liegt daher nur dann vor, wenn für den Bewerber eine arbeitsrechtliche eigenständige Offenbarungspflicht bestand.

---

801 *Joecks*, § 263 StGB Rz. 24; *Arzt/Weber*, BT, § 20 Rz. 41.

802 *Joecks*, § 263 StGB Rz. 38; Schönke/Schröder – *Cramer*, § 263 StGB Rz. 19; *Maurach/Schroeder/Maiwald*, BT-1, § 41 Rz. 49.

803 Siehe oben S. 104.

bb) Konkludente Täuschung

Als eine konkludente Täuschung werden Verhaltensweisen bezeichnet, die nach der Verkehrsanschauung als stillschweigende Erklärung über eine Tatsache verstanden werden[804]. Hierunter fallen insbesondere auch schlüssige Handlungen und irreführendes Verhalten[805]. Ob eine konkludente Täuschung vorliegt, ist im Wege der Auslegung zu ermitteln, allerdings sind die Kriterien, nach denen eine solche vorzunehmen ist, im Einzelnen umstritten.

So will eine Ansicht in der Literatur eine faktische Betrachtungsweise anlegen und den Erklärungswert des Täterverhaltens nach den objektiven Maßstäben der Verkehrsanschauung bezüglich des in Frage stehenden Geschäftstyps unter Berücksichtigung der Risikoverteilung bestimmen[806].

Nach anderer Ansicht soll vielmehr eine normative Deutung des Täterverhaltens entscheidend sein[807]. Daher sei darauf abzustellen, was der Geschäftsverkehr nach der allgemeinen Verkehrsanschauung über die für die einzelnen Geschäftstypen charakteristische Risikoverteilung dem Verhalten des Täters entnehmen könne[808].

Schon *Tiedemann* hat festgestellt, dass es hierbei nur um den „Streit um Worte" geht[809]. Beide Ansichten orientieren sich letztlich an denselben Kriterien der Risikoverteilung, die durch den zugrunde liegenden zivilrechtlichen Geschäftstyp indiziert wird[810]. Daher sind in der praktischen Anwendung kaum Unterschiede auszumachen[811].

Die Reduktion der Täuschungshandlung auf rechtserhebliche Täuschungen bei konkludentem Handeln zur Herstellung der „praktischen Konkordanz" fügt sich nahtlos in die bisherige Bewertung der konkludenten Täuschung ein. Der im Strafrecht vorherrschende Gedanke der Risikoverteilung liegt nämlich auch schon der arbeitsrechtlichen Lösung zugrunde. Wie die arbeitsrechtliche Untersuchung gezeigt hat, soll der Arbeitgeber mit der Limitierung des Fragerechts in seiner Willensbildung in den Bereichen beschnitten werden, die keinen Einfluss

---

804 *Joecks*, § 263 StGB Rz. 30.

805 *Tröndle/Fischer*, § 263 StGB Rz. 12.

806 Schönke/Schröder – *Cramer*, § 263 StGB Rz. 14.

807 LK – *Lackner*, 10. Auflage, § 263 StGB Rz. 29.

808 LK – *Lackner*, 10. Auflage, § 263 StGB Rz. 28.

809 LK – *Tiedemann*, § 263 StGB Rz. 30.

810 LK – *Tiedemann*, § 263 StGB Rz. 30.

811 *Tröndle/Fischer*, § 263 StGB Rz. 12a.

auf seine Einstellungsentscheidung haben sollen. Daher ist der Arbeitgeber dort, wo die Grenzen der „erlaubten“ Willensbildung überschritten werden, auch nicht schutzwürdig. Nur in den Bereichen der „erlaubten“ Willensbildung, in denen die Interessen des Arbeitgebers die des Bewerbers überwiegen, ist der Arbeitgeber schutzwürdig und der Bewerber zur Offenbarung verpflichtet[812].

Mit der Übertragung der arbeitsrechtlichen Grundsätze auf die Täuschung durch konkludentes Handeln kommt es auch für die strafrechtliche Bewertung nunmehr darauf an, ob der Arbeitgeber schutzwürdig und der Bewerber zur Offenbarung verpflichtet war.

cc) Täuschung durch positives Tun

Nach allgemeinem Verständnis setzt die ausdrückliche Täuschung voraus, dass der Täter die Unwahrheit expressis verbis zum Ausdruck bringt[813]. Damit läge also in jeder falschen Auskunft des Bewerbers bereits eine ausdrückliche Täuschung. Nach dem hier im Rahmen des § 123 BGB vertretenen arbeitsrechtlichen Täuschungsbegriff ist aber in einem solchen Fall eine Täuschung nur zu bejahen, wenn der Bewerber rechtserheblich getäuscht hat. War bereits die Frage des Arbeitgebers unzulässig, ist der Bewerber nicht zur Offenbarung verpflichtet. Seine falsche Antwort stellt also keine rechtserhebliche Täuschung dar[814].

Die Auflösung dieses zwischen der strafrechtlichen und der arbeitsrechtlichen Bewertung bestehenden Wertungswiderspruchs bei der Täuschungshandlung muss anhand der Regeln der Prinzipienkollision erfolgen. Ist nämlich nach einem Prinzip etwas verboten, das nach einem anderen Prinzip erlaubt ist, so muss eines der Prinzipien zurücktreten[815]. Wie bereits dargestellt wurde, ist hier das Optimierungsgebot des Einheitsgrundsatzes voll auszuschöpfen und der Wertungswiderspruch über ein Ausscheiden des Strafrechts zu lösen[816]. Zur Herstellung einer „praktischen Konkordanz“ ist der arbeitsrechtliche Täuschungsbegriff auch auf die ausdrückliche Täuschung zu übertragen. Damit wird die ausdrückliche Täuschung im Rahmen des § 263 StGB zur Herstellung einer „praktischen Konkordanz“ auf rechtserhebliche Täuschungen reduziert.

Mit diesem Verständnis kommt es auch für den Anstellungsbetrug entscheidend darauf an, ob der Bewerber bei dem Arbeitgeber auf rechtserhebliche Vor-

---

812 Siehe oben S. 125.

813 Schönke/Schröder – *Cramer*, § 263 StGB Rz. 13.

814 Vgl. oben S. 125.

815 Vgl. oben S. 203.

816 Siehe oben S. 204.

stellungen eingewirkt hat. Im Rahmen des § 263 StGB wird damit geprüft, ob die Frage des Arbeitgebers zulässig und der Bewerber zur Offenbarung verpflichtet war.

e) Konsequenzen

Die Anwendung dieses Täuschungsverständnisses hat für den Anstellungsbetrug durch Erschleichung eines Arbeitsverhältnisses zur Konsequenz, dass bei einer unwahren, unvollständigen oder unterlassenen Antwort des Bewerbers auf eine unzulässige Frage des Arbeitgebers die Strafbarkeit des Bewerbers gem. § 263 StGB schon an einer rechtserheblichen Täuschung scheitert[817]. Dies betrifft nicht nur Fragen, die auf die Intimsphäre des Bewerbers gerichtet sind, sondern auch solche, in denen das Persönlichkeitsrecht des Bewerbers das Informationsinteresse des Arbeitgebers überwiegt. Daher scheidet eine Strafbarkeit wegen Anstellungsbetruges bei falschen Angaben über die politische, gewerkschaftliche oder weltanschauliche Gesinnung des Bewerbers, über persönliche Lebensumstände oder die Familienplanung und insbesondere bei Auskünften über die Schwangerschaft der Bewerberin oder den Wehr- oder Ersatzdienst des Bewerbers und über das Bestehen einer Schwerbehinderung[818] von vornherein mangels Täuschung aus.

Eine rechtserhebliche Täuschung kommt hingegen grundsätzlich bei falschen Antworten des Bewerbers auf eine zulässige Frage des Arbeitgebers in Betracht. Zulässig sind die Fragen des Arbeitgebers, die die Arbeitssphäre des Bewerbers betreffen und einen unmittelbaren Bezug zu dem in Aussicht genommenen Arbeitsverhältnis aufweisen. Hierzu gehören insbesondere Fragen, die den beruflichen Werdegang, die Qualifikation oder das letzte Beschäftigungsverhältnis des Bewerbers betreffen[819]. In diesem Bereich ist mit der rechtserheblichen Täuschung der Anwendungsbereich des Anstellungsbetruges eröffnet. Es ist aus der Sicht des Grundsatzes der „Einheit der Rechtsordnung" kein kriminalpolitischer Grund ersichtlich, warum im Bereich rechtserheblicher Täuschungen das Strafrecht mit seinen anerkanntermaßen schwereren Sanktionen den Rechtsgüterschutz mit § 263 StGB nicht verstärken sollte.

Das gilt auch für den Bereich der im Arbeitsrecht bekannten „beschränkt zulässigen Fragen". Ausnahmsweise kann auch ein Anstellungsbetrug in den Fällen in Betracht kommen, in denen wegen besonderer Umstände des Einzelfalls die Zulässigkeit von grundsätzlich unzulässigen Fragen gerechtfertigt ist –

817 So wohl auch LK – *Tiedemann*, § 263 StGB Rz. 291.

818 Siehe oben S. 99.

819 Siehe oben S. 98.

bei den sog. beschränkt zulässigen Fragen. Eine rechtserhebliche Täuschung kann daher in Ausnahmefällen auch über Angaben, die die bisherige Vergütung des Bewerbers betreffen, erfolgen. Ebenso kann der Bewerber ausnahmsweise über seine Vermögensverhältnisse, über bestehende Lohn- und Gehaltspfändungen, über seinen Gesundheitszustand, über einschlägige Vorstrafen oder über laufende Ermittlungs- oder Hauptverfahren rechtserheblich täuschen. Gegenüber dem öffentlichen Arbeitgeber kann eine rechtserhebliche Täuschung auch über eine frühere Tätigkeit für das MfS der DDR erfolgen[820].

II. Irrtum

Durch die rechtserhebliche Täuschung des Bewerbers muss bei dem Arbeitgeber ein Irrtum erregt oder unterhalten werden[821]. Dabei versteht man nach allgemeiner Ansicht unter einem Irrtum jeden Widerspruch zwischen Vorstellung und Wirklichkeit[822]. Nach herrschender Meinung ist Kausalität zwischen der Täuschungshandlung und dem Irrtum erforderlich[823]. Für den hier zu untersuchenden Anstellungsbetrug durch Erschleichung eines Arbeitsverhältnisses bereitet die Annahme eines Irrtums regelmäßig keine Probleme. Indem der Bewerber bei der Einstellung dem Arbeitgeber eine falsche oder unvollständige Antwort auf eine zulässige Frage gibt, verursacht er bei dem Arbeitgeber eine Fehlvorstellung über Umstände in seiner Person. Ein Irrtum wird gewöhnlich vorliegen.

III. Vermögensverfügung

Darüber hinaus erfordert der objektive Tatbestand des § 263 StGB eine Vermögensverfügung, die durch den Irrtum des Getäuschten veranlasst werden muss[824]. Allgemein wird unter der Vermögensverfügung jedes Verhalten, also Handeln, Dulden oder Unterlassen verstanden, das sich unmittelbar vermögensmindernd auswirkt[825]. Nimmt man mit der allgemeinen Ansicht an, dass es sich

---

820 Siehe oben S. 98.

821 *Lackner/Kühl*, § 263 StGB Rz. 18; *Tröndle/Fischer*, § 263 StGB Rz. 18; *Wessels/Hillenkamp*, BT-2, Rz. 508.

822 *Joecks*, § 263 StGB Rz. 47; Schönke/Schröder – *Cramer*, § 263 StGB Rz. 33; *Tröndle/Fischer*, § 263 StGB Rz. 18; *Wessels/Hillenkamp*, BT-2, Rz. 508.

823 LK – *Tiedemann*, § 263 StGB Rz. 93; Schönke/Schröder – *Cramer*, § 263 StGB Rz. 32.

824 *Joecks*, § 263 StGB Rz. 53; *Lackner/Kühl*, § 263 StGB Rz. 21; *Wessels/Hillenkamp*, BT-2, Rz. 514.

825 *Joecks*, § 263 StGB Rz. 54; *Lackner/Kühl*, § 263 StGB Rz. 22; LK – *Tiedemann*, § 263 StGB Rz. 97; *Wessels/Hillenkamp*, BT-2, Rz. 514.

bei dem Anstellungsbetrug um einen Eingehungsbetrug handelt, liegt die Vermögensverfügung des Arbeitgebers in der Eingehung von Lohn- und Gehaltsverpflichtungen durch Abschluss des Arbeitsvertrages[826].

IV. Vermögensschaden

Mit dem hier vertretenen „arbeitsrechtsakzessorischen“ Lösungsansatz zum Anstellungsbetrug durch Erschleichung eines Arbeitsverhältnisses ist nunmehr zu prüfen, ob dem Arbeitgeber auch ein Vermögensschaden bei falschen Angaben über zulässige Fragen entsteht. Hinsichtlich der Tatsachen, bei denen das Persönlichkeitsrecht des Bewerbers überwiegt, mangelt es bereits an einer rechtserheblichen Täuschung, so dass sich für diesen Bereich die Frage nach dem Vermögensschaden nicht mehr stellt.

Nach der hier vertretenen Ansicht überwiegt bei allen die Arbeitssphäre betreffenden Fragen das Informationsinteresse des Arbeitgebers, so dass diese Fragen grundsätzlich zulässig sind. Hierunter fallen insbesondere Fragen nach dem beruflichen Werdegang und der Qualifikation des Arbeitnehmers. Beantwortet der Bewerber diese Fragen nicht wahrheitsgemäß, liegt eine rechtserhebliche Täuschung vor. Erregt der Bewerber aufgrund dieser Täuschung einen Irrtum bei dem Arbeitgeber, der ihn daraufhin einstellt, bleibt nunmehr zu klären, ob dem Arbeitgeber ein Vermögensschaden entsteht.

Grundsätzlich ist der Rechtsprechung und Literatur zuzustimmen, wenn sie für die Bestimmung des Vermögensschadens beim Anstellungsbetrug den Wert der Arbeitsleistung des Arbeitnehmers zugrunde legen. Ein Vermögensschaden des Arbeitgebers ist daher zu bejahen, wenn der Arbeitnehmer fachlich nicht in der Lage ist, die geschuldete Arbeitsleistung zu erbringen. Da in diesen Fällen die Leistungen des Arbeitnehmers das vom Arbeitgeber gezahlte Gehalt nicht wert sind, erhält der Arbeitgeber kein Äquivalent für die von ihm übernommenen Gehaltsverpflichtungen[827].

Ein Vermögensschaden des Arbeitgebers ist ebenfalls zu bejahen, wenn er die Leistungen des Arbeitnehmers aus Gründen des Gesundheitsschutzes nicht verwenden durfte[828]. Fragen nach dem Gesundheitszustand eines Bewerbers sind zwar nur beschränkt zulässig, der Arbeitgeber darf sich hiernach aber insoweit erkundigen, wie ein Zusammenhang mit der in Aussicht genommenen Tä-

---

826 *Bauer*, Erschleichung, S. 99; anderer Ansicht *Endemann*, Anstellungsbetrug, S. 109, der die Einordnung als Eingehungsbetrug ablehnt und erst in der Auszahlung von Lohn und Gehalt die Vermögensverfügung erblickt.

827 Siehe oben S. 183.

828 Vgl. oben S. 163.

tigkeit besteht. Bei der Frage nach ansteckenden Krankheiten überwiegt das Informationsinteresse des Arbeitgebers, weil ihm nicht nur gegenüber anderen Mitarbeitern Fürsorgepflichten, sondern auch gegenüber Dritten Verkehrssicherungspflichten obliegen. Eine diesbezügliche falsche Antwort des Bewerbers stellt also eine rechtserhebliche Täuschung dar. Kann der Arbeitgeber die Arbeitsleistung aufgrund drohender gesundheitlicher Gefahren nicht verwenden, erhält er keine Gegenleistung für die übernommenen Gehaltsverpflichtungen und ist in seinem Vermögen beschädigt.

Fraglich ist aber, ob ein Vermögensschaden generell oder unter bestimmten Voraussetzungen auch dann angenommen werden kann, wenn die Arbeitsleistung des Arbeitnehmers nicht zu beanstanden ist. Rechtsprechung und Literatur haben dies zum Teil angenommen[829].

Einigkeit besteht in Rechtsprechung und Literatur, dass ein Vermögensschaden vorliegt, wenn der Arbeitgeber im Anforderungsprofil der zu vergebenden Arbeitsstelle ein besonderes Vertrauen oder besondere Zuverlässigkeit für die zu vergebende Position voraussetzt und die Vergütung dementsprechend hoch festgesetzt wurde, der Arbeitnehmer aber die geforderten Eigenschaften nicht besitzt. Erfordert die in Aussicht genommene Position besondere Eigenschaften des Bewerbers, so überwiegt im Hinblick auf diese Eigenschaften das Informationsinteresse des Arbeitgebers mit der Konsequenz, dass diesbezügliche Fragen zulässig sind. Falsche, unvollständige oder unterlassene Angaben des Bewerbers stellen daher eine rechtserhebliche Täuschung dar. Auch bei fachlich einwandfreier Leistungserbringung entsteht dem Arbeitgeber ein Vermögensschaden, wenn der Arbeitnehmer die geforderten Eigenschaften nicht aufweist. Er erhält nämlich im Hinblick auf die von ihm gewährte, über dem üblichen Entgelt liegende Vergütung keine adäquate Gegenleistung.

Ebenso verhält es sich in den Fällen, in denen die zu vergebende Position eine besondere Ausbildung oder Qualifikation von dem Arbeitnehmer fordert. Diesbezügliche Fragen des Arbeitgebers sind grundsätzlich zulässig. Falsche Angaben hierüber stellen eine rechtserhebliche Täuschung dar. Bestimmen sich die Bezüge in ihrer Höhe nach den geforderten Vorbedingungen und verfügt der Arbeitnehmer tatsächlich nicht über diese Voraussetzungen, entsteht dem Arbeitgeber selbst bei fachlich nicht zu beanstandender Leistung des Arbeitnehmers ein Vermögensschaden. Auch hier erhält der Arbeitgeber hinsichtlich der mit Rücksicht auf die Vorbedingungen festgelegten Vergütung keine adäquate Gegenleistung. Das Gleiche gilt, wenn der Bewerber über frühere Beschäftigungszeiten falsche Angaben gemacht hat und dadurch in eine höhere Vergütungs- oder Tarifgruppe eingruppiert wird.

---

829 Vgl. oben S. 177 und S. 192.

Fraglich ist aber, ob ein Vermögensschaden des Arbeitgebers auch bei falschen Angaben über die persönliche Eignung des Bewerbers vorliegt. Dies betrifft vor allem die Fälle des vorbestraften Bewerbers. Fragen, die Vorstrafen des Bewerbers betreffen, fallen in die Gruppe der sog. beschränkt zulässigen Fragen. Damit darf der Arbeitgeber sich nur insoweit nach den Vorstrafen erkundigen, wie diese für den zu besetzenden Arbeitsplatz Relevanz entfalten können. Eine rechtserhebliche Täuschung i. S. d. § 263 StGB durch den Bewerber kommt damit überhaupt nur bei einschlägigen Vorstrafen in Betracht[830]. Ob hierdurch allerdings auch ein Vermögensschaden auf Seiten des Arbeitgebers hervorgerufen werden kann, erscheint sehr zweifelhaft.

Erbringt der vorbestrafte Arbeitnehmer fachlich einwandfreie Leistungen, erhält der Arbeitgeber eine adäquate Gegenleistung für seine übernommenen Gehaltszahlungen. Der Umstand, dass der Arbeitnehmer eine kriminelle Vergangenheit hat, mindert seine Gegenleistung nicht. Sie stellt auch kein Kriterium für die Höhe der Vergütung dar. Demzufolge liegt in diesen Fällen ein Vermögensschaden grundsätzlich nicht vor. Daher hat die Rechtsprechung den Vermögensschaden des Arbeitgebers in diesen Fällen auch mit der Gefahr, die von einem vorbestraften Arbeitnehmer ausgehe, der seine Tätigkeit zur Begehung weiterer Straftaten ausnutzen könnte, zu begründen versucht. Diese Auffassung ist in der Literatur zu Recht auf große Ablehnung gestoßen.

Mit der Einstellung eines vorbestraften Arbeitnehmers eröffnet der Arbeitgeber diesem allenfalls die Möglichkeit zur Begehung späterer Straftaten zu seinem Nachteil. Das Unmittelbarkeitserfordernis der Vermögensverfügung verlangt jedoch, dass dem Täter nicht nur die Möglichkeit zur Schädigung gegeben werden darf, sondern das Fehlen zusätzlicher (deliktischer) Zwischenschritte des Täters[831]. Daher kann aber die von der Rechtsprechung zur Begründung herangezogene Gefahr schon mangels Unmittelbarkeit einen Vermögensschaden zum Nachteil des Arbeitgebers nicht begründen. Die Rechtsprechung verkennt also, dass die Gefährdung, die in einer möglicherweise später erfolgenden Straftat zum Nachteil des Arbeitgebers liegen soll, in keinem Sachzusammenhang zum Abschluss des Arbeitsverhältnisses steht und sich daher nicht als Spezifikum des eingegangenen Arbeitsverhältnisses darstellt[832]. Das geschützte

830 Vgl. auch LK – *Tiedemann*, § 263 StGB Rz. 291.

831 *Lackner/Kühl*, § 263 StGB Rz. 25; LK – *Tiedemann*, § 263 StGB Rz. 98; Schönke/Schröder – *Cramer*, § 263 StGB Rz. 61.

832 So auch *Riemann*, Vermögensgefährdung und Vermögensschaden, Heidelberg, 1989, S. 123 f.

Rechtsgut des § 263 StGB ist das Vermögen. Angriffe gegen die Dispositionsfreiheit fallen hingegen nicht unter seinen Schutz[833].

Aber auch unter dem Gesichtspunkt der Resozialisierung eines Straftäters, dem die Wiedereingliederung in die Gesellschaft und in das Berufsleben ermöglicht werden soll, ist eine solche Betrachtungsweise bedenklich. Verbirgt sich doch letztlich hinter der Argumentation der Rechtsprechung der Gedanke, dass ein einmal straffällig gewordener Arbeitnehmer jede sich ihm bietende Gelegenheit nutzen wird, um erneut Straftaten zu begehen. Damit wird die Möglichkeit negiert, dass ein einmal Vorbestrafter sich künftig gesetzestreu verhalten wird, und der Gedanke der Spezialprävention in Frage gestellt.

Auch aus dem Gesichtspunkt der „Einheit der Rechtsordnung" ist aus kriminalpolitischen Gründen der Einsatz des Strafrechts nicht geboten. Die zivilrechtlich u. U. gegebene Möglichkeit einer Anfechtung des Arbeitsverhältnisses gem. § 123 BGB dürfte als Sanktion i. d. R. völlig ausreichen.

V. Ergebnis zum Anstellungsbetrug durch Erschleichung eines Arbeitsverhältnisses

Mit dem hier vertretenen „arbeitsrechtsakzessorischen" Ansatz kommt es zunächst entscheidend auf das Tatbestandsmerkmal der Täuschung an. Nur wenn die Frage des Arbeitgebers zulässig war, kann die falsche Antwort des Bewerbers eine rechtserhebliche Täuschung begründen. Daher kommen rechtserhebliche Täuschungen auch nur in den Fällen in Betracht, in denen aus arbeitsrechtlicher Sicht das Informationsinteresse des Arbeitgebers das Persönlichkeitsrecht des Bewerbers überwiegt. Hat der Bewerber hingegen ein arbeitsrechtliches Recht zum Verschweigen, entfällt der Tatbestand bereits mangels Täuschung[834].

Liegt eine rechtserhebliche Täuschung des Bewerbers vor, stellen die weiteren Tatbestandsmerkmale Irrtum und Vermögensverfügung im § 263 StGB i. d. R. keine Probleme dar.

Auch mit dem „arbeitsrechtsakzessorischen" Lösungsansatz bedarf es in den verbleibenden Fällen im Rahmen des objektiven Tatbestands schließlich der Prüfung des Vermögensschadens. Ein solcher ist immer dann anzunehmen, wenn die fachlichen Leistungen des Arbeitnehmers entweder minderwertig sind oder vom Arbeitgeber nicht verwendet werden dürfen. Nur ausnahmsweise kann auch bei ordnungsgemäßer Leistungserbringung ein Vermögensschaden bejaht werden. Allerdings müssen hierzu bestimmte Umstände hinzutreten, von

---

833 LK – *Tiedemann*, Vor § 263 StGB Rz. 29; Schönke/Schröder – *Cramer*, § 263 StGB Rz. 1; *Tröndle/Fischer*, § 263 StGB Rz. 1b; *Wessels/Hillenkamp*, BT-2, Rz. 489.

834 So wohl auch LK – *Tiedemann*, § 263 StGB Rz. 291.

denen der Arbeitgeber die Einstellungsentscheidung abhängig macht und für die er dem Arbeitnehmer eine besonders hohe Vergütung gewährt. Andere Kriterien, insbesondere die persönliche Zuverlässigkeit des Bewerbers, können nicht zur Begründung eines Vermögensschadens führen.

Der subjektive Tatbestand enthält regelmäßig keine weiteren Probleme, so dass eine Strafbarkeit wegen Anstellungsbetruges bei Erschleichung eines Arbeitsverhältnisses nur in den hier dargestellten Konstellationen in Betracht kommen kann.

D. Die Erschleichung eines Beamtenverhältnisses

Nachdem für die Erschleichung eines Arbeitsverhältnisses eine „arbeitsrechtsakzessorische“ Lösung mit dem Ziel einer Harmonisierung von Arbeitsrecht und Strafrecht entwickelt worden ist, bleibt zu untersuchen, ob im Sinne der „Einheit der Rechtsordnung“ die Grundsätze dieses Lösungsansatzes auch auf die Erschleichung eines Beamtenverhältnisses angewendet werden können. Dabei darf nicht übersehen werden, dass im Gegensatz zu der Erschleichung eines Arbeitsverhältnisses bei der Erschleichung einer Beamtenstellung Rechtsprechung und Literatur schon seit langem beamtenrechtliche Aspekte in die Beurteilung der Strafbarkeit wegen Anstellungsbetruges einbringen. Die beamtenrechtlichen Einstellungsvoraussetzungen finden jedoch nur im Rahmen der Bestimmung des Vermögensschadens Berücksichtigung, was im Schrifttum teilweise auf heftige Kritik gestoßen ist. Mit der hier vertretenen Ansicht, die davon ausgeht, dass sich die Probleme des Anstellungsbetruges nicht allein auf die Bestimmung eines Vermögensschadens reduzieren lassen, sind daher zunächst wieder auch die übrigen, der Schadensbestimmung vorgelagerten, Tatbestandsmerkmale auf den Prüfstand zu stellen.

I. Täuschungshandlung

Auch bei falschen Angaben des Bewerbers um ein Beamtenverhältnis kommt die herrschende Meinung im Strafrecht uneingeschränkt zu der Annahme einer Täuschungshandlung. Daher ist fraglich, ob der im Hinblick auf die Erschleichung eines Arbeitsverhältnisses entwickelte Lösungsansatz nicht auch eine neue Lösung bei der Erschleichung eines Beamtenverhältnisses erforderlich macht.

Die Ernennung in ein Beamtenverhältnis erfolgt gem. Art. 33 Abs. 2 GG nach der Kriterien der Eignung, Befähigung und fachlichen Leistung und ist darüber hinaus an die in den Beamtengesetzen des Bundes und der Länder geregelten persönlichen Voraussetzungen gebunden. Der Bewerber um ein Beamtenverhältnis ist daher verpflichtet, auf alle in Zusammenhang mit diesen Auswahlkriterien stehenden Fragen des Dienstherrn wahrheitsgemäß zu antworten, oder ohne

Befragung für die Einstellungsentscheidung erhebliche Umstände von sich aus zu offenbaren[835]. In Fällen, in denen der Bewerber dem Dienstherrn eine falsche Antwort gibt oder Umstände trotz einer bestehenden Offenbarungspflicht verschweigt, muss die Ernennung wegen arglistiger Täuschung nach § 12 Abs. 1 BBG zurückgenommen werden. Wie die beamtenrechtliche Untersuchung gezeigt hat, geht das Informationsinteresse des Dienstherrn in manchen Bereichen wesentlich weiter als das des privaten oder öffentlichen Arbeitgebers. Aber auch der öffentliche Dienstherr hat kein uneingeschränktes Fragerecht, das den Bewerber umstandslos zu jeglicher Offenbarung verpflichten würde. Im Hinblick auf das zu besetzende Amt findet das Informationsrecht des Dienstherrn insoweit seine Grenzen, als dass dieses nur amtsbezogen und tätigkeitsspezifisch ausgeübt werden darf. Ein darüber hinaus gehendes Fragerecht hat also auch der öffentliche Dienstherr nicht[836].

Diese Betrachtungsweise erlaubt die Konsequenz, dass auch beim öffentlichen Dienstherrn zwischen zulässigen und unzulässigen Fragen zu differenzieren ist. Eine Rücknahme der Ernennung wegen arglistiger Täuschung nach § 12 Abs. 1 BBG kann daher auch nur dann in Betracht kommen, wenn eine Offenbarungspflicht des Bewerbers vorliegt. Anderenfalls scheitert auch § 12 Abs. 1 BBG an einer rechtserheblichen Täuschung[837]. Nicht übersehen wird dabei, dass die Gruppe der unzulässigen Fragen schon wegen des Auswahlkriteriums der Eignung i. e. S., also insbesondere im Hinblick auf die charakterliche Eignung des Bewerbers, äußerst klein ist.

Dennoch ist es nach dem Grundsatz der „Einheit der Rechtsordnung" zur Beseitigung von Wertungswidersprüchen auch hier geboten, bereits bei der Bestimmung der Täuschungshandlung diese Ergebnisse zu berücksichtigen. Denn nach den Regeln der Prinzipienkollision muss hier ebenso ein Prinzip zurücktreten, so dass die Beseitigung des Wertungswiderspruchs also nur durch ein Ausscheiden des Strafrechts erreicht werden kann. Daher ist auch hier zur Herstellung einer „praktischen Konkordanz" der Täuschungsbegriff auf rechtserhebliche Täuschungen zu reduzieren. Fordert man für einen Anstellungsbetrug auch bei der Erschleichung eines Beamtenverhältnisses eine rechtserhebliche Täuschung, kann dieser nur in den Fällen in Betracht kommen, in denen der Bewerber über Tatsachen täuscht, die für die Einstellungsentscheidung relevant sind. Durch eine Verknüpfung von Beamtenrecht und Strafrecht im Rahmen der Täuschungshandlung wird die angestrebte Harmonisierung der beiden Gebiete erreicht. Die Bestimmung des Vermögensschadens kann somit auf Fragen des

835 Vgl. oben S. 130.

836 Siehe oben S. 151 ff.

837 Siehe oben S. 152 f.

Vermögensschutzes reduziert werden. Damit können auch im Beamtenrecht divergierende Ergebnisse vermieden werden, denn die Strafbarkeit wegen Anstellungsbetruges darf dort nicht greifen, wo dem Dienstherrn die Rücknahme der Ernennung verwehrt bleiben muss.

Nach der hier vertretenen Ansicht hängt also die Annahme einer Täuschungshandlung davon ab, ob aus beamtenrechtlicher Sicht der Bewerber zur Offenbarung verpflichtet war. Nur dann liegt eine rechtserhebliche Täuschung vor, die den Anwendungsbereich des Anstellungsbetruges durch Erschleichung einer Beamtenstellung eröffnet.

II. Irrtum

Auch bei der Erschleichung einer Beamtenstellung bereitet die Feststellung des Irrtums regelmäßig keine Probleme. Gibt der Bewerber dem öffentlichen Dienstherrn eine unwahre Auskunft auf dessen zulässige Frage oder verschweigt er ihm einen für seine Einstellung wesentlichen Umstand, verursacht er dadurch bei dem Dienstherrn eine Fehlvorstellung über diese Kriterien, so dass ein Irrtum gegeben ist.

III. Vermögensverfügung

Ebenso bereitet auch die Prüfung der Vermögensverfügung keine Schwierigkeiten. Bei der Erschleichung eines Beamtenverhältnisses ist die Vermögensverfügung des Dienstherrn in der Übernahme vermögensrechtlicher Verpflichtungen, wie der Besoldung, zu sehen[838].

IV. Vermögensschaden

Der Vermögensschaden durch die Erschleichung einer Beamtenstellung bedarf allerdings einer näheren Betrachtung. Da im Rahmen der Täuschungshandlung bereits diejenigen Täuschungen über Tatsachen ausgeschieden sind, die ohne rechtliche Relevanz für die Begründung eines Beamtenverhältnisses sind, bleibt der Vermögensschaden nur noch im Hinblick auf die rechtserheblichen Täuschungen des Bewerbers bei der Einstellung zu untersuchen. Rechtserhebliche Täuschungen sind insbesondere falsche, unvollständige oder unterlassene Angaben über die in Art. 33 Abs. 2 GG verankerten Auslesekriterien und über die zusätzlichen persönlichen Einstellungsvoraussetzungen der Beamtengesetze des Bundes und der Länder.

---

838 *Bauer*, Erschleichung, S. 99; *Kracht*, Amts- und Stellenerschleichung, S. 5; *Meyer*, Erschleichung, S. 93.

Unzweifelhaft liegt auch bei der Erschleichung einer Beamtenstellung ein Vermögensschaden vor, wenn der Bewerber nicht in der Lage ist, seinen Dienst ordnungsgemäß zu verrichten. Auch hier erhält der Dienstherr keine adäquate Gegenleistung für die von ihm übernommene Fürsorge in Form vermögensrechtlicher Leistungen.

Fraglich ist aber, ob unter bestimmten Voraussetzungen ein Vermögensschaden des Dienstherrn bei der Erschleichung eines Beamtenverhältnisses auch dann in Betracht kommt, wenn der Beamte in fachlich nicht zu beanstandender Weise seinen Dienst leistet.

In der Rechtsprechung und in Teilen der Literatur wird ein Vermögensschaden des Dienstherrn trotz fachlich einwandfreier Leistungserbringung des Beamten zumindest dann bejaht, wenn der Bewerber bei der Einstellung über seine Befähigung getäuscht hat[839]. Dem ist im Ergebnis zuzustimmen. Unter der Befähigung ist das „berufliche Können" eines Beamten zu verstehen. Damit erstreckt sich die Befähigung eines Beamten auf die für das Amt erforderlichen Aus- und Weiterbildungen, Kenntnisse und Erfahrungen. Sie ist vor allem durch Ergebnisse in Anstellungsprüfungen, Schul- und Studienabschlüssen oder auch Staatsexamina, wie z. B. die Assessorprüfung, messbar[840]. Über Tatsachen, die die Befähigung des Bewerbers betreffen, ist dieser wegen der Relevanz für das in Aussicht genommene Amt zur uneingeschränkten Offenbarung verpflichtet. Falsche Angaben zu der Befähigung stellen daher eine rechtserhebliche Täuschung des Bewerbers dar. Damit kommt grundsätzlich die Anwendung des § 263 StGB in Betracht. Stellt der Staat den Bewerber aufgrund einer rechtserheblichen Täuschung über die Befähigung ein, so entsteht dem Staat ein Vermögensschaden, auch wenn der Beamte in fachlich nicht zu beanstandender Weise seinen Dienst leistet.

Die Einstellung in ein öffentliches Amt erfordert von dem Bewerber, dass er entweder die Laufbahnvoraussetzungen erfüllt, oder zumindest die „sonst übliche" Vorbildung besitzt. Die Besoldung der Beamten erfolgt nach den Besoldungsgesetzen und der Besoldungsordnung und orientiert sich dabei vor allem an der vorgesehenen Qualifikation, die Ausdruck in den jeweiligen Laufbahnvoraussetzungen findet. Erfüllt ein Beamter die für ein Amt vorgeschriebenen Laufbahnvoraussetzungen nicht, so erhält er mehr, als ihm bei seiner Befähigung nach den Besoldungsvorschriften zustehen würde. Dem Staat entsteht daher schon aus der fehlenden Befähigung ein Vermögensschaden, da er den Beamten höher besoldet, als dieser mit seiner Qualifikation nach den Besoldungsregelungen fordern dürfte. Darauf, ob dieser Beamte seinen Dienst ebenso oder sogar besser leistet, als

---

839 Vgl. oben S. 169 und S. 184.

840 Siehe oben S. 133.

ein vergleichbarer Beamter, der die geforderte Qualifikation besitzt, kommt es dann nicht mehr an.

Für eine derartige Betrachtungsweise spricht zudem, dass sie mit dem Ergebnis des Vermögensschadens bei rechtserheblichen Täuschungen im Zusammenhang mit der Erschleichung eines Arbeitsverhältnisses übereinstimmt. Auch dort wurde ein Vermögensschaden bejaht, wenn an die zu besetzende Position eine besondere Qualifikation geknüpft war und die Vergütung daraufhin besonders hoch festgelegt wurde oder wenn durch die Täuschung dem Bewerber der Einstieg in eine höhere Tarif- oder Vergütungsgruppe möglich wurde. Zwar fehlt es bei der Einstellung eines Beamten an einer individuellen Abrede mit dem Dienstherrn und an einer besonders ausgehandelten Vergütung, aber auch der Staat bringt durch seine normierten Laufbahnvoraussetzungen zum Ausdruck, welche fachlichen Voraussetzungen der angehende Beamte erfüllen muss. Da sich die Höhe der Beamtenbezüge daran orientiert, erleidet der Staat einen Vermögensschaden, wenn der Beamte nicht die an ihn gestellten Voraussetzungen erfüllt. Diese Herangehensweise erlaubt die Bestimmung des Vermögensschadens nach formalen Kriterien, die sich typischerweise aus dem Beamtenrecht ergeben. Ein Vermögensschaden des Dienstherrn ist damit anzunehmen, wenn der Bewerber die laufbahnmäßig vorgeschriebene Vorbildung nicht besitzt. Letztlich resultiert auch daraus ein Vermögensschaden, wenn der Bewerber über sein Geburtsdatum oder seinen Familienstand täuscht und dadurch die Auszahlung höherer Bezüge erlangt.

Auch der Grundsatz der „Einheit der Rechtsordnung“ stützt dieses Ergebnis. Eine Strafbarkeit des Bewerbers im Bereich der Begründung von Arbeitsverhältnissen zu bejahen, dagegen in vergleichbaren Fällen im Beamtenrecht mit seinen i. d. R. an den Bewerber zu stellenden höheren Voraussetzungen eine solche zu verneinen wäre wenig einsichtig und nicht vermittelbar.

Schließlich ist zu untersuchen, ob die fehlende persönliche Eignung eines Beamten eine ähnliche Lösung zulässt. Die Rechtsprechung hat zwar stets den Vermögensschaden auch bei einem persönlich ungeeigneten Beamten bejaht, zu Recht ist diese Ansicht jedoch in weiten Teilen der Literatur auf erhebliche Kritik gestoßen. Namhaft sind in diesem Bereich die Fälle geworden, in denen der Bewerber Vorstrafen oder aber auch eine ehemalige Tätigkeit für das MfS der DDR verschwiegen hat. Auch nach der hier vertretenen Ansicht können falsche Angaben zu der Eignung i. e. S.[841] eine rechtserhebliche Täuschung begründen, da sie eine Voraussetzung für die Ernennung in ein Beamtenverhältnis sind. Dies hat aber entgegen der Ansicht der Rechtsprechung nicht zwangsläufig die Begründung eines Vermögensschadens zur Folge. Im Gegensatz zu den die Be-

841 Vgl. hierzu oben S. 133 ff.

fähigung betreffenden Tatsachen, ist die Eignung i. e. S. ein vergütungsunabhängiges Einstellungskriterium, das für die Besoldung irrelevant ist[842]. Ihr kann eine eigene Position als Bestandteil der Vergütung nicht zugeordnet werden. Damit kann aber auch der fehlenden Eignung kein Posten im Rahmen der Vergütung eines Beamten entgegen gehalten werden, der den Verlust des Staates begründen könnte. Somit ist ein Vermögensschaden des Staates bei einer Täuschung über die Eignung i. e. S. nicht feststellbar. Diese Betrachtungsweise zeigt die Schwächen der von der Rechtsprechung vertretenen „beamtenrechtsakzessorischen" Lösung auf. Mit einer umfassenden Koppelung der beamtenrechtlichen Einstellungsvoraussetzungen an den Vermögensschaden beim Anstellungsbetrug wird verkannt, dass, bedingt durch die Besonderheiten des Beamtenrechts, die Einstellungsentscheidung neben leistungsbezogenen Kriterien auch würdigkeitsbezogene Elemente enthält. Diesen würdigkeitsbezogenen Kriterien ist jedoch eigen, dass sie wirtschaftlich nicht messbar sind.

Zuzustimmen ist daher den Kritikern der Rechtsprechung insofern, als sie der Rechtsprechung vorgeworfen haben, dass sie mit der Ausweitung des Begriffs des Vermögensschadens auf die Fälle des persönlich ungeeigneten Beamten den Begriff des Vermögensschadens i. S. d. § 263 StGB missbrauche, um faktisch die Verletzung der öffentlichen Verwaltung und ihr Ansehen zu schützen. Geschützes Rechtsgut des § 263 StGB ist aber ausschließlich das Vermögen[843]. Rechtsschutz für den öffentlichen Dienst, dessen Ansehen und die Lauterkeit des Berufsbeamtentums bietet er darüber hinaus nicht[844]. Hinter der Einbeziehung immaterieller Schäden verbirgt sich letztlich ein Schutz der Dispositionsfreiheit des Dienstherrn. Einen Schutz vor Angriffen auf die Verfügungsfreiheit bietet aber § 263 StGB als eine gegen fremdes Vermögen gerichtete Straftat nicht[845].

Konsequenter Weise verbietet sich daher die Bejahung des Vermögensschadens bei der Erschleichung einer Beamtenstellung nicht nur dann, wenn der Bewerber über seine Eignung i. e. S., sondern auch über alle weiteren persönlichen Einstellungsvoraussetzungen der Beamtengesetze des Bundes und der Länder[846] rechtserheblich täuscht[847].

---

842 *Duttge*, JZ 2002, 271 (275).

843 LK – *Tiedemann*, Vor § 263 StGB Rz. 18; Schönke/Schröder – *Cramer*, § 263 StGB Rz. 1; SK – *Samson/Günther*, § 263 StGB Rz. 1; *Tröndle/Fischer*, § 263 StGB Rz. 1b; *Wessels/Hillenkamp*, BT-2, Rz. 489.

844 Siehe oben S. 189, insb. Fn. 705.

845 Siehe schon S. 189 und LK – *Tiedemann*, Vor § 263 StGB Rz. 29; Schönke/Schröder – *Cramer*, § 263 StGB Rz. 1; *Tröndle/Fischer*, § 263 StGB Rz. 1b.

846 Vgl. hierzu oben S. 143 f.

847 So im Ergebnis auch *Duttge*, JZ 2002, 271 (274 f.).

Sollte dennoch ein Strafbedürfnis für diese Fälle der Täuschung gegenüber dem Staat bestehen, so darf dieses nicht durch Überdehnung des Begriffs des Vermögensschadens gestillt werden. Dann müsste durch den Gesetzgeber ein gesonderter Tatbestand der Amtserschleichung geschaffen werden.

Bestrebungen einen solchen Tatbestand einführen, gab es bereits erstmals im Jahre 1925. In dem amtlichen Entwurf eines Allgemeinen Deutschen Strafgesetzbuches wurde mit § 139 die Einführung der Erschleichung eines Amtes vorgeschlagen[848]. Diesen Vorschlag hat nicht nur der Entwurf eines Allgemeinen Deutschen Strafgesetzbuches vom 14.05.1927 in § 146 aufgegriffen. Auch in den Jahren 1930 bis 1939 wurde in den verschiedenen Entwürfen eines Deutschen Strafgesetzbuches an der Einführung einer Regelung der Amtserschleichung festgehalten. Dem Bestreben nach der Einführung eines Deliktes, das die Amtserschleichung regelt, lag schon damals die Erkenntnis zugrunde, dass es bedenklich sei, die Amtserschleichung mit dem Vermögensdelikt des Betruges zu erfassen. Daraus wurde das Bedürfnis zur Schaffung eines Sondertatbestandes begründet[849]. Letzte Bemühungen um die Einführung der Amtserschleichung in das StGB fanden mit § 468 in dem Entwurf von 1962 statt[850]. Diese Bemühungen führten aber letztlich nie zu einer Änderung des geltenden Strafgesetzbuches.

Auch der österreichische Gesetzgeber hat erkannt, dass Fälle der Amtserschleichung weder ihrem Unrechtsgehalt nach noch in ihren Besonderheiten mit dem Tatbestand des Betruges erfasst werden können[851]. Daher wurde in den 70er Jahren mit § 315 der Tatbestand der Amtserschleichung in das österreichische StGB aufgenommen. Der Tatbestand sieht eine Freiheitsstrafe bis zu einem Jahr für denjenigen vor, der wissentlich eine zur Übertragung eines öffentlichen Amtes berufene Stelle über Tatsachen täuscht, die nach einem Gesetz oder einer Rechtsvorschrift die Übertragung eines bestimmten öffentlichen Amtes ausschließen würde und dadurch bewirkt, dass ihm dieses Amt übertragen wird. Damit enthält der Tatbestand eine besondere Strafandrohung gegen die Erschleichung eines Amtes und soll der Verschiedenheit des in diesem Zusammenhang zu schützenden Rechtsgutes von denjenigen Rechtsgütern Rechnung tragen, deren Schutz die allgemeinen Tatbestände des Betruges und der Täuschung gelten[852]. Die nach herrschender Meinung als abschließend gedachte Strafbar-

---

848 Materialien zur Strafrechtsreform, 3. Band, Amtlicher Entwurf eines Allgemeinen Deutschen Strafgesetzbuches nebst Begründungen, 1925, Reichsratsvorlage, S. 17.

849 Vgl. *Regge/Schubert*, Quellen zur Reform des Straf- und Strafprozessrechts, Band 2, Protokolle der amtlichen Strafrechtskommission, 32. Sitzung vom 30.05.1934, S. 67.

850 Bundestag Drucksache IV/650, 89.

851 EBRV 1971, 464.

852 EBRV 1971, 464.

keitsregelung[853] schützt nicht das Vermögen des Staates, sondern den öffentlichen Dienst, der vor fachlich und charakterlich ungeeigneten Organwaltern verschont werden soll[854]. Geschütztes Rechtsgut ist dementsprechend das Interesse der Allgemeinheit an einem einwandfreien Funktionieren des öffentlichen Dienstes[855].

Schließlich ist die Ablehnung eines Vermögensschadens in den Fällen, in denen der Bewerber über seine Eignung i. e. S. oder persönliche Einstellungsvoraussetzungen rechtserheblich getäuscht hat, aber auch aus dem Gesichtspunkt der „Einheit der Rechtsordnung" angezeigt. Die §§ 11 und 12 BBG[856] schaffen in diesen Fällen mit ihren Regelungen über die Nichtigkeit bzw. Zurücknahme der Ernennung ausreichende Sanktionen im Beamtenrecht, so dass der Gesetzgeber hier sogar davon abgesehen hat, diesen Bereich disziplinarrechtlich zu regeln[857]. Vor diesem Hintergrund gebietet daher die „Einheit der Rechtsordnung", hier von einer zwingenden Erfassung durch das Strafrecht abzusehen. Überdies verhindert der in Art. 103 Abs. 2 GG, § 1 StGB verankerte Grundsatz „nulla poena sine lege" die über die Wortlautgrenze des § 263 StGB hinausgehende Ausdehnung des Betrugstatbestands.

V. Ergebnis zum Anstellungsbetrug durch Erschleichung einer Beamtenstellung

Nach dem hier entwickelten Lösungsansatz kommt es auch für die Erschleichung einer Beamtenstellung zunächst darauf an, ob der Bewerber den Dienstherrn rechtserheblich getäuscht hat. Grundsätzlich sind alle Täuschungen über die in Art. 33 Abs. 2 GG verankerten Auslesekriterien sowie über die persönlichen Voraussetzungen der Beamtengesetze des Bundes und der Länder rechtserheblich. Allerdings findet das Informationsinteresse des Dienstherrn auch im Beamtenrecht seine Grenzen in dem zu besetzenden Amt. Da die Tatbestandsmerkmale Irrtumserregung und Vermögensverfügung regelmäßig anzunehmen

---

853 Österreichischer Oberster Gerichtshof, Entscheidung vom 24.11.1981 – 9 Os 112/80, SSt 52/60; *Foregger/Fabrizy*, § 315 StGB Rz. 1; *Mayerhofer*, § 315 StGB Rz. 1; Wiener Kommentar – *Bertel*, § 315 StGB Rz. 5; *Bertel/Schwaighofer*, BT-II, § 315 StGB Rz. 3; *Kienapfel/Schmoller*, BT-II, § 146 StGB Rz. 197.

854 Österreichischer Oberster Gerichtshof, Entscheidung vom 24.11.1981 – 9 Os 112/80, SSt 52/60; *Mayerhofer*, § 315 StGB Rz. 1.

855 EBRV 1971, 464; *Foregger/Fabrizy*, § 315 StGB Rz. 1; Triffterer – *Zagler*, § 315 StGB Rz. 2.

856 Vgl. auch §§ 8 und 9 BRRG bzw. die entsprechenden Vorschriften in den Beamtengesetzen der Länder.

857 Vgl. *Bauschke/Weber*, § 2 BDG Rz. 7, 8.

sein werden, ist auch nach der hier vertretenen Ansicht das Vorliegen eines Vermögensschadens genauer zu betrachten.

Unzweifelhaft ist auch bei der Erschleichung einer Beamtenstellung der Vermögensschaden anzunehmen, wenn die Dienste des Beamten nicht fachlich einwandfrei sind. Darüber hinaus kann jedoch der Vermögensschaden trotz ordnungsgemäßer Leistungserbringung nur dann bejaht werden, wenn der Bewerber über seine Befähigung für das ihm übertragene Amt getäuscht hat. Alle übrigen rechtserheblichen Täuschungen, insbesondere solche, die die Eignung i. e. S. betreffen, können einen Vermögensschaden des Dienstherrn nicht begründen.

6. Abschnitt: Gesamtergebnis

Die Untersuchung hat gezeigt, dass der sog. Anstellungsbetrug durch die Erschleichung eines Arbeitsverhältnisses oder die Erschleichung eines Beamtenverhältnisses neben strafrechtlichen vor allem auch arbeitsrechtliche und beamtenrechtliche Problemstellungen aufwirft. Die im Hinblick auf die unterschiedliche Behandlung der Täuschung des Bewerbers im Arbeitsrecht, Beamtenrecht und Strafrecht auftretenden Wertungswidersprüche erfordern daher vor dem Hintergrund des Prinzips der „Einheit der Rechtsordnung" eine harmonisierende neue Lösung.

A. Die arbeitsrechtliche Einstellungsentscheidung

In der arbeitsrechtlichen Untersuchung im 2. Abschnitt wurde festgestellt, dass die Einstellungsentscheidung des Arbeitgebers nach geltendem Recht zwar keiner rechtlichen Bindung unterliegt, der Arbeitgeber aber auch kein grenzenloses Fragerecht bei der Einstellung hat. Das Fragerecht des Arbeitgebers ist vielmehr durch das dem Bewerber zustehende Allgemeine Persönlichkeitsrecht zu limitieren. Dieses Recht des Bewerbers ist in drei, je nach dem Grad der Schutzbedürftigkeit abgestufte Sphären, zu unterteilen: die Arbeits-, die Privat- und die Geheimsphäre. Für die Zulässigkeit einer Frage des Arbeitgebers kommt es stets darauf an, in welche Sphäre des Bewerbers sie eingreift.

Fragen, die die Arbeitssphäre des Bewerbers betreffen, also alle Eigenschaften tangieren, die seine eigentliche berufliche Qualifikation ausmachen, sind stets zulässig. Fragen, die hingegen auf Umstände gerichtet sind, die in den innersten Persönlichkeitsbereich des Bewerbers eindringen, der Außenwelt unbekannt sind und Geheimnischarakter tragen, fallen in die Geheimsphäre des Bewerbers und sind immer unzulässig. Bei Fragen hinsichtlich der Privatsphäre bedarf es schließlich der Abwägung zwischen den Interessen des Arbeitgebers und denen des Bewerbers. Abzustellen ist darauf, ob der Arbeitgeber im Zusammenhang mit dem zu besetzenden Arbeitsplatz ein Interesse an der Beantwortung der Frage hat. Daraus ergibt sich für das Fragerecht des Arbeitgebers, dass zwischen zulässigen, unzulässigen und beschränkt zulässigen Fragen differenziert werden muss. In der konkreten Anwendung bedeutet dies:

Fragen nach dem beruflichen Werdegang, der Qualifikation oder nach dem letzten Beschäftigungsverhältnis sowie Fragen, die einen unmittelbaren Bezug zu dem zu begründenden Arbeitsverhältnis aufweisen, sind stets zulässig.

Die meisten Fragen des Arbeitgebers fallen hingegen in die Gruppe der beschränkt zulässigen Fragen. Diese sind zwar grundsätzlich unzulässig, beim Hinzutreten besonderer Umstände überwiegt jedoch in einer ganzen Reihe von Fällen das Informationsinteresse des Arbeitgebers das Allgemeine Persönlichkeitsrecht des Bewerbers. Daher ist die Frage nach der bisherigen Vergütung zulässig, wenn diese zur Mindestforderung für das in Aussicht genommene Arbeitsverhältnis gemacht wurde oder hieraus Rückschlüsse auf die Qualifikation möglich sind. Die Frage nach den Vermögensverhältnissen ist dann zulässig, wenn es gilt, eine leitende Position mit wirtschaftlicher Verantwortung zu besetzen. In Ausnahmefällen kann auch die Frage nach bestehenden Lohn- und Gehaltspfändungen zulässig sein, ebenso in engen Grenzen Fragen nach dem Gesundheitszustand oder nach einschlägigen Vorstrafen sowie die Frage nach laufenden Ermittlungs- oder Hauptverfahren oder nach einer früheren Tätigkeit für das ehemalige MfS der DDR.

Unzulässig sind schließlich nicht nur alle Fragen, die die Intimsphäre des Bewerbers tangieren, sondern auch solche, die die Privatsphäre betreffen und bei denen das Allgemeine Persönlichkeitsrecht des Bewerbers überwiegt. Unzulässig sind daher Fragen nach der politischen, gewerkschaftlichen oder weltanschaulichen Gesinnung des Bewerbers, seiner Familienplanung oder nach den persönlichen Lebensumständen, insbesondere die Frage nach der Schwangerschaft, dem Wehr- und Ersatzdienst und nach einer Schwerbehinderung.

Die wahrheitswidrige, unvollständige oder unterlassene Beantwortung einer zulässigen Frage ermöglicht dem Arbeitgeber neben der ordentlichen oder außerordentlichen Kündigung vor allem die Anfechtung des Arbeitsverhältnisses gem. § 119 BGB oder § 123 BGB.

Beantwortet der Bewerber hingegen eine unzulässige Frage des Arbeitgebers wahrheitswidrig, muss § 123 BGB nach der hier vertretenen Ansicht an dem Tatbestandsmerkmal der Täuschung scheitern. Zwar versteht man nach herkömmlicher Definition unter einer Täuschung jedes Verhalten, das eine unrichtige Vorstellung erregt, bestärkt oder aufrechterhält, so dass in jeder unrichtigen Antwort des Bewerbers auf eine Frage des Arbeitgebers eine Täuschung liegen würde, unabhängig davon, ob die Frage des Arbeitgebers zulässig oder unzulässig war. Vor dem arbeitsrechtlichen Hintergrund erscheint dieses Verständnis aber zweifelhaft, da mit einer unzulässigen Frage gerade verhindert werden soll, dass der Arbeitgeber überhaupt eine Vorstellung über Umstände erlangt, die seine Willensbildung nicht beeinflussen sollen. Der Arbeitgeber soll durch die Limitierung des Fragerechts in seiner Willensbildung beschnitten werden. Überschreitet der Arbeitgeber mit seiner Frage in unzulässiger Weise die Grenze der erlaubten Willensbildung, ist er auch nicht schutzwürdig. Erzeugt der Bewerber daraufhin mit seiner falschen Antwort ein falsches Vorstellungsbild, darf dieses Verhalten konsequenter Weise auch keine rechtliche Relevanz entfalten. § 123 BGB muss also mangels Täuschung scheitern.

Diese Betrachtungsweise erfordert jedoch ein neues Verständnis vom Tatbestandsmerkmal der Täuschung im Rahmen des § 123 BGB, da es fortan nur noch auf rechtserhebliche Täuschungen ankommt. Darunter ist nur ein solches

Verhalten zu verstehen, das eine rechtlich erhebliche Vorstellung erregt, bestärkt oder aufrechterhält. Eine solche rechtlich erhebliche Täuschung liegt vor, wenn die Willensbildung des Getäuschten schutzwürdig und der Täuschende zur Offenbarung verpflichtet ist. In letzter Konsequenz hat damit der Bewerber bei der unzulässigen Frage des Arbeitgebers ein Recht zur Lüge.

Auch ohne Befragung des Arbeitgebers kann eine Pflicht des Bewerbers bestehen, auf bestimmte Umstände hinzuweisen, wenn diese für den in Betracht kommenden Arbeitsplatz von ausschlaggebender Bedeutung sind oder der Erfüllung der arbeitsvertraglichen Leistungspflicht entgegenstehen würden. Daher haben eigenständige, über das Fragerecht hinausgehende Offenbarungspflichten in diesen engen Grenzen ihre Anerkennung gefunden. Verletzt der Bewerber eine solche Offenbarungspflicht, ermöglicht dies dem Arbeitgeber ebenfalls die Anfechtung des Arbeitsverhältnisses.

B. Die beamtenrechtliche Einstellungsentscheidung

Die beamtenrechtliche Untersuchung im 3. Abschnitt hat deutlich gemacht, dass trotz der scheinbar gleichen Ausgangslage die arbeitsrechtlichen Erkenntnisse des 2. Abschnitts nicht ohne weiteres auf die beamtenrechtliche Einstellungsentscheidung übertragbar sind. Es zeigte sich vielmehr, dass beachtliche Unterschiede zwischen der Einstellungsentscheidung im Beamtenrecht und der im Arbeitsrecht bestehen. Der wohl Wichtigste liegt darin, dass der öffentliche Dienstherr, anders als der private Arbeitgeber, in seiner Personalentscheidung nicht frei ist, sondern bei der Einstellung einer Bindung an die positiven Kriterien des Art. 33 Abs. 2 GG der Eignung, Befähigung und fachlichen Leistung unterliegt. In diesem Rahmen gewährt Art. 33 Abs. 2 GG dem öffentlichen Dienstherrn ein sehr weit reichendes Datenerhebungsrecht, um seine Einstellungsentscheidung entsprechend der gesetzlichen Vorgaben treffen zu können. Da alle übrigen Eigenschaften des Bewerbers für die Einstellungsentscheidung irrelevant sind, besteht für den öffentlichen Dienstherrn regelmäßig auch kein Bedürfnis, sich nach anderen Umständen in der Person des Bewerbers zu erkundigen. Im Gegenzug ist der Bewerber aus der Treuepflicht des Beamten, die auch schon für ihn bei der Bewerbung gilt, heraus verpflichtet, stets wahre und vollständige Angaben zu machen und muss dementsprechend auf alle Fragen hinsichtlich der Eignung, Befähigung und fachlichen Leistung wahrheitsgemäß antworten. Vor diesem Hintergrund ist eine Fragerechtsbeschränkung, wie sie im Arbeitsrecht vorgenommen wird, vom Grundsatz her nicht notwendig, da es keines Korrektivs bei der Informationsgewinnung des Dienstherrn bedarf. Macht der Bewerber falsche Angaben gegenüber der Behörde über Tatsachen, von denen die Behörde die Einstellung zulässiger Weise abhängig machen darf, greifen die Nichtigkeits- und Rücknahmetatbestände des formstrengen Beamtenrechts, insbesondere kommt eine Rücknahme wegen arglistiger Täuschung gem. § 12 BBG oder nach den gleich lautenden Vorschriften der Beamtengesetze des Bundes und der Länder in Betracht.

Die nähere Betrachtung der beamtenrechtlichen Einstellungsentscheidung hat aber auch ergeben, dass die Ausübung der sehr weit reichenden Informationsrechte des Dienstherrn ihre Grenzen in Bezug zu dem konkret zu besetzenden Amt findet und daher tätigkeitsspezifisch und amtsbezogen zu erfolgen hat. Auch die Informationsrechte des Dienstherrn sind also nicht grenzenlos. Zieht der Dienstherr jenseits dieser Grenze nicht mehr von den Einstellungskriterien gedeckte Erkundigungen über den Beamtenbewerber ein, kann sich auf solche Umstände auch die Wahrheitspflicht des Bewerbers nicht erstrecken, da ihm insofern das Recht auf informationelle Selbstbestimmung zusteht. Daher darf bei einer unzulässigen Frage an den Beamtenbewerber im Grundsatz nichts anderes gelten als für den Bewerber um ein Arbeitsverhältnis. Auch der Beamtenbewerber hat das Recht, sanktionslos wahrheitswidrig antworten zu dürfen. Daher muss in diesen Fällen die Rücknahme der Ernennung wegen arglistiger Täuschung nach § 12 BBG bzw. den gleich lautenden Beamtengesetzen des Bundes und der Ländern mangels rechtserheblicher Täuschung scheitern.

C. Der Anstellungsbetrug

Die strafrechtliche Untersuchung hat gezeigt, dass unterlassene, unvollständige oder falsche Antworten des Bewerbers auf Fragen des Arbeitgebers oder öffentlichen Dienstherrn auch strafrechtlich relevant sind und traditionell unter den Tatbestand des Betruges gem. § 263 StGB, eines Vermögensdeliktes, subsumiert werden. In der Rechtsprechung und der Literatur konzentriert sich bis heute die strafrechtliche Diskussion um den Anstellungsbetrug allein auf die Bestimmung des Vermögensschadens.

Die Rechtsfigur des Anstellungsbetruges geht im Wesentlichen auf die Rechtsprechung des Reichsgerichts zurück, die schon zwischen den Fällen der Erschleichung einer Beamtenstellung und der Erschleichung eines Arbeitsverhältnisses wegen der Verschiedenheit der Rechtsverhältnisse differenzierte und die Betrugsstrafbarkeit für beide Fallgruppen von verschiedenen Voraussetzungen abhängig machte. An dieser Grundentscheidung hat auch der BGH festgehalten, der die Rechtsprechung des Reichsgerichts fortführte und dabei die Kriterien für die Bejahung eines Vermögensschadens beim Anstellungsbetrug weiter ausdifferenzierte.

Für die Frage nach der Strafbarkeit wegen der Erschleichung einer Beamtenstellung koppelt der BGH die Bestimmung des Vermögensschadens bedingungslos an die Eignung des Beamten für das in Aussicht genommene Amt. Erfüllt ein Beamter die durch Gesetz oder Verwaltungsvorschriften geregelten Voraussetzungen für die Einstellung nicht, ist er auch nicht für das Amt geeignet. Täuscht der Beamte den Dienstherrn über Umstände, die seiner Einstellung rechtlich entgegenstehen, entsteht dem Dienstherrn ein Vermögensschaden, da er den Beamten aufgrund einer Ermessensreduzierung auf Null nicht hätte einstellen dürfen. Daher hat der BGH einen Vermögensschaden nicht nur angenommen, wenn dem Beamten die Eignung in fachlicher Hinsicht fehlte, sondern auch dann, wenn der Beamte in sittlicher oder persönlicher Hinsicht untauglich war, ganz unabhängig davon, ob seine Leistungen im Einzelnen zufrieden stellend waren.

In der Literatur ist insbesondere die Bejahung eines Vermögensschadens bei fehlender persönlicher Eignung auf Kritik gestoßen. Dabei wird der Rechtsprechung vor allem vorgeworfen, dass sie das Tatbestandsmerkmal des Vermögensschadens überdehne, indem sie die Fälle der Amtserschleichung unter § 263 StGB subsumiere. Damit schütze sie tatsächlich die öffentliche Verwaltung und ihr Ansehen, die jedoch nicht dem Schutzzweck des § 263 StGB unterliegen. Die Dispositionsfreiheit werde nicht durch § 263 StGB geschützt. Die Rechtsprechung mache damit aus einem Vermögensdelikt ein Delikt der Amtserschleichung.

Bei der Erschleichung eines Arbeitsverhältnisses wird von der Rechtsprechung eine strengere wirtschaftliche Betrachtungsweise angelegt, so dass es hier entscheidend auf den Wertvergleich zwischen Leistung und Gegenleistung ankommt. Ein Vermögensschaden liegt zumindest dann vor, wenn der Arbeitgeber kein Äquivalent für die übernommenen geldlichen Verpflichtungen erhält. In Ausnahmefällen wird auch bei an sich fachlich nicht zu beanstandender Leistung des Arbeitnehmers ein Vermögensschaden bejaht. Macht der Arbeitgeber die zu vergebende Stelle von bestimmten Kriterien abhängig, für die er eine besonders hohe Vergütung gewährt, oder erfordert die zu besetzende Position eine besondere Ausbildung oder Qualifikation liegt ein Vermögensschaden vor, da der Arbeitgeber im Hinblick auf gesondert festgelegte Vergütung keinen Gegenwert erhält.

Sofern die Rechtsprechung darüber hinaus einen Vermögensschaden auch bei Bewerben angenommen hat, die falsche Angaben zu ihrer persönlichen Eignung, z. B. zu ihren Vorstrafen, gemacht haben, ist sie in der Literatur auf breite Ablehnung gestoßen.

D. Eigene Lösung zum sog. Anstellungsbetrug

Die strafrechtliche Untersuchung hat gezeigt, dass im Strafrecht die Fälle der Erschleichung eines Arbeitsverhältnisses isoliert vom Arbeitsrecht gelöst werden und eine Berücksichtigung der arbeitsrechtlichen Grundsätze des Fragerechts des Arbeitgebers und der Offenbarungspflichten des Bewerbers nicht stattfindet. Für die Erschleichung einer Beamtenstellung wird hingegen die

Frage nach dem Vorliegen eines Vermögensschadens bedingungslos an die beamtenrechtlichen Einstellungsvoraussetzungen gekoppelt.

Als Ergebnis dieser Arbeit lässt sich jedoch festhalten, dass die Frage nach dem Vorliegen eines strafrechtlichen Anstellungsbetruges nicht in dieser Weise nach den Besonderheiten der unterschiedlichen Rechtsmaterien differenziert betrachtet werden darf. Die im Arbeitsrecht und Beamtenrecht aufgefundenen sanktionsfreien Bereiche bei der Täuschung des Bewerbers müssen vielmehr auch im Strafrecht die Folge der Nichtbestrafung haben. Daher bedarf es eines harmonisierenden Lösungsansatzes, der unter dem Gesichtspunkt der „Einheit der Rechtsordnung" die aufgezeigten Wertungswidersprüche zwischen den einzelnen Teilrechtsordnungen beseitigt.

Der Grundsatz der „Einheit der Rechtsordnung" – als Rechtsprinzip mit Verfassungsrang – ist von seiner Rechtsnatur her als Optimierungsgebot zu verstehen. Seine Kehrseite ist das Gebot der Vermeidung von Widersprüchen. Für eine harmonisierende Lösung muss das Optimierungsgebot des Einheitsgrundsatzes voll ausgeschöpft werden, denn die Nichtherausnahme der oben genannten Fälle aus dem Bereich des strafbaren Betruges würde nicht nur deutlich gegen den Grundsatz der Subsidiarität des Strafrechts, sondern auch gegen die Strafe als ultima ratio sprechen und darüber hinaus gegen das Übermaßverbot verstoßen. Der offensichtliche Wertungswiderspruch kann hier also nur durch ein Ausscheiden des Strafrechts erreicht werden.

Als Anknüpfungspunkt für eine harmonisierende Lösung von Arbeitsrecht und Strafrecht kommt bei der Frage nach der Strafbarkeit des Bewerbers wegen der Erschleichung eines Arbeitsverhältnisses auch im Rahmen des Betrugstatbestands das Tatbestandsmerkmal der Täuschungshandlung in Betracht, das einer differenzierten Betrachtungsweise unter Einbeziehung der arbeitsrechtlichen Erkenntnisse zu unterziehen ist. Bei einer Übertragung des arbeitsrechtlichen Täuschungsbegriffs auf den strafrechtlichen Anstellungsbetrug kommt es entscheidend darauf an, ob der Bewerber rechtserheblich auf die Vorstellung des Arbeitgebers eingewirkt hat. Eine rechtserhebliche Täuschung liegt nach diesem „arbeitsrechtsakzessorischen" Lösungsansatz nur dann vor, wenn aus arbeitsrechtlicher Sicht das Informationsinteresse des Arbeitgebers das Persönlichkeitsrecht des Bewerbers überwiegt. Dieser Ansatz ermöglicht im Rahmen des § 263 StGB also die Prüfung, ob die Frage des Arbeitgebers zulässig und der Bewerber zur Offenbarung verpflichtet war. Ist der Bewerber arbeitsrechtlich nicht zur wahrheitsgemäßen Antwort verpflichtet, entfällt der Tatbestand des § 263 StGB mangels rechtserheblicher Täuschung. Eine Strafbarkeit des Bewerbers wegen einer falschen, unvollständigen oder unterlassenen Antwort auf eine Frage des Arbeitgebers kommt daher nur noch in den Fällen in Betracht, in denen es entweder um Fragen geht, die die Arbeitssphäre des Bewerbers betreffen oder um solche, die die Privatsphäre tangieren und in denen das Informationsinteresse des Arbeitgebers überwiegt. Da Irrtum und Vermögensverfügung in diesen Fällen problemlos zu bejahen sind, stellt sich also nur noch hier die Frage nach dem Vorliegen eines Vermögensschadens.

In diesen Fällen ist für die Frage nach dem Vermögensschaden grundsätzlich auf den Wert der Arbeitsleistung abzustellen und ein Vermögensschaden anzunehmen, wenn der Arbeitnehmer nicht in der Lage ist, die geschuldete Leistung zu erbringen. Darüber hinaus ist mit der Rechtsprechung und der Literatur ein Vermögensschaden auch bei an sich ausreichender Arbeitsleistung in engen Grenzen zu bejahen, wenn der Arbeitgeber die zu vergebende Stelle von bestimmten Kriterien abhängig macht, für die er eine besonders hohe Vergütung gewährt oder die zu besetzende Position eine besondere Ausbildung oder Qualifikation erfordert. Entgegen der Ansicht der Rechtsprechung ist hingegen ein Vermögensschaden in den Fällen abzulehnen, in denen der Arbeitnehmer die persönliche Eignung nicht aufweist. Dies betrifft insbesondere die Fälle eines einschlägig vorbestraften Bewerbers. Fragen nach den Vorstrafen fallen in die Gruppe der beschränkt zulässigen Fragen. Daher ist die Frage nur zulässig, wenn sie auf einschlägige Vorstrafen gerichtet ist. Aber auch wenn der Bewerber den Arbeitgeber über eine einschlägige Vorstrafe getäuscht hat, liegt kein Vermögensschaden vor, da dieser Makel des Arbeitnehmers keine Minderung seiner Leistung darstellt.

Auch die Frage nach der Strafbarkeit eines Bewerbers wegen der Erschleichung des Beamtenverhältnisses ist nach der hier vertretenen Lösung danach zu beantworten, ob der Bewerber den öffentlichen Dienstherrn rechtserheblich getäuscht hat. Rechtserheblich sind grundsätzlich alle Täuschungen des Beamtenbewerbers über die Auswahlkriterien des Art. 33 Abs. 2 GG sowie über die persönlichen Voraussetzungen der Beamtengesetze des Bundes und der Länder. In diesen Fällen liegen auch Irrtum und Vermögensverfügung regelmäßig vor. Die Frage nach dem Vermögensschaden ist bei der Erschleichung eines Beamtenverhältnisses problemlos zu bejahen, wenn die Dienste des Beamten fachlich nicht einwandfrei waren. Ein Vermögensschaden des Dienstherrn kommt trotz an sich ordnungsgemäßer Leistungserbringung auch in Betracht, wenn der Beamte über seine Befähigung für das ihm übertragene Amt getäuscht hat. Alle übrigen rechtserheblichen Täuschungen des Bewerbers aber, insbesondere solche über seine Eignung i. e. S. vermögen keinen Vermögensschaden des Dienstherrn zu begründen.

E. Endergebnis

Die Kernergebnisse der Arbeit lassen in folgenden Thesen zusammenfassen:

1. Die Untersuchung der Probleme des Anstellungsbetruges im Arbeitsrecht, Beamtenrecht und Strafrecht hat ergeben, dass sich die Wertungen im Rahmen dieser Teilrechtsordnungen unterschiedlich entwickelt haben, ja zum Teil widersprechen.
2. Dieses Ergebnis steht mit dem Rechtsprinzip der „Einheit der Rechtsordnung" nicht im Einklang, das als Optimierungsgebot mit Verfassungsrang zu begreifen ist. Als solches enthält es die Pflicht zur Vermeidung von Wertungswidersprüchen.
3. Das Arbeitsrecht, aber auch das Beamtenrecht, erlauben dem Bewerber in bestimmten Fällen unwahre, unvollständige oder unterlassene Antworten. Daher liegt es nahe, Täuschungen i. S. d. §§ 123 BGB, 12 BBG auf rechtserhebliche Täuschungshandlungen zu reduzieren.
4. Dies legt wiederum nahe, eine rechtsvereinheitlichende Lösung im Bereich des Strafrechts ebenfalls bereits im Bereich der Täuschungshandlung anzusiedeln. Täuschungshandlungen i. S. d. § 263 StGB können i. S. e. „arbeitsrechtsakzessorischen" Lösung daher auch nur rechtserhebliche Täuschungshandlungen sein. Dies gilt in gleicher Weise im Bereich der Erschleichung einer Beamtenstellung.
5. Methodisch ist diese angezeigte Reduktion auf rechtserhebliche Täuschungen durch eine systematische Auslegung in der speziellen Ausrichtung der verfassungskonformen Auslegung zu erreichen.
6. Die hierbei herzustellende „praktische Konkordanz" zwischen Arbeitsrecht und Beamtenrecht einerseits und dem Strafrecht andererseits führt im Bereich der einzelnen Täuschungsmodalitäten zu unterschiedlich weit reichenden Ergebnissen.
7. Im Bereich der Täuschung durch positives Tun kann die Beschränkung auf rechtserhebliche Täuschungen und damit die Beseitigung des Wertungswiderspruchs nur durch ein gänzliches Zurücktreten des Strafrechts erreicht werden.
8. Bei der Täuschung durch konkludentes Tun zeigt sich, dass die „praktische Konkordanz" durch den im Strafrecht wie auch im Arbeitsrecht in diesem Bereich vorherrschenden Gedanken der Risikoverteilung hergestellt werden kann. Für die strafrechtliche Bewertung der Täuschung

kommt es darauf an, ob der Arbeitgeber schutzwürdig und der Bewerber somit zur Offenbarung verpflichtet war.

9. Bei einer Täuschung durch Unterlassung lässt sich die Beschränkung auf rechtserhebliche Täuschungen nahtlos in die Dogmatik des Unterlassungsdeliktes einfügen. Nur eine Rechtspflicht zur Offenbarung gem. § 13 StGB kann die erforderliche Garantenstellung des Bewerbers begründen.

10. Dies hat zur Folge, dass entgegen der bisher herrschenden Meinung das strafrechtliche Problem des Anstellungsbetruges nicht allein auf die Prüfung des Vorliegens des Vermögensschadens zu reduzieren ist, sondern hier eine wesentlich differenziertere Betrachtung angezeigt ist. Eine Strafbarkeit des Bewerbers gem. § 263 StGB kann schon am Fehlen einer Täuschungshandlung i. S. der Täuschung über rechtserhebliche Tatsachen scheitern.

Literaturverzeichnis

Alexy, Robert: Rechtsregeln und Rechtsprinzipien, ARSP 1986, Beiheft 25, 13 ff.

Alexy, Robert: Zum Begriff des Rechtsprinzips, Rechtstheorie, Beiheft 1, 1979, 59 ff.

Alexy, Robert: Theorie der juristischen Argumentation – die Theorie des rationalen Diskurses als Theorie der juristischen Begründung, 4. Auflage, Frankfurt, 2001.

Alexy, Robert: Theorie der Grundrechte, 4. Auflage, Frankfurt, 2001, zitiert: *Alexy*, Theorie der Grundrechte.

Alexy, Robert: Rechtsregeln und Rechtsprinzipien, Elemente einer juristischen Begründungslehre, 1. Auflage, Baden-Baden, 2003, S. 217 ff, zitiert: *Alexy*, Rechtsregeln und Rechtsprinzipien.

Arbeitskreis Deutsche Rechtseinheit im Arbeitsrecht: Welche wesentlichen Inhalte sollte ein nach Art. 30 Einigungsvertrag zu schaffendes Arbeitsvertragsgesetz haben?, Gutachten D für den 59. Deutschen Juristentag, Diskussionsentwurf des Arbeitskreises Deutsche Rechtseinheit im Arbeitsrecht, München, 1992.

Arzt, Gunther/Weber, Ulrich: Strafrecht, Besonderer Teil, Lehrbuch, Bielefeld, 2000, zitiert: *Arzt/Weber*, BT.

Badura, Peter: Grundfreiheiten der Arbeit, zur Frage einer Kodifikation „sozialer Grundrechte", Festschrift für Friedrich Berber, München, 1973, S. 11 ff.

Battis, Ulrich/Schulte-Trux, Anke/Weber, Nicole: „Frauenquoten" und Grundgesetz, DVBl. 1991, 1165 ff.

Battis, Ulrich: Bundesbeamtengesetz, Kommentar, 3. Auflage, 2004, zitiert: *Battis.*

Bauer, Fritz: Die Erschleichung eines Amtes oder einer Stellung, eine dogmatische Untersuchung zum Betrugstatbestand, Diss., Univ. Tübingen, 1956, zitiert: *Bauer*, Erschleichung.

Bauschke, Hans-Joachim/Weber, Achim: Bundesdisziplinargesetz, Kommentar, Stuttgart, 2003, zitiert: *Bauschke/Weber.*

Becker, Friedrich/Hillebrecht, Wilfried: Gemeinschaftskommentar zum Kündigungsschutzgesetz und zu sonstigen kündigungsschutzrechtlichen Vorschriften, 6. Auflage, Neuwied, 2002, zitiert: KR – *Bearbeiter.*

Bellgardt, Peter: Rechtsprobleme des Bewerbergesprächs, seine Grenzen und Konsequenzen bei einer Verletzung durch Arbeitgeber und Bewerber, Heidelberg, 1984, zitiert: *Bellgardt*, Rechtsprobleme des Bewerbergesprächs.

Bellgardt, Peter: Die Zulässigkeit der Frage nach der Schwangerschaft und das Benachteiligungsverbot des § 611a BGB, BB 1983, 2187 ff.

Bellgardt, Peter: Der Personalfragebogen gemäß § 94 Abs. 1 BetrVG als Mitbestimmungsproblem, AiB 1984, 61 ff.

Bellgardt, Peter: Die Frage nach der Schwangerschaft beim Einstellungsgespräch, das Urteil des Bundesarbeitsgerichts vom 20. Februar 1986 und seine Auswirkungen in der Praxis, BB 1986, 2414 ff.

Benz, Winfried: Beamtenverhältnis und Arbeitsverhältnis, Stuttgart, 1969, zitiert: *Benz*, Beamtenverhältnis und Arbeitsverhältnis.

Berkemann, Jörg: Fairness als Rechtsprinzip, JR 1989, 221 ff.

Bertel, Christian/Schwaighofer, Klaus: Österreichisches Strafrecht, Besonderer Teil II, §§ 169 – 321 StGB, 5. Auflage, Wien, 2002, zitiert: *Bertel/Schwaighofer*, BT-II.

Beuthien, Volker: Das fehlerhafte Arbeitsverhältnis als bürgerlich-rechtliches Abwicklungsproblem, RdA 1969, 161 ff.

Birk, Uwe: Auskünfte über Arbeitnehmer, München, 1985; zitiert: *Birk*, Auskünfte.

Bleistein, Franzjosef: Rechtsfragen anläßlich der Vorverhandlungen zum Abschluß eines Arbeitsvertrages, BlStSozArbR 1969, 172 ff.

Bohlen, Fred: Das Fragerecht des Einstellenden, PERSONAL 1993, 30 ff.

Borgaes, Hans-Udo: Der Informationsschutz des Arbeitsplatzbewerbers, eine juristische und rechtspolitische Studie zu den Grenzen der Bewerberauswahl bei Einstellungen, Köln, 1985, zitiert: *Borgaes*, Informationsschutz.

Brehm, Wolfgang: Allgemeiner Teil des BGB, 5. Auflage, Stuttgart, 2002, zitiert: *Brehm*, BGB.

Brill, Werner: Der Einstellungsfragebogen, ArbuR 1968, 136 ff.

Brill, Werner: Die Frage nach dem Gesundheitszustand des Stellenbewerbers, BlStSozArbR 1985, 113 ff.

Brors, Christiane: Berechtigtes Informationsinteresse und Diskriminierungsverbot – Welche Fragen darf der Arbeitgeber bei Einstellung eines behinderten Bewerbers stellen?, DB 2003, 1734 ff.

Brox, Hans/Rüthers, Bernd: Arbeitsrecht, 15. Auflage, Stuttgart, 2002, zitiert: *Brox/Rüthers,* ArbR.

Brox, Hans: Allgemeiner Teil des BGB, 27. Auflage, Köln, 2003, zitiert: *Brox*, BGB.

Buchner, Herbert: Gleichbehandlungsgebot und Mutterschutz, Festschrift für Eugen Stahlhacke, Neuwied, 1995, S. 83 ff.

Buchner, Herbert: Der Umfang tariflicher Abschlußnormen, insbesondere ihre Abgrenzung zu den Normen über betriebliche Fragen, RdA 1966, 208 ff.

Bulla, Gustav Adolf/Buchner, Herbert/Becker, Ulrich: Mutterschutzgesetz und Bundeserziehungsgeldgesetz, Kommentar, 7. Auflage, München, 2003, zitiert: *Bulla/Buchner/Becker.*

Canaris, Claus-Wilhelm: Systemdenken und Systembegriff in der Jurisprudenz, 2. Auflage, Berlin, 1983.

Catenhusen, Hanns-Christian: Die Stasi-Überprüfung im öffentlichen Dienst der neuen Bundesländer, die arbeits- und beamtenrechtlichen Grundlagen und ihre Umsetzung in der Verwaltungspraxis, Berlin, 1999, zitiert: *Catenhusen*, Stasi-Überprüfung.

Claußen, Jürgen: Die Prüfung der Verfassungstreue von Bewerbern für den öffentlichen Dienst, PersV 1979, 92 ff.

Colneric, Ninon: Recht auf Diskriminierung beim Einstellungsgespräch?, Kritische Bemerkungen zu Meilicke, „Recht auf Lüge beim Einstellungsgespräch?“ – BB 1986, 1288 f.; BB 1986, 1573 f.

Colneric, Ninon: Neue Entscheidungen des EuGH zur Gleichbehandlung von Männern und Frauen – Anmerkung aus bundesdeutscher Sicht zu den Urteilen in den Rechtssachen C-109/88, C-262/88, C-33/89, C-177/88 und C-179/88, EuZW 1991, 75 ff.

Conze, Peter: Fragerecht des öffentlichen Arbeitgebers und Offenbarungspflicht des Bewerbers bei der Vertragsanbahnung, ZTR 1991, 99 ff.

Cramer, Peter: Vermögensbegriff und Vermögensschaden im Strafrecht, Bad Homburg, 1968.

Dammann, Klaus/Kutscha, Martin: Das Verschweigen einer früheren MfS-Tätigkeit von Beschäftigten im öffentlichen Dienst – ein Pflichtverstoß mit unabsehbaren Konsequenzen?, NJ 1999, 281 ff.

Däubler, Wolfgang/Kittner, Michael/Klebe, Thomas: Betriebsverfassungsgesetz, Kommentar für die Praxis, 9. Auflage, Frankfurt, 2004, zitiert: Däubler/Kittner/Klebe – *Bearbeiter.*

Däubler, Wolfgang: Gläserne Belegschaften?, Datenschutz in Dienststelle und Betrieb, 4. Auflage, Frankfurt, 2002, zitiert: *Däubler*, Gläserne Belegschaften?.

Däubler, Wolfgang: Erhebung von Arbeitnehmerdaten, CR 1994, 101 ff.

Degener, Udo: Das Fragerecht des Arbeitgebers gegenüber Bewerbern, Berlin, 1975, zitiert: *Degener*, Fragerecht des Arbeitgebers.

Dieckhoff, Ludwig: Anstellungsbetrug, DB 1961, 1487 ff.

Dieterich, Thomas/Hanau, Peter/Schaub, Günter (Hrsg.): Erfurter Kommentar zum Arbeitsrecht, 4. Auflage, München, 2004, zitiert: ErfK – *Bearbeiter.*

Donat, Peter: Die Frage nach der Schwangerschaft beim Einstellungsgespräch, das Urteil des Bundesarbeitsgerichts vom 20. Februar 1986 und seine Auswirkungen in der Praxis, BB 1986, 2413 f.

Dorn, Otto: Sind Berufs- und Anstellungsschwindel strafbarer Betrug i. S. d. § 263 StGB?, Diss., Univ. Frankfurt, 1954.

Dörner, Heinrich/Ebert, Ina/Eckert, Jörn/Hoeren, Thomas/Kemper, Rainer/Schulze, Reiner/Staudinger, Ansgar: Bürgerliches Gesetzbuch, Handkommentar, 3. Auflage, Baden-Baden, 2003, zitiert: Hk – *Bearbeiter.*

Dörner, Klemens: Anfechtung im Arbeitsrecht, AR-Blattei SD 60, 2. Lieferung, April 1993, Heidelberg.

Dreier, Horst: Grundgesetz Kommentar, Band 2, Art. 20 – 82 GG, Tübingen, 1998, zitiert: Dreier – *Bearbeiter.*

Duttge, Gunnar: Wider die Sonderbehandlung der Amtserschleichung beim Anstellungsbetrug, JR 2002, 271 ff.

Düwell, Franz Josef: Neu geregelt: Die Stellung der Schwerbehinderten im Arbeitsrecht, Auswirkungen des SGB IX auf Arbeitsrecht und Arbeitsverhältnisse, BB 2001, 1527 ff.

Ebert, Udo: Strafrecht, Allgemeiner Teil, 3. Auflage, Heidelberg, 2001, zitiert: *Ebert*, AT.

Ehrich, Christian: Die Entscheidung des BAG zur Zulässigkeit der Frage nach bestehender Schwangerschaft – ein Beitrag zur Verwirklichung des Diskriminierungsverbots?, DB 1993, 431 ff.

Ehrich, Christian: Fragerecht des Arbeitgebers bei Einstellungen und Folgen der Falschbeantwortung, DB 2000, 421 ff.

Eich, Rolf-Achim: Aids und Arbeitsrecht, NZA 1987, Beilage 2, 10 ff.

Endemann, Helmut: Der vorbestrafte Arbeitnehmer, BB 1953, 266 ff.

Endemann, Klaus: Der sogenannte Anstellungsbetrug nach geltendem und zukünftigem Recht, Diss., Univ. Münster, 1963, zitiert: *Endemann*, Anstellungsbetrug.

Engbers, Jutta: Ausgrenzung oder Integration, die Beendigung der Dienstverhältnisse im öffentlichen Dienst aufgrund von Vorbelastung aus der ehemaligen DDR, Berlin, 2001.

Erichsen, Hans-Uwe: Besonderes Gewaltverhältnis und Sonderverordnung, Festschrift für H. J. Wolf, München, 1973, S. 219 ff.

Eser, Albin: Strafrecht IV, Schwerpunkt Vermögensdelikte, 4. Auflage, München, 1983, zitiert: *Eser*, Strafrecht IV.

Esser, Josef: Vorverständnis und Methodenwahl in der Rechtsfindung, Rationalitätsgarantien der richterlichen Entscheidungspraxis, Frankfurt, 1972.

Esser, Josef: Grundsatz und Norm in der richterlichen Fortbildung des Privatrechts, rechtsvergleichende Beiträge zur Rechtsquellen- und Interpretationslehre, 4. Auflage, Tübingen, 1990.

Fabricius, Fritz/Thiele, Wolfgang/Kraft, Alfons/Wiese, Günther, u. a. (Hrsg.): Betriebsverfassungsgesetz, Gemeinschaftskommentar, Band II, §§ 74 – 132, 7. Auflage, Neuwied, 2002, zitiert: GK-BetrVG – *Bearbeiter.*

Falkenberg, Rolf-Dieter: Fragen des Arbeitgebers an den einzustellenden Arbeitnehmer, BB 1970, 1013 ff.

Fitting, Karl/Engels, Gerd/Schmidt, Ingrid/Trebinger, Yvonne/Linsenmaier, Wolfgang: Betriebsverfassungsgesetz, Kommentar, 22. Auflage, München, 2004, zitiert: *Fitting.*

Foregger, Egmont/Fabrizy, Ernst Eugen: Strafgesetzbuch, StGB samt ausgewählten Nebengesetzen, Kurzkommentar, 7. Auflage, Wien, 1999, zitiert: *Foregger/Fabrizy.*

Frey, Erich: Können Arbeitsverhältnisse angefochten werden?, ArbuR 1953, 167 ff.

Fürst, Walther: Gesamtkommentar Öffentliches Dienstrecht, Band I, Beamtenrecht des Bundes und der Länder, Richterrecht, Wehrrecht, Lieferung: 05/04, Juli 2004, Berlin, zitiert: GKÖD – *Bearbeiter.*

Gading, Heike: Zur strafrechtlichen Beurteilung des Verschweigens früherer MfS-Tätigkeit bei der Einstellung in den öffentlichen Dienst, NJ 1996, 297 ff.

Galperin, Hans/Löwisch, Manfred: Kommentar zum Betriebsverfassungsgesetz, Band II, Regelungen der Mitbestimmung (§§ 74 – 132), 6. Auflage, Heidelberg, 1982, zitiert: *Galperin/Löwisch.*

Gamillscheg, Franz: Die Grundrechte im Arbeitsrecht, AcP 164, 1964, 385 ff.

Gamillscheg, Franz: Zivilrechtliche Denkformen und die Entwicklung des Individualarbeitsrechts, zum Verhältnis von Arbeitsrecht und BGB, AcP 176, 1976, 197 ff.

Gamillscheg, Franz: Der Abschluss des Arbeitsvertrages im neuen Arbeitsvertragsgesetz, Festschrift für Werner Weber, Berlin, 1974, S. 793 ff.

Gamillscheg, Franz: Mutterschutz und Sozialstaat, Festschrift für Erich Molitor, München, 1962, S. 57 ff.

Gamillscheg, Franz: Arbeitsrecht, Band I, Arbeitsvertrags- und Arbeitsschutzrecht, 8. Auflage, München, 2000, zitiert: *Gamillscheg*, ArbR I.

Garbe-Emden, Kristina: Gleichberechtigung durch Gesetz – Ziele, Ausgestaltung und verfassungsrechtliche Probleme eines Antidiskriminierungsgesetzes, Diss., Univ. Hannover, 1984.

Geppert, Klaus: Zur Strafbarkeit des Anstellungsbetruges, insbesondere bei Erschleichung einer Amtsstellung, Festschrift für Hans Joachim Hirsch, Berlin, 1999, S. 525 ff.

Gitter, Wolfgang/Boerner, Dietmar: Altersgrenzen in Tarifverträgen, RdA 1990, 129 ff.

Gola, Peter/Wronka, Georg: Handbuch zum Arbeitnehmerdatenschutz, 3. Auflage, Frechen, 2004, zitiert: *Gola/Wronka*, Arbeitnehmerdatenschutz.

Gola, Peter: Krankheit im Arbeitsverhältnis, BB 1987, 538 ff.

Göldner, Detlef Christoph: Verfassungsprinzip und Privatrechtsnorm in der verfassungskonformen Auslegung und Rechtsfortbildung, Verfassungskonkretisierung als Methoden- und Kompetenzproblem, Berlin, 1969.

Goerlich, Helmut: Regimebelastung und Systemnähe – ihre Bewältigung mit Mitteln des Verwaltungsrechts im Freistaat Sachsen, Festschrift für Wolfgang Gitter, Wiesbaden, 1995, S. 277 ff.

Gössel, Karl Heinz: Strafrecht, Besonderer Teil, Band 2, Straftaten gegen materielle Rechtsgüter des Individuums, Heidelberg, 1996, zitiert: *Gössel*, BT-2.

Götz, Albrecht/Tolzmann, Gudrun: Bundeszentralregister, Kommentar, 4. Auflage, Stuttgart, 2000, zitiert: *Götz/Tolzmann.*

Götz, Albrecht: Zur Zulässigkeit der Befragung von Stellenbewerbern nach Vorstrafen, BB 1971, 1325 f.

Großmann, Ruprecht: Arbeitsrechtliche Probleme des vorbestraften Arbeitnehmers, ArbuR 1969, 97 ff.

Günther, Hellmuth: Die Tatbestände nichtiger, zurückzunehmender oder rücknehmbarer Ernennung, DÖD 1990, 281 ff.

Gunsky, Wolfgang: Rezension: Arbeitsrechtshandbuch, NJW 1980, 1616.

Gusy, Christoph: Die „Eignung“ zu einem öffentlichen Amt gemäß Art. 33 II GG, RiA 1979, 201 ff.

Gutmann, Alexander: Der Vermögensschaden beim Betrug im Licht der neueren höchstrichterlichen Rechtsprechung (II), MDR 1963, 91 ff.

Haberkorn, Hellmuth: Zur Anfechtung von Arbeitsverträgen, ArbuR 1953, 368 ff.

Haberkorn, Kurt: Zur Offenbarungspflicht des Arbeitnehmers bei Einstellungen, RdA 1962, 416 ff.

Haberkorn, Kurt: Arbeitsrecht, 11. Auflage, Renningen, 2002, zitiert: *Haberkorn*, ArbR.

Haesen, Wilfried: Zur Aids-Problematik im Arbeitsrecht und öffentlichen Recht, RdA 1988, 158 ff.

Hanau, Peter: Der gleiche Zugang zur Beschäftigung in der Privatwirtschaft nach deutschem Recht, Festschrift für Sir Otto Kahn-Freund, München, 1980, S. 457 ff.

Hanau, Peter/Adomeit, Klaus: Arbeitsrecht, 12. Auflage, Neuwied, 2000, zitiert: *Hanau/Adomeit*, ArbR.

Haupt, Wolfgang: Der Vermögensschaden beim Anstellungsbetrug, NJW 1958, 938 ff.

Heilmann, Joachim: AIDS und (Arbeits-) Recht, BB 1989, 1413 ff.

Herrmann, Elke: Die Abschlußfreiheit – ein gefährdetes Prinzip, zugleich der Versuch einer dogmatischen Erfassung der vorvertraglichen Regelungen des § 611a BGB, ZfA 1996, 19 ff.

Hess, Harald/Schlochauer, Ursula/Glaubitz, Werner: Kommentar zum Betriebsverfassungsgesetz, 6. Auflage, Neuwied, 2003, zitiert: Hess/Schlochauer/Glaubitz – *Bearbeiter.*

Hinrichs, Werner: Arbeitsrechtliche Aspekte von AIDS, AiB 1988, 8 ff.

Hofmann, Hans: Bevorzugung von Frauen bei Stellenbesetzungen?, NVwZ 1995, 662 f.

Hofmann, Paul: Zur Offenbarungspflicht des Arbeitnehmers, ZfA 1975, 1 ff.

Hönn, Günther: Zur Problematik fehlerhafter Vertragsverhältnisse – Kritik einer arbeitsrechtlichen Sonderentwicklung und Kritik der Kritik der neueren Rechtsprechung des Bundesarbeitsgerichts, ZfA 1987, 61 ff.

Höpfel, Frank/Ratz, Eckart (Hrsg.): Wiener Kommentar zum Strafgesetzbuch, 2. Auflage, 28. Lieferung: §§ 302 – 315, Wien, 2001, zitiert: Wiener Kommentar – *Bearbeiter.*

Hümmerich, Klaus: Wonach darf der Arbeitnehmer bei der Einstellung gefragt werden?, BB 1979, 428 ff.

Hunn, Felix: Rechtspolitische Betrachtung zum Problem der Anfechtung des Arbeitsverhältnisses, ArbuR 1955, 203 ff.

Hunn, Felix: Offenbarungspflicht bei Schwangerschaft?, ArbuR 1954, 18 ff.

Hunold, Wolf: Das Fragerecht des Arbeitgebers nach der Schwangerschaft einer Bewerberin, NZA 1987, 4 ff.

Jachmann, Monika: Die Quotenregelung im öffentlichen Dienst – Chancengleichheit, fürsorgliche Diskriminierung oder ungerechtfertigte Bevorzugung der Frau im Beruf, ZBR 1996, 161 ff.

Jähnke, Burkhard/Laufhütte, Heinrich Wilhelm/Odersky, Walter (Hrsg.): Strafgesetzbuch, Leipziger Kommentar, Großkommentar, 11. Auflage, 33. Lieferung, Berlin, 2000, zitiert: LK – *Bearbeiter.*

Jakobs, Günther: Strafrecht, Allgemeiner Teil, die Grundlagen und die Zurechnungslehre, 2. Auflage, Berlin, 1993, zitiert: *Jakobs*, AT.

Janker, Helmut: Das Fragerecht des Arbeitgebers bei der Einstellung, AuA 1991, 264 ff.

Jerouschek, Günter/Koch, Arnd: Zur Neubegründung des Vermögensschadens bei der „Amtserschleichung“, GA 2001, 271 ff.

Jescheck, Hans-Heinrich/Ruß, Wolfgang/Willms, Günther: Strafgesetzbuch, Leipziger Kommentar, Großkommentar, 10. Auflage, Berlin, 1988, zitiert: LK – *Bearbeiter*, 10. Auflage.

Jescheck, Hans-Heinrich/Weigend, Thomas: Lehrbuch des Strafrechts, Allgemeiner Teil, 5. Auflage, Berlin, 1996, zitiert: *Jescheck/Weigend*, AT.

Joecks, Wolfgang: Strafgesetzbuch, Studienkommentar, 5. Auflage, München, 2004, zitiert: *Joecks*.

Joecks, Wolfgang/Miebach, Klaus: Münchener Kommentar zum Strafgesetzbuch, Band 1, §§ 1 – 51 StGB, München, 2003, zitiert: MüKo – *Bearbeiter.*

Johann, Klaus: Umfang des Rechts des Arbeitgebers auf Auskunft bei der Neueinstellung von Arbeitnehmern, Diss., Univ. Köln, 1967.

Joussen, Jacob: Si tacuisses – Der aktuelle Stand zum Fragerecht des Arbeitgebers nach einer Schwerbehinderung, NJW 2003, 2857 ff.

Jung, Werner: Der Zugang zum öffentlichen Dienst nach Art. 33 II GG, Diss., Univ. Saarbrücken, 1978, zitiert: *Jung,* Zugang zum öffentlichen Dienst.

Kargl, Walter: Die Tathandlung beim Betrug, Festschrift für Klaus Lüderssen, Baden-Baden, 2002, S. 613 ff.

Käßer, Petra: Der fehlerhafte Arbeitsvertrag, Berlin, 1979.

Keller, Ulrich: Die ärztliche Untersuchung des Arbeitnehmers im Rahmen des Arbeitsverhältnisses, NZA 1988, 561 ff.

Kempen, Bernhard: Die Gleichberechtigung von Mann und Frau und der nordrhein-westfälische Entwurf eines Frauenförderungsgesetzes, ZTR 1988, 287 ff.

Kemter, Manfred: Die Anfechtung des Arbeitsverhältnisses im Zusammenhang mit dem Gesundheitszustand des Arbeitnehmers, RdA 1962, 307 ff.

Kindhäuser, Urs: Strafgesetzbuch, Lehr- und Praxiskommentar, 1. Auflage, Baden-Baden, 2002, zitiert: LPK – *Bearbeiter.*

Kindhäuser, Urs: Täuschung und Wahrheitsanspruch beim Betrug, ZStW 103, 1991, 398 ff.

Kindhäuser, Urs: Betrug als vertypte mittelbare Täterschaft, Festschrift für Günter Bemmann, Baden-Baden, 1997, S. 339 ff.

Kienapfel, Diethelm/Schmoller, Kurt: Studienbuch Strafrecht, Besonderer Teil, Band II, Delikte gegen Vermögenswerte, Wien, 2003, zitiert: *Kienapfel/ Schmoller*, BT-II.

Klak, Alexander: AIDS und die Folgen für das Arbeitsrecht, BB 1987, 1382 ff.

Klein, Rolf: Ausforschung von Stellenbewerbern durch Fragebogen und psychologische Tests, ArbuR 1978, 266 ff.

Knevels, Peter: Offenbarung der Gewerkschaftszugehörigkeit, BB 1965, 336 ff.

Knipp, Gerhard: Einstellung des Arbeitnehmers, AR-Blattei SD 640, 4. Lieferung, September 1993, Heidelberg.

Köhler, Helmut: BGB, Allgemeiner Teil, Studienbuch, 28. Auflage, München, 2004, zitiert: *Köhler*, BGB.

Kokott, Juliane: Zur Gleichstellung von Mann und Frau – deutsches Verfassungsrecht und europäisches Gemeinschaftsrecht, NJW 1995, 1049 ff.

Kracht, Carl-Hermann: Die Amts- und Stellenerschleichung, Diss., Univ. Hamburg, 1954, zitiert: *Kracht*, Amts- und Stellenerschleichung.

Krack, Ralf: List als Straftatbestandsmerkmal, zugleich ein Beitrag zu Täuschung und Irrtum beim Betrug, Frankfurt, 1994, zitiert: *Krack*, List als Straftatbestandsmerkmal.

Krey, Volker/Hellmann, Uwe: Strafrecht, Besonderer Teil Band 2, Vermögensdelikte, 13. Auflage, Stuttgart, 2002, zitiert: *Krey/Hellmann*, BT-2.

Kruse, Anne: Verfassungsmäßigkeit von Frauenquoten im öffentlichen Dienst – zugleich eine Anmerkung zum Vorlagebeschluss der OVG NW vom 23.10. 1990, DÖV 1991, 1002 ff.

Küfner-Schmitt, Irmgard: Arbeitsrecht, Basiswissen, Planegg, 2002, zitiert: *Küfner-Schmitt*, ArbR.

Kühl, Kristian: Strafrecht, Allgemeiner Teil, 4. Auflage, München, 2002, zitiert: *Kühl*, AT.

Kuhla, Wolfgang: Datenschutz im Beamten- und Arbeitsverhältnis, Darmstadt, 1983, zitiert: *Kuhla*, Datenschutz.

Küper, Wilfried: Strafrecht, Besonderer Teil, Definitionen mit Erläuterungen, 5. Auflage, Heidelberg, 2002, zitiert: *Küper*, BT.

Kutsch, Stefan: Die Rechtsprechung des EuGH zur Gleichbehandlung von Mann und Frau, BB 1991, 2149 ff.

Kutscha, Wolfgang: „Politische Säuberung" des öffentlichen Dienstes?, NJ 1995, 284 ff.

Lackner, Karl/Kühl, Kristian: Strafgesetzbuch mit Erläuterungen, 24. Auflage, München, 2001, zitiert: *Lackner/Kühl.*

Ladeur, Karl-Heinz: Gleichberechtigung und „Gleichstellung" von Mann und Frau im öffentlichen Dienst – das Exempel des Bremer Landesgleichstellungsgesetzes, ZBR 1992, 39 ff.

Larenz, Karl: Richtiges Recht, Grundzüge einer Rechtsethik, München, 1979, zitiert: *Larenz*, Richtiges Recht.

Larenz, Karl/Canaris, Claus-Wilhelm: Methodenlehre in der Rechtswissenschaft, 3. Auflage, 1995.

Lassen, Peter: Die Rechtsstellung des Vorbestraften nach dem Bundeszentralregistergesetz, Diss., Univ. Hamburg, 1973, zitiert: *Lassen*, Rechtsstellung des Vorbestraften.

Laubinger, Hans-Werner: Die „Frauenquote" im öffentlichen Dienst – Teil 2, VerwArch Band 87, 1996, 473 ff.

Leinemann, Wolfgang (Hrsg.): Kasseler Handbuch zum Arbeitsrecht, Band I, Neuwied, 1997, zitiert: KasselerHdb. Bd. I – *Bearbeiter.*

Leipold, Dieter: Einstellungsfragebögen und das Recht auf Arbeit, ArbuR 1971, 161 ff.

Lepke, Achim: Schulden des Arbeitnehmers, Lohn- oder Gehaltspfändungen bzw. Abtretungen als Beendigungsgrund arbeitsvertraglicher Beziehungen, RdA 1980, 185 ff.

Leuchten, Alexius: Der Einfluss der EG-Richtlinien zur Gleichbehandlung auf das deutsche Arbeitsrecht, NZA 2002, 1254 ff.

Leuze, Dieter: Das allgemeine Persönlichkeitsrecht des Beamten, ZBR 1998, 187 ff.

Lichtenberg, Peter/Schücking, Prosper: Stand der arbeitsrechtlichen Diskussion zur HIV-Infektion und AIDS-Erkrankung, NZA 1990, 41 ff.

Linnenkohl, Karl: Arbeitsverhältnis und Vorstrafen-Fragen (Zum Fragerecht des Arbeitgebers und zur Auskunftspflicht des Arbeitnehmers), ArbuR 1983, 129 ff.

Löwisch, Manfred: Arbeitsrecht, Studienbuch, 7. Auflage, Düsseldorf, 2004, zitiert: *Löwisch,* ArbR.

Löwisch, Manfred: Arbeitsrechtliche Fragen von AIDS-Erkrankung und AIDS-Infektion, DB 1987, 936 ff.

Löwisch, Manfred/Rieble, Volker: Tarifvertragsgesetz, Kommentar, 2. Auflage, München, 2004, zitiert: *Löwisch/Rieble.*

Maidowski, Ulrich: Umgekehrte Diskriminierung, Quotenregelung zur Frauenförderung im öffentlichen Dienst und in den politischen Parteien, Berlin, 1989.

Maunz, Theodor/Dürig, Günter: Grundgesetz, Kommentar, Band I, §§ 1 – 11; Band III, §§ 20a – 53, 42. Ergänzungslieferung, Februar 2003, München, zitiert: Maunz/Dürig – *Bearbeiter.*

Maurach, Reinhart/Schroeder, Friedrich-Christian/Maiwald, Manfred: Strafrecht, Besonderer Teil, Teilband 1, Straftaten gegen Persönlichkeits- und Vermögenswerte, 9. Auflage, Heidelberg, 2003, zitiert: *Maurach/Schroeder/ Maiwald,* BT-1.

Maurer, Kurt: Befragung von Stellenbewerbern nach Vorstrafen nach Inkrafttreten des Bundeszentralregistergesetzes, ArbuR 1972, 9 ff.

Mayerhofer, Christoph: Das österreichische Strafrecht, Teil 1, Strafgesetzbuch, 5. Auflage, Wien, 2000, zitiert: *Mayerhofer.*

Medicus, Dieter: Der Allgemeine Teil des BGB, Lehrbuch, 8. Auflage, Heidelberg, 2002, zitiert: *Medicus,* BGB.

Meilicke, Heinz: Recht auf Lüge beim Einstellungsgespräch?, BB 1986, 1288 f.

Messingschlager, Thomas: „Sind Sie schwerbehindert?“ – Das Ende einer (un)beliebten Frage, NZA 2003, 301 ff.

Meyer, Hellmut: Betrug durch Erschleichung eines Amtes oder einer Stellung, Diss., Univ. Erlangen, 1950, zitiert: *Meyer,* Erschleichung.

Meyer-Goßner, Lutz: Strafprozessordnung: Gerichtsverfassungsgesetz, Nebengesetze und ergänzende Bestimmungen, 47. Auflage, München, 2004, zitiert: *Meyer-Goßner.*

Miehe, Olaf: Die Erschleichung einer Anstellung bei einem privaten Unternehmen – BGH NJW 1978, 2042; JuS 1978, 261 ff.

Minz, Hubert/Conze, Peter: Recht des öffentlichen Dienstes, 7. Auflage, Regensburg, 1998, zitiert: *Minz/Conze,* Öffentlicher Dienst.

Mitsch, Wolfgang/Küpper, Georg: Strafrecht, Besonderer Teil 2, Vermögensdelikte (Kernbereich), Teilband 1, 2. Auflage, Berlin, 2003, zitiert: *Mitsch/ Küpper*, BT-2/1.

Moritz, Heinz Peter: Fragerecht des Arbeitgebers sowie Auskunfts- und/oder Offenbarungspflicht des Arbeitnehmers bei der Anbahnung von Arbeitsverhältnissen?, NZA 1987, 329 ff.

Mugdan, Benno: Die gesamten Materialien zum Bürgerlichen Gesetzbuch für das Deutsche Reich, Band 1, Einführungsgesetz und Allgemeiner Teil, Nachdruck der Ausgabe Berlin 1899, Aalen, 1979.

Neumann, Dirk: Die Offenbarungspflicht des Arbeitnehmers, DB 1961, 1291 ff.

Neumann, Ulfried: Nomos-Kommentar zum Strafgesetzbuch, 13. Ergänzungslieferung, März 2003, Baden-Baden, zitiert: NK – *Bearbeiter.*

Neumann-Duesberg, Horst: Fragebogen als Persönlichkeitsrechtsverletzung und Lüge als Notwehr, UFITA 36, 1962, 101 ff.

Neumann-Duesberg, Horst: Persönlichkeitsrecht, Vertragsfreiheit und gegenseitige Sozialpflichtigkeit als Beurteilungsmaßstab für das Recht des Arbeitgebers zur Schwangerschaftsbefragung einer Einstellungsbewerberin, JZ 1962, 204 ff.

Neumann-Duesberg, Horst: Rechtswidrigkeitserfordernis und Rechtswidrigkeitsausschluß (Notwehr) im Täuschungstatbestand des § 123 BGB, JR 1967, 1 ff.

Nicksch, Hans-Joachim: Die Einführung des Berufsbeamtentums im Gebiet der früheren DDR nach dem Einigungsvertrag, DtZ 1990, 340 ff.

Oppe, Wilfried: Verjährung bei Anstellungs- und Rentenbetrug, NJW 1958, 1909 f.

Otto, Hansjörg: Personale Freiheit und soziale Bindung, zur Kontrolle und Gewährleistung personal motivierten Verhaltens im Privatrecht, München, 1978, zitiert: *Otto*, Personale Freiheit.

Otto, Harro: Die Struktur strafrechtlichen Vermögensschutzes, Berlin, 1970, zitiert: *Otto*, Vermögensschutz.

Otto, Harro: Die neuere Rechtsprechung zu den Vermögensdelikten – Teil 2, JZ 1985, 69 ff.

Otto, Harro: Grundkurs Strafrecht, Die einzelnen Delikte, 6. Auflage, Berlin, 2002, zitiert: *Otto*, BT.

Pahlen, Ronald: Die Frage nach der Schwerbehinderteneigenschaft vor der Einstellung und Art. 3 Abs. 3 Satz 2 GG, RdA 2001, 143 ff.

Palandt, Otto: Bürgerliches Gesetzbuch, Kommentar, 63. Auflage, München, 2004, zitiert: Palandt – *Bearbeiter.*

Palandt, Otto: Gesetz zur Modernisierung des Schuldrechts, Ergänzungsband zu Palandt Bürgerliches Gesetzbuch, 61. Auflage, München 2002, zitiert: Palandt/Ergänzungsband – *Bearbeiter.*

Pawlik, Michael: Das unerlaubte Verhalten beim Betrug, Köln, 1999, zitiert: *Pawlik*, Unerlaubtes Verhalten.

Penski, Ulrich: Rechtsgrundsätze und Rechtsregeln, JZ 1989, 105 ff.

Pfarr, Heide M./Fuchsloch, Christine: Verfassungsrechtliche Beurteilung von Frauenquoten, NJW 1988, 2201 ff.

Picker, Eduard: Die Anfechtung von Arbeitsverträgen, ZfA 1981, 1 ff.

Plog, Ernst/Wiedow, Alexander/Lemhöfer, Bernt/Bayer, Detlef: Kommentar zum Bundesbeamtengesetz mit Beamtenversorgungsgesetz, 250. Lieferung, Juni 2004, Neuwied, zitiert: Plog/Wiedow – *Bearbeiter.*

Pollmann, Friedrich: Die gesundheitliche Eignung als Einstellungsvoraussetzung im Beamtenrecht am Beispiel des HIV-Tests, Diss., Univ. München, 2001, zitiert: *Pollmann,* Gesundheitliche Eignung als Einstellungsvoraussetzung.

Prittwitz, Cornelius: Lange Schatten: „Verbeamtungsbetrug" mit Stasi-Hintergrund - BGH NJW 1999, 1485; JuS 2000, 335 ff.

Protzen, Peer: Vermögensschaden durch Verschweigen ehemaliger Tätigkeit für das MfS bei der Überprüfung für eine Weiterbeschäftigung im Staatsdienst, NStZ 1997, 525 ff.

Protzen, Peer: Der Vermögensschaden beim sog. Anstellungsbetrug: unter besonderer Berücksichtigung des Verschweigens ehemaliger Tätigkeit für das MfS; zugleich ein Beitrag zur Lehre vom Vermögensschaden beim Betrug, Pfaffenweiler, 2000, zitiert: *Protzen*, Anstellungsbetrug.

Raab, Thomas: Das Fragerecht des Arbeitgebers nach schwebenden Strafverfahren und die Unschuldsvermutung des Bewerbers, RdA 1995, 36 ff.

Raasch, Sibylle: Frauenquote und Männerrechte, Baden-Baden, 1991.

Rauscher, Thomas: Karteikarten und leere Aktendeckel – zur Kündigung inoffizieller Stasi-Mitarbeiter, Festschrift für Wolfgang Gitter, Wiesbaden, 1995, S. 757 ff.

Rebmann, Kurt (Hrsg.): Münchener Kommentar zum Bürgerlichen Gesetzbuch, Band 1, §§ 1 – 240 BGB, 4. Auflage, München, 2001, zitiert: MüKo – *Bearbeiter.*

Rebmann, Kurt/Uhlig, Sigmar/Pieper, Klaus-Gerhard: Bundeszentralregistergesetz, München, 1985, zitiert: *Rebmann/Uhlig/Pieper.*

Regge, Jürgen/Schubert, Werner: Quellen zur Reform des Straf- und Strafprozessrechts, II. Abteilung, NS-Zeit (1933 – 1939) – Strafgesetzbuch, Band 2, Protokolle der Strafrechtskommission des Reichsjustizministeriums, 2. Teil, 1. Lesung: Allgemeiner Teil, Besonderer Teil (Fortsetzung und Abschluß der Beratungen), Berlin, 1989.

Reinfeld, Roland: Vorstrafen im Arbeitsverhältnis, AR-Blattei SD 1780, 26. Lieferung, Januar 1996, Heidelberg.

Reitemeier, Wiebke: Täuschungen vor Abschluß von Arbeitsverträgen, zum Verhältnis zwischen dem Straftatbestand des Betruges und dem Anfechtungsrecht wegen arglistiger Täuschung (§§ 263 Abs. 1 StGB, 123 Abs. 1 1. Alt. BGB), Frankfurt, 2001, zitiert: *Reitemeier,* Täuschungen.

Rengier, Rudolf: Strafrecht, Besonderer Teil 1, Vermögensdelikte, 6. Auflage, München, 2003, zitiert: *Rengier*, BT-1.

Reuter, Dieter: Zulässigkeit und Grenzen tarifvertraglicher Besetzungsregelungen, ZfA 1978, 1 ff.

Richardi, Reinhard/Wlotzke, Otfried (Hrsg.): Münchener Handbuch zum Arbeitsrecht, Band 1, Individualarbeitsrecht I, 2. Auflage, München, 2000, zitiert: MüHdbAR – *Bearbeiter.*

Richardi, Reinhard: Arbeitsrechtliche Probleme bei Einstellung und Entlassung Aids-infizierter Arbeitnehmer, NZA 1988, 73 ff.

Richardi, Reinhard: Betriebsverfassungsgesetz, Kommentar, 8. Auflage, München, 2002, zitiert: *Richardi.*

Richardi, Reinhard: Sind im Interesse einer gerechteren Verteilung der Arbeitsplätze Begründung und Beendigung des Arbeitsverhältnisses neu zu regeln?, JZ 1978, 485 ff.

Riemann, Thomas: Vermögensgefährdung und Vermögensschaden, Heidelberg, 1989.

Röhl, Hans F.: Allgemeine Rechtslehre, 2. Auflage, Köln, 2001, zitiert: *Röhl*, Rechtslehre.

Rolfs, Christian/Paschke, Derk: Die Pflichten des Arbeitgebers und die Rechte schwerbehinderter Arbeitnehmer nach § 81 SGB IX, BB 2002, 1260 ff.

Roos, Bernd: Die Auskunftspflicht des Stellenbewerbers beim Abschluss eines Arbeitsvertrages, AiB 2000, 211 ff.

Roxin, Claus: Strafrecht, Allgemeiner Teil, 3. Auflage, München, 1997, zitiert: *Roxin*, AT.

Rudolphi, Hans-Joachim/Horn, Eckhard/Samson, Erich: Systematischer Kommentar zum Strafgesetzbuch, Band 2, §§ 201 – 266b StGB, 55. Lieferung, September 2002, Neuwied, zitiert: SK – *Bearbeiter.*

Rüthers, Bernd/Stadler, Astrid: Allgemeiner Teil des BGB, 13. Auflage, München, 2003, zitiert: *Rüthers/Stadler*, BGB.

Sachs, Michael: Grundgesetz-Kommentar, 3. Auflage, München, 2003, zitiert: Sachs – *Bearbeiter.*

Sacksofsky, Ute: Das Grundrecht auf Gleichberechtigung: Eine rechtsdogmatische Untersuchung zu Art. 3 Abs. 2 des Grundgesetzes, 2. Auflage, Baden-Baden, 1996.

Sander, Peter: Fragerecht und Auskunftspflichten, AuA 1995, 9 ff.

Sarstedt, Werner: Betrug durch Amtserschleichung, JZ 1952, 308 f.

Schack, Haimo: BGB – Allgemeiner Teil, 10. Auflage, Heidelberg, 2004, zitiert: *Schack*, BGB.

Schatzschneider, Wolfgang: Frage nach der Schwangerschaft und gemeinschaftsrechtliches Diskriminierungsverbot (zugleich Besprechung von BAG NJW 1993, 1154), NJW 1993, 1115 f.

Schaub, Günter: Arbeitsrechts-Handbuch, 10. Auflage, München 2002, zitiert: *Schaub*, ArbR-Hdb.

Schaub, Günter: Ist die Frage nach der Schwerbehinderung zulässig?, NZA 2003, 299 ff.

Scheerbarth, Hans Walter/Höffken, Heinz/Bauschke, Hans-Joachim/Schmidt, Lutz: Beamtenrecht, 6. Auflage, Siegburg, 1992, zitiert: Scheerbarth/Höffken – *Bearbeiter,* BeamtenR.

Schenke, Wolf-Rüdiger: Rechtsfragen der Bekämpfung von Aids, DVBl. 1988, 165 ff.

Schiefer, Bernd: Auswirkungen der Rechtsprechung des Europäischen Gerichtshofs auf das nationale Arbeitsrecht, DB 1993, 38 ff.

Schliemann, Harald: Das Arbeitsrecht im BGB, 2. Auflage, Berlin, 2002, zitiert: Schliemann – *Bearbeiter.*

Schlink, Bernhard: Vergangenheit als Zumutung? – Zum Kündigungsgrund der Unzumutbarkeit weiterer Beschäftigung nach früherer Tätigkeit für das Ministerium für Staatssicherheit nach Kapitel XIX Sachgebiet A Abschnitt III Nr. 1 Abs. 5 2. Alt. der Anlage I zum Einigungsvertrag, Festschrift für Ernst-Wolfgang Böckenförde, Berlin, 1995, S. 341 ff.

Schmidt-Bleibtreu, Bruno/Klein, Franz: Kommentar zum Grundgesetz, 9. Auflage, Neuwied, 1999, zitiert: Schmidt-Bleibtreu/Klein – *Bearbeiter.*

Scholz, Rupert: Die Berufsfreiheit als Grundlage und Grenze arbeitsrechtlicher Regelungssysteme, ZfA 1981, 265 ff.

Scholz, Uwe: Kündigung in der Privatwirtschaft wegen Tätigkeit für das Ministerium für Staatssicherheit/Amt für nationale Sicherheit, BB 1992, 2424 ff.

Schroeder-Printzen, Jörn: Die Kontrolle der dienstlichen Beurteilung von Beamtenbewerbern, RiA 1985, 73 ff.

Schönke, Adolf/Schröder, Horst: Strafgesetzbuch, Kommentar, 26. Auflage, München, 2001, zitiert: Schönke/Schröder – *Bearbeiter.*

Schultze, Gerd-Wilhelm: Die Offenbarungspflicht des Arbeitnehmers, Diss., Univ. München, 1974, zitiert: *Schultze*, Offenbarungspflicht.

Schütz, Erwin/Maiwald, Joachim: Beamtenrecht des Bundes und der Länder, dargestellt am Beamtengesetz des Landes Nordrhein-Westfalen mit eingehender Behandlung der Beamtengesetze des Bundes und der anderen Länder, des Beamtenversorgungsgesetzes und sonstiger beamtenrechtlicher Vorschriften sowie abschließender Entscheidungssammlung, Kommentar, 5. Auflage, 230. Lieferung, Mai 2004, Heidelberg, zitiert: Schütz/Maiwald – *Bearbeiter.*

Schwedes, Rolf: Einstellung und Entlassung des Arbeitnehmers, 7. Auflage, Freiburg i. Br., 1993, zitiert: *Schwedes*, Einstellung und Entlassung.

Schwerdtner, Peter: Arbeitsrecht I, Individualarbeitsrecht, München, 1976, zitiert: *Schwerdtner*, ArbR I.

Schwidden, Frank: Regelungen zur Förderung von Frauen im öffentlichen Dienst, RiA 1996, 105 ff.

Seewald, Otfried: Zur Zulässigkeit von Gesundheitsuntersuchungen, insbesondere von HIV-Tests, bei Beamtenbewerbern, VerwArch Band 80, 1989, 163 ff.

Seume, Manfred: Der HIV-Antikörpertest bei Einstellungsuntersuchungen von Beamtenbewerbern, BayVBl. 1988, 359 ff.

Slupik, Vera: Die Entscheidung des Grundgesetzes für Parität im Geschlechterverhältnis – zur Bedeutung von Art. 3 Abs. 2 und 3 GG in Recht und Wirklichkeit, Berlin, 1988.

Soergel, Th./Siebert, W./Bauer, Jürgen F. (Hrsg.): Bürgerliches Gesetzbuch, mit Einführungsgesetz und Nebengesetzen, Kohlhammer-Kommentar, Band 1, Allgemeiner Teil – 2, §§ 104 – 240 BGB, 13. Auflage, Stuttgart, 1999, zitiert: Soergel – *Bearbeiter.*

Sowka, Hans-Harald: Die Frage nach der Schwangerschaft, NZA 1994, 697 ff.

Staudinger, J. von: Kommentar zum Bürgerlichen Gesetzbuch mit Einführungsgesetz und Nebengesetzen, zweites Buch, Recht der Schuldverhältnisse, §§ 611 – 615 BGB, 13. Bearbeitung, Berlin, 1999, zitiert: Staudinger – *Bearbeiter.*

Stege, Dieter/Weinspach, Friedrich K.: Betriebsverfassungsgesetz, Handkommentar für die betriebliche Praxis, 9. Auflage, Köln, 2002, zitiert: Stege/Weinspach – *Bearbeiter*.

Stevens-Bartol, Eckart: Zur Unzulässigkeit der Frage nach der Schwangerschaft im Einstellungsgespräch, AiB 1984, 123 ff.

Stober, Rolf: Frauenquoten im öffentlichen Dienst?, ZBR 1989, 289 ff.

Stocker, Karlheinz: Der Anstellungsbetrug, die Entwicklung der höchstrichterlichen, insbesondere der reichsgerichtlichen Rechtsprechung und die Lösungsversuche der neueren Lehre, Diss., Univ. München, 1962.

Stürmer, Klaus: Bewerbung und Schwangerschaft, die Entscheidung des EuGH in der Rechtssache „Mahlburg“, NZA 2001, 526 ff.

Thees, Thomas: Das Arbeitnehmer-Persönlichkeitsrecht als Leitidee des Arbeitsrechts, Persönlichkeitsschutz und Persönlichkeitsentfaltung im Arbeitsverhältnis, Berlin, 1995, zitiert: *Thees*, Arbeitnehmer-Persönlichkeitsrecht.

Thiel, Wolf R.: HIV-Test bei der Einstellung in den öffentlichen Dienst, ZTR 1987, 264 ff.

Thüsing, Gregor/Lambrich, Thomas: Das Fragerecht des Arbeitgebers – aktuelle Probleme zu einem klassischen Thema, BB 2002, 1146 ff.

Treber, Jürgen: Die Rechtsprechung des Bundesarbeitsgerichts im Jahre 1995, ZfA 1996, 659 ff.

Tremml, Bernd: Die Rechtswirkungen der Straftilgung – Das Verwertungsverbot des § 49 BZRG, Diss., Univ. Mannheim, 1975, zitiert: *Tremml*, Straftilgung.

Triffterer, Otto: StGB Kommentar, System und Praxis, Wien, 1998, zitiert: Triffterer – *Bearbeiter*.

Tröndle, Herbert/Fischer, Thomas: Strafgesetzbuch und Nebengesetze, 52. Auflage, München, 2004, zitiert: *Tröndle/Fischer*.

Umbach, Dieter C./Clemens, Thomas: Grundgesetz, Mitarbeiterkommentar und Handbuch, Band I, Art. 1 – 37 GG, Heidelberg, 2002, zitiert: MAK – *Bearbeiter*.

Van Eikema, Hommes: Positive Law and Material-Legal Principles, ARSP 1984, 153 ff.

Von Lübtow, Ulrich: Zur Anfechtung von Willenserklärungen wegen arglistiger Täuschung, Festschrift für Horst Bartholomeyczik, Berlin, 1973, S. 249 ff.

Von Mangoldt, Hermann/Klein, Friedrich/Stark, Christian: Das Bonner Grundgesetz, Kommentar, Band 2, Art. 20 – 78 GG, 4. Auflage, München, 2000, zitiert: von Mangoldt/Klein/Stark – *Bearbeiter*.

Von Münch, Ingo/Kunig, Philip: Grundgesetz-Kommentar, Band 2, Art. 20 – 69 GG, 5. Auflage, München, 2001, zitiert: von Münch/Kunig – *Bearbeiter*.

Wägenbaur, Rolf: Vorstrafen des Arbeitnehmers, BB 1958, 1061 f.

Wagner, Fritjof: Das Landesbeamtengesetz Brandenburg, ZBR 1993, 173 ff.

Wagner, Fritjof: Beamtenrecht, 8. Auflage, Heidelberg, 2004, zitiert: *Wagner,* BeamtenR.

Walker, Wolf-D.: Zur Zulässigkeit der Frage nach der Schwangerschaft, DB 1987, 273 ff.

Wank, Rolf: Das Recht auf Arbeit im Verfassungsrecht und im Arbeitsrecht, Königstein, 1980.

Wedde, Peter: Fragen privater Arbeitgeber nach MfS-Tätigkeiten, CR 1992, 679 ff.

Weinberger, Ota: Die logischen Grundlagen der erkenntniskritischen Jurisprudenz, Rechtstheorie Band 9, 1978, 125 ff.

Weiss, Manfred/Gagel, Alexander: Handbuch des Arbeits- und Sozialrechts, Baden-Baden, 1993, zitiert: HAS – *Bearbeiter.*

Weißhaar, Erwin: Beamtenrecht, 4. Auflage, Göttingen, 1994, zitiert: *Weißhaar,* BeamtenR.

Wessels, Johannes/Beulke, Werner: Strafrecht, Allgemeiner Teil, die Straftat und ihr Aufbau, 33. Auflage, Heidelberg, 2003, zitiert: *Wessels/Beulke*, AT.

Wessels, Johannes/Hillenkamp, Thomas: Strafrecht, Besonderer Teil/2, Straftaten gegen Vermögenswerte, 26. Auflage, Heidelberg, 2003, zitiert: *Wessels/Hillenkamp*, BT-2.

Westermann, Harm Peter (Hrsg.): Erman, Bürgerliches Gesetzbuch, Handkommentar, 11. Auflage, Köln, 2004, zitiert: Erman – *Bearbeiter.*

Wiedemann, Herbert: Zur culpa in contrahendo beim Abschluß des Arbeitsvertrages, Festschrift für Wilhelm Herschel, München, 1982, S. 463 ff.

Will, Rosemarie: Das Bundesverfassungsgericht und der Elitewechsel in Ostdeutschland, NJ 1997, 513 ff.

Winkler, Kathrin: Die Kündigung wegen Tätigkeit für das MfS in der Praxis, eine rechtstatsächliche Untersuchung der vom Thüringer Kultusministerium wegen MfS-Verstrickung und/oder Verschweigens dieser Verstrickung ausgesprochenen Kündigungen und ihrer Überprüfung durch die Thüringer Arbeitsgerichtsbarkeit, Frankfurt, 2003.

Wißmann, Hellmut: EUGH: Neues zur Geschlechtsdiskriminierung – Anmerkung zum Urteil des EuGH vom 08.11.1990 DB 1991, 286; DB 1991, 650 ff.

Wohlgemuth, Hans Hermann: Das Fragerecht und Erhebungsrecht – zu den Grenzen des Informationsbeschaffungsrechts des Arbeitgebers, ArbuR 1992, 46 ff.

Wohlgemuth, Hans Hermann: Neuere Entwicklungen im Arbeitnehmerdatenschutz – unter besonderer Berücksichtigung des novellierten BDSG, BB 1992, 281 ff.

Wohlgemuth, Hans Hermann: Datenschutz für Arbeitnehmer, 2. Auflage, Neuwied, 1988, zitiert: *Wohlgemuth*, Datenschutz.

Wohlgemuth, Hans Hermann: Grundlagen des individualrechtlichen Arbeitnehmer-Datenschutz, Festschrift für Peter Hanau, Köln, 1999, S. 329 ff.

Wolf, Manfred/Gangel, Alfred: Anfechtung und Kündigungsschutz, ArbuR 1982, 271 ff.

Woydera, Walter: Das Beamtengesetz für den Freistaat Sachsen, ZBR 1993, 178 ff.

Wronka, Georg/Gola, Peter: Datenschutzrechtliche Aspekte bei der Verarbeitung von Arbeitnehmerdaten mit DDR-politischen Bezügen, RDV 1992, 12 ff.

Zeller, Sven: Die Zulässigkeit der Frage nach der Schwangerschaft, BB 1991, 1124 f.

Zeller, Sven: Die Unzulässigkeit der Frage nach der Schwangerschaft, BB 1993, 219 f.

Zeller, Sven: Die arbeitsrechtlichen Aspekte des Personalfragebogens als Mittel der Personalauswahl, BB 1987, 1522 ff.

Zierau, Hans Joachim: Der betrugsbegründende Vermögensschaden bei Einstellungs- und Konzessionserschleichung, ein Beitrag zur Lösung der Fälle des Einstellungsschwindels nach dem geltenden und dem kommenden Recht, Diss., Univ. Köln, 1970.

Zöllner, Wolfgang/Loritz, Karl-Georg: Arbeitsrecht, Studienbuch, 5. Auflage, München, 1998, zitiert: *Zöllner/Loritz*, ArbR.

Zöllner, Wolfgang: Privatautonomie und Arbeitsverhältnis, Bemerkungen zu Parität und Richtigkeitsgewähr beim Arbeitsvertrag, AcP 176, 1976, 211 ff.

Zöllner, Wolfgang: Sind im Interesse einer gerechteren Verteilung der Arbeitsplätze Begründung und Beendigung der Arbeitsverhältnisse neu zu regeln?, Gutachten D für den 52. Deutschen Juristentag, München, 1978.

Abkürzungsverzeichnis der verwendeten Gesetze, Zeitschriften und Entscheidungssammlungen

AcP	Archiv für die civilistische Praxis
AFG	Arbeitsförderungsgesetz
AiB	Arbeitsrecht im Betrieb, Zeitschrift für Betriebsratsmitglieder
AP	Arbeitsgerichtliche Praxis, Nachschlagewerk des BAG
AR-Blattei	Arbeitsrecht-Blattei
ArbPlSchG	Arbeitsplatzschutzgesetz
ArbrEGAnpG	Arbeitsrechtliches EG-Anpassungsgesetz
ArbuR	Arbeit und Recht, Zeitschrift für Arbeitsrechtspraxis
ARS	Entscheidungen des Reichsarbeitsgerichts und der Landesarbeitsgerichte
ARSP	Archiv für Rechts- und Sozialpolitik
ARST	Arbeitsrecht in Stichworten: Arbeitsrechtliche Entscheidungssammlung
AuA	Arbeit und Arbeitsrecht, Zeitschrift für den Personalprofi
AÜG	Arbeitnehmerüberlassungsgesetz
BArbBl.	Bundesarbeitsblatt
BayVBl.	Bayerische Verwaltungsblätter, Zeitschrift für öffentliches Recht und öffentliche Verwaltung
BB	Betriebsberater, Zeitschrift für Recht und Wirtschaft
BBG	Bundesbeamtengesetz
BDG	Bundesdisziplinargesetz
Betr	Der Betriebsrat, Mitteilungen für die Betriebsräte der IG Chemie, Papier, Keramik
BetrVG	Betriebsverfassungsgesetz
BGB	Bürgerliches Gesetzbuch
BGHSt	Entscheidungen des Bundesgerichtshofs in Strafsachen
BlStSozArbR	Blätter für Steuerrecht, Sozialversicherung und Arbeitsrecht
BPersVG	Bundespersonalvertretungsgesetz

br	Behindertenrecht, Fachzeitschrift für Fragen der Rehabilitation unter besonderer Berücksichtigung der Gebiete Schwerbehindertenrecht, Kriegsfürsorge
BRRG	Beamtenrechtsrahmengesetz
BVerfGE	Entscheidungen des Bundesverfassungsgerichts
BVerwGE	Entscheidungen des Bundesverwaltungsgerichts
BZRG	Bundeszentralregistergesetz
CR	Computer und Recht, Forum für die Praxis des Rechts der Datenverarbeitung, Kommunikation und Automation
DB	Der Betrieb, Wochenschrift für Betriebswirtschaft, Steuerrecht, Wirtschaftsrecht, Arbeitsrecht
DÖD	Der Öffentliche Dienst, Personalmanagement und Recht
DÖV	Die Öffentliche Verwaltung, Zeitschrift für öffentliches Recht und Verwaltungswissenschaft
DRZ	Deutsche Rechtszeitschrift
DtZ	Deutsch-Deutsche Rechtszeitschrift
DVBl.	Deutsches Verwaltungsblatt
EBRV	Erläuternde Bemerkungen zur Regierungsvorlage 1971 (Österreich)
EFZG	Entgeltfortzahlungsgesetz
ESC	Europäische Sozialcharta
EuGHE	Gerichtshof der Europäischen Gemeinschaften, Sammlung der Rechtsprechung des Gerichtshofes
EuZW	Europäische Zeitschrift für Wirtschaftsrecht
EWiR	Entscheidungen zum Wirtschaftsrecht
EzA	Entscheidungssammlung zum Arbeitsrecht
GA	Goltdammer´s Archiv für Strafrecht
GG	Grundgesetz
GVG	Gerichtsverfassungsgesetz
GWB	Gesetz gegen Wettbewerbsbeschränkungen
Hann. Rechtspfl.	Hannoversche Rechtspflege, Verordnungen und Mitteilungen für den Oberlandesgerichtsbezirk Celle
HESt	Höchstrichterliche Entscheidungen: Sammlung von Entscheidungen der Oberlandesgerichte und der Obersten Gerichte in Strafsachen
HRR	Höchstrichterliche Rechtsprechung

JA	Juristische Arbeitsblätter, Zeitschrift für Studenten und Referendare
JR	Juristische Rundschau
JuS	Juristische Schulung, Zeitschrift für Studium und Ausbildung
JW	Juristische Wochenschrift
JZ	Juristenzeitung
KSchG	Kündigungsschutzgesetz
MDR	Monatsschrift für deutsches Recht, Zeitschrift für die Zivilrechts-Praxis
MRK	Konvention zum Schutze der Menschenrechte und Grundfreiheiten
MuSchG	Mutterschutzgesetz
NdsRPfl.	Niedersächsische Rechtspflege
NJ	Neue Justiz, Zeitschrift für Rechtsentwicklung und Rechtsprechung in den Neuen Bundesländern
NJW	Neue Juristische Wochenschrift
NStZ	Neue Zeitschrift für Strafrecht
NVwZ	Neue Zeitschrift für Verwaltungsrecht
NW LBG	Landesbeamtengesetz Nordrhein-Westfalen
NZA	Neue Zeitschrift für Arbeitsrecht, Zweiwochenschrift für die betriebliche Praxis, bis 1992: Neue Zeitschrift für Arbeit- und Sozialrecht
NZWehrr	Neue Zeitschrift für Wehrrecht
OGHSt	Entscheidungen des Obersten Gerichtshofes für die Britische Zone in Strafsachen
PERSONAL	PERSONAL, Zeitschrift für Human resource Management
PersV	Die Personalvertretung, Fachzeitschrift des gesamten Personalwesens für Personalvertretungen und Dienststellen
PrStGB	Preußisches Strafgesetzbuch von 1851
RdA	Recht der Arbeit, Zeitschrift für Wissenschaft und Praxis des gesamten Arbeitsrechts
RDV	Recht der Datenverarbeitung, Zeitschrift für Praxis und Wissenschaft

Rechtstheorie	Rechtstheorie, Zeitschrift für Logik, Methodenlehre, Kybernetik und Soziologie des Rechts
RGSt	Entscheidungen des Reichsgerichts in Strafsachen
RiA	Das Recht im Amt, Zeitschrift für den öffentlichen Dienst
SächsVBl.	Sächsische Verwaltungsblätter, Zeitschrift für öffentliches Recht und öffentliche Verwaltung
SAE	Sammlung arbeitsrechtlicher Entscheidungen
SchlHA	Schleswig-Holsteinische Anzeigen, Justizministerialblatt für Schleswig-Holstein
SchwbG	Schwerbehindertengesetz
SGB	Sozialgesetzbuch
SJZ	Süddeutsche Juristen-Zeitung
SSt	Entscheidungen des österreichischen Obersten Gerichtshofes in Strafsachen und Disziplinarangelegenheiten
StGB	Strafgesetzbuch
StraftilgungsG	Straftilgungsgesetz
STREIT	STREIT, Feministische Rechtszeitschrift
StuG	Stasi-Unterlagen-Gesetz
StuGÄndG	Änderungsgesetz zum Stasi-Unterlagen-Gesetz
TVG	Tarifvertragsgesetz
UFITA	Archiv für Urheber- Film-, Funk- und Theaterrecht
VereinsG	Vereinsgesetz
VerwArch	Verwaltungsarchiv, Zeitschrift für Verwaltungslehre, Verwaltungsrecht und Verwaltungspolitik
VwVfG	Verwaltungsverfahrensgesetz
WPflG	Wehrpflichtgesetz
WRV	Verfassung des Deutschen Reiches (Weimarer Reichsverfassung)
ZAkDR	Zeitschrift der Akademie für Deutsches Recht
ZBR	Zeitschrift für Beamtenrecht
ZfA	Zeitschrift für Arbeitsrecht
ZStW	Zeitschrift für die gesamte Strafrechtswissenschaft
ZTR	Zeitschrift für Tarif-, Arbeits- und Sozialrecht des öffentlichen Dienstes

Peter Lang · Europäischer Verlag der Wissenschaften

Andrea Berner

Die Untersuchungsbefugnisse des Europäischen Amtes für Betrugsbekämpfung (OLAF) gegenüber dem Europäischen Parlament

Gleichzeitig eine Auseinandersetzung mit dem Rechtsinstitut der europäischen parlamentarischen Immunität

Frankfurt am Main, Berlin, Bern, Bruxelles, New York, Oxford, Wien, 2004. 313 S.
Europäische Hochschulschriften: Reihe 2, Rechtswissenschaft. Bd. 3910
ISBN 3-631-52468-4 · br. € 51.50*

Gegenstand der Arbeit ist das rechtliche Spannungsverhältnis zwischen den Untersuchungsbefugnissen des Europäischen Amtes für Betrugsbekämpfung (OLAF) und den Statusrechten der Abgeordneten sowie den institutionellen Rechten des Europäischen Parlaments. Die Untersuchung führt zu Grundfragen des europäischen Abgeordnetenstatus und der Legitimität und Effektivität des institutionellen Gefüges der Gemeinschaft. Funktion und Sinn der europäischen parlamentarischen Immunität werden grundlegend reflektiert und die praktischen Details in der Handhabung der parlamentsrechtlichen Regelungen aufgearbeitet. In einem rechtspolitischen Teil werden konzeptionelle Neuerungen vorgestellt, die eine praktische Konkordanz zwischen den Erfordernissen effizienter Betrugsbekämpfung und der Autonomie des Europäischen Parlaments und seiner Mitglieder herstellen.

Aus dem Inhalt: Europäisches Amt für Betrugsbekämpfung (OLAF) · Schutz der Gemeinschaftsfinanzen · Europäische Staatsanwaltschaft · Interne Untersuchungen des OLAF gegenüber dem Europäischen Parlament · Statusrechte der Abgeordneten des Europäischen Parlaments · Rechtsvergleichende Analyse der parlamentarischen Immunität · Parlamentarisches Untersuchungsrecht

Frankfurt am Main · Berlin · Bern · Bruxelles · New York · Oxford · Wien
Auslieferung: Verlag Peter Lang AG
Moosstr. 1, CH-2542 Pieterlen
Telefax 00 41 (0) 32 / 376 17 27

*inklusive der in Deutschland gültigen Mehrwertsteuer
Preisänderungen vorbehalten

Homepage http://www.peterlang.de

FSC
www.fsc.org
MIX
Papier | Fördert
gute Waldnutzung
FSC® C083411

Kolibri 360 GmbH
Ferdinand-Jühlke-Straße 7
99095 Erfurt, Deutschland
produktsicherheit@kolibri360.de